Slavoljub Djukić

Milošević und die Macht
Serbiens Weg in den Abgrund

Aus dem Serbischen von Bärbel Schmidt-Šakić, Jolan Torma
und Katharina Wolf-Grießhaber
Lektorat: Gerhardt Csejka

Nidda Verlag, 2000

Original:
"Od Požarevca do Beograda - knjiga o Slobodanu Miloševiću i Mirjani Marković", erschienen bei Nidda Verlag, 2000

Das Ende, das kein Ende nimmt

Die serbische Geschichte kennt keinen Staatsmann, der in so kurzer Zeit zuerst soviel Ruhm und Macht erreicht und dann einen so tiefen moralischen und politischen Fall erlebt hat wie Slobodan Milošević. Am Ende des 20. Jahrhunderts hat er das Schicksal Serbiens und zugleich weitgehend das Ex-Jugoslawiens und des Balkan wesentlich bestimmt. Auch gibt es in der Geschichte Serbiens wie der übrigen Welt wenige Beispiele von Frauen, die einen solchen Einfluss auf die Staatsgeschäfte ihres Ehemannes genommen haben, wie Miloševićs Gattin, die Hochschulprofessorin Mira Marković. Dieses Buch versucht mit dem Lebensweg der beiden zugleich auch das von ihnen geschaffene Regime und die Umstände nachzuzeichnen, unter denen die Serben ihre bisher größte politische Niederlage erlitten haben, so dass sie nun isoliert und wie von aller Welt verlassen dastehen.

Zu der Zeit, als ich selbst Milošević bei einer Gelegenheit kennenlernte, konnte noch keiner ahnen, dass man in ihm den zukünftigen nationalen Führer zu sehen hatte, und noch weniger, dass sich die Weltöffentlichkeit erbost mit seiner Persönlichkeit würde beschsäftigen müssen. Es war im Jahre 1983 auf einem Treffen mit Journalisten der führenden serbischen Tageszeitung, "Politika".

In kommunistischer Zeit war es üblich, dass zu den Journalistentreffen Parteifunktionäre mit Weisungsvollmacht geschickt wurden. Eine solche Rolle hatte auch Milošević übertragen bekommen, als er noch ein zweitrangiger Politiker und kaum bekannt war. Es war sein erster und einziger Auftritt bei einem Journalistentreffen, und er endete niederschmetternd. Dafür hatte der frühere Auslandskorrespondent der "Politika", Miroslav Radojčić, gesorgt, der nach mehrjährigem Aufenthalt in London und New York für einen Augenblick vergaß, in welchem Land er lebte.

Parteifunktionäre, die es sich herausnahmen, die Presse in ihrer Arbeit zu belehren, gingen Radojčić auf die Nerven. Ihnen musste man die Zähne zeigen, folgerte er konsequent und beschloss, diese Erkenntnis just während Miloševićs Visite in die Tat umzusetzen. Nach dessen Ausführungen, die sich in nichts von den üblichen politischen Tiraden unterschieden, fragte Radojčić laut: "Wer ist dieser Mann überhaupt?" und: "Mit welchem Recht erteilt er uns Ratschläge für unsere journalistische Arbeit?" Einen Augenblick lang herrschte unangenehmes Schweigen, die einen starrten betreten zu Boden, die anderen blickten verlegen an die Decke, während der Chefredakteur verzweifelt die Augen verdrehte. Alle waren gespannt, wie der "Parteigenosse" kontern würde. Milošević jedoch ging ruhig über den Vorfall hinweg, als sei nichts gewesen. Er zeigte keinerlei Verärgerung, nur die Blässe seines Gesichtes ließ seine Überraschung vermuten.

Das Treffen wurde irgendwie zu Ende gebracht und jeder ging seiner Wege, ohne die leiseste Vorahnung von den Dingen, die in den nächsten Jahren auf uns zukommen würden. Fast über Nacht wurde Milošević zum Herren über unser Leben, und von da an ging er planmäßig gegen die Presse vor, bis zu ihrer völligen Erniedrigung.

Mit dem Machtantritt Miloševićs fällt auch mein eigener Abgang aus dem Journalismus zusammen. Seither interessiere ich mich für Milošević, und dieses Interesse hält nun schon fünfzehn Jahre ununterbrochen an. Mein berufliches Engagement galt fast ausschließlich der Erforschung des serbischen Gesellschaftssystems und des Lebenswegs von Slobodan Milošević. Die Biographie, die ich Ihnen, den Leserinnen und Lesern, hiermit vorlege, ist von innen heraus geschrieben, von einem, der die Ereignisse aus unmittelbarer Nähe verfolgt hat und gleichzeitig das Schicksal der Einwohner Serbiens teilte. Dieses Buch erschien in Jugoslawien unmittelbar nach dem Einzug der K-for-Truppen in das Kosovo und ist ein Abriss der zehnjährigen Herrschaft Slobodan Miloševićs. Mittlerweile ist unser Unglück nur noch größer geworden, und das Regime gleicht einem Kranken auf dem Totenbett, der einfach nicht sterben will, während in Erwartung seines Todes viele andere bereits das Zeitliche segnen.

Milošević pflegte sich zurückzuziehen, wenn er in eine schwierige Lage geriet. Dabei bewahrte er sich einen gewissen Spielraum für Kontakte mit der internationalen Gemeinschaft, insbesondere mit den Amerikanern, die er zwar hasste, aber um ihre Stärke beneidete. Zum endgültigen Bruch, "für alle Zeiten", kam es mit der Besetzung des Kosovo und der Anklage gegen Milošević vor dem Strafgericht in Den Haag, worin er als Kriegsverbrecher beschuldigt wurde. Zu diesem Zeitpunkt fielen alle seine Aktionen ins Wasser, und seine Situation veränderte sich grundlegend. Es gab keine Reisen nach Genf mehr, keinen Sommerurlaub in Griechenland und keinen intellektuellen Wettstreit mit Holbrooke, bei dem der serbische Leader den Fouchet vom Balkan spielen konnte. Auch starb Franjo Tudjman, mit dem er die direkte Verbindung telefonisch aufrecht erhalten hatte, auch dann noch, als viele glaubten, die beiden seien bis aufs Blut zerstritten. Der Horizont von Miloševićs Kommunikation verengte sich auf seine Residenz, den Beli dvor[1], und den Palast der Föderation, wo er unter starken Sicherheitsvorkehrungen seine Anhänger empfing, zumeist politisch überprüfte Generäle. Der "bengalische Tiger", wie man ihn nannte, fühlte sich gejagt. Er lebte wie ein Internierter, nach dem Maß eines Herrschers, der dazu gebracht worden war, seine Existenz mit Krallen und Zähnen zu verteidigen. Er war nicht mehr in der Lage, mit legalen Mitteln zu herrschen, denn er hatte die Unterstützung der Wählerschaft verloren, durfte die Macht jedoch nicht aus der Hand geben, wollte er für sich und seine Mitarbeiter nicht die Freiheit, ja das biologische Überleben aufs Spiel setzen.

Milošević war es immer wieder gelungen, die Öffentlichkeit zu täuschen. Diese Zeiten sind jedoch vorbei. Nackter Despotismus ist zum einzigen Mittel seiner Herrschaft geworden, und so kam es, dass ein System von Gesetzlosigkeit entstand, Erpressung, bestellte Mordanschläge, Armut und Gewalt um sich griffen. Ein Menschenleben gilt seither nichts mehr, und Bodyguard ist heute ein einträglicher Beruf.

Von Existenzangst getrieben, begann das Regime einen Vernichtungskrieg gegen Andersdenkende. Die unabhängige Presse und die Opposition werden mit Füßen getreten. Die Öffentlichkeit ist überflutet von infantilen Lügen über den bevorstehenden allgemeinen Wohlstand, als wäre Serbien demnächst eine zweite Schweiz, und Niederlagen erscheinen als feierliche Siege Slobodan Miloševićs, die "die ganze Welt in Erstaunen versetzen". – "Ein kleines Land mit einem großen Präsidenten hat alle besiegt!" verkündete Ivica Dačić, die kleine Sturmspitze der Regierungspartei der Belgrader Sozialisten.

In seiner Abhängigkeit erkannte das Regime nicht einmal die Existenz einer Opposition an. "Wir haben es mit einer Gruppierung bestochener Schwächlinge und erpresster Spekulanten und Gauner zu tun", verkündete Milošević auf dem Sozialistenkongress, und seine Gefolgsleute, die sich gegenseitig zu überbieten versuchten in der progressiven Verunglimpfung der Opposition, reicherten seine Behauptung mit weiteren Attributen an. Die Regimegegner sind in der Formulierung führender Funktionäre der Regierungsparteien: Nato-Söldner, Verräter, Faschisten, Lakaien der Neuen Ordnung, blutige Verbündete des Aggressors, Ungeziefer, menschlicher Müll, Mörder, Spione und Deserteure. Ja in der Propaganda-Orgie wurden die Aktivisten der Opposition auch noch als nervlich labile Menschen, Bande von Hooligans, Homosexuelle, Drogensüchtige oder – mit dem Lieblingsausdruck der Präsidentengattin – als Männer zweifelhafter Neigungen mit hormonellen Störungen dargestellt. In diese ungewöhnliche Liste der Personen, die sich gegen die Regierung stellen, ließ der Polizeiminister Vlajko Stojiljković zudem noch Alkoholiker, gescheiterte Politiker und erfolglose Künstler aufnehmen. Wer nicht denkt wie die Herrschenden, wer die Ordnung der Regierungspartei nicht akzeptieren will, wird verleumdet, geächtet und für alle Fälle aus dem öffentlichen Leben ausgeschlossen. Tonangebend war bei dieser politischen Abrechnung mit Andersdenkenden die Partei der *JUL*, der Jugoslawischen Linken, unter der Leitung von Mira Marković. Sie übertrug ihren Verfolgungswahn auf die gesamte serbische Gesellschaft. Bei der Einweihung des studentischen Radiosenders "Cool" behauptete sie tatsächlich, ausländische Söldner würden "den Studenten Devisen und Drogen statt theoretischer, wissenschaftlicher und philosophischer Gespräche anbieten".

Außerstande, sich der Welt anzupassen und aus seiner katastrophalen Politik die Konsequenzen zu ziehen, verkroch sich Milošević immer tiefer in seinem Lügengebäude. Um sich selbst Mut zu machen und sich vor dem Abgleiten in müdes Dahinvegetieren zu bewahren, agierte er aus seinem Bunker heraus mit Ehrentiteln, Auszeichnungen und verrückten Ideen. Seine Untertanen erkannten die Situation und kamen ihm entgegen. Er wurde zum "ersten Patrioten Jugoslawiens" erklärt, zum Staatsmann, der sich "um die Bewusstseinserweckung der Menschheit verdient gemacht" hat und aufgestiegen ist zum "Führer der freien Welt". Seine Gattin Mirjana jubelte man zur Theoretikerin "der Weltbewegung gegen den Imperialismus" hoch. Der jugoslawische Generalstab, der zusammen mit einem großen Polizeiaufgebot zur Hauptstütze des Regimes geworden war, brachte den Vorschlag ein, Milošević den Orden eines Volkshelden zu verleihen, für die persönliche Tapferkeit, die er "beim Herbeiführen strategisch bedeutsamer Entscheidungen für einen der glänzendsten Siege in der Geschichte" gezeigt habe. All das geschah nach der Übergabe des Kosovo an eine Fremdverwaltung und nach einem Krieg, in dem kein einziger Nato-Soldat ums Leben gekommen war, während Tausende unschuldiger jugoslawischer Soldaten und Zivilisten ihr Leben ließen.

Zwölf Jahre Milošević-Herrschaft sind zwölf Jahre Krieg, Erniedrigung, Isolation und Not. Die serbische Binnenwirtschaft wird vierzig Jahre benötigen, um das Niveau wieder zu erreichen, das sie zu Beginn seiner Machtübernahme hatte. Der Lebensstandard in Serbien ist auf das pure Überleben reduziert. Für mehr als einhunderttausend Renterinnen und Rentner beträgt das Ruhegeld durchschnittlich dreißig D-Mark im Monat, also etwa eine Mark pro Tag. Montenegro entfernt sich immer weiter aus dem gemeinsamen Staat, es gibt kaum noch Aussichten, dass es auf Dauer in Jugoslawien verbleiben wird. Serbien hat im Kosovo keinerlei Befugnisse, und die dort zurückgebliebenen Serben leben wie im Gefängnis. So sieht die Bilanz einer Politik aus, die als historischer Sieg des serbischen Volkes gefeiert wird.

Serbien hat bisher alle politischen Schlachten verloren, während Milošević alle Schlachten seines Kampfes um die Macht gewann. Weil sie auch die letzte Hoffnung aufgeben mussten, diese Krise auf friedlichem Wege zu überwinden, rufen kämpferische Regimegegner zum Aufruhr auf: "Aufstand, Aufstand!" Dieser Appell verliert sich jedoch in der Taubheit der allgemeinen Ohnmacht und der Verwirrung in den Köpfen. Das serbische Volk ist der Rebellion und der Armut müde und wartet darauf, sich durch einen Zufall oder höhere Gewalt aus seinem Unglück zu befreien.

Die Dichterin Dragica Janković steht mit einem Transparent vor dem jugoslawischen Parlament, darauf ein Fluch für das Ehepaar Milošević: "Im Namen des Serbentums, von Gerechtigkeit und Frieden, stoße vom Thron, o Herr, die beiden Vampire!" Und die aufständischen Studenten, Angehörige der *"Otpor"*-Bewegung, rufen den Führer ins serbische Unglück mit einem Lied dazu auf, dem Volk seine Qualen zu erleichtern und dem tragischen Schicksal seiner Eltern zu folgen: "Rette Serbien, Slobodan / bring dich um, bring dich doch um!" Solche Aufrufe erreichen Milošević nicht. Je hoffnungsloser seine Lage, je schwächer seine Position, umso mehr wächst seine Machtgier.

Über das Haager Tribunal spricht er selten, möchte dann aber den Eindruck eines Mannes vermitteln, den die Anklage als Kriegsverbrecher mehr erbost, als dass sie ihm Angst macht. All das ist jedoch nur ein magerer Selbstschutz angesichts der Bedrohungen, von denen er umzingelt ist. Zweifellos hat Den Haag sein politisches Verhalten, damit aber auch das Schicksal des serbischen Volkes wesentlich beeinflusst. Es bleibt ihm nur die Wahl zwischen der

Anklagebank, einem illegalen Aufenthaltsort und lebenslänglicher Machtausübung. Er hat sich für das letztere, die Herrschaft auf Lebenszeit entschieden, und diese Entscheidung wird er unter keinen Umständen zurücknehmen. Das Ende ist bekannt, unbekannt ist nur, wann es kommen und wie lange die Agonie andauern wird. Je länger das Ende auf sich warten lässt, desto grausamer wird es sein, und ein Schaudern erfasst auch verständige Menschen, denn immer mehr glauben, dass sich das serbische Drama leider nur gewaltsam wird beenden lassen.

Milošević ist durch einen politischen Putsch zur Macht gelangt, er hat mit Manipulation und Gewalt regiert. Alles scheint darauf hinzudeuten, dass er auf die gleiche, gewaltsame Art wird abtreten müssen.

Belgrad, im Juli 2000   Slavoljub Djukić

Schicksal und Politik

Von einer unglücklichen Jugend, einem Gymnasiasten ohne besten Freund und einer Gymnasiastin ohne beste Freundin, über die ewige Liebe und die zerstörerische Macht der Politik, die sich in die familiären Beziehungen unserer Helden einmischt.

Um die wichtigsten Personen dieser politischen Biographie, Slobodan Milošević und Mira Marković, näher kennen zu lernen, sollten wir zwei Orte aufsuchen, die in entgegengesetzter Richtung liegen: Požarevac im Herzen Serbiens und Ljevorečki Tuzi im Norden Montenegros.

Tuzi liegt siebzehn Kilometer von Kolašin entfernt an der Quelle des Tara-Flusses und sieht heute eher nach Feriensiedlung als nach Dorf aus. Eine einzige Familie hat hier ihren ständigen Wohnsitz: die Familie Milošević; alle anderen Häuser, etwa siebzig an der Zahl, werden erst im Sommer, zur Urlaubszeit lebendig, da strömen von allen Seiten die Besitzer herbei. Als gehorchten sie einem Gewohnheitsrecht, verkauft hier keiner sein Eigentum. Ljevorečke Tuzi ist Begegnungsstätte für zwei alteingesessene Familien geblieben – die Miloševićs und die Đukićs, von denen der Familienforscher Miša Milošević behauptet, ihre Vorfahren seien aus Banjska bei Kosovska Mitrovica nach Montenegro gekommen, nach der Schlacht auf dem Amselfeld, serbisch Kosovo Polje, im Jahre 1389. Das Haus, in dem Slobodan M.s Vater Svetozar geboren wurde und später seinem Leben ein Ende setzte, steht im Weiler Uvač am Vučetino-Felsen, wie die Hochebene am Bach Čestogaz genannt wird. Dieses Flüsschen verdankt seinen Namen wohl dem Umstand, dass man es nur durchs Wasser watend überqueren konnte. Am Vučetino-Felsen sind allein die mit Unkraut überwucherten Grundmauern des einstigen Anwesens von Großvater und Vater

Milošević übrig. Dreißig Jahre lang hat sich niemand hierher verirrt, und die aus Fichtenholz gezimmerte Kate hat dem Zahn der Zeit nachgegeben.

Slobodan M.s Familie kann sich nicht erinnern, dass ihr Spross je diesen Landstrich besucht hätte. Sein Bruder Bora kam öfter in die Heimat, er fühlt sich Montenegro auch sonst wesentlich mehr verbunden, ja er bezeichnet sich selbst als Montenegriner. Slobodan M.s Verwandte geben mit Bedauern zu, dass sich "Slobo seinen Vorfahren entfremdet hat". Sogar, wenn sie ihn an Ljevorečki Tuzi erinnerten, pflegte er zu sagen: "Ich bin aus Požarevac, nicht aus Tuzi."

Trotz unterschiedlicher Nachnamen sind in dieser Gegend alle untereinander verwandt. Ihr Stammvater ist Miloš Markov, der "Held vom Vasojevići-Gebirge", der zu Beginn des 18. Jahrhunderts ein berühmter Heerführer war und 1735 hinterrücks ermordet wurde. Sein Grab ist bekannt, und in der Erinnerung des Volkes ist das Lied vom "Krieger" haften geblieben, "der von der Heiden Hand gefallen ist".

Wie häufig es vorkommt, dass sich Lebenswege kreuzen, darauf weisen uns alteingesessene Bewohner des montenegrinischen Vasojevići-Gebirges hin. Zwei nationale Serbenführer der neunziger Jahre, Slobodan Milošević und Radovan Karadžić, die sich erst kurz vor dem Zerfall Jugoslawiens zum ersten Mal begegneten, sind aus einem Geschlecht, sie stammen von den selben Vorfahren und aus der selben Gegend. Es ist nur dreißig Minuten Fußweg von Ljevorečke Tuzi bis ins erste Nachbardorf Lopate, wo die Karadžićs herstammen. Slobodan M. und Radovan K. sind um neun Ecken herum miteinander verwandt. Miloševićs Familie stammt von Miloš Markov ab, die Karadžićs dagegen von Markovs Onkel väterlicherseits, genannt Karadža. Die letzten Karadžićs haben Lopate im Jahr 1922 verlassen, sie wahrten aber die Erinnerung an ihre frühere Heimat. Im Sommer 1978 versammelten sich alle hier: man zählte dreihundertundfünfzig Karadžićs. Zum Gedenken an ihre Sippe ließen sie in Lopate eine Marmorplatte aufstellen, auf der ihr

Stammbaum eingemeißelt ist. Auch ein Lied wurde gesungen: "Nach Lopate dreihundert Brüder kamen / alle Karadžić mit Namen!"

Slobodan Miloševićs Vorfahren gehörten zu den angeseheneren Leuten in Ljevorečke Tuzi ("Eine starke Sippschaft, gut organisiert und langlebig. Da gibt es etwas zu sehen und zu hören.") Slobodan M.s Großvater Simeun war Dorfältester und Offizier der montenegrinischen Armee, Hauptmann wurde er 1912 nach der Schlacht an der Bregalnica, man sagt, er sei ein "Mann wie ein Donnerschlag" gewesen. Unter dem Aspekt der Einordnung des Helden unserer Biographie ist der Umstand erwähnenswert, dass die Bewohner von Ljevorečke Tuzi während des Zweiten Weltkriegs allesamt den Tschetniks angehörten, die Miloševićs sich jedoch sowohl den Tschetniks wie auch den Partisanen anschlossen.

Ein Familienforscher fand heraus, dass die Miloševićs eine Zeit lang untereinander geheiratet haben: "Das war in der Zeit, als die jungen Männer nicht so oft aus ihrem Dorf hinaus kamen, um anderswo Mädchen kennen zu lernen."

Slobodan M.s Mutter Stanislava entstammte der Familie Koljenšić, einem kämpferischen und kriegerischen Geschlecht: "Die schönste Montenegrinerin, die je das Licht der Welt erblickte!" Ihren Ehemann Svetozar traf sie in Nikšić, wo die beiden auch heirateten; die Herausforderungen des Lebens zwangen sie allerdings häufig dazu, ihren Wohnort zu wechseln. Unmittelbar vor dem Krieg ließen sie sich in Požarevac nieder, wo am 20. August 1941 Slobodan Milošević geboren wurde.

Stanislava war Lehrerin, Svetozar Katechet und Lehrer der russischen und serbokroatischen Sprache; in Cetinje hatte er das Priesterseminar abgeschlossen und an der Belgrader Theologischen Fakultät seine Ausbildung fortgesetzt. Nähere Bekannte beschreiben die beiden als interessante, aber schwer vereinbare Charaktere, woraus sich auch die frühe Scheidung ihrer Ehe erklärt. Stanislava war Kommunistin. Streng sich selbst und anderen gegenüber, widmete sie ihre Zeit den Söhnen und dem politischen Kampf. Gegen

Ende ihres Lebens, so behaupten jedenfalls ihre Nachbarn, hatte sie zu ihrer Umwelt so gut wie gar keinen Kontakt mehr. Svetozar hingegen verachtete die Kommunisten, aber auch sein Verhältnis zur Kirche war keineswegs gut; er wechselte den Wohnort wie ein Wanderarbeiter. Er tat sich durch eine gute Ausbildung, durch Musikalität und Redegewandtheit hervor. Die Montenegriner schätzen gute Redner, und er führte sein diesbezügliches Können in der Schule und bei Beerdigungen vor.

Mirjana Marković kam ein Jahr nach Slobodan Milošević, 1942 zur Welt, und zwar am 10. Juli. Wie ihr gesamtes Leben nicht als durchschnittlich bezeichnet werden kann, sind schon die Umstände ihrer Geburt recht ungewöhnlich. Sie wurde in tiefer Illegalität im Dorf Brežane in der Nähe von Požarevac unter Verbannten geboren.

Die gesamte Familie Mirjana Markovićs war kommunistisch eingestellt. Ihr Vater Moma Marković war ein Volksheld und Kriegs- bzw. Partisanenkommissar, die Mutter Vera Miletić eine der Organisatorinnen der Partisanenbewegung im Gebiet um Požarevac, und ihr Onkel, Draža Marković, ebenfalls einer der führenden Kommunisten Serbiens. Ihre Tante, Davorjanka Paunović, Studentin der Romanistik und Sekretärin Titos, war für diesen die Liebe seines Lebens: Sie starb 1946 mit fünfundzwanzig Jahren im Sanatorium von Godnik an Tuberkulose und wurde im Park des Weißen Hofes beigesetzt, der zuerst dem serbischen König und später Tito als Residenz diente. Zu diesem Familien- und Kommunistenzirkel gehörten auch die beiden Schwestern von Mirjanas Mutter, der Partisanin, sowie ihr jüngerer Bruder, der mit achtzehn Jahren im Kampf gegen die Anhänger des faschistischen Politikers Ljotić fiel.

Als Mira Marković geboren wurde, befanden sich die Partisanen in einer nahezu hoffnungslosen Lage. Sie waren von allen Seiten umzingelt, von Deutschen, Tschetniks, Ljotić-Kollaborateuren und Soldaten des Generals Milan Nedić, dem Präsidenten der serbischen Regierung unter deutscher Besatzung. Führende Partisaneneinheiten waren schon nach Bosnien vertrieben worden, und die

Überreste der kommunistischen Abteilungen suchten ihre Rettung in der Abgeschiedenheit der Gebirge und den Schlupfwinkeln ihrer Anhänger. Dieses Schicksal teilte auch Vera Miletić, die sich während ihrer Schwangerschaft verstecken musste und ihre Tochter später nur ein einziges Mal, und zwar in Windeln, sehen sollte. Darüber, wie sich im Einzelnen alles abgespielt hat, gibt es verschiedene Versionen, was insofern von Bedeutung ist, als es den Ausgangspunkt späterer familiärer Unstimmigkeiten bildet.

Mirjana M. selbst behauptet, im Wald geboren worden zu sein, und sie erwähnt die Anwesenheit ihres Vaters nicht. Verschiedene Augenzeugen berichten, ihre Geburt sei in der Hütte des Kommunisten-Anhängers Filipović vonstatten gegangen. Obwohl er dies nicht in seinem Kriegstagebuch erwähnt, bezeugte Vater Moma Marković im Gespräch, dass er mit Unterstützung einer Bäuerin selbst bei der Entbindung mitgeholfen habe: er hatte ein Medizinstudium absolviert. Dagegen schreibt er in seinem Kriegstagebuch: "Man meldete mir, dass ich eine Tochter bekommen hatte."

In den Wirren des Krieges wurde die Ehe nicht offiziell besiegelt. Wie es damals üblich war, gaben die beiden jedoch "ihr Wort der Partei", und galten seitdem als Mann und Frau.

Die Härte der damaligen Zeit und die grausamen Verhältnisse, die in der Partisanenbewegung herrschten, bestimmten auch das weitere Leben des neugeborenen Mädchens, das noch am Tag der Geburt von der Mutter getrennt wurde. Mirjana M. lebte von nun an bei ihren Großeltern mütterlicherseits in Požarevac, sie wuchs in einem Haus auf, das zwei Jahrhunderte zuvor Karađorđes Heerführer Milenko Stojković gehört hatte. Der Großvater war wohlsituiert, ein Inspektor auf dem Hofgut des Belgrader Industriellen Ignjat Bajloni. In ihren späteren Erzählungen behauptet Mirjana M., es sei damals verheimlicht worden, wessen Tochter sie war; sie sei als Kriegswaise aus Montenegro ausgegeben worden, nach der die Tschetniks fahndeten. Sie ergänzt, dass sogar der berüchtigte Tschetnikführer Kalabić das Haus des Großvaters durchsuchte ("Ich habe gehört, dass deine Tochter entbunden hat. Wo befindet sich das

Kind?"). Während der Durchsuchung war Mira in einer Kleinholzkiste in der Küche versteckt. Diese Episode ist den älteren Einwohnern von Požarevac jedoch nicht bekannt, sie bezeugen, dass "alle wussten", wessen Tochter Mirjana M. war. "Ich habe sie als Kind 1944 im Dorf Mili Crnić, auf dem Gut von Bajloni kennengelernt", erzählte mir der Belgrader Voja Eraković, der Mirjanas Großvater kannte.

Seine Kindheit und Jugend bis zum Studium verbrachte Slobodan Milošević in Požarevac, zusammen mit Mutter Stanislava und seinem Bruder Bora. Vater Svetozar hatte nach dem Krieg die Familie verlassen und war nach Montenegro gegangen.

Slobodan M. zog keineswegs die Aufmerksamkeit seiner Umgebung auf sich, bezeugen seine Mitschüler und Lehrer . Seine Jahre am Gymnasium verliefen unauffällig, fast schon eintönig für einen Halbwüchsigen. Sport interessierte ihn nicht, er nahm nicht an gemeinsamen Ausflügen teil und schloss keine Jugendfreundschaften ("Er hatte keinen besten Freund."). Er saß immer in der ersten Reihe und kam ungewöhnlich, fast altmodisch gekleidet wie ein Beamter, in weißem Hemd mit Krawatte zur Schule. Niemand erinnert sich an Handgreiflichkeiten ("Er hat sich nie geprügelt.") und Ausschweifungen, wie sie für Jungen dieses Alters üblich sind. Milošević machte den Eindruck eines Gymnasiasten, der dem Leben ernsthaft gegenübertritt, und deshalb schätzen ihn die Lehrer: "Nur zu Slobodan hatten wir das Vertrauen, ihn während des Unterrichts in Landesverteidigung loszuschicken, um eine Bombe oder ein Gewehr zu holen." In der Rubrik "Bemerkungen über den Schüler" hielt Klassenlehrer Ivan Pečnik fest: "Intelligent, schnelle Auffassungsgabe, fleißig bei der Arbeit in der Volksjugend Jugoslawiens, hilft Klassenkameraden".[2]

In der Erinnerung an die gemeinsame Gymnasialzeit meinte einer seiner Schulkameraden, zu dieser Zeit habe er sich Slobodan M. "als zukünftigen Bahnhofsvorsteher oder pedanten Beamten" vorstellen können.

Völlig anderer Natur war sein älterer Bruder Bora, Jahrgang

1939: ihm flog geradezu alles zu, er war einer der besten Schüler am Gymnasium von Požarevac, genoss aber auch das Leben. Obwohl er nicht mit anderen konkurrierte, machte er eine steile Karriere. Seine Altersgenossen in Požarevac nannten ihn voller Sympathie "Bora Degen". Interessant wird die Biographie von Slobodan M.s Bruder dadurch, dass er Titos Botschafter in Algier, Botschafter seines Bruders in Moskau sowie Dolmetscher beim Gipfeltreffen Tito-Breschnew und beim Treffen Slobodan Miloševićs mit Boris Jelzin war. Genauso häufig wurde Bora M. aber auch des Nachts beim Würfelspiel oder im Casino gesehen, gänzlich unbelastet von seiner gesellschaftlichen Stellung.

Schule, politische Aktivitäten, Treffen mit Mirjana M. – das ist fast alles, was sich über die Gymnasialzeit des Mannes sagen lässt, der eine Führungsposition in Serbien und einen herausragenden Platz in der Geschichte Jugoslawiens einnehmen sollte. Die Verschlossenheit und jugendliche Zurückgezogenheit Slobodan M.s wird seiner frühen Bekanntschaft mit Mirjana Marković zugeschrieben, die über den Rahmen einer gewöhnlichen, vergänglichen Jugendliebe weit hinaus ging. Die Beziehung der beiden beeindruckte die Einwohner der Stadt Požarevac derart, dass sie des öfteren darüber sprachen. Die zwei wurden "Romeo und Julia von Požarevac" genannt. Sie wuchsen gemeinsam auf, gingen gemeinsam zur Schule, studierten beide in Belgrad, gründeten eine eigene Familie und gingen mit ähnlichen politischen Überzeugungen durchs Leben.

Mirjana Marković erinnerte sich häufig an das Požarevac ihrer Jugend und die Treffen mit Slobodan M. zurück, und sie tat dies mit solchem Gefühl, dass sich dem Leser das verzauberte Bild einer netten, moralisch empfindsamen Person aufdrängt, die, wenn sie nur könnte, die ganze Welt umarmen und glücklich machen würde, wie man aus dem weiteren Verlauf dieses Buches ersehen wird.[3]

Wir erfahren, dass Mirjana sechzehn Jahre alt war, als sie Slobodan M. zum ersten Mal traf, es war im Dezember 1958, bei

Schnee und Frost "standen sie im Wind, zitterten vor Kälte, so rührend jung und offen für einander", sie entdeckten, dass sie "vollkommen harmonierender, einander ergänzender Natur" waren. Von da an, so erfahren wir aus dieser märchenhaften Geschichte, wurde alles anders. Mirjana "hatte keine Angst mehr, weder vor der Kälte noch vor der Dunkelheit, vor Stechmücken oder dem Beginn des neuen Schuljahrs noch vor einer drohenden Drei in Mathematik, oder davor, dass sie in der Sportstunde vom Barren fallen könnte". Immer war Slobodan M. auf ihrer Seite, "ob sie im Recht war oder einen Fehler machte: Das, was jede Frau ihr ganzes Leben hindurch instinktiv sucht, aber kaum eine findet, hat sie bekommen."

Beider Kindheit und Jugend gestalteten sich jedoch viel härter, als die obigen Erzählungen vermuten lassen, welche man nur schwer mit den zukünftigen Hauptfiguren dieser Biographie in Zusammenhang bringen kann. Das Schicksal spielte ihren Eltern traurig mit, und beide trugen Narben davon, die in der Seele nur mühsam verheilen. Vielleicht hat die gemeinsame Tragödie die beiden noch mehr zusammengeschweißt.

Nachdem er Požarevac den Rücken gekehrt hatte, war Slobodan M.s Vater Svetozar am Gymnasium von Bijelo Polje und in Podgorica tätig. Unter ungeklärten Umständen nahm er sich mit einer Pistole in seinem Elternhaus in Ljevorečke Tuzi das Leben. Er hinterließ weder einen mündlichen noch einen schriftlichen Hinweis auf den Grund seines Freitods. Während der letzten Jahre hatte er ein entfremdetes Leben gelebt. Als Tatsache kann gelten, dass er vom Selbstmord eines Schülers erschüttert war, dem er eine schlechte Note gegeben hatte. Zur Beerdigung von Svetozar M. kam niemand aus der engeren Familie, weder Ex-Gattin Stanislava noch die Söhne Bora oder Slobodan M.. Bora kam einen Tag zu spät nach Ljevorečki Tuzi, und Slobodan Milošević befand sich damals auf einer Studienexkursion in Russland und hat nach den Angaben der Dorfbewohner von Ljevorečki Tuzi auch später das Grab des Vaters nicht aufgesucht.

Ein Jahrzehnt später traf das gleiche Schicksal auch Slobodan

M.s Mutter Stanislava, zu einer Zeit, als ihre Söhne Slobodan und Bora bereits die Schule beendet hatten und erfolgreiche Männer geworden waren. Sie nahm sich ohne jegliche Erklärung in ihrem Haus in Požarevac das Leben durch Erhängen. Ihr Nahestehende sind der Meinung, der Grund für ihre Tat sei in dem Leid zu suchen, das diese ansonsten nervöse und empfindliche Frau in sich angesammelt hat, als sie unter großen Entbehrungen mit dem kleinen Gehalt einer Lehrerin zwei Söhne großzog. Nach deren Weggang zum Studium war sie vereinsamt in Požarevac zurückgeblieben, und man behauptet, dass ihre Beziehung zu den Söhnen und Schwiegertöchtern immer schwächer wurde. Auch die Schwester von Slobodan M.s Vater, Darinka, die sich in der Vojvodina niedergelassen hatte, kam unter nicht geklärten Umständen ums Leben. Nach der einen Version hat sie Selbstmord begangen, ihre Verwandten behaupten jedoch, sie sei ein Opfer ihres Ehemanns geworden "eines Säufers und Tunichtguts". Schließlich wurde auch Stanislavas Bruder, General Milisav Koljenšić, ein hoher Geheimdienstoffizier, in Pančevo, wo er Leiter des Schulungszentrums für die innere Sicherheit war, tot in der Badewanne aufgefunden. Seine Freunde zweifeln an der offiziellen Version der Todesursache, die von Selbstmord spricht, wobei als Beweis die neben ihm gefundene, schallgedämpfte Pistole dienen sollte, die der Seriennummer nach der Zagreber Geheimpolizei gehörte.

Dieses Schicksal der Familie Milošević sollte später, zur Regierungszeit Slobodan M.s, Anlass dazu geben, dass man eine Verbindung zwischen der Familientragödie und seiner todbringenden Politik herzustellen versuchte. Menschen, die in ihrem Leben Traumata erleben mussten, tragen häufig unvergängliche Narben in der Seele.

Auch Mirjana Marković, die schon gleich nach der Geburt von ihren Eltern getrennt wurde, fügte das Schicksal ähnliche Wunden zu. Vater und Mutter setzten ihr Leben in der Illegalität fort. Acht Monate nach Mirjanas Geburt traf ihre Mutter Vera Miletić, Parteisekretärin der Belgrader KP und fünfundzwanzigjährige Studentin der Romanistik, der schlimmste Fluch, der eine kommunistische Funktionärin treffen kann: sie wurde zur Verräterin an der Partei erklärt. Man verhaftete sie im März 1943, und die Festnahme vieler bekannter Kommunisten sowie die Zerschlagung des Parteikerns in Belgrad, die darauf folgten, wurde ihrem "unheldenhaften Verhalten" nach der Festnahme zugeschrieben.

Über das Lebensende der Vera Miletić sind mehrere Versionen in Umlauf, sogar fantastische Erzählungen ohne verlässliche Beweise. Im Kreis der Partei war zu hören, dass sie aufgrund der Dienste, die sie der Polizei erwiesen hatte, aus dem Gefängnis entlassen wurde und sich frei bewegen konnte: Angeblich wurde sie bei einem ihrer Spaziergänge von jungen, kommunistishen Funktionären aus dem SKOJ, dem Bund der kommunistischen Jugend Jugoslawiens, ermordet. Es wurde auch erzählt, sie habe dank der Zuneigung des Polizeichefs Bećarević "aus Serbien fliehen können und ist nie wieder aufgetaucht". Oder sie sei 1945 in Slowenien bei einer Massenflucht vor den Partisanen umgebracht worden. Der Wahrheit am nächsten kommt wohl die Behauptung, dass sie im Lager Banjica erschossen wurde, wobei der 7. September 1944 als Datum genannt wird.

Ohne Zweifel war Vera Miletić grausamen Haftbedingungen ausgesetzt, unter denen jeglicher Verrat, auch die Preisgabe von Namen der Kameraden, nicht wirklich Verrat war, sondern die Unfähigkeit eines gefolterten Menschen, angesichts des Polizeiterrors die Kontrolle über sich zu behalten. Die Kommunisten haben dies nicht anerkannt, und Vera M. ging als einer der schlimmsten Verräter in die Parteigeschichte ein. Von den Deutschen als Kommunistin verfolgt, wurde sie von den Kommunisten als Abtrünnige verurteilt. In Vera Miletićs Geschichte steckt noch eine tiefere Tragödie, die sie ebenfalls hätte ereilen können: hätte sie die Befreiung Belgrads noch erlebt, wäre sie u.U. wie viele andere Kommunisten nach dem Krieg im Zeitgeist revolutionärer Leidenschaft von der Hand der eigenen Parteigenossen hingerichtet worden.

Interessant ist die Aussage von Voja Eraković, einem pensionierten Ökonomen aus Belgrad. Seine Familie pflegte enge Beziehungen zu Mirjana M.s Großvater, und als Achtzehnjähriger übernahm er mehrere Monate lang die Aufgabe, Pakete für Vera Miletić zu überbringen. Zuerst im Gefängnis in der Đušina-Strasse, später im Lager Banjica. Nachdem er einen Polizisten mit Zigaretten bestochen hatte, gelang es ihm einmal sogar, sich kurz mit Vera M. zu treffen: "Sie sah frisch aus, war ordentlich gekleidet und von angenehmem Äußeren. Ich flüsterte ihr zu, es würde daran gearbeitet, sie in irgendein Lager zu verlegen, wo es für sie sicherer wäre. Und wirklich, so kam es. Sie wurde später in das Lager Banjica verlegt, wohin ich ihr ebenfalls Pakete brachte. Veras Vater tat alles, um seine Tochter zu retten, und ich habe immer wieder Geldscheinpäckchen an die Polizeibeamten übergeben. Das letzte Mal, als ich im Lager Banjica war, sagte man mir, sie könne keine Pakete mehr empfangen, da sie nicht mehr da sei. Daraus schloss ich, dass sie in irgendein deutsches Lager verlegt worden sei", sagte mir Eraković, der auch selbst keine genauen Informationen über die Bedingungen hatte, unter denen Vera M. erst im Gefängnis einsaß und dann ums Leben kam.

Mirjana Markovićs Vater Moma Marković lernte ich gegen Ende seiner politischen Karriere in der zweiten Hälfte der 60er Jahre näher kennen, als er Herausgeber der führenden serbischen Tageszeitung "Borba" war. Dies war nicht mehr der Marković, der kraft seines Amtes an den Parteigeschäften teilhatte, die über das Schicksal von Menschen entschieden. Bei allen Zwängen des Regimes und trotz aller Vorsicht, keine Fehler zu begehen, war er ein angenehmer Chef, höflich, er begegnete den Journalisten mit Achtung und war vom Wunsch beseelt, eine erfolgreiche Zeitung zu machen. Nach langen Jahren schwerer Krankheit kam er, angesichts des Todes Rückschau haltend, auf seine Jugenderinnerungen und Ereignisse der Vergangenheit zu sprechen und gab im Kreise seiner Familie und Freunde offen zu, er glaube nicht an die Geschichte vom

Verrat der Vera Miletić.

Die Tragödie der Mutter hatte großen Einfluss auf die Persönlichkeit von Mirjana Marković. In späteren Erinnerungen stellte sie ihre Mutter im besten Licht dar, als junge, kommunistische Idealistin und Kämpferin für die eine gerechte Sache, "im Gegensatz zu den Karrieristen und Parteiintriganten, die ihr einen Schandfleck zufügten." Sie nahm den Decknamen an, den ihre Mutter geführt hatte, Mira, und lange trug sie im Haar eine seidene Rose, wie sie es auf einer Fotografie ihrer Mutter gesehen hatte. Diese Rose sollte später zum Symbol der Sozialisten werden. Dem "ehrlichen" Kommunismus blieb sie treu und versuchte, auch die Öffentlichkeit davon zu überzeugen, während sie gleichzeitig ihre eigene Karriere in die Hand nahm.

Vater Moma Marković ging nach dem Krieg mit Vera, einer früheren Studentin der Ökonomie und Kämpferin der Zweiten Proletarischen Brigade eine neue Ehe ein. Die beiden hätten es nach eigenen Aussagen gerne gesehen, wenn Mirjana anstatt in Požarevac in ihrem Haus in Belgrad aufgewachsen wäre. "Sie braucht Liebe", meinte Vera. "Sie bekommt genug Liebe bei uns", gab der Großvater zur Antwort, der den Verlust und das dunkle Ende seiner Tochter nicht verwinden konnte.

Zwischen Mirjana Marković, auch "Baca" genannt, und der neuen Familie von Moma Marković, der noch einmal drei Töchter und einen Sohn bekam, waren die Beziehungen ganz gut, ja sogar harmonisch. So wirkte es jedenfalls nach außen, bevor sich die zerstörerische Macht der Politik in ihr Leben mischte. Aus dem weiteren Verlauf der Geschichte kann man schließen, dass Mirjana ihre Gefühle bedeckt hielt und nichts, aber auch nichts vergessen konnte. Die Marković akzeptierte die neue Familie ihres Vaters nicht, auch ihm selbst gegenüber entwickelte sie keinerlei Zuneigung: "Sie wusste nicht, was es bedeutet, eine Tochter zu sein und einen Vater zu haben, aber sie fühlte, dass sie den Mann vor sich nicht als ihren Vater akzeptieren konnte", ist in Mirjana M.s Geständnis gegenüber einer Journalistin von der Frauenzeitschrift "Duga" zu lesen. Mit

Verachtung erinnerte sie sich an ihre Sommerferien, die sie beim Vater im Erholungsheim der Parteibürokratie auf der Insel Brioni verbrachte. Über Brioni sprach sie wie über ein Reservat der Mächtigen, und das sommerliche Vergnügen in unmittelbarer Nähe der Tito-Villa und im Luxus der Adria bedeutete für sie, so behauptete sie jedenfalls, eine wahre Qual. Sie konnte es nicht erwarten, die Heimreise nach Požarevac anzutreten.

Der vollständige Bruch Mirjana Markovićs mit ihrem Vater und dessen Familie kam nach dem 8. Plenum des serbischen ZK der Partei und mit der Kürung Slobodan Miloševićs zum Führer aller Serben. Die ersten Konflikte hängen mit dem Bruder ihres Vaters, Draža Marković zusammen, der seit mehr als einem Jahrzehnt gemeinsam mit Petar Stambolić Führungsfunktionär in Serbien war. Draža Marković führte eine Strömung an, die sich der Wahl von Slobodan M. zum Vorsitzenden der Kommunisten Serbiens widersetzte. Er übte scharfe Kritik an der Politik Miloševićs nach dem 8. ZK-Plenum. Zwischen Bruder und Schwiegersohn hin und hergerissen, ergriff Moma Marković die Partei des Bruders, weil er auch dessen politische Ansichten teilte. Das genügte, um ihn für immer aus dem Leben seiner Tochter Mirjana verschwinden zu lassen. Abgesehen von einem Besuch im Krankenhaus, als Moma Marković in ärztlicher Behandlung war, war die Beziehung zwischen Vater und Tochter vollständig abgebrochen.

Moma Marković starb am 7. August 1992. Das Begräbnis fand im Familienkreis statt. Ohne vorherige Ankündigung tauchten Mirjana und Slobodan M. während der Beerdigungszeremonie auf, gingen zum Sarg, verneigten sich und verließen die Halle des Krematoriums wieder, ohne an die Verwandtschaft ein Wort zu richten. Drei Jahre später, als Mirjana M.s Stiefbruder Branko gestorben war, meldete sie sich bei keinem ihrer Verwandten und schickte auch kein Beileidstelegramm. Wusste sie vielleicht nichts vom Tod ihres Halbbruders? Darauf deutet eine Begebenheit, die so seltsam wie traurig ist. Moma Marković war Pate einer Bauernfamilie in seinem Heimatdorf Popovac gewesen. Aus dem Wunsch heraus, diese Tradition fortzusetzen, bat der Sohn des Bauern, ein Belgrader Taxifahrer, Mirjana Marković darum, die Patenschaft für sein neugeborenes Kind zu übernehmen. Sie ließ ihm antworten, sie sei zu beschäftigt, empfahl ihm aber, sich doch mit ihrem – damals schon verstorbenen – Halbbruder Branko in Verbindung zu setzen!

Der offene Familienkrieg, der Mitte der achtziger Jahre begann, nahm eine sonderbare Fortsetzung. Die Familie spaltete sich in politischer und damit auch in familiärer Hinsicht. Der Schriftsteller Momčilo Selić, Ehemann von Mirjanas Halbschwester, verkündete, die familiäre Bindung mit den Miloševićs sei ein Kreuz für ihn: "Einen solchen Schwager und eine solche Schwägerin würde ich meinem ärgsten Feind nicht wünschen."

Nach dem Tod ihres Vaters strengte Mirjana M. einen Gerichtsprozess zur Teilung des Erbes von Moma Marković an, der laut Testament seinen Besitz der Ehefrau Vera vermacht hatte. Sein Hab und Gut war relativ bescheiden, wenn man die sechs möglichen gesetzlichen Erben in Betracht zieht. Zu teilen gab es eine Wohnung in der Palmotić-Strasse 64, in der seine Witwe Vera lebte, einen 9,74 Ar großen Weinberg, ein Grundstück von 6,4 Ar, einen Wagen der Marke "Zastava" und einige Gemälde, Aquarelle und Zeichnungen von geringem Wert.

Witwe Vera war bestrebt, diesen Konflikt auf friedlichem Wege zu lösen. In einem in die Tolstoj-Straße Nr. 33 adressierten Brief rief sie Mirjana Marković dazu auf, von dem kompromittierenden Gerichtsverfahren abzusehen, denn "jede Absprache sei möglich". Sie bekam keinerlei Antwort.

Das Erste Amtsgericht in Belgrad bestätigte am 23. Februar 1993 als Erbin Vera Marković. Weder damals noch später erschien Mirjana M. zum Gerichtstermin, sie legte jedoch Berufung gegen das Urteil ein, und das Kreisgericht hob den vorhergehenden Beschluss auf und gab die Sache in die erste Instanz für ein "neuerliches Verfahren" zurück.

Was brachte die Gattin des serbischen Präsidenten dazu, sich auf diesen kompromittierenden Streit vor Gericht einzulassen? Mit

Sicherheit nicht das bescheidene väterliche Erbe. Ihr Rechtsanwalt hatte bekannt gegeben, dass die Erbin "den gesamten ihr zugesprochenen Besitz wohltätigen Zwecken zukommen lassen wird".

Angesichts dieses Vorgangs ist es müßig, noch einmal über die Persönlichkeit von Mirjana Marković nachzudenken. Ihre Seele dürstete nach Rache. Sie war sowohl ihrer Mutter als auch ihrem Gatten sehr verbunden und verzieh dem Vater nicht, dass er die offizielle Darstellung in Sachen Verrat der Vera Miletić akzeptiert hatte. Noch weniger konnte sie hinnehmen, dass weder ihr Vater noch ihr Onkel Draža Marković ihren Ehemann Slobodan M. auf dessen Weg zum Sieg unterstützt hatten, und die Bitterkeit darüber übertrug sie auf ihre Stiefmutter Vera Marković.

Diese wollte dazu keinen Kommentar abgeben. Von unserem Gespräch aber habe ich ihre ungewöhnliche Empfehlung in Erinnerung behalten: "Seien Sie vorsichtig, Genosse Djukić. Nehmen Sie sich in Acht!"

Die Träume der Mira Marković

Wenn Ihnen irgendwer seine größenwahnsinnigen Ideen darlegt, sollten Sie sich ein spöttisches Lächeln verkneifen, denn es könnte passieren, dass genau diese Person eines Tages über Ihr Schicksal entscheidet.

Slobodan Milošević hat ein Jura-Studium abgeschlossen, aber nie einen entsprechenden Beruf ausgeübt. Schon früh hatte er den Charakter des Regimes kennen gelernt und wusste, welche Türen sich am leichtesten öffnen ließen. Alles begann und endete mit der Parteiarbeit, der sich Milošević schon während seiner Gymnasialzeit hingebungsvoll widmete. Immer für die Partei und unter den Augen der Öffentlichkeit, so lautete die Erfolgsformel. Selbst als er an der Spitze der mächtigsten jugoslawischen Bank, der "Beobanka" stand, war Milošević ehrenamtlicher Vorsitzender der einflusslosen Parteiorganisation der Belgrader Altstadt.

Die Kommilitonen Slobodan Miloševićs erinnern sich an ihn als einen "korrekten Genossen", der schon damals das Phänomen der Politik sehr realistisch einschätzte. Er glänzte durch zugeknöpfte Ernsthaftigkeit und durch seine Begeisterung für die Partei, bemühte sich jedoch nicht, unter den Besten zu sein. Das Lernen fiel ihm leicht, und er schloss sein Studium mit der guten Note 8,90 von 10 Punkten ab. Den größten Teil seiner Zeit nahm die Politik in Anspruch. Galt es eine Aufgabe zu übernehmen, war er äußerst effizient, und die Partei sah in ihm einen loyalen Mitarbeiter. "Ein Genie des Apparates!" erinnerte sich Nebojša Popov, der Milošević zu seinem Vertreter als Parteisekretär des Studentenkomitees vorschlug. Dreißig Jahre später waren die beiden unversöhnliche politische Gegner.

Bemerkenswert an Miloševićs Biographie ist auch die

Tatsache, dass er Pate bei der Namensgebung der ehemaligen SFRJ stand. Als 1963 die Verfassungsdebatte geführt wurde, kam von oben der Vorschlag, den gemeinsamen Staat als "Föderative Sozialistische Republik Jugoslawien" zu bezeichnen. Während einer Debatte an der juristischen Fakultät, an der auch einflussreiche Politiker und Professoren teilnahmen, schlug der studentische Aktivist Milošević vor, das sozialistische Merkmal stärker zu betonen und Jugoslawien anstatt FSRJ doch besser SFRJ, also "Sozialistische Föderative Republik Jugoslawien" zu nennen.

Schon als Student hatte er gute Leitlinien für das eigene Vorwärtskommen. Mehr noch: er knüpfte Bekanntschaften, die ihm im Leben nützlich werden sollten. Den "richtigen Freund" an der richtigen Stelle zu finden, ist mitunter Gold wert. Eine glückliche Hand und Geschick zeigte Milošević mit der Annäherung an seinen älteren Kommilitonen Ivan Stambolić, den er während des Studiums kennen gelernt hatte und der sein "guter Engel" werden sollte. Ivan Stambolić war ein Kind der Provinz aus dem Dorf Brezova in der Nähe von Ivanjica. Drei seiner Brüder studierten und machten das Hochschuldiplom, der vierte blieb im Dorf. Für Stambolić, der aus einer kommunistischen Familie stammte, die auch in ihrem eigenen Kreis der sozialistischen Klassenteilung Rechnung tragen wollte, war der blaue Arbeitsanzug der Arbeiterklasse vorgesehen. Aus Brezova ging er nach Belgrad, wo er eine Lehre absolvierte, obgleich sein Onkel Petar Stambolić schon jahrzehntelang ein Spitzenpolitiker war. Aus dem Wunsch heraus, mehr zu erreichen, fing er an, neben der Arbeit her zu studieren und schaffte den Abschluss der juristischen Fakultät. Hier traf er auf Slobodan Milošević, mit dem er die Sternstunden einer schönen Freundschaft, einer politischen Partnerschaft und später die katastrophale Niederlage und Demütigung erlebte.

Stambolić war der Anführer einer jüngeren Politikergeneration, die sich ihren hindernisreichen Weg bis zur Regierungsspitze bahnte und dafür prädestiniert war, die alte Partisanengarde abzulösen. Seine Karriere entwickelte sich schrittweise und unauffällig. Er war ambitioniert, anpassungsfähig und kam mit den politischen Aufgaben gut zurecht. Ihm war es vergönnt zu herrschen, ohne sich dabei herrisch geben zu müssen. Offene Gewalt war nicht sein Stil, wodurch er die Zuneigung vieler Journalisten gewann. Die Macht erreichte er, indem er geduldig seine Kontakte aufbaute und jüngere, gebildete Kader um sich versammelte. Stambolić bemühte sich, die liberaleren Intellektuellen zu gewinnen, wenn auch nur diejenigen, die das kommunistische Regime nicht in Frage stellten.

Was brauchte der strebsame Slobodan Milošević mehr, als die Sympathie eines Ivan Stambolić? Und die hatte er im Übermaß, wie das bei unzertrennlichen Freunden zu sein pflegt, zumal wenn sie auch noch politische Gesinnungsgenossen sind.

Zadar, im Herbst 1968

Die nun folgende Geschichte hängt mit dem Aufenthalt unserer Hauptfigur in Zadar zusammen, wo sie ihren jungen Ehemann und Soldaten Slobodan Milošević besuchte. Die Namen der Gastgeber, bei denen sie wohnte und die übrigens zur weiteren Verwandtschaft der Mira Marković gehören, bleiben hier aus verständlichen Gründen ungenannt.

Slobodan und Mirjana M. waren der breiteren Öffentlichkeit damals nicht bekannt. Beide standen am Anfang ihrer Karriere, verfügten allerdings über gute Empfehlungen. Sie war Diplom-Soziologin, Parteiaktivistin und die Tochter eines hohen Parteifunktionärs, des Volkshelden Moma Marković. Sie bedauerte damals, nicht das Schauspielstudium gewählt zu haben, denn sie hätte gern Regie geführt. Diese Neigung sollte später zum Ausdruck kommen, als sie die Politik zu ihrer Lebensaufgabe machte.

Slobodan Milošević hatte erfolgreich sein Jurastudium abgeschlossen. Den ersten Lohn bezog er vom Belgrader Hochschulkomitee der Partei, dann wurde er mit einer äußerst positiven Charakteristik ("Energisch, fleißig, diszipliniert bei der Ausführung der Aufgaben") als Rekrut der Offiziersschule angenommen. In seinem Lebenslauf hatte er nur eine Schwachstelle: seine körperlichen Fähigkeiten für den Militärdienst waren zweifelhaft. Unter den vielen hervorragenden Studiennoten hatte er im Fach Vormilitärische Ausbildung nur eine Sieben auf der zehnstufigen Notenskala, das heißt "befriedigend". Aufgrund seiner schwächlichen Gesundheit hatte man ihn im Gymnasium vom Sportunterricht befreit. Und seine Freunde beteuern, natürlich mit den üblichen Übertreibungen, dass er nie im Leben durch Laufen ins Schwitzen geraten sei und niemals etwas Schwereres als einen Löffel in die Hand genommen habe. Dafür besaß er jedoch einen anderen, für das Fortkommen im Leben viel wichtigeren Vorzug: ein gutes Parteischulzeugnis.

Die Beziehung zwischen Mira Marković und Slobodan Milošević war weit mehr als die in diesem Alter übliche Jugendliebe. Die beiden waren so eng aufeinander bezogen, dass ihnen nach eigenem Bekenntnis nichts schwerer fiel, als voneinander getrennt zu sein. Das kam nur während der Schulferien im Sommer vor, wenn die Gymnasiastin Mirjana mit ihrem Vater auf Brioni Urlaub machte, und damals in Zadar, als Slobodan M. dort seinen Wehrdienst ableistete. Ihrer Freundin und Journalistin der Frauenzeitschrift "Duga" sollte die Marković später anvertrauen, dass Slobodan und sie ihre Briefe aus der Jugendzeit in einem romantischen Kästchen mit zarten Blütenmotiven aufbewahrten. Auch dieses Detail trägt dazu bei, die gegenseitige Beziehung der beiden besser zu verstehen.

Jetzt also die Begebenheit, die den Anlass für diesen Rückblick bildet und durch die eine nüchterne und sonst zurückhaltende Verwandte Mirjana Markovićs sehr ins Staunen geriet. Während die beiden Frauen in ein Gespräch vertieft über den Marktplatz von Zadar schlenderten, hielten sie vor einem Schaufenster an, worin auf einem Ehrenplatz das Porträt Titos stand. Mirjana schaute lange ins Schaufenster hinein, drehte sich dann um und sagte leise: "Genau so wird eines Tages Slobodans Porträt da stehen!"

Die Verwandte blickte sie neugierig und etwas verdutzt an. Nicht ganz von ungefähr erschrak sie ob des gerade Gehörten. Dass es jemand mit einer solchen Frechheit wagte, für den Genossen Tito, den weltbekannten Staatschef und Vaterfigur des neuen Jugoslawien, "der unsere Vergangenheit, Gegenwart und Zukunft ist", den eigenen jungen aufstrebenden Ehemann als Nachfolger zu sehen, das überstieg jegliches Maß.

"Du meinst, Slobodan soll Staatspräsident Serbiens werden?"

"So wie Titos Foto hier, so wird das von Slobodan im Schaufenster stehen", wiederholte Mirjana abwesend, als spräche sie über etwas, woran kein Zweifel möglich ist.[4]

Sonntag, 4. Mai 1980

Nachmittags so gegen 16.10 Uhr rief Bora Mirković, der Chefredakteur des Belgrader Fernsehens, bei mir an. "Komm sofort in die Redaktion", sagte er kurz und legte den Hörer auf. Ich war mit Bora gut befreundet. Vier Monate nach diesem Anruf starb er, dreiundvierzigjährig. Bei seinen Kollegen ist er als glänzender Redakteur in Erinnerung geblieben, der sich mit seiner Ausbildung und seinem Charme meisterhaft in der schwierigen Lage eines Journalisten zurechtfand.

Ich machte mich sofort auf den Weg ins "Politika"-Gebäude, ohne Bora um eine Erklärung zu bitten. Ich wusste, worum es sich handeln könnte. Vor dem Hochhaus des Serbischen Fernsehens stand ein Übertragungswagen, und die herrschende Hektik bestätigte mir, dass es nun also geschehen war.

In der Redaktion zog es mich automatisch zu dem unsichtbaren, illegalen Vermittlungsapparat mit dem Namen DTS, Täglicher Telex-Service. Außer den regelmäßigen Agenturmeldungen von Tanjug, deren Informationen man frei verwenden konnte, nutzten viele Zeitungsredaktionen auch einen exklusiven, kleinen Teleprinter, der hauptsächlich den Institutionen und der Funktionärselite zur Verfügung stand, für den internen Nachrichtenaustausch.

Dieser Dienst war den Journalisten häufig willkommen, denn er veröffentlichte manche sonst unzugängliche Information. Aber die Unannehmlichkeiten überwogen, denn mit seiner Hilfe wurden die Funktionäre über die verdächtigen politischen Standpunkte der Presse unterrichtet. Häufig setzten diese Informationen dann die harte Parteimaschinerie in Gang, und deshalb nannten die Journalisten den DTS manchmal aus Spaß, aber oft verbittert den "Spitzel". Vier Monate hatte Titos Aufenthalt in der Klinik von Ljubljana gedauert, und tagtäglich wurden wir über den DTS über seine Krankheit auf dem Laufenden gehalten. Nun teilte das Ärztekonsilium mit, Tito sei um 15.05 Uhr verstorben. Die Öffentlichkeit wurde darüber erst vier Stunden später informiert.

Auch wenn sie voller Unsicherheit war, brachte uns die Zeit um Titos Tod und danach eine gewisse Ermutigung. Die neue Führung handelte in sich geschlossen und selbstsicher. Im Unterschied zu anderen kommunistischen Regimen, wo jede Veränderung an der Spitze der KP ganze Funktionärsriegen in Ungewissheit stürzte, war in Jugoslawien die politische Bürokratie auf die Machtübernahme vorbereitet. Mit diesen Vorbereitungen hatte man bereits in den siebziger Jahren begonnen. Nach Kardeljs Plan, der von Tito abgesegnet und unterstützt worden war, hatte man ein kollektives Staatsorgan gebildet, in dem jedes Mitglied nur einen Teil der Macht besaß, während Tito allein über die gesamte Macht verfügte. Es wurde alles getan, um ihn unersetzlich zu machen. Das System war so klar ausgearbeitet, dass man sogar einige Jahre im voraus wusste, wer wo stehen bzw. welchen Platz einnehmen würde. Somit konnte die Macht friedlich übernommen werden.

Das Staatspräsidium der SFR Jugoslawien setzte sich damals aus Cvijetin Mijatović, Vidoje Žarković, Vladimir Bakarić, Lazar Koliševski, Sergej Krajger, Petar Stambolić, Fadilj Hoxha und Stevan Doronjski zusammen.

Dem Präsidium des BdKJ gehörten Vladimir Bakarić, Dobrosav Ćulafić, Stane Dolanc, Veselin Đuranović, Aleksandar Grličkov, Fadilj Hoxha, Nikola Ljubičić, Andrej Marinc, Branko

Mikulić, Miloš Minić, Lazar Mojsov, Hamdija Pozderac und Petar Stambolić an.

Die Spitze der Politbürokratie, die im letzten Jahrzehnt der Tito-Ära mit der Sorge beschäftigt gewesen war, zu überleben, solange Tito noch am Leben war, und die erreichte Position zu halten, war sich einig in ihrer Angst. Alle wussten, dass sich nach seinem Tod die Kräfteverhältnisse ändern würden. In der Zwischenzeit waren insbesondere in Serbien und Kroatien ganze Funktionärsbataillone aufgerieben worden. Nur die eiskalten Rechner waren übriggeblieben, die warten und abwarten konnten.

Noch zu Lebzeiten Titos wurde die Macht in die Hände der Parteioligarchie der Republiken und Provinzen übergeben, während sich die jugoslawische Staatsspitze dank Tito erhalten hatte. Mit seinem Tod zerriss auch diese Klammer. Alles war wie früher: die politische Spitze, das Militär, die Polizei, die zensierte Presse. Und dennoch war nichts wie früher. Allein dadurch, dass es keinen absoluten Herrscher mehr gab und die Macht schon früher zerstückelt auf kleine Fürstentümer verteilt worden war, ließ der Einfluss der allgemeinen Kontrolle nach. Alles erschlaffte, nur die Macht erhielt sich auf schmalen Besitztümern aufrecht, und ein Sturm kündigte sich an: die Albaner forderten ihre eigene Republik, die bedrohten Serben rebellierten im Kosovo, die Dissidenten und Intellektuellenkreise gaben sich mit ihren begrenzten Freiheiten immer weniger zufrieden.

Die Beisetzung Alexander Rankovićs 1983 steigerte sich zu einer nationalen Kundgebung. Anders ist nicht zu erklären, wieso Hunderttausende von Menschen zur Beerdigung dieses hohen kommunistischen Funktionärs kamen, der in Dubrovnik an einem Herzinfarkt gestorben war; er hatte nach seinem politischen Sturz auf der Insel Brioni siebzehn Jahre still als Rentner vor sich hingelebt, war also politisch längst tot und vergessen gewesen. Auch in seiner Position als ehemaliger Polizeichef hätte er eine solche Menschenmenge niemals angezogen. Zu Zeiten Rankovićs waren die Albaner ruhig: so überlegten die aufgebrachten Serben. Und während der Trauerzug die Allee der Volkshelden hinuntermarschierte, skandierte die Menge "Leka, Leka!", den Spitznamen Rankovićs.

All dies sollte Auswirkungen auch auf das Leben von Slobodan Milošević haben, der nun nach jahrzehntelanger Tätigkeit in Wirtschafts- und Finanzkreisen an die Pforte der hohen Politik klopfte.

Freundschaftliche Umarmung

Wie das Ziel heilig wird und alle Mittel recht sind, oder: Slobodan Milošević ebnet mit Hilfe einflussreicher Freunde den Weg für seine Karriere.

Jugendfreundschaften enden in der Regel mit der Schulzeit. Ivan Stambolić und Slobodan Milošević pflegten ihre Freundschaft weiter, und sie verwandelte sich mit der Zeit in ein starkes politisches Bündnis. Anführer war Stambolić, dessen Karriere Schritt für Schritt und unauffällig verlief, jedoch Stufe um Stufe näher an die Gipfel der Macht heranführte. Neben ihm stieg still und leise auch Slobodan Milošević auf. Zuerst wurde er Stambolićs Stellvertreter im Energieunternehmen Technogas; als dieser den Direktorensessel räumte, löste Slobodan M. ihn ab; während Stambolić das Amt des serbischen Regierungspräsidenten innehatte, war Milošević Direktor der "Beobanka", eines finanzstarken Bankinstituts: Die Zusammenarbeit der beiden bündelte wirtschaftliche und politische Macht. Als Stambolić im Jahr 1982 Vorsitzender der Belgrader KP wurde, war Slobodan M. bereits Präsidiumsmitglied des serbischen ZKs des BdKJ, mit der Option, in der nächsten Wahlperiode seinen Freund an der Spitze der Belgrader Kommunisten abzulösen.

Wen sollte Stambolić 1984 als Führungsfigur der Belgrader Kommunisten vorschlagen, als er Präsident der Kommunisten Serbiens wurde? Natürlich seinen vertrauten Freund Slobodan M., auf den er sich verlassen konnte und der die Eigenschaften mitbrachte, die ein solch vielschichtiges Umfeld erforderte. Belgrad galt seit langem als wichtigstes Zentrum der Opposition und als "Feindesnest". Es gab fast keinen öffentlichen Auftritt Titos, in dem er nicht den "Belgrader Untergrund" erwähnte. Sogar die Position der serbischen Führung hing von den politischen Umständen in der

Hauptstadt ab. Deshalb wurden hier vielfach überprüfte Kader eingesetzt, hart und verlässlich, und so einer war Milošević. Das war auch der Anfang vom Ende des unglücklichen Stambolić.

Slobodan M. hätte auch einen anderen als den erwarteten Weg nehmen können. Jung und politisch unbelastet, mit den Qualitäten eines Technokraten und internationaler Erfahrung (er war als Banker mehr als sechzig Mal in Amerika gewesen), ergriff er die Gelegenheit, die Liberalisierung nach Titos Tod für sich zu nutzen. Er hatte gute Vorbedingungen: die früher straff angespannten Zügel wurden gelockert, der russische Eisberg begann zu schmelzen, und Belgrad mit seiner äußerst gut entwickelten Presse war seit gut zehn Jahren schon der Brennpunkt des Dissidententums und Motor vieler freiheitlicher Ideen. Für einen mutigen Mann und Reformer war das eine gute Ausgangsposition.

Aber Milošević war Pragmatiker, ein Mann des Augenblicks mit ausgeprägtem Selbsterhaltungstrieb. Stets entschied er sich für das, was ihm heute gerade nützlich war. Als Chef der Belgrader Kommunisten schien es ihm am gewinnbringendsten, das schwankende Vertrauen in den Kommunismus wieder zu festigen und mit den Mächtigen des Regimes zu paktieren. Die Macht war geschwächt und glitt der Spitze aus den Händen, und die erschrockene Bürokratie wartete sehnsüchtig auf einen Mann, der wieder Kraft und Schwung in die Parteiarbeit brachte. Und gerade Milošević erfüllte das Maß des Parteiapparats. Er ließ sich mutig auf Konflikte ein und stellte sich als Mann dar, für den es keine unüberwindlichen Hindernisse gab.

Sein Aufstieg begann mit der Eroberung der führenden Presseorgane, zuallererst der Tageszeitung "Politika"; dank des geschickt angewandten Prinzips "teile und herrsche" erzielte er rasch erste Resultate bei den Printmedien. Das frühere Regime hatte mit den Medien ausschließlich über den Chefredakteur kommuniziert. Wie die Zukunftsaussichten einer Zeitung einzuschätzen waren, hing sowohl von den veränderlichen politischen Umständen ab wie von den Chefredakteuren selbst. Unter diesen gab es exzellente Leute mit herausragenden Fähigkeiten, die bereit waren, ihre Karriere zugunsten ihres Berufes zu opfern, wie es u.a. Bogdan Pešić und Aleksandar Nenadović taten (ich erwähne nur die beiden, mit denen ich am längsten zusammengearbeitet habe).

Milošević fand ein probateres Mittel, um sich die Presse zu unterwerfen. Statt Anordnungen zu treffen und Strafen auszuteilen, versammelte er um das Stadtparteikomitee herum Dogmatiker und leicht zu bestechende Journalisten, die ihm bedingungslos zur Hand gingen. Nicht das Komitee oder das Parlament rief die Presse jetzt zur Ordnung; diese undankbare Aufgabe übernahmen von nun an bereitwillig die Journalisten selbst. Sie waren mit den Verhältnissen in den Redaktionen besser vertraut und legten, das zeigte sich schnell, größeren Elan an den Tag, wenn es darum ging, ihre Kollegen auszubooten, die anderer Meinung waren. Sie hatten dazu auch formal die Rückendeckung des Informationsministeriums, das mit weitreichenden politischen Vollmachten auch in Bezug auf die Presse ausgestattet war. Aus diesem Kreis von Journalisten stammten die Redakteure und Kommentatoren, die wie Heuschrecken die serbische Presse kahl fraßen und auf das niedrigstmögliche professionelle Niveau herunter drückten.

Eine ähnliche Situation herrschte auch in den anderen Bereichen des öffentlichen Lebens, überall wurde die Loyalität zur Partei durch eine Begrenzung der Freiheiten gefestigt. Als die Werke des bedeutenden Vertreters der serbischen Kultur Slobodan Jovanović, einst Premier der königlichen Exilregierung, mit Billigung der serbischen Parteispitze verlegt werden sollten, widersetzte sich das Belgrader Stadtparlament. "Der Kriegsverbrecher Slobodan Jovanović wird in Belgrad niemals durchkommen, darauf können sich alle verlassen", sagte Milošević. Weiter bemerkte er: "Wer Jovanović lesen will, möge ins Antiquariat gehen." In der Zeit der nationalen Euphorie sechs Jahre später schmückte die "Politika" ihren Publizistikpreis, der bis dahin nach dem Sozialisten Dimitrije Tucović benannt war, mit dem Namen des "Kriegsverbrechers" Slobodan Jovanović.

Der erste bedeutende Sieg Miloševićs ist mit der sogenannten "Rückkehr zum Marxismus" verknüpft. Zu einer Zeit allgemeiner Unzufriedenheit mit dem Fach "Marxistische Erziehung" als solchem und mit seinen Inhalten gab es selbst in den Gremien der Partei den Willen und den Wunsch, das Bildungswesen zu reformieren. Der größte Widerstand ging von der Universität aus, und zwar von der ideologischen Strömung um Mira Marković, in der sich Miloš Aleksić, Danilo Marković, Vlajko Petković, Nebojša Maljković, Jagoš Purić, Radoš Smiljković und Vladimir Štambuk durch ihr Engagement hervortaten. Diese Gruppe trug auf der stürmischen ZK-Sitzung der serbischen KP am 17. Juli 1985 den Sieg davon und schlug dann Milošević als den starken Mann für das Amt des Vorsitzenden der Kommunisten Serbiens vor. Er griff damals die Bildungsreformer an, sie würden sich die "Hände vom Sozialismus reinwaschen" und forderte sie auf, "aus dem Zentralkomitee und seinen Gremien auszutreten". Das war die Niederlage des liberalen Parteiflügels und der erste Schritt auf dem Weg zum Aufbau des neuen Führers.

Zu jener Zeit stürmte er zusammen mit seiner Mannschaft in voller Berechnung zu den Gipfeln der Macht. Die Maschinerie funktionierte perfekt. Ganz genau wog er die Möglichkeiten ab und setzte auf das politische Programm, das Aussicht auf Erfolg hatte: Er versprach der verängstigten Bürokratie Sicherheit; dann errang er die Zuneigung der einflussreichsten Politiker, Petar Stambolić, Nikola Ljubičić, Dobrivoj Vidić und Dušan Čkrebić; und mit der Loyalität von Ivan Stambolić, des serbischen Kaderführers, sicherte er sich einen äußerst zuverlässigen Helfer. Sie alle dachten, sie hätten einen agilen, energischen, sympathischen Slobodan Milošević vor sich, einen "richtigen Kommunisten", der in ihrem Schatten stehen würde.

Der 26. Januar 1986

Alles war vorbereitet für den weiteren Aufstieg des Slobodan

Milošević. In der serbischen Parteiführung des BdKJ kam es zur üblichen Wachablösung. Für Ivan Stambolić war das Amt des Präsidenten der Republik Serbien vorgesehen, und nun musste ein Nachfolger für ihn gewählt werden. Wer das sein würde, hing hauptsächlich von Ivan Stambolić und den führenden alten Parteikadern ab. Slobodan M. musste sich keine Sorgen machen: er hatte sie schon alle für sich gewonnen. Ihren Wunsch sprach Titos General, der mächtige Nikola Ljubičić aus.

"Slobodan hat sich im Kampf gegen den Nationalismus, gegen den Liberalismus und alle Formen der Konterrevolution in Belgrad engagiert", sagte Ljubičić auf der Sitzung der Parteiführung, als er Milošević zum Vorsitzenden der Kommunistischen Partei Serbiens vorschlug. "Ich habe Slobodan Milošević als Kämpfer gegen die Konterrevolution erlebt und wünschte mir, dass er diese Aktivität weiter fortführt, und zwar mit noch mehr Konsequenz."

Es lief jedoch nicht alles nach Plan. In der Partei hatten sich nach dem Tod von Marschall Tito die Kräfteverhältnisse verändert. Man fühlte den Atem der Freiheit, und die Parteikader wagten es, ihre eigenen Überzeugungen zu äußern. Neben einer starken Hausmacht hatte Milošević auch zahlreiche Gegner, die sich nicht mit der bürokratischen Effektivität und dem kommunistischen Konservatismus des favorisierten Kandidaten abfinden wollten. Auch dies sollte später ein Grund für die völlige Spaltung der KP-Führung in Serbien werden.

Nie zuvor in der Geschichte der jugoslawischen KP hatte es während der Wahl des Vorsitzenden solche bis an die Grenze der Erträglichkeit gehende Konflikte gegeben, wie zu der Zeit, als Milošević für den Vorsitz des serbischen Zentralkomitees kandidierte. Nicht weniger als acht Kandidaten waren im Gespräch: Slobodan Milošević, Radiša Gačić, Špira Galović, Draža Marković, Slobodan Gligorijević Ajga, Bogdan Trifunović, Žika Radojlović und Ivan Stambolić, falls er in seinem Amt hätte bleiben wollen. Es hätte um ein Haar anders kommen können: Wenn Stambolić sich nur etwas mehr zurückgehalten hätte, wäre ein Kandidat durchgefallen, der schon zwei Jahre später zum politischen Heiligen, zum "Führer aller Serben" avancieren sollte. Dass dies nicht geschah, hatte Milošević hauptsächlich seinem Vertrauten und Busenfreund Ivan Stambolić zu verdanken. Dieser blieb hartnäckig, manövrierte geschickt und behielt seinen Freund weiterhin in der schützenden Umarmung: er ließ keinen weiteren Kandidaten für die Wahl zu. Er war sogar zynisch, als er seine berühmte Empfehlung aussprach: "Wir sind nicht von einem Kandidaten ausgegangen, aber wir sind zu einem gekommen!" Was bedeuten sollte: es wurde gesucht, gesucht und schließlich der Beste unter den Besten gefunden – Slobodan Milošević.

Müde nach der Anspannung der schwierigen Sitzung, erholen sich die beiden Genossen Ivan Stambolić und Slobodan M. im Belgrader Café "Bei Ero". Es gibt keine angenehmere Müdigkeit als die des Siegers. Als solche fühlen sich die beiden an diesem Abend, während sie plaudernd die zwei anstrengenden Tage, die so glücklich ausgegangen waren, vor dem inneren Auge Revue passieren lassen. Zu ihnen gesellt sich ein dritter Held dieser Biographie, Dragiša Buca Pavlović. Und damit sitzen die drei zukünftigen Machthaber, die Chefs der drei mächtigsten Institutionen Serbiens am Tisch: der Präsident der Republik Serbien, der Vorsitzende des Bundes der Kommunisten Serbiens und der Vorsitzende des Belgrader Stadtkomitees der Partei, drei Politiker, vor denen sich der Himmel aufgetan hatte. Dies sollte ihr letzter gemütlicher Abend sein.

In der Morgendämmerung nach diesem nächtlichen Zusammensein setzte sich Slobodan M. in den Wagen und fuhr in das 220 Kilometer weit von Belgrad gelegene Dorf Brezova, um den alten Petar Stambolić über den Verlauf der Sitzung zu informieren. Obwohl er schon seit 1984 in Pension war, galt Petar Stambolić als eine Persönlichkeit, die nicht zu übergehen war. Und der noch immer unsichere Protagonist unserer Biographie nahm Rücksicht darauf und verhielt sich Petar S. gegenüber aufmerksamer als zu Ivan Stambolić, mit dem er ohnehin schon jahrelang aufs Engste verbunden war. Der alte Stambolić verbarg seine Genugtuung über diese

Aufmerksamkeit seines Auserwählten nicht, er war überzeugt, sich für den richtigen Mann eingesetzt zu haben.

Zum Wahlparteitag ins Belgrader Save-Center kam Milošević auf Krücken humpelnd, mit einem Gipsbein. Es hieß, er habe sich das Bein beim Skifahren auf dem Kopaonik in den südserbischen Bergen gebrochen. In Wirklichkeit hatte der Unfall in der großen Staatsvilla bei Smederevo, auf der Doppelfeier zum Abschied und zur Amtseinführung von Ivan Stambolić stattgefunden; Slobodan M. war auf verschüttetem Bier ausgerutscht.

Seine Wahl zum Vorsitzenden wurde lustlos aufgenommen, er bekam sogar nur 1281 von 1354 möglichen Stimmen und damit die wenigsten unter den Kandidaten für das Zentralkomitee. Lauwarmer Beifall begrüßte ihn im Save-Center, in der gleichen Halle, wo er bald mit stehenden Ovationen gefeiert werden sollte.

In den Jahren des Tito-Regimes war die Macht in Serbien geteilt worden. Es gab zu viele starke Persönlichkeiten, als dass nur eine von ihnen die absolute Macht hätte erringen können. Mitte der siebziger Jahre blieb Ivan Stambolić als Anführer der jüngeren Generation allein an der Spitze, ohne ernsthaften Konkurrenten. Die alten Parteikader traten ab oder hatten immer weniger Einfluss. Milošević konnte als loyaler Mitarbeiter von Ivan Stambolić am ehesten mit dem Amt des zweiten Mannes im Staat rechnen. So schien es. Er würde es nicht wagen, sich als Führungspersönlichkeit aufzudrängen, glaubte man allgemein. Im übrigen stand hier sein bester Freund zur Debatte, dem er ewigen Dank schuldete.

Milošević jedoch dachte anders. Als Geschäftsmann und Banker betrachtete er auch eine Freundschaft unter geschäftlichem Aspekt. Warum sollte er ein Anhängsel sein? Seine Macht als Parteichef erlaubte es ihm, die Segel zu setzen, und am wenigsten war er von Skrupeln gegenüber einem Mann belastet, der ihm den politischen Aufstieg ermöglicht hatte. So sollte sein bester Freund und Gönner Ivan Stambolić zu seinem wichtigsten Gegner werden.

Was sich da für Ivan S. hinter seinem Rücken zusammenbraute, ließ Mira Marković am Silvesterabend vor der Wahl

Miloševićs zum Parteivorsitzenden durchblicken. Neujahr wurde in der Wohnung des Ehepaars Milošević im Belgrader Stadtteil Vračar im Kreise zukünftiger Funktionsträger des 8. ZK-Plenums der serbischen KP gefeiert. Während des Festes, auf dem politische Gespräche unvermeidlich waren, wandte sich Mirjana M. an ihren Gatten: "Slobo, Ivan schwätzt zu viel! Wir müssen etwas unternehmen!" Das taten sie, und zwar sehr bald.

Die genau berechnete Vorbereitung zum Putsch begann, so könnte man sagen, unmittelbar nach den Wahlen zur neuen Parteispitze. Milošević stellte seine Mannschaft zusammen, versammelte zahlreiche Mitarbeiter um sich und stärkte den Parteiapparat, der Stambolić an den Rand drängte. Den Kern des Milošević-Teams bildeten General Nikola Ljubičić, Bogdan Trifunović, Dušan Mitević, Borisav Jović, Radmila Anđelković, Zoran Sokolović, Živorad Minović und eine starke Gruppe von Universitätsprofessoren mit Radoša Smiljković an der Spitze, die im Belgrader Stadtkomitee verankert war. Dobrivoje Vidić, Dušan Čkrebić und General Petar Gračanin waren nützliche Verbündete, und hinter den Kulissen agierte Mira Marković. Sie war Slobodan M.s oberste Beraterin, heizte seinen Ehrgeiz an, schrieb seine Reden, manipulierte ihn gegen seinen Freund Stambolić ("Uns zwei hat Mirjana auseinandergebracht", behauptet dieser) und unterstützte ihn bei der Bildung einer Fraktion, die im Frühjahr 1987 zum offenen Kampf übergehen sollte.

Herbst 1986

Eine wichtige Rolle in dieser Biographie spielt auch das Memorandum der Serbischen Akademie der Wissenschaften und Künste, denn in den politischen Auseinandersetzungen wurde es als Zünder und Vorbote für den Zerfall Jugoslawiens gewertet. So wurde der Begriff vom "Serbien des Memorandums" geprägt, dessen "Kind Slobodan Milošević" ist. Die Wurzeln aller späteren Ereignisse, der "antibürokratischen Revolution", der "Großserbien-

Idee", ja sogar des Krieges, der zum endgültigen Zerfall Jugoslawiens führte, wurden vorschnell in diesem Dokument vermutet, und die allseitige Unterstützung, die viele Akademiemitglieder nach dem 8. ZK-Plenum der serbischen KP Milošević angedeihen ließen, stützte nur die These, alles Übel hätte seinen Ursprung in dieser angesehenen Institution.

Das 74-seitige Memorandum ist ein unfertiges Dokument, das als Diskussionsgrundlage dienen sollte. Wenn man es liest, erkennt man, dass es von Männern geschrieben wurde, die kein klares Konzept von der Zukunft Jugoslawiens hatten. Es ist eine Mischung nationalen und demokratischen Protests gegen das Tito-Regime, eher in der Sprache der politischen Propaganda denn als wissenschaftliche Abhandlung verfasst. Mit dem Inhalt des Memorandums kann man alles beweisen, wie das auch sonst mit unklaren Texten der Fall ist. Im Memorandum wird weder Jugoslawien als Staat in Frage gestellt, noch ist es aus dem Blickwinkel eines "Großserbien" geschrieben, wie man es dieser Schrift später nachsagte. Im Gegenteil, die "selbsternannten und selbstgewählten Verteidiger nationaler Sonderinteressen" werden verurteilt. Mit einer kleinen Ausnahme ist es sogar ein prosozialistisches und projugoslawisches Dokument, als sei es in den herrschenden Parteigremien verfasst worden.

Ein Teil dieses Memorandums erhitzte jedoch die Gemüter und ließ ganz Jugoslawien in Aufruhr geraten. Es war ein kurzes Kapitel über die ökonomische, kulturelle und politische Diskriminierung der Serben, in dem der schon bekannte Slogan "Schwaches Serbien – starkes Jugoslawien" und das zwischen Kroatien und Slowenien bestehende Bündnis offen angesprochen wird. Serbien werde ausgebeutet, heißt es da, und die Ausbeutung seiner Wirtschaft, die schon zu Zeiten des Königreichs Jugoslawien begonnen habe, sei unter der Herrschaft Titos und Kardeljs noch weiter fortgesetzt worden.

Die Publikation des Memorandums in der Abendzeitung "Večernje novosti", die unter ungeklärten Umständen dank dem

Journalisten Aleksandar Đukanović zustande kam, brachte die serbische Führung in eine äußerst unangenehme Lage. Seine Inhalte wurden in Zagreb, Priština, Novi Sad und Sarajevo ausgiebig als Beweis für großserbische Aspirationen dargestellt. Wie würde Milošević als Parteiführer reagieren? Zu jener Zeit wurde das Bekenntnis zum Nationalen noch immer mit dem Messer geahndet, und die Ächtung von Nationalisten galt als bester Beweis für die Loyalität zur Partei. Immer in Bewegung, wie es sich für einen konsequenten Titoisten gehörte, nutzte Milošević die Gelegenheit, mit den Flügeln zu schlagen und seine Position zu stärken.

Doch gerade in Bezug auf das Memorandum verhielt sich Milošević ungewöhnlich. Während er in der Öffentlichkeit kaum Kritik an dem Pamphlet äußerte, betrieb er im geschlossenen Kreis gemeinsam mit Nikola Ljubičić, Ivan Stambolić und Dragiša Pavlović eine Hetze gegen die Akademie. Er solidarisierte sich mit seinen Parteigenossen, vermied es aber gleichzeitig, das Memorandum öffentlich zu verurteilen, und überließ diese Aufgabe Ivan Stambolić und Dragiša Pavlović. Mit einem geschickten Manöver umging er sogar etwas, was unvermeidlich für die Technologie der Abrechnung ist: auf der ZK-Sitzung äußerte er seine eigene Meinung zu dem Memorandum nicht. Er führte sowohl die Öffentlichkeit wie die Parteispitze hinters Licht, indem er die Mitglieder der Serbischen Akademie der Wissenschaften durch sein Schweigen unterstützte, sie bei internen Sitzungen aber mit Kritik überhäufte.

Bei einem Besuch der politischen Kader am Institut für Staatssicherheit verurteilte er den Nationalismus als "das wirksamste Gift, das der innere und äußere Feind unserem Land einzutrichtern versucht". Das Memorandum der Serbischen Akademie der Wissenschaften bezeichnete er als "schwarzen Nationalismus, in dem die Zerschlagung Jugoslawiens propagiert wird" und als "Liquidierung der bestehenden Ordnung unseres Landes, wonach kein Volk und keine nationale Minderheit mehr Bestand haben kann".

Über Tito sagte Milošević: "Hier geht es nicht um ein sentimentales Verhältnis, das berechtigter- und begründeterweise jeder unserer Bürger für die Person Josip Broz Titos als historischer Persönlichkeit hegt, die dieses Land geschaffen hat, sondern es geht darum, dass im heutigen Augenblick dieses Land als sozialistische und föderative Republik einzig und allein auf der Grundlage von Titos Politik weiter Bestand haben kann."
Anschließend aber ...

Amselfeld, 24. April 1987

Bis zum Frühjahr 1987 zeigte der zukünftige nationale Führer kein besonderes Interesse für die verfassungsmäßige Position Serbiens. Das Kosovo als sein dankbarstes Thema entdeckte Milošević erst nach seinem Besuch auf dem Amselfeld, zu dem er von Ivan Stambolić überredet worden war und von dem er ruhmbedeckt zurückkehrte. Politiker sind die Macher der Ereignisse, aber auch Ereignisse machen Politiker. Es war vorgesehen, dass Milošević gemeinsam mit Kolj Široko und Azem Vllasi im Haus der Kultur mit politischen Aktivisten sprechen sollte. Aber die Gäste wurden vor dem Gebäude von fünfzehntausend Serben und Montenegrinern erwartet. Auch die Polizei war überrascht: das Volk strömte von allen Seiten herbei, als sprudelte es nur so aus der Erde.

Als das Treffen hinter verschlossenen Türen begonnen hatte, hörte man von der Straße aus einen betäubenden Lärm und Schreie: "Gauner, Gauner!" "Mörder, Mörder!" Steine flogen auf das Kulturhaus, Fensterscheiben klirrten, und die Miliz versuchte mit Schlagstöcken, die wütenden Menschen zurückzudrängen, die ein Gespräch mit dem Vorsitzenden der Kommunisten Serbiens forderten.

Verwirrt und unsicher kam Milošević nach einer Beratung mit seinen Gastgebern aus dem Saal heraus, bleich im Gesicht und entmutigt von dem herrschenden Anblick, zeigte er sich am offenen Fenster. Später wurde dort ihm zu Ehren ein Balkon als Denkmal gebaut, der "Slobos Fensterchen" genannt wird. Dies war sein erster, erzwungener Kontakt mit dem Volk. Bis dahin hatten sich seine Aktivitäten auf eine ruhige Arbeit am Schreibtisch beschränkt. Doch er fand sich gut zurecht. Auf die Zurufe: "Man schlägt uns! Sie prügeln uns!" antwortete er mit einem Satz, der in die Geschichte eingehen sollte: "Niemand darf euch schlagen, das Volk darf niemand schlagen!"[5]

Eine Menschenmenge ist nicht schwer zu gewinnen: Man muss ihr nur sagen, was sie hören will. "Slobo, Slobo!" skandierte man zum ersten Mal den Spitznamen Slobodan Miloševićs.

Ermutigt durch diese Zurufe, fühlte der zukünftige leader, welchen Weg er jetzt einschlagen musste. In seiner Rede spürte man seine nationale Erregung: "Zuallererst will ich euch sagen, Genossen, dass ihr hier bleiben müsst. Dies ist euer Land, hier stehen eure Häuser, liegen eure Äcker und Gärten, eure Erinnerungen. Ihr werdet doch wohl nicht euer Land verlassen, weil es sich hier schwer leben lässt, weil euch die Ungerechtigkeit und Erniedrigung erdrückt. Niemals hat es in der Natur des serbischen und montenegrinischen Volkes gelegen, sich vor Schwierigkeiten zu drücken, sich demobilisieren zu lassen, wenn es in den Kampf gehen soll, sich demoralisieren zu lassen, wenn die Lage schwierig ist. Ihr müsst hier bleiben, wegen eurer Vorfahren und eurer Nachkommen. Die Ahnen würdet ihr beschämen, die Enkel würdet ihr enttäuschen… Es gibt kein Jugoslawien ohne das Kosovo! Jugoslawien fällt auseinander ohne das Kosovo! Jugoslawien und Serbien werden das Kosovo nicht hergeben!"

Auf dem Amselfeld atmete Milošević zum ersten Mal den betäubenden Duft des Ruhms. Das Fernsehen zeigte erschütternde Szenen mit weinenden Menschen und der Gewalt der Miliz, aber in erster Linie Miloševićs zündende Botschaften: "Niemand darf euch schlagen!" "Auf diesem Boden wird es keine Tyrannei geben. Auch diese Schlacht werden wir gewinnen!" Alle Sympathien waren auf seiner Seite. Über seine instinktiven Reaktionen sprach und schrieb man wie über die Tat eines mutigen, ehrlichen Politikers, der sich auf die Seite eines bedrohten Volkes stellt.

Die Literaturzeitung "Književne novine", die früher die undemokratischen Methoden der Milošević-Führung verurteilt hatte, veröffentlichte auf der Titelseite eine Ode von Radoslav Zlatanović, die *Hymne auf der Grasnarbe*: "Es kam jedoch ein junger, schöner Redner / aufs kurz geschor'ne Haar fiel ihm das Licht des Sonnenuntergangs / Ich werd' mit meinem Volk auf dem Brachland sprechen, sagt er / Im Schulhof und auf dem Acker..."

Aber Milošević war vorsichtig, noch war ihm die Macht nicht sicher. Das Schicksal eines Politikers wird nicht durch die vorherrschende Stimmung der Öffentlichkeit, sondern durch das Kräfteverhältnis an der Parteispitze entschieden. S.M. passte sich an und balancierte geschickt hin und her zwischen Schmeicheleien für das Volk einerseits und die Machthaber in der Partei andererseits, die er von seiner Loyalität zu Tito zu überzeugen suchte. "Alle in Jugoslawien müssen wissen", war seine Botschaft an das jugoslawische ZK, "dass weder damals im Krieg noch heute, weder das alte noch das neue Unwesen der Tschetniks, weder der alte noch ein neuer Nationalismus in Serbien eine Chance haben werden!" Ein Jahr später, zur Zeit der populistischen Bewegungen, weihte er eine Gedenktafel an dem Haus in der Užička-Straße ein, im dem Edvard Kardelj, der Begründer des Selbstverwaltungssozialismus, gewohnt hatte.

Nach seinem Aufenthalt auf dem Amselfeld stattete er aus Angst, die Polizei zu vergrätzen, dem Bundesminister für Innere Angelegenheiten Dobroslav Ćulafić einen Besuch ab und erklärte ihm, sein ausfallendes Verhalten der Polizei gegenüber sei nur ein politisches Tagesbedürfnis gewesen, um ein Blutvergießen zu vermeiden. Die beiden trennten sich freundschaftlich. Ćulafić schenkte Milošević eine Armbanduhr Marke "Schaffhausen" mit eingravierter Widmung Titos aus dem noch vorhandenen Uhrenvorrat, mit dem zu Lebzeiten von Josip Broz die aktivsten Polizisten ausgezeichnet worden waren.

Das alles war eine gute Vorbereitung auf die Dinge, die da kommen sollten. Als Motto könnten die folgenden Zeilen des Ljubomir Nenadović dienen: "Freunde und Schatten haben eins gemeinsam: sie sind nie ständig da, an Wolkentagen bist du einsam".

Der Ball der Vampire

Von einem geheimen Treffen in Požarevac, von Mira Markovićs Kommentar in der Zeitung "Ekspres", gezeichnet Dragoljub Milanović, vom bitteren Schicksal politischer Freundschaften und von der letzten Begegnung zwischen Milošević und Stambolić.

Bei politischen Abrechnungen werden erst die niedrigeren Chargen vorgeschoben, gewöhnlich die Presse, während die Hauptakteure im Hintergrund bleiben. Angegriffen wird dort, wo der Gegner am schwächsten ist. Nach Einschätzung der Milošević-Fraktion lag diese Achilles-Ferse beim Chef der Belgrader Kommunisten Dragiša Pavlović, der mehrere Jahre eng mit Ivan Stambolić zusammengearbeitet hatte.

Jung wie er war und mit drei Hochschuldiplomen ausgerüstet, hätte Pavlović zu anderen Zeiten eine glänzende politische Karriere machen können. Aufgrund seiner Fähigkeiten hätte er auch ein besseres Ende verdient gehabt. Dass er den Dialog zur Form der politischen Auseinandersetzungen erklärte, war abgesehen von allen Unzulänglichkeiten ein Schritt nach vorn in einer Gesellschaft, in der alle Fragen hinter verschlossenen Türen entschieden wurden. Er veröffentlichte ein Buch unter dem Titel "Pitanjem na odgovore"[6], und ließ sich mutig auf kontroverse Debatten mit führenden Intellektuellen aus Dissidentenkreisen ein. Obwohl er das bestehende Regime in Schutz nahm und seine privilegierte Stellung in der Presse nutzte, trug schon die Bereitschaft eines hohen Parteifunktionärs, sich dem Urteil der Öffentlichkeit zu stellen, einen Keim freiheitlichen Denkens in sich.

Die Bürokraten mögen es nicht, wenn die unantastbare Position der Partei in Frage gestellt wird. Und genau das tat Pavlović, indem er in der Öffentlichkeit durch sein Verhalten provozierte und kritische Diskussionen anstieß. Dies sollte ihm nicht verziehen werden. Da er aufgrund seiner Funktion als KP-Vorsitzender der Stadt Belgrad auch an politischen Kampagnen beteiligt war, wurde er plötzlich in die Enge getrieben und von allen Seiten attackiert. Niemand stand zu ihm, und der harte Führungskern, den ihm Miloševićs beschert hatte und der später das 8. ZK-Plenum des BdKJ dominierte, ließ ihm keinen Ausweg. Er wirkte wie ein Amateur unter professionellen Schauspielern.

Dieser umstrittene Pavlović, dessen gute Seiten man erst zu schätzen lernte, nachdem er geopfert geworden war, bildete zu Beginn des Endkampfs um die Macht ein dankbares Ziel der Kritik.

25. Mai 1987

In der Politik ist das Wesen der Auseinandersetzung wichtig: der Anlass ist häufig unbedeutend. Der Flügelkampf zweier Fraktionen in der serbischen Führungsspitze des BdKJ begann mit einem Zwischenfall, der unter normalen Umständen keinerlei Aufmerksamkeit verdient hätte. Zum Tag der Jugend, der in Jugoslawien zu Ehren von Titos Geburtstag gefeiert wurde, erschien an den Zeitungskiosken das Magazin "Student" in einer ungewöhnlichen Aufmachung: auf der Titelseite prangte unter der Überschrift "Ball der Vampire" ein stilisiertes, angefressenes grünes Blatt auf schwarzem Hintergrund. Das Wort "Vampir", ansonsten im Serbischen klein geschrieben, fing mit Majuskel an.

Diese Ausgabe des "Student" lag schon seit Tagen an den Kiosken. Niemand fühlte sich von der Titelseite angegriffen, sie war für den gewöhnlichen Leser schwer verständlich. Wer sollten die Vampire sein, und was bedeutete das zerfressene, grüne Blatt? Die Botschaft war viel zu kompliziert, um einzuschlagen. Doch was das gewöhnliche Volk nicht bemerkte, entging der Parteibürokratie nicht: der Titel war eine Anspielung auf Tito und die Fäulnis des Kommunismus, die sich in Jugoslawien breit machte!

Viele Bücher und Texte, Filme und Theaterstücke wären unbemerkt geblieben, hätte es nicht die wachen Hüter des ideologischen Gewissens gegeben. Ihnen war es zu verdanken, wenn die bescheidene Auflage einer Zeitung erhöht wurde, und das traf auch für das Magazin "Student" zu, mit dem viele politische Affären verknüpft waren. Diese letzte Kontroverse um den provokanten Aufmacher des Blattes sollte als Vorspiel zum 8. ZK-Plenum in die serbische Geschichte eingehen.

Der "Student" wurde von vielen kritisiert, zu Titos Zeiten jedoch nie völlig eingestellt. Seine unmittelbaren Gönner waren die Ideologen vom Parteikomitee der Universität, wobei Mitte der achtziger Jahre Mira Marković hier den größten Einfluss ausübte. Aus ihrer Richtung kam der Fingerzeig an die Partei, dass dieses Studentenorgan "grob die Errungenschaften der Revolution verletzte".

Die Hetzkampagne gegen den "Student" ließ kaum einen Journalisten oder Dissidenten aus Intellektuellenkreisen gleichgültig, wenn er die entsprechenden Seiten in der Tageszeitung "Borba", der Literaturzeitung "Književne novine" und anderen Jugendzeitschriften las. Doch ein Sturm der Entrüstung erhob sich erst, als Serbiens Kultusminister Branislav Milošević sich im politischen Wochenmagazin "NIN" zu Wort meldete und scharf die Parteidogmatiker kritisierte, die überall den Feind suchten und auch finden würden. Am Freitag erschien sein Text in "NIN", und schon am nächsten Tag antwortete die "Politika" mit einer Polemik darauf, worin der Kultusminister "und andere seinesgleichen" des "Antititoismus" geziehen wurden. Der Angriff, der sich offiziell gegen Branislav Milošević richtete, war auf Pavlović und Stambolić gemünzt. Die beiden hatten sich in dem Glauben, "ein politischer Zwischenfall" werde hier unnötig dramatisiert, auf die Seite des "Student" gestellt. Auch dies diente als gute Gelegenheit, die beiden Politfunktionäre in neue Unannehmlichkeiten zu bringen. Slobodan Milošević trat hier als treuer Titoist und da als besorgter Serbe auf, wie es ihm gerade passte. Pavlović wurde das Etikett eines

"Antititoisten" angeheftet, und unmittelbar darauf tappte er in eine neue Falle, sein Patriotismus wurde auf die Probe gestellt und man warf ihm vor, er sei als Serbe "unzuverlässig".

3. September 1987, 3.05 Uhr

Ein Soldat albanischer Nationalität, Aziz Keljmendi, dringt mit einer Waffe in den Schlafsaal der Kaserne von Paraćin ein, tötet vier junge Männer, Srđan Simić, Hazim Džananović, Safet Dudaković und Goran Begić, und verletzt sechs weitere. Was war geschehen? Handelte es sich um die Tat eines Geistesgestörten, wie es auf den ersten Blick wirkte, oder, wie es viele sehen wollten, um die antijugoslawische Demonstration eines hartgesottenen albanischen Nationalisten?

Gerade in diesen Stunden hing es hauptsächlich von den Journalisten ab, in welche Richtung die öffentliche Meinung kanalisiert wurde. Die Belgrader Presse goss durch übermäßige Publizität, eindeutige Überschriften, Kommentare und Leserbriefe Öl ins Feuer und entfachte damit eine antialbanische Stimmung. Die "Politika" widmete dem Ereignis tagelang jeweils vier Seiten einschließlich der ganzen Titelseite.

Die Beerdigung des jungen Serben Srđan Simić verwandelte sich gegen den Willen der Eltern in einen politischen Massenauflauf auf dem Belgrader Neuen Friedhof, wo sich fast zehntausend Menschen versammelt hatten. Während der Trauerzug in andächtiger Stille vorüberzog, waren vom Straßenrand her Rufe zu hören: "Fadilj Hoxha an den Galgen!", "Azem Vllasi 'raus aus Jugoslawien!", "Kosovo liegt in Serbien!", "Lieber tot sein als ein Sklave!" und "Nieder mit den Verrätern!". Der Vater des erschossenen Soldaten drehte sich einmal sogar verärgert zu den Schaulustigen um und sagte missbilligend: "Hört endlich auf damit, am Sarg meines Sohnes euer Mütchen zu kühlen!" Viele Demonstranten versammelten sich anschließend noch am Grab des früheren serbischen Geheimdienstchefs Aleksandar Ranković. In

Rächermanier gab die Presse diesem Ereignis eine ungeheure Bedeutung. Man wollte den Eindruck erwecken, als handle es sich um ein nationalistisches Verbrechen, obgleich ein ärztliches Gutachten Keljmendi als geistesgestört einstufte. Der Täter hatte sich seine Opfer nicht ausgesucht, sondern wahllos um sich geschossen. Getötet hatte er zwei Muslime, einen Serben und einen Kroaten, und von den sechs Verletzten waren drei der Soldaten Muslime, zwei Kroaten und einer Slowene.

Freitag, der 11. September 1987

Die Presse spielte Mitte der achtziger Jahre eine Schlüsselrolle bei der öffentlichen Meinungsbildung in Serbien. Sie schürte die nationale Intoleranz, diente als Hilfsmittel zur Bestechung gegnerischer Fraktionen und bereitete letztendlich das 8. ZK-Plenum vor. Alles, was die Akteure des Konflikts selbst nicht äußern wollten, schrieben die von ihnen ausgewählten Journalisten. Abgesehen vom harten Parteikern standen auch die "Politika" und der "Ekspres" auf Miloševićs Seite und unterstützten die nationale Euphorie und die politische Abrechnung mit Dragiša Pavlović.

Infolge der Tragödie von Paraćin erreichte die nationale Begeisterung hysterische Ausmaße, und hier liegen die Anfänge dessen, was mit den Worten "Es geschah das Volk" das Phänomen der "Politik der Straße" umschreibt, das ein Jahr später ganz Serbien in Aufruhr versetzen sollte. Zum ersten Opfer dieser Politik war Dragiša Pavlović ausersehen, der auf einer Pressekonferenz mutig seine Stimme gegen eine zügellose Aufoktroierung des Serbentums erhob.

"Der Handlungsspielraum für die Lösung des Kosovo-Problems ist jetzt derart eng, dass, auch wenn man in bester Absicht handelt, schon der kleinste Fehler sowohl für die Serben als auch für die Montenegriner im Kosovo und ebenso für das serbische Volk und die allgemeine Stabilität in Jugoslawien tragische Folgen haben kann", sagte Pavlović. "Die Vorstellung, dass man aufgrund der jetzigen Lage im Kosovo auch Fehler begehen kann mit dem Gedanken, sie später zu korrigieren, entspricht der klassischen Vorgehensweise einer pragmatischen und bürokratischen Politik, mit der man sich heute Beifall und morgen großen Ärger einhandelt. Die beifallklatschenden Hände der Serben und Montenegriner im Kosovo ballen sich bereits zu Fäusten, und damit ist der Punkt erreicht, wo eine tragische Entwicklung der Ereignisse nicht mehr aufzuhalten ist. Was muss noch geschehen, damit wir erkennen, dass auch leichtfertig dahingesprochene, hysterische Worte in der Öffentlichkeit oder manchmal nur eine einzige Zeile in der Zeitung einen Schuss aus dem Gewehr auslösen können? Der Kampf gegen den albanischen Nationalismus ist eine Aufgabe, bezüglich derer es nicht den geringsten Zweifel und keinerlei Nachgiebigkeit geben darf. Aber wenn der Kampf gegen den albanischen Nationalismus von Unduldsamkeit und Hass gegenüber der albanischen Nationalität geprägt ist, wie es in einzelnen Presseorganen vorkommt, dann entfernt sich dieser Kampf immer weiter von sozialistischen Grundsätzen und steuert immer mehr in Richtung Nationalismus. Redaktionen und einzelne Journalisten, die nicht verstehen wollen, wie wichtig heute für den Kampf gegen den albanischen Nationalismus auch der beständige Kampf gegen den serbischen Nationalismus ist, schüren mit ihrer Politik im Grunde nationale Leidenschaften. Diejenigen Redaktionen und Journalisten, die erkennen wollen und können, wo die gefährliche Grenze zwischen positiven nationalen Gefühlen und dem Nationalismus verläuft, schützen heute neben der Ehre des serbischen Volkes auch die Ehre des eigenen Berufstands und die jugoslawische Politik."[7] In seiner Rede nannte Pavlović keine Namen, aber dem Inhalt seiner Kritik nach konnte man leicht auf die Handschrift der "Politika", des "Ekspres" und Slobodan Miloševićs persönlich schließen, um dessen Person sich schon jetzt der Heiligenschein des Führers abzeichnete. Über diese Pressekonferenz war Milošević vorher nicht in

Kenntnis gesetzt worden, obwohl derartige Absprachen zwischen den höheren und den lokalen Parteigremien üblich waren. Von Pavlovićs Ausführungen erfuhr er im Beisein von Dušan Mitević erst aus den Abendnachrichten des Fernsehens, kurz bevor er ins Wochenende nach Požarevac abfuhr. "Das ist eindeutig, es gibt keinen Grund, weiter abzuwarten", äußerte er zu Mitević und lud diesen für den nächsten Tag nach Požarevac ein.

Požarevac, 13. September 1987

Im Hause von Mirjana Markovićs Großvater, in dem die Miloševićs ihre freien Tage verbrachten, trafen sich Slobodan und Mira M., Dušan Mitević sowie die Chefredakteure der "Politika" und des "Ekspres", Živorad Minović und Slobodan Jovanović.

Wie sollte man auf Pavlovićs Auftritt reagieren? Milošević schlug vor, wieder eine Pressekonferenz einzuberufen, auf der dann der Vorsitzende der Belgrader Kommunisten vor aller Augen verurteilt werden sollte. Von dieser Absicht riet ihm der erfahrene Mitević ab: "Es ist im Bund der Kommunisten nicht üblich, dass sich die Gremien gegenseitig öffentlich beschuldigen." Dann kam man auf die Idee, diese Arbeit wie bisher so oft ausgewählten Journalisten zu überlassen, die sich übrigens geehrt fühlten, wenn man ihnen solches Vertrauen entgegenbrachte. Das war schon immer die schmerzloseste Lösung. Die Journalisten würden Pavlović schwer belasten, und sollten sich die Ereignisse in die falsche Richtung entwickeln, konnte man die Verantwortung auf die "verantwortungslose Presse" abwälzen.

Beim Schreiben des Textes wurde die Autorin Mira Marković von Živorad Minović, dem Chefredakteur der "Politika", unterstützt, der die Rolle der Sekretärin und das Tippen übernahm. Es wurde abgesprochen, dass der "Ekspres" den Kommentar veröffentlichen und die angesehene "Politika" ihn übernehmen sollte, wodurch der Öffentlichkeit die Ernsthaftigkeit dieses Falles klargemacht würde, nämlich, dass es sich nicht um einen "Exzess der Presse" handelte, sondern um die politische Auseinandersetzung "zweier politischer Richtungen", die einen logischen Schlusspunkt verlangte. Nur noch eine technische Frage musste geklärt werden: Wer sollte für den Kommentar verantwortlich zeichnen? Natürlich kam nicht in Frage, dass die Präsidentengattin Mira Marković sich dazu hergab. Das wäre zuviel des Guten gewesen.

Die Fortsetzung der Geschichte könnte dieser Chronik der Ereignisse als Grundgedanke dienen: Wie wenig braucht man eigentlich dazu, um eine große Karriere zu machen? Wenn man an sich Jahre benötigt, um etwas beziehungsweise jemand zu werden, kann man dies mit Hilfe ausgewählter Gönner häufig über Nacht erreichen, sofern man den eigenen Willen den politischen Bedürfnissen dieser Leute unterordnet.

Während die Anklageschrift gegen Pavlović verfasst wurde, ahnte hundert Kilometer von Požarevac entfernt in Belgrad ein Schreiberling namens Dragoljub Milanović noch gar nicht, welches Glück ihm beschieden war, da man gerade ihn dazu auserwählt hatte, einen Kommentar aus der Feder Mira Markovićs zu signieren. Er sollte die Ehre haben, als der Journalist in die Geschichte einzugehen, der (mutig, mutig!) die politische Abrechnung mit Dragiša Pavlović begonnen und damit das 8. ZK-Plenum eingeläutet hatte.

Dragoljub Milanović kannte die Mühen des Korrespondentendaseins in der Provinz und wusste die Zuneigung der Redakteure zu schätzen, die ihm die Chance gaben, seine Karriere in Belgrad auszubauen. Er war im Kosovo als aussichtsreicher Nachwuchsjournalist entdeckt und ausgesiebt worden. Seine Kaltblütigkeit im Umgang mit den Widersachern des Regimes bewies, dass er ein Mann war, dem die Machthaber vertrauen konnten. Seine kämpferische Haltung betonte er durch äußere Accessoires: er trug eine Pistole bei sich und gab damit zu verstehen, dass mit ihm nicht zu spaßen war.

Zum glücklichsten Tag in Milanovićs Leben wurde dieser Sonntag, der 13. September 1987. Nachdem der Kommentar unter der Überschrift "Die leichtfertige Meinung des Dragiša Pavlović" erschienen war, machte Dragoljub Milanović Karriere, er stieg in den neunziger Jahren zu einem der mächtigsten Männer in den serbischen Medien auf – zum Intendanten des Serbischen Fernsehens.

Aufgrund des Kommentars im "Ekspres" wurde der Belgrader KP-Vorsitzende Dragiša Pavlović endlich verurteilt. Es blieb nur noch die Feinarbeit zu erledigen.

18. – 19. September 1987

Wichtige Entscheidungen der Partei wurden zuerst im engeren Kreis getroffen, und erst wenn man Anhänger gefunden hatte und alles fertig vorbereitet war, begann man mit der öffentlichen Diskussion. Diesmal wurde Pavlovićs politisches Verhalten vom Präsidium des Zentralkomitees des BdK Serbiens auf einer zweitägigen Sitzung erörtert, an der neunundvierzig bedeutende Funktionäre teilnahmen.

Obwohl Miloševićs Fraktion gut vorbereitet war, verlief die Diskussion zäh, und in gewissen Momenten erschien ihr Ausgang sogar ungewiss, denn auf Pavlovićs Seite stand mit wenigen Ausnahmen Serbiens gesamte Regierungsspitze. Die entscheidende Rolle spielte hier jedoch Nikola Ljubičić, der Volksheld und langjährige Verteidigungsminister. Ohne die tätige Hilfe des Generals wäre Miloševićs Triumph nur schwer vorstellbar.

Schon zu Zeiten der politischen Abrechnung mit den Liberalen hatte sich Ljubičić an allen Flügelkämpfen beteiligt. Tito setzte damals großes Vertrauen in ihn, weil er ihn nie enttäuscht hatte. An seinem Lebensabend hatte Tito ihm den Wunsch anvertraut, in Belgrad beigesetzt zu werden, und die Worte des Generals hatten letztendlich bei der Wahl von Titos letzter Ruhestätte den entscheidenden Ausschlag gegeben.

Als der Verteidigungsminister pensioniert wurde, erinnerte sich Draža Marković an ihn. Zusammen mit Petar Stambolić glaubte er daran, dass Ljubičić die ungünstige Position Serbiens in der schon zerrütteten jugoslawischen Gemeinschaft zum Besseren wenden könne. Ljubičić stand im Ruf eines loyalen Titoisten und "Jugoslawen", und dank seiner Eigenschaften als zurückhaltender und abwägender Staatsmann wurde er Anfang der achtziger Jahre zum Präsidenten der Republik Serbien gewählt.

Während der allmählichen Liberalisierung nach Titos Tod hatte Ljubičić seinen Dogmatismus nicht verborgen. Als ehemaliges Mitglied der Spionageabwehr übte er die direkte Kontrolle über Justiz und Polizei aus, und den Richtern erteilte er strikte Befehle. Überall um sich herum erblickte er Feinde und nahm an allen Hetzkampagnen teil. Bei seinen Auftritten eiferte er Josip Broz Tito nach und benutzte in seinen Reden häufig die gleichen Formulierungen. Er reiste durch Serbien und gab Befehle aus: "Es muss Milch und Strom da sein. Ich werde sehr bald kommen und überprüfen, ob ihr eure Versprechen auch erfüllt habt". Zu jener Zeit meldete das Magazin "Student" spöttisch, "Genosse Ljubičić empfiehlt, weniger Kaffee zu trinken, weil er importiert werden muss, und weniger zu rauchen, weil Tabak exportiert werden muss".

Alle wünschten sich Ljubičić zum Verbündeten, und keiner wollte ihn zum Gegner haben. Es gelang ihm, seine engen Beziehungen zur Armeespitze in weit höherem Maß herauszustellen, als es seinem wirklichen Einfluss auf die Führung der Armee entsprach. Seine wahre Macht überstieg jedoch die Bedeutung seiner Funktion. Dieser Mann wurde als manipulierte Persönlichkeit zur schlagkräftigen Waffe bei politischen Abrechnungen. Er spielte viele seiner Genossen gegeneinander aus, wurde aber letztendlich zum Wasserträger Slobodan Miloševićs. Ihm und seinem Einfluss war es zu verdanken, dass Milošević seine erste wichtige politische Schlacht gewann und am Ende der ZK-Sitzung die Niederlage von Ivan Stambolić und Dragiša Pavlović verkünden konnte.

In der Nacht nach der Plenumssitzung tat Ivan Stambolić kein Auge zu: er hatte über vieles nachzudenken. "Es wundert mich, dass sich niemand von der Polizei der Republik für morgen bei mir gemeldet hat", überlegte Stambolićs Chauffeur Moša, der in die

Sorgen seines Chefs eingeweiht war. Schon vor längerer Zeit war abgesprochen worden, dass Stambolić auf dem jährlichen Treffen zu Ehren des berühmten serbischen Sprachforschers Vuk Karadžić in dessen Geburtsort Tršić eine Rede halten sollte.

Der Kreis um Stambolić war kleiner geworden, und auch die Polizei übernahm keine Verantwortung mehr für seine Sicherheit. Während er ohne das übliche Polizeigeleit auf dem Weg nach Tršić war, erfuhr er, dass auch Milošević in Begleitung von Lazar Mojsov und Boško Krunić dahin unterwegs war: der eine war Präsident des jugoslawischen Staatspräsidiums, der andere Vorsitzender des BdKJ. Aus diesen Einzelheiten konnte Stambolić schließen, was ihn erwartete.

Auch Stambolićs Familie wurde von Angst erfasst. Polizeistreifen patrouillierten vor ihrem Wohnhaus, was früher nie der Fall gewesen war. Stambolićs Ehefrau verfolgte das Treffen von Tršić im Fernsehen. Da sie nicht wusste, dass der Bürgermeister der Gemeinde die Feiern eröffnete, und sie ihren Mann auf dem Bildschirm nicht entdecken konnte, dachte sie, es sei ihm etwas zugestoßen. Beunruhigt und verängstigt, wie sie war, fiel sie in Ohnmacht, so dass zwei Ärzte aus der Nachbarschaft zu Hilfe eilen mussten.

Mittwoch, der 23. September 1987

Die regimetreue Presse ist berechenbar, verlogen und für gewöhnlich langweilig. Doch auch diese Presse sollte man kennen, denn sie offenbart die Absichten des Regimes. Alles, was im "Ekspres" unter dem Namen Milanovićs geschrieben stand, wurde zur Parteipolitik und zum Gegenstand der Erörterung auf dem 8. Plenum des serbischen ZK. Für den Referenten Zoran Sokolović, Jahrgang 1938, war es leichte Arbeit, den Kommentar aus dem "Ekspres" wiederzugeben, dessen grundlegende Botschaft lautete, Pavlović stelle sich gegen Titos Politik. Er habe nämlich mit seinem Auftritt auf der Pressekonferenz "das Vertrauen in die Fähigkeit des

Zentralkomitees erschüttert, Perspektiven zu eröffnen, insbesondere wenn vom Kosovo die Rede ist".

Sokolović war Beamter par excellance. Männer dieses Profils beherrschten die politische Szene Serbiens in den achtziger und neunziger Jahre: es waren Miloševićs Lieblingskader. Sie stellten keine Fragen, zeigten keinerlei Interesse, etwas über die puren Anweisungen hinaus zu tun, schraubten die eigenen Ambitionen auf ein reales Maß herunter und erledigten wortlos, was von ihnen verlangt wurde. An Sokolović fehlten nur die schwarzen Ärmelschoner, um seine Position auch äußerlich zu demonstrieren. Er sprach monoton, mit leidender Stimme, ohne ein Fünkchen Mitgefühl und wie ein Buchhalter, der das tägliche Geschäft abwickelt. So erkämpfte sich der ehemalige Diplomlandwirt aus der Provinz und Direktor einer landwirtschaftlichen Genossenschaft, den Stambolić entdeckt und Milošević benutzt hatte, zuerst den Posten des ZK-Sekretärs im serbischen Zentralkomitee der Partei, wurde dann Parlamentspräsident und schaffte schließlich den Durchmarsch in das Amt des Polizeiministers, das er lange Jahre innehatte.

Bei aller Aufregung geriet das auf zwei Tage angesetzte 8. Plenum des ZK zu einem Routineereignis. Zwar kämpften die Konfliktparteien, dass die Funken stoben, auch gab es mutige Auftritte von Einzelnen und wurden bewusst Positionen geopfert, um wenigstens die eigene Ehre zu retten, dennoch war der Ausgang der Sitzung von Anfang an bekannt. Alles war genau vorherberechnet und perfekt vorbereitet. Milošević, der den Vorsitz innehatte, konnte sich sogar den Luxus einer demokratischen Debatte erlauben und es sich leisten, dem Fernsehen den Zutritt zum serbischen Parlament zu gewähren, in dem das Plenum stattfand. Er zeigte sich als Herrscher ausgesprochen fürsorglich. Da Dragiša Pavlović in die Knie gehen musste, bemerkte Milošević gönnerhaft: "Man sollte auf seine Fähigkeiten in anderen Bereichen nicht verzichten".

Zuvor hatte er auch Ivan Stambolić getröstet: "Ich hege die aufrichtige Hoffnung und glaube fest daran, dass der Genosse Stambolić manipuliert worden ist und keine Schuld trägt". Das alles hatte Milošević von Tito gelernt. Auch der "Alte" hatte zu seinen Mitstreitern gesagt: "Genosse Đido bleibt bei uns", und Milovan Đilas dann ins Gefängnis geschickt. Und Ranković hatte er mit den Worten hinauskomplimentiert: "Wir werden noch zusammen arbeiten!".

Als erster redete Ljubičić, er gab während der Sitzung den Ton an, und sein Engagement entschied. Nach der Einleitung Sokolovićs empfahl der General, "keine großen Diskussionen anzufangen, denn wir werden noch über andere Genossen sprechen". Also: akzeptiert, was von euch verlangt wird, lasst Pavlovićs Kopf rollen, dann könnt ihr den eigenen behalten, der Hinweis war klar.

Und Ivan Stambolić? Hinter dem Rednerpult der 8. Plenumssitzung war der alte, mächtige Politiker, der biegsam und geschickt die Bühne dominiert hatte, nicht wiederzuerkennen. Pavlović war das Opfer, Stambolić aber war eine tragische Persönlichkeit. Er hatte Slobodan M. zur Macht verholfen ("Er war für mich wie ein Bruder!"), und fast alle, die sich jetzt gegen ihn wandten, hatten ihm ihren Posten zu verdanken. Obwohl der Fall Pavlović auf der Tagesordnung stand, wussten alle, dass die politische Liquidierung Stambolićs das eigentliche Ziel der Sitzung war und es der Logik der Dinge nach bald soweit sein musste. Dieser vermittelte den Eindruck eines Ertrinkenden, der aber bis zum letzten Augenblick nicht begreift, wie ihm geschieht.

Bei seiner Verteidigungsrede für Pavlović wandte er sich einmal direkt an seinen ehemaligen Freund Slobodan, in dem Glauben, der Konflikt ließe sich noch entschärfen: "Ich war überzeugt davon, dass Genosse Milošević seine Fähigkeiten und Sinne darauf verwenden wird, die Menschen zusammenzubringen und die Gefahr der Uneinigkeit zu verhindern."

"Sonst noch Wortmeldungen?" fragte Milošević kühl und setzte die Sitzung fort.

Während im serbischen Parlamentsgebäude der letzte Akt des Dramas ablief, einen Tag lang und die ganze folgende Nacht hindurch bis zum Morgengrauen, fehlte auf der siegreichen Seite eine wichtige Figur – Mira Marković. Unverdientermaßen war sie anonym geblieben, obwohl sie im "Herz des Ereignisses" gestanden hatte, wie sie später zugab. Der ganze Ruhm konzentrierte sich auf ihren Ehemann Slobodan und dessen Anhänger, mit Nikola Ljubičić an der Spitze. Aber sie hatte erreicht, was sie wollte: ihr Gatte war zum ersten Mann Serbiens aufgestiegen und zu einem leader geworden, der im Buch der nationalen Geschichte eine neue Seite aufschlagen sollte.

In ihrer Wohnung im Belgrader Stadtteil Vračar hatte Mira Marković den Verlauf der Sitzung im Beisein von Nebojša Maljković, Zoran Todorović und Miodrag Zečević, einem Banker aus Paris, auf dem Bildschirm verfolgt. Innerlich voller Erregung, war sie sich des Sieges aber noch nicht sicher, obwohl dieser keinen einzigen Augenblick lang in Frage gestanden hatte. Um den neuesten Stand der Dinge zu erfahren, telefonierte sie mit Dušan Mitević, der aus der Takovska-Straße 10 die Fernsehübertragung der Sitzung leitete. "Sieg!" meldete Mitević.

Auf dem 8. Plenum des serbischen ZK, das sehr bald zum Symbol für die Zerstörung des von Josip Broz geprägten Jugoslawien werden sollte, wurde Milošević im Namen "der Verteidigung von Ansehen und Werk Titos" zum Führer ernannt. Es war in seiner Karriere ein völlig neuer Abschnitt. "Das war die Pariser Kommune!" beschrieb Zoran Todorović, auch "Kundak", ("der Gewehrkolben") genannt, begeistert seine Eindrücke vom 8. Plenum. Er war ein enger Freund Mirjana M.s und gehörte einer Generation an, die es verstand, ihre Loyalität zum Regime in bare Münze umzusetzen. Dieses Milieu sollte das Bild der serbischen Gesellschaft im nächsten Jahrzehnt bestimmen.

Mit welcher Lässigkeit die jugoslawische Parteiführung das Ereignis verfolgt hatte, zeigte sich auf der nächsten Präsidiumssitzung des BdKJ, unmittelbar anschließend an das 8. ZK-Plenum. Unter "Verschiedenes", dem vierten und letzten Punkt der Tagesordnung, informierte Milošević das höchste Parteigremium darüber, dass erstens: "Nach den politischen Regeln des Bundes der Kommunisten Jugoslawiens ein großer Schritt im Kampf gegen den Opportunismus in den eigenen Reihen getan" worden war; dass zweitens: Ein in sich einiger Bund der Kommunisten existiere, der "so denkt, wie das Volk denkt"; dass drittens: Kein Konflikt zweier entgegengesetzter Parteiflügel, sondern einige Abweichler von der Politik des BdK zur Debatte gestanden haben; und dass viertens: Das wesentliche Merkmal des 8. Plenums "eine klare und entschiedene Haltung gegenüber dem serbischen Nationalismus war, in aller Öffentlichkeit und Demokratie".

Darauf der Vorsitzende: "Danke, Genosse Milošević. Gibt es Fragen oder Anregungen? Nein. Gut, dann lassen Sie uns die Sitzung schließen."

Diese ruhige Sitzung hatte Boško Krunić geleitet, ein Spitzenpolitiker aus der Vojvodina, der ein halbes Jahr später ein Opfer des Milošević-Regimes wurde.

Um Milošević ihre Zuneigung beweisen zu können, wurden die hohen jugoslawischen Spitzenfunktionäre unmittelbar nach der 8. Plenumssitzung als "Gäste der Stadt" in die Belgrader Altstadt eingeladen, wo sie in der Skadarlija einen angenehmen Abend verbrachten, der sehr nach Siegesfeier für Milošević anmutete.

Alle diejenigen, die sich auf dem 8. ZK-Plenum Slobodan Milošević widersetzten, hatten damit ihre politische Karriere beendet. Unter ihnen waren Špiro Galović, Vasa Milinčević, Ivan Stambolić, Ljubinka Trgovčević, Momčilo Baljak, Brana Milošević, Radmilo Kljajić, der General Milosav Đorđević, Vukoje Bulatović, Branislav Ikonić, Milenko Marković, Borislav Srebrić und Radiša Gačić.

Ein erstes Opfer war einige Tage vor der 8. Sitzung des serbischen ZK der Universitätsprofessor und Herausgeber der "Politika", Ivan Stojanović geworden. Dieser bescheidene und höfliche Mann, der den Journalisten wegen seiner Korrektheit in guter Erinnerung blieb, erfuhr seine Absetzung aus dem Fernsehen, während er zusammen mit seiner Familie die Abendnachrichten schaute. Als man tags darauf von ihm verlangte, auch seine Position als Mitglied des jugoslawischen ZK aufzugeben, wandte er sich an Milošević. "Davon weiß ich nichts. Du solltest nicht zurücktreten!" antwortete dieser. Danach wurde die Hetzkampagne gegen Stojanović verstärkt, und sein politisches Ende war gekommen. In aller Stille starb er im Jahre 1996 mit nur sechsundfünfzig Jahren.

Ivan Stambolić, 1936 geboren, vegetierte noch einige Monate lang im Amt des Präsidenten der Republik Serbien dahin. Milošević hatte es nicht nötig, seinen Genossen zu drängen. Diese Arbeit erledigten andere. Von der Presse wurde er boykottiert und desavouiert, und "das Volk forderte" seine Absetzung. Auf der Präsidiumssitzung der KP Serbiens am 14. Dezember 1987 erklärte Stambolić seinen Rücktritt. In lockerer Atmosphäre bei einer Flasche Whisky verabschiedeten sich die beiden Freunde voneinander, deren Kameradschaft ein Vierteljahrhundert gehalten hatte.

Nach seinem Rücktritt wurde Stambolić zum Direktor der Jugoslawischen Bank für internationale wirtschaftliche Zusammenarbeit ernannt. Gelegentlich trat er als Milošević-Kritiker und Anhänger der Friedensbewegung in Erscheinung. Gleich nach seinem Abschied aus der Politik traf ihn auch privat ein schwerer Schlag: Seine 24-jährige Tochter Bojana starb bei einem Verkehrsunfall. Milošević kam zu ihrer Beerdigung: das war die letzte Begegnung der beiden Männer. Stambolićs Ehefrau Kaća lehnte es bei dieser Gelegenheit ab, Milošević die Hand zu reichen. Zehn Jahre später musste Stambolić auch als Bankdirektor seinen Abschied nehmen, obwohl seine Bank zu dieser Zeit wahrscheinlich in ganz Serbien die einzige solvente mit ansehnlichen Rücklagen war.

Dragiša Pavlović, Jahrgang 1943, stand monatelang im Kreuzfeuer der Kritik. Auf seinen gesetzlichen Anspruch, wonach Parteifunktionäre für eine gewisse Zeit nach dem Rücktritt regelmäßige monatliche Zuwendungen erhielten, verzichtete er. Stattdessen meldete er sich beim Belgrader Arbeitsamt und wurde dort anderthalb Jahre lang als Arbeitsloser geführt. In dieser Zeit schrieb er ein Buch über die 8. Plenumssitzung des serbischen ZK mit dem Titel "Olako obećana brzina"[8], alle sonstigen politischen Aktivitäten stellte er ein. Zutiefst enttäuscht zog er sich in die Einsamkeit zurück und entfernte sich von seinen ehemaligen Gesinnungsgenossen. Über Politik sprach er auch im Freundeskreis nicht mehr. Lustlos widmete er sich privaten Geschäften, wie ein Mann, in dem alle frühere Energie erloschen war. Er starb in seinem 53. Lebensjahr und wurde am 11. September 1996 seinem Wunsch gemäß im Kreise der Familie beerdigt, auf den Tag genau neun Jahre nach seiner berühmten Pressekonferenz, die dem 8. Plenum des serbischen ZK vorausgegangen war.

Die letzten Vertreter der Partisanengeneration, die Serbien mehr als vier Jahrzehnte lang regiert hatte, wurden mit dem Ende des 8. Plenums aus der Politik entfernt. Die meisten von ihnen hatte Milošević für seinen Kampf um die Macht benutzt, jetzt hatten sie ausgedient, er benötigte sie nicht mehr. Ihre weitere Anwesenheit war ihm hinderlich. Dazu zählte auch Petar Stambolić, Jahrgang 1912, einer der Führer des Partisanenaufstands in Serbien, dessen Schützling und Protegé Milošević bis zum Konflikt mit seinem Neffen Ivan Stambolić gewesen war. Damals kehrte Milošević ihm den Rücken und überließ ihn der Gnade seiner unbarmherzigen Untertanen.

Mit den einflussreichsten serbischen Politikern dieser ersten vier Jahrzehnte kommunistischer Macht hatte ich nach dem 8. Plenum einige interessante Begegnungen. Ich lernte u.a. einen bedrückten, einsamen Mann kennen, vor dem sich alle wie der Teufel vor dem Weihwasser zurückgezogen hatten. Alle seine gesellschaftlichen Aktivitäten hatte er abgebrochen, und er lehnte auch Gespräche mit Journalisten ab. Während er im Krankenhaus lag, wo ihm ein künstliches Hüftgelenk eingesetzt worden war, besuchte ihn außer seiner Familie und einigen Freunden niemand. Mit ihm waren sieben andere Patienten unterschiedlicher Berufe im Zimmer, darunter ein Maurer, ein Landwirt und ein Pilot. Obwohl es nicht stimmte, munkelte man, das Pflegepersonal behandele ihn schlecht, worauf einer seiner Landsleute aus Ivanjica meinte, "das ist nicht schön von ihnen, auch wenn Petar Titoist war".

Er wollte weder über die Vergangenheit noch über die Gegenwart reden: "Es ist schwer, seine Wut zu zügeln, wenn man Handschellen an den Händen trägt", sagte er mir. Ich staunte über seine Behauptung aus dem Dezember 1990, dass das Ende Jugoslawiens gekommen sei: "Ich hätte nie gedacht, dass Serbien derart in den Nationalismus abgleiten wird. Deshalb glaube ich nicht mehr an Jugoslawien: der Krieg ist unvermeidlich."

Draža Marković, Jahrgang 1920, hatte seine politische Karriere schon vor dem 8. ZK-Plenum beendet. Dass sich Milošević im Februar 1986 selbst zum Vorsitzenden des serbischen ZK gekürt hatte, missfiel ihm außerordentlich, und mit seinem Rücktritt demonstrierte er im höchsten Gremium der jugoslawischen Parteiführung, dass er nicht bereit war, die Folgen "einer solchen Kaderpolitik" mitzutragen. Kämpferisch und hartnäckig, wie er war, setzte er seine Kritik am Regime auch dann fort, als sich der serbische leader schon in seinem höchsten Ruhm sonnte. Das Regime rächte sich an ihm wie an keinem sonst. Kein anderes Opfer politischer Hetze wurde so sehr öffentlich in den Schmutz gezogen wie der Onkel der Präsidentengattin Mira Marković. Wenn sich die Politik in familiäre Beziehungen einmischt, gibt es auch auf dem Friedhof keine Versöhnung. Das Ehepaar Milošević kam weder zur Beerdigung von Markovićs Ehefraue Kika, einer legendären Volksheldin, noch zu der des gemeinsamen Sohnes Mićka, der Sportredakteur der "Politika" gewesen war. Die beiden schickten noch nicht einmal ein Beileidstelegramm.

Nikola Ljubičić, geboren 1916, hatte nach dem 8. Plenum ausgedient. Milošević wurde nicht von Gewissensbissen geplagt, und er hatte auch keinerlei politische Schuldgefühle diesem Mann gegenüber, der neben Mira Marković die Schlüsselrolle bei seinem Aufstieg zum neuen leader gespielt hatte. Während Jugoslawien zerfiel, verbrachte der General die Tage in seinem Garten im Belgrader Prominentenviertel Dedinje, erinnerte sich an seine Jugendzeit und nahm seinen ersten Beruf als Landwirtschaftstechniker wieder auf, den er nach dem Krieg nicht weiter ausgeübt hatte. Er suchte seinen Frieden im Rückzug aus der Öffentlichkeit und bemühte sich, die Vergangenheit zu vergessen. Niemand erwähnte ihn mehr, weder aus Hass noch aus Interesse, und darüber war er glücklich.

Und noch einen anderen gab es, der Opfer seiner eigenen Überzeugungen geworden war und nun auch von seinen Genossen, den früheren Dissidenten, im Stich gelassen wurde: Gojko Nikoliš. Sein Schicksal ist eine ehrenhafte Variante des Partisanenmythos und gleichzeitig die Geschichte vom frustrierten Serbien. Er war einer der ersten Intellektuellen, die sich für das Mehrparteiensystem einsetzten. Als das Memorandum veröffentlicht wurde, schlug er sich auf die Seite der Serbischen Akademie, indem er die prinzipielle Haltung vertrat, man könne nicht über ein nicht zur Veröffentlichung bestimmtes, unvollendetes Dokument diskutieren, andererseits könne man niemandem das Recht absprechen, sich über die Zukunft der jugoslawischen Gesellschaft Gedanken zu machen. So wurde Nikoliš zum Nationalisten abgestempelt, und in der obskuren Glosse "Vojko und Savle", die in der "Politika" erschien, setzte man den ehemaligen Partisanengeneral und Arzt, der freiwillig im Spanischen Bürgerkrieg gekämpft hatte und Mitglied der Akademie der Wissenschaften war, als politisches Leichtgewicht und Neurotiker dem Gespött aus: er sei einer Ausländerin, einer Französin, ins Netz gegangen und damit zum "Opfer fremder Geheimdienste" geworden. Diese Glosse war der bis dahin schamloseste Text, den die "Politika" je abgedruckt hatte.

Drei Jahr später, als Milošević den Ruhm eines nationalen leaders schon erreicht hatte, kam die völlige Kehrtwendung: Nikoliš wurde wegen Mangels an kämpferischem Patriotismus angeklagt. Kurz vor Beginn des Krieges hatte er auf einer Versammlung der in Belgrad lebenden Serben aus Kroatien seine Stimme gegen das Säbelrasseln und Waffengeklirr erhoben und die Anwesenden dazu aufgerufen, nicht mit dem Feuer zu spielen. Begleitet von Protestrufen und den Worten "Welche Schande, Herr General!"

wurde er darauf in Anwesenheit seiner Freunde, der Akademiemitglieder, vom Rednerpult weggerissen.

Der folgende Epilog ist typisch für die geistige Verfassung in Serbien. Aus vielen führenden Akademiemitgliedern, die im Konflikt mit dem Tito-Regime gestanden hatten, waren willige Diener Miloševićs geworden; den Verfolger der Nationalisten, Slobodan Milošević, hatte man mit der Aureole eines neuen serbischen Karađorđe[9] geschmückt. Gojko Nikoliš, der das Memorandum der Serbischen Akademie in Schutz genommen und schon einige Jahre zuvor seine Stimme für die Verbesserung der schwierigen materiellen Lage der Krajina-Serben erhoben hatte, wurde zum Opfer der nationalen Hysterie. Enttäuscht, vereinsamt und gesundheitlich ruiniert, verbrachte er seine letzten Lebensjahre in Frankreich. Er starb im Jahre 1994.

Der Schlüssel zur serbischen Seele

Wie ein Banker und zweitrangiger Politiker innerhalb kurzer Zeit den Ruhm eines Führers erringt: "Wer es wagt, wer es wagt, unsern Slobodan anzufassen, dem werden wir den Kopf von den Schultern rollen lassen".

Die 8. Plenumssitzung des ZK der serbischen Kommunisten war die politische Abrechnung zwischen zwei Fraktionen, bei der die kampfeslustigere und rücksichtslosere die Oberhand gewann. Politische und programmatische Meinungsunterschiede spielten dabei die geringste Rolle, obwohl sie sowohl von den Siegern wie von den Verlierern in den Vordergrund geschoben wurden.

Welche Richtung würde der siegreiche Flügel einschlagen? Er verfügte über starken Rückhalt und hätte ohne jegliches Eigenrisiko eine demokratische Wende herbeiführen können, was für Serbien eine gute Empfehlung im Ausland gewesen wäre. Doch Milošević hielt fest am Boden unter seinen Füßen, der ihm Sicherheit gab: das monopolistische, kommunistische Regime, in das er bald die nationale Komponente als eine neue, mächtige Waffe einführte.

Die allgemeine Loyalität zu Tito war ihm anfangs gerade recht: "Titos schöpferischer Gedanke und sein revolutionäres Werk schlagen heute, wie auch schon früher, Brücken der Verständigung zwischen den Generationen". Mit gleicher Leier feierte er auch die sozialistische Gesellschaftsordnung: "Trotz der vielen Schwierigkeiten, die sich uns täglich in den Weg stellen, ist der Sozialismus die progressivste Gesellschaftsform unserer Zeit", sagte er in seiner Grußrede an Michail Gorbatschow zu einer Zeit, als die verzweifelte Sowjetunion in Armut versank und ihr Führer Reformen ankündigte.

Die einzige Idee, für die sich die jugoslawischen Völker nach Titos Tod erwärmen konnten, war die Idee des Nationalismus, hier unterschwellig, dort ganz ungeniert – so war die geistige Verfassung

Mitte der achtziger Jahre. Weil der Status der Republik Serbien in der Schwebe hing, glichen die autonomen Provinzen Kosovo und Vojvodina einem Pulverfass. Sie verhielten sich wie ein Staat im Staate, und um sich zu beweisen, ergriffen sie eher Partei für Kroatien und Slowenien, als auf Seiten ihres Mutterlandes Serbien zu stehen. Auf allen Versammlungen demonstrierten sie trotzig ihre Unabhängigkeit, die allmählich in einen offenen Antagonismus überging.

Der erste große Aufstand der Kosovo-Albaner fand drei Jahre nach der politischen Liquidierung Aleksandar Rankovićs und unmittelbar nach der Wahl der neuen serbischen Führung statt, an deren Spitze nun mit Marko Nikezić, dem früheren Außenminister, ein gebildeter Mann von hohem Ansehen und mit internationaler Erfahrung stand.

Am 27. November 1968 meldete sich der Polizeichef von Priština und teilte Nikezić mit, im Kosovo seien Unruhen ausgebrochen, die sich in ein allgemeines Chaos zu verwandeln drohten. Die Demonstranten riefen "Es lebe Enver Hodscha!" und "Kosovo - Republik!"

"Was haben Sie bisher unternommen?" fragte Nikezić.

"Wir haben versucht, die Demonstranten auseinander zu treiben, aber es ist uns nicht gelungen, einige Milizionäre wurden verletzt."

"Versuchen Sie es noch einmal!"

"Sie wollen das Provinzkomitee der Partei, die Gebäude der Polizei und des Radiosenders besetzen."

"Das dürfen Sie nicht zulassen!"

Der Polizeichef wollte nichts riskieren, insistierte auf detaillierten Anweisungen.

"Sollen wir Waffengewalt anwenden?"

Nikezić stimmte der Gewaltanwendung zu. Später erklärte er mir gegenüber seine Entscheidung mit folgenden Worten:

"Der Polizeichef war sicherlich überrascht von meiner Entschlossenheit. Vielleicht dachte er, ich hätte Frack und

Samthandschuhe an. Ich war der Ansicht, wenn er schon den Vorsitzenden des Zentralkomitees fragt, was er tun soll, muss ich deutlich werden und ein Stück Verantwortung übernehmen. Gespräche sind für mich alles, ich bin aber gegen die Revolution auf der Straße. Ich sage nein zu Lynchjustiz, Zerstörung von Eigentum, zur Besetzung des Provinzkomitees, um anschließend Menschen aus dem Fenster zu stürzen. Ich wusste, wenn wir das zuließen, würde es später noch viel mehr Opfer geben."

Am nächsten Tag traf Nikezić mit Tito zusammen, bei dem schon der Minister für Volksverteidigung Nikola Ljubičić eingetroffen war. Der Marschall war mit Nikezićs Bericht zufrieden und diktierte Ljubičić gleich eine ganze Reihe militärischer Maßnahmen, die sofort zu veranlassen seien.

"Genosse Vorsitzender, ist das nicht zuviel?" fragte Nikezić.

"Mach dir keine Sorgen, Nikola! Eine Panzerdivision soll sich sofort aus Skopje Richtung Priština in Bewegung setzen, und Flugzeuge sollen über dem Kosovo kreisen."

Zwei Tage später kommentierte Nikezić auf einer Versammlung des serbischen politischen Aktivs den Aufstand im Kosovo mit den Worten: "Wir können über die entstandenen Probleme diskutieren und nach gemeinsamen Lösungen suchen, aber von einer Veränderung der bestehenden Grenzen kann nicht die Rede sein. So wie das Land nach außen vor jedem Angriff geschützt wird, wird es sich auch gegen jeden Versuch der Zerstörung von innen zur Wehr setzen. Wenn jemand Waffen einsetzt, muss er sich über den Ausgang des Zusammenstoßes im Klaren sein."

Die gesamte Operation verlief in aller Stille. Dank der Stabilität Jugoslawiens und der Autorität Titos gab es keinen Widerspruch der internationalen Gemeinschaft. Bedeutsam ist dieses Detail im Zusammenhang mit den Ereignissen, die sich dreißig Jahre später beim Aufstand im Kosovo unter der Regierung Slobodan Miloševićs abspielen sollten. An diesem Beispiel wurde deutlich, wie sehr das Wesen eines Regimes und die Sympathien und Antipathien der Weltöffentlichkeit das Schicksal eines Volkes bestimmen.

Nach der Intervention des Militärs und der Polizei 1968 kamen die Albaner zur Ruhe. Es gab Todesopfer, viele Verhaftungen, aber die Unruhen hatten politischen Erfolg. Mit der neuen jugoslawischen Verfassung von 1974 erhielt das Kosovo praktisch eine Unabhängigkeit, mit der es als Etappensieg auf dem Weg zu seinem wichtigsten Ziel, der Schaffung eines unabhängigen Staates, zufrieden war.

Die serbische Führung hatte unter Druck und aus Angst um die eigene Zukunft die neue Verfassung akzeptiert, war aber mit der Position ihrer Republik unzufrieden. Schon 1977 kam es in der serbischen Führungsspitze zu Diskussionen über eine Verfassungsänderung. Neben den von Najdan Pašić geführten Experten engagierten sich in dieser Sache am meisten Draža Marković, der die umstrittene Verfassung von 1974 übrigens selbst unterzeichnet hatte, und Ivan Stambolić, der Regierungspräsident der Republik Serbien. Damals, neun Jahre vor der Veröffentlichung des Memorandums der Serbischen Akademie der Wissenschaften und Künste, wurde die Position Serbiens zum ersten Mal erörtert. Es fehlte nur wenig, und die Initiatoren der Verfassungsdiskussion wären bei Tito in Ungnade gefallen. Dazu ist es nur deshalb nicht gekommen, weil Tito nach zwei Säuberungsaktionen innerhalb kurzer Zeit, nämlich der Absetzung des Geheimdienstchefs Aleksandar Ranković und des Liberalen Marko Nikezić, die Unzufriedenheit breiterer Massen befürchten musste.

Ein Jahr nach Titos Tod im Frühjahr 1981 wurde das Kosovo zum Epizentrum eines Erdbebens, das Jugoslawien zuerst in eine schwere Krise stürzte und später zur endgültigen Zerstückelung des gemeinsamen Staates führte. Die Albaner forderten auch formal die Trennung von Serbien und die Gründung einer Republik Kosovo. Darauf antworteten die Serben und Montenegriner, die sich in der Minderheit fühlten und ihr Leben bedroht sahen, mit massivem Widerstand. Obgleich sie den albanischen Separatismus verurteilte, stimmte die Führung der Vojvodina aus Angst vor dem Verlust erworbener Positionen einer Änderung der Verfassung nicht zu.

Ob man eine Kompromisslösung hätte finden können? Mitte der achtziger Jahre hatte Serbien noch nicht die Abschaffung der autonomen Provinzen, sondern nur die Wiederherstellung der Macht über das gesamte Territorium der Republik gefordert. Dieses politische Minimum war vernünftig und allgemein akzeptabel. Es hätte sich leicht verwirklichen lassen, wäre in der jugoslawischen Führungsspitze der politische Wille dazu vorhanden gewesen. Aber Ljubljana und Zagreb verteidigten den *status quo* und unterstützten damit den Separatismus des Kosovo und der Vojvodina. Ein geschwächtes und aufgrund der territorialen Aufteilung zerrissenes Serbien war für die nördlichen Republiken ein leichter zu handhabender Partner in den politischen Diskussionen und Streitigkeiten, die immer häufiger die Uneinigkeit des gemeinsamen Staates verdeutlichten.

Nach der Aussage Ivan Stambolićs räumte Tito bei seinem letzten Besuch in Priština ein, dass es im Kosovo immer weniger Serben und Montenegriner gäbe, "aber das ist unwichtig: wichtig ist, dass wir die selbstverwalteten und sozialistischen Beziehungen richtig fördern". Der slowenische Staatspräsident Milan Kučan gab 1999 in der Zeitschrift "Mladina" zu, informiert darüber gewesen zu sein, dass die Albaner Vorbereitungen zur Gründung eines selbständigen Staates trafen; auch räumte er ein, dass dort eine gegen Serben und Montenegriner gerichtete ethnische Säuberung stattfand und "die Albaner für das Kosovo eine Perspektive nach dem Konzept eines abgetrennten, ethnisch reinen Gebietes ausarbeiten." Die slowenischen Nationalisten zeigten Verständnis für dieses Anliegen und unterstützten jahrelang die albanischen Separatisten, denn eine Destabilisierung Serbiens konnte ihre eigene Position nur stärken.

Den Schlüssel zur serbischen Seele entdeckte Milosević auf dem Amselfeld, aber er benutzte ihn nicht vor der gegebenen Zeit. Bis zum 8. Plenum des ZK trat die serbische Führung einheitlich auf, es gab keine wesentlichen Meinungsunterschiede zwischen

Milošević und Stambolić. Beharrlich forderte man eine Verfassungsänderung, vermied aber gleichzeitig eine Vertiefung der Konflikte. Belgrad berief sich in den Verhandlungen auf die Unzufriedenheit der Serben im Kosovo, und aus Angst vor größeren nationalen Unruhen versuchte es, den Aufstand unter Kontrolle zu bekommen und auf den lokalen Rahmen zu begrenzen. Häufig erfolgte dies mit Polizeigewalt und durch die Verhinderung von spontanen Versammlungen der Serben, die ihrem Charakter nach immer mehr einem Volksaufstand ähnelten.

Zur Wende kam es Anfang 1988, als die Volksbewegung im Kosovo größere Ausmaße annahm: es wurde nur noch ein Führer gesucht, der die nationale Energie kanalisieren und das Begehren des Volkes legalisieren würde. Ein gesungenes Motto war: "Oh du dreigeteiltes Serbien, ein Ganzes wirst du wieder werden!" Milošević hatte bereits durch seine Rede auf dem Amselfeld und seine zurückhaltende Kritik am Memorandum der Serbischen Akademie zu verstehen gegeben, dass er selbst zum Anführer der Bewegung ausersehen sein könnte. Noch größere Popularität erreichte er Mitte 1987, als er auf der Sitzung des jugoslawischen Zentralkomitees den Beschluss durchboxte, den Albaner Fadilj Hoxha sämtlicher politischer Funktionen zu entheben. Das war sein großer nationaler Bonus, der Serbien teuer zu stehen kommen sollte.

Fadilj Hoxha gehörte einer albanischen Strömung an, mit deren Anhängern man reden und verhandeln konnte. Als Titoist, alter Kommunist, Volksheld und Mitglied des Staatspräsidiums der SFR Jugoslawien setzte er sich für die Selbständigkeit des Kosovo ein, überschritt jedoch nicht die Grenze, die zum Konflikt mit den Serben geführt hätte, sondern verurteilte stets die Forderung "Macht Kosovo zur Republik". Dank seines großen Einflusses konnte er den *status quo* aufrechterhalten.

Seine leichten Erfolge ließen Slobodan Milošević hochmütig werden. Das war nicht mehr der frühere Slobodan M., der im Kampf um die Macht vorsichtig, den Mächtigen gegenüber rücksichtsvoll und anpassungsfähig war. Sein Selbstvertrauen wuchs, und er sah vor sich die Chance, das zu erreichen, wovon er schon immer geträumt hatte, ein Führer vom Format Titos zu werden. Das Volk hatte sich einen Führer gewünscht: es hat ihn bekommen. Milošević kam den Gefühlen des Volkes entgegen und stellte sich an die Spitze der Volksbewegung. Was die ursprünglichen Führer der Serben und Montenegriner im Kosovo nicht erreichen konnten, gelang ihm kraft seines politischen Apparates und der Macht, über die er verfügte.

Alles ging danach ganz einfach: Die politische Führung des Kosovo und die der Vojvodina wurden im ersten Anlauf hinweggefegt. Der Umsturz in Novi Sad wurde mit einer solchen Leichtigkeit ausgeführt, dass er später "Joghurt-Revolution" genannt wurde, in Anspielung auf die Joghurt-Becher, mit denen die Demonstranten die Gebäude der Provinzregierung bewarfen. Zerknirscht und verzweifelt reiste der damalige Vorsitzende der Vojvodiner Kommunisten Milan Šogorov nach Belgrad und bat Milošević fast auf Knien um Hilfe: "Genosse Milošević, wenn Sie nicht nach Novi Sad kommen und das Volk beruhigen, werden wir alle zugrunde gehen!"

Milošević schaute über ihn hinweg: "Reichen Sie nur Ihren Rücktritt ein, ich komme dann anschließend". Als Šogorov ihm entgegenkommend mitteilte, es sei schon eine "Konferenz über alle Probleme" in Vorbereitung, ließ er ihn ganz offen wissen, in welch hoffnungsloser Lage er sich befand: "Eure Konferenz interessiert hier niemanden mehr."

Das Ende: Die Führung der Vojvodina trat geschlossen zurück, und auf dem Hauptplatz in Novi Sad ertönte das Lied: "Oh du dreigeteiltes Serbien, ein Ganzes bist du jetzt geworden!". Eine Gruppe von Demonstranten entfernte das Straßenschild mit dem Namen "Straße des 28. Februar 1974", mit dem der neuen Verfassung Vojvodinas gedacht worden war, und hängte statt dessen ein neues Schild auf: "Straße des 6. Oktober 1988".

Danach kam auch Montenegro in Bewegung, das in Milošević den eigenen Spross und die traditionellen Charakterzüge "der

Menschlichkeit und Tapferkeit" wiedererkannte. Es zollte ihm Anerkennung mit den Liedern: "Ständig fragt sich Montenegro, wann kommt Slobodan statt Tito!" "Montenegro und Serbien/ sind eine einzige Familie!" "Oh du schönes Podgorica / du trägst des Verräters Namen!", womit Tito gemeint war, dessen Namen die Stadt zu seinen Lebzeiten trug.

Das serbische Volk glaubte selbst, große Geschichte zu schreiben. Darin bestärkten es auch gebildete Leute, serbische Intellektuelle, die durch ihre Unterstützung dem Volk einflüsterten, welchen Weg es gehen sollte. Sie meinten: "Slobodan ist zwar Kommunist, aber ein guter Serbe!" Es entstand eine Atmosphäre, in der Milošević Grund zu der Annahme hatte, das Schicksal habe ihm persönlich die Lebensaufgabe anvertraut, den Ruhm Serbiens zu mehren. In den Augen des Volkes erschien er als ein Mann, der Berge versetzen konnte.

Im Sommer und Herbst 1988 gab es keinen größeren Ort, an dem nicht "Meetings der Wahrheit" abgehalten worden wären beziehungsweise "antibürokratische Revolutionen", wie die Massenveranstaltungen genannt wurden, stattgefunden hätten – eigentlich jedoch waren es Demonstrationen des Hasses. Alles wurde nebensächlich, die Arbeiterstreiks, die soziale Unzufriedenheit: das Serbentum wurde zum Symbol des Lebens und zu einem Wert, der alle anderen Werte überragte. Die "Meetings" glichen Volksfesten. Patriotismus wurde durch die Masse versammelter Bürger demonstriert, und das Volk hatte das Gefühl, zum ersten Mal frei zu atmen. Die staatlichen Institutionen hörten auf zu funktionieren: die Versammlungen auf der Straße wurden zur mächtigsten Waffe in der Hand der Regierung. Die serbische Führung erreichte alles, was sie sich zum Ziel setzte, ganz gleich, ob sie jemanden attackieren oder feiern wollte, durch "Meetings", diese entwickelten sich zu einer reinen Dienstleistung für das Regime. Während er früher Massenversammlungen verhindern ließ, sprach Milošević nun von ihnen als der höchsten Form der Freiheit: "Meetings sind demokratische, ehrliche und erwartete Reaktionen", und: "Die

Menschen versammeln sich auf der gleichen Grundlage, auf der sie angegriffen und bedroht werden".

Das Volk stellt sich auf einen Typ Herrscher ein, der weiß, was er will, und dem man nur folgen muss. Serbien quillt über vor Begeisterung über die nationale Wiedergeburt: Ein Führer ist geboren, der junge, unerschrockene Slobodan Milošević! Der bis gestern kaum bekannte Banker und zweitrangige Politiker wird zum Heiligen und zum berühmtesten Herrscher in der nationalen Geschichte der Serben, beliebter als Tito in seinen besten Tagen. Seine Worte nimmt man als letzte Wahrheit, akzeptiert sie ohne Widerrede wie in einem höheren Akt der Vaterlandsliebe. Sein Foto schmückt die Windschutzscheiben der Autobusse, prangt in den Amtsstuben und Cafés. Anstelle von Ikonen stellen die Menschen unter der orthodoxen, roten Hängeampel in der "schönen Ecke" ihrer Wohnstube das Bildnis Miloševićs auf. Im Kosovo zünden sie Kerzen für seine Gesundheit an. "Wer es wagt, wer es wagt, unsern Slobodan anzufassen / dem werden wir den Kopf von den Schultern rollen lassen!"

Presse und "Meetings" hoben Milošević in den Himmel. Ihm gelang, was früher kein Politiker fertiggebracht hatte: auf breitester Basis akzeptierte ihn fast die gesamte Intelligenz. Die vereinzelten leisen Stimmen der nebulösen bürgerlichen Opposition waren inmitten der Kampfesfreude für nationale Ziele kaum zu hören. Es war kaum zu fassen, mit welcher Wärme gewisse gelehrte Köpfe, die sich früher mutig auf Auseinandersetzungen mit dem Tito-Regime eingelassen hatten, plötzlich dem neuen leader begegneten. Sie verliehen Miloševićs Politik Legitimität und erhöhten sein Ansehen beim Volk, ja sie hielten ihm mit einer für die Blüte der serbischen Intelligenz unerhörten Liebe die Tür auf, um in die Geschichte einzugehen.

Die Annäherung zwischen Milošević und den führenden Intellektuellen hatte im Sommer 1988 begonnen. Davor befand er sich in heftigem Streit mit den Dissidenten, insbesondere zu der Zeit, als er den Vorsitz der Belgrader Kommunisten innehatte.

Obwohl in Intellektuellenkreisen während der Diskussion um das Memorandum gewisse Zweifel zu beobachten waren, ließ das vielzitierte 8. ZK-Plenum von 1986 viele gleichgültig – wohl eine Folge der Zerstrittenheit der Kommunisten-Klans, die untereinander um die Macht kämpften. Mehr als ein halbes Jahr danach ließ Milošević immer noch nicht erkennen, dass ihm an einem Bündnis mit den Dissidenten des Tito-Regimes gelegen war. In den führenden Zeitungen war für Dobrica Ćosić, Milovan Đilas, die Gruppe der Philosophen und die herausragenden Intellektuellen aus der Francuska 7 kein Platz. Eine Aufweichung der Fronten begann mit den sogenannten "Meetings der Wahrheit", und die gegenseitige Liebe und Zusammenarbeit kulminierte auf dem Gazimestan bei Priština anlässlich der 600-Jahr-Feier der Schlacht auf dem Amselfeld. Damals vollzog Milošević die Kehrtwendung: er verurteilte den Konflikt zwischen den Intellektuellen und der Partei und verschaffte den ehemaligen Dissidenten eine unangefochtene Präsenz im öffentlichen Leben.

Milošević schwebte auf den Wolken des Ruhms. All unser Elend rührt daher, so räsonnierte das Volk, dass Serbien bisher keine solche Persönlichkeit hervorgebracht hat. Die Geschichte wäre ganz anders verlaufen, auch die Schlacht auf dem Amselfeld wäre anders ausgegangen. "Zar Lazar, du hattest kein Glück / wär' dir nur Slobo zur Seite gewesen ein Stück!"

Die sozialen Unruhen, die den Zusammenbruch des kommunistischen Regimes angekündigt hatten, hörten auf. Die Arbeiter der Belgrader Fabrik Rakovica, die vor das jugoslawische Parlament gezogen waren, um Brot für ihre Familien zu fordern und "Es lebe der Kapitalismus!" zu rufen, kehrten nach der Begegnung mit Milošević friedlich um, glücklich, ihn aus der Nähe gesehen zu haben, und zufrieden, weil er ihnen mehr als nur Brot versprochen hatte, nämlich ein neues, starkes, vereintes Serbien. "Pass' gut auf ihn auf!" rief ein Arbeiter im Blaumann dem Chauffeur des Präsidenten zu, während dieser die Rednertribüne vor dem jugoslawischen Parlament verließ.

Belgrad, 19. November 1988

Zum Meeting aller "Meetings" hatten sich unüberschaubare Menschenmassen in Belgrad auf dem Platz an der Savemündung versammelt. Tito war ein beliebter Staatsmann gewesen, aber seine Begegnungen mit der Bevölkerung waren stets von den loyalen lokalen Machtorganen gut durchorganisiert. Zu solchen Anlässen wurden Schulen, Fabriken und Büros geleert, um die Menschen auf die Straßen zu bekommen. Miloševićs Begegnungen mit dem Volk waren spontaner Natur, und sie riefen jenen Ausdruck der Verehrung und Begeisterung auf die Gesichter, mit dem Gläubige die Männer Gottes empfangen.

Von etwas überdurchschnittlicher Körpergröße, trägt Milošević einen Bürstenhaarschnitt, sein strenger, zielbewusster Blick über dem vorgeschobenen Kinn passt nicht zu dem pausbackigen Gesicht mit dem schmalen Mund, dessen rechter Winkel in ein nervöses Zucken ausläuft. Auf die Rednertribüne tritt er energisch, entschlossenen Schrittes, als wolle er schon durch seine Erscheinung unbeugsamen Willen demonstrieren. Er spricht deutlich, flüssig und entschieden, seine Sätze sind kurz und aussagekäftig, mit plakativen Parolen: "Das Volk braucht keine Garantien, denn es ist selbst die höchste Macht und Garantie!", oder: "Wir werden siegen, auch wenn sich, wie früher, heute die äußeren Feinde Serbiens mit seinen inneren Feinden verbünden!" und: "Jedes Volk besitzt eine Liebe, die für immer sein Herz erwärmt. Im Falle Serbiens ist das die Liebe zum Kosovo. Deshalb wird das Kosovo in Serbien bleiben!"

Tito gibt es nicht mehr, man hat ihn auf die politische Müllhalde geworfen. Šešelj, der Wojwode, legt sich das Werkzeug zurecht, um auf dem Friedhof von Dedinje das Grab des Marschalls umzugraben. Unmittelbar vor dem weltweiten Zerfall des Kommunismus und dem Untergang der gemeinsamen Heimat

Jugoslawien spricht der Schriftsteller Milovan Vitezović aus, was vielen nach dem Herzen ist: "Verehrtes Volk, unsere Geschichte wird dieses Jahr festhalten als das Jahr, in dem das Volk geschah!" Dieser Satz sollte uns unermessliches Unglück kosten.

Der Aufstand im Kosovo, der zum Ziel hatte, die Abwanderung der Serben und die Änderung der verfassungsrechtlichen Lage der Republik zu verhindern, mündete in politische Ausschweifungen mit Parolen, die in Jugoslawien wie im Ausland Gänsehaut hervorriefen; "Wir wollen Waffen!", oder: "Wir geben Dušans Zarenreich nicht her!". Und während sich alles im Siegestaumel drehte, zog sich die Schlinge um Serbien zu. Die ausländische Presse stellte Milošević als einen verspäteten Bolschewiken und Despoten hin, der unmittelbar vor dem Untergang des "realen Sozialismus" sein Regime in den Nationalkommunismus führen wolle. Die "Meetings" wurden mit den fremdenfeindlichen, gewalttätigen Aufmärschen früherer totalitärer Regime verglichen.

Milošević wollte das nicht sehen, auch kümmerte ihn die Meinung des Auslands nicht im geringsten. Mit dem Erstarken seiner Führungsposition verlor er jedes Augenmaß. Politische Zurückhaltung hielt er für Feigheit und Schwäche: er glaubte, nur im Gefecht könne er seine Größe beweisen. Er empfand Genugtuung darüber, dass "alle gegen ihn" waren, und sah sich durch die immer größere Zahl seiner Feinde und die wachsende Isolation in seiner Politik bestätigt.

Als sich Ljubljana auf die Seite der aufständischen albanischen Bergleute stellte, beschloss er, Slowenien zu bestrafen und erließ Wirtschaftssanktionen gegen die Republik. Wie Borisav Jović behauptet, plante er 1989, auch die Kroaten mit der Einstellung der Stromlieferungen zu bestrafen. Milošević ahnte nicht, dass ihm diese Tat drei Jahre später noch viel brutaler, mit einem drastischen Embargo der internationalen Gemeinschaft vergolten werden würde.

Die Macht besaß er nicht nur, sondern er hatte auch das starke Bedürfnis, dies dem Volk, das die Eigenschaften seines Führers zu schätzen wusste, immer wieder zu beweisen und zu zeigen. Auch nach dem Sturz der Regierungen in Priština, Novi Sad und dem damaligen Titograd gab es für ihn kein Halten. Bei der 600-Jahr-Feier der Schlacht auf dem Amselfeld am 28. Juni 1989, dem St. Veitstag, nutzte er auf der Gedenkstätte Gazimestan die Gelegenheit nicht, eine Hand der Versöhnung auszustrecken. Im Gegenteil: vor einer Million Menschen, unter denen sich auch die höchsten Vertreter der jugoslawischen Regierung und Gäste aus den anderen Republiken befanden, spielte er sich als Held auf und kündigte unter Drohungen weitere Attacken an: "Sechs Jahrhunderte nach der Schlacht auf dem Amselfeld befinden wir uns wieder in der Schlacht. Wir kämpfen nicht mit Waffen, obwohl auch das nicht auszuschließen ist". Das war seine Botschaft an einem Ort, an dem der serbische Zar Lazar im Kampf gegen die Osmanen gefallen war, als wollte er schwören, den Nationalstolz der Serben wiederherzustellen. Als der Psychiater Jovan Rašković ihm sagte, es wäre besser gewesen, als Demokrat aufzutreten, gab er zur Antwort: "Das ist mir gar nicht in den Sinn gekommen."

Mit diesen Parolen im Ohr wurde Serbien zu klein für große Ideen. Die Welle des Populismus schwappte über die Drina hinüber nach Bosnien, von wo starke Unterstützung kam. Die Erfahrung eines Genozids und die wieder hervorgeholten, kroatischen Ustascha-Symbole, die vor den Augen der Serben geschwenkt wurden, riefen bei diesen neue Angstgefühle hervor, Milošević jedoch flößte ihnen Glaube und Hoffnung ein. Die Überführung der Gebeine des Zaren Lazar, die unter der Obhut der orthodoxen Kirche von einem Kloster zum anderen getragen wurden, feierte man als nationales Ereignis und rüttelte das Bewusstsein vom unbeugsamen Volk wach. Milošević betrachtete Serbien als die stärkste Macht auf dem Balkan.

Das sechshundertjährige Jubiläum der Schlacht auf dem Amselfeld wurde auch in Knin gefeiert. Die Vorsitzende des Sozialistischen Bundes Serbiens, Radmila Anđelković, tanzte vor laufender Fernsehkamera zu Ehren der Abfahrt des letzten "Zuges der Brüderlichkeit und Einheit" einen Walzer mit ihrem slowenischen Kollegen Jože Smole, worauf sie den Spitznamen "Rada Lambada" erhielt. Vor dem Kirchenportal in Knin kaufte das Volk massenweise das Porträt des Präsidenten und stellte es daheim auf wie eine allmächtige Ikone.

Wo war zu dieser Zeit Mira Marković? Man wusste von ihr nicht mehr, als dass sie die Ehefrau des berühmten Präsidenten war. Obgleich sie sich überall einmischte, mied sie bis Ende des Jahres 1988 die Öffentlichkeit, und auch dann meldete sie sich nur gelegentlich in Interviews zu Wort. Den Fotoreportern gelang es nicht, sie zusammen mit Slobodan Milošević aufs Bild zu bekommen. Sie fehlte selbst bei Feierlichkeiten, bei denen üblicherweise auch die Gattinnen von Staatsmännern sich zeigen. Noch bevor man sie in Serbien für die Presse entdeckte, begann man in Slowenien und Kroatien über sie zu schreiben. Im April 1987 veröffentlichte in Ljubljana der Journalist Milovan Brkić in dem Magazin "Mladina" in Anspielung auf die rumänische Präsidentengattin Elena Ceaușescu einen Beitrag unter dem Titel "Der finstere Klan der Elena Marković". Darin stellte er Mirjana Marković und ihre Freunde, die Universitätsprofessoren, als aggressive politische Schwarzhändler dar. Die Eheleute Milošević vermuteten zu Unrecht, Ivan Stambolić habe den Pressemann veranlasst, diesen Text zu schreiben.

Mirjana M.s erster öffentlicher Auftritt ist auf den Tag genau feststellbar. Es war, als die "Meetings der Wahrheit" ihren Höhepunkt erreichten, das letzte fand in Belgrad auf dem Platz an der Savemündung statt. Da veröffentlichte Aleksandar Tijanić im Zagreber Unterhaltungsmagazin "Start" am 26. November 1988 ein Interview mit Professorin Marković. Die Veröffentlichung des Gesprächs weckte das Interesse politischer Kreise und reizte noch mehr die Belgrader Presse, die sich bis dahin nicht mit der Person der Marković beschäftigt hatte. Gleich danach druckte das politische Wochenmagazin "NIN" in zwei Folgen ihren Text über die Ursachen der wirtschaftlichen und politischen Krise des Sozialismus. Ein Detail verrät die damalige Ratlosigkeit der Journalisten in der Frage, wie sie sich gegenüber der Präsidentengattin verhalten sollten. Der Beitrag in "NIN" wurde ergänzt durch ein auffälliges Foto von Mira Marković. Im letzten Moment vor der Drucklegung wurde die Fotografie herausgenommen, sicher nicht nur auf Wunsch des damaligen Chefredakteurs, der mit der Familie Milošević in Kontakt stand. Zu dieser Zeit verspürte die Marković noch keinen Wunsch nach Publizität.

Der überzeugten Jugoslawin und Kommunistin Mirjana M. missfielen nationalistische Äußerungen. Es ist nur natürlich, dass auch die zügellose Art der Straßendemonstrationen ihr ein Dorn im Auge war. Doch diese "Meetings" brachten ihrem Ehemann einen riesigen Prestigegewinn, und das genügte ihr, um sie zu verteidigen. Über diese Zeit schreibt und redet sie als von einer lichten Ära politischen Engagements, als man "den Kampf für die serbische Sache führte". Es war, sagt sie, "ein gerechter und schöner Kampf für die nationale Bestätigung aller Interessen des serbischen Volkes in Jugoslawien", der aber "ohne Schaden für die übrigen jugoslawischen Völker" verlief.

Obgleich sie Führerambitionen und Nationalismus verurteilte, entdeckte sie in der "antibürokratischen Revolution" nichts von alledem. Über den Aufstieg Slobodan Miloševićs zum "Vater der Nation" sagte sie: "Die Bürger brauchen weder einen Vater noch einen Hirten oder Führer, die Republik benötigt einen Präsidenten mit begrenztem Mandat. Und das ist alles. Demnach ist Slobodan, was seine Vaterschaft angeht, einzig und allein Vater seiner zwei Kinder".

Eine Rechtfertigung fand sie auch für die Meetings: "Alle großen Ereignisse haben sich auf der Straße abgespielt, sei es nun die Französische oder die Oktoberrevolution, der 27. März oder die aktuellen Veränderungen in unserem Land". Und weiter: "Was bleibt den Menschen anderes übrig, als zu versuchen, die Institutionen der Gesellschaft und die Gesellschaft als Ganzes aufzufordern, die Probleme, mit denen sie konfrontiert sind, zu lösen?" Diesen Standpunkt änderte sie genau wie Milošević prompt, als die

Straßendemonstrationen auch von den Oppositionsparteien als Kampfmittel eingesetzt wurden.

Von Anfang an stützte sich der serbische Präsident vorwiegend auf den Parteiapparat und die Presse. Seine Einschätzung stimmte: in einem Staat, in dem der Bund der Kommunisten seinen früheren Einfluss verloren hatte, konnten die Medien der Macht eine starke Stütze sein. Obwohl die Boulevardblätter "Ekspres" und "Večernje novosti" dem Regime als "Donnergötter" und Wachposten an vorderster Front dienten, gaben die Tageszeitung "Politika" und das Fernsehen den Ton der Nachrichten an und beeinflussten die öffentliche Meinung am meisten.

Wie alle Blätter war auch die "Politika" dem kommunistischen Regime gegenüber loyal, behielt dabei aber stets ihre eigene Note. Unaufdringlich und vorsichtig, in einem Maße zurückhaltend, dass sie sich in den Augen der Leser nicht unglaubwürdig machte, wahrte sie eine gewisse Distanz. Man tat, was getan werden musste, weiter ging man in der Regel nicht. Vulgäre Propaganda und politische Siegestrophäen, mit deren Hilfe sich die Zuneigung der Öffentlichkeit gewinnen ließ, wusste man zu vermeiden. Diese "Politika" machte sich Milošević in dem Moment, als man unmittelbar davor stand, das Mehrparteiensystem einzuführen und die Gesellschaft zu pluralisieren, nach langen Auseinandersetzungen untertan. Es war dies die schlimmste Niederlage für die Professionalität eines Blattes und stellt einen der größten Siege des serbischen Führers dar, der ihm noch viele andere Siege bei der Eroberung, Festigung und Bewahrung seiner Macht ermöglichte.

Die "Herrin der Medien", als die ihre Leserschaft die "Politika" traditionell erlebte, entwickelte sich unter dem Chefredakteur Živorad Minović, der ansonsten ein begabter Profi war, zu einem wahren Beispiel von Hörigkeit und zum politischen Hetzblatt. Diejenigen, die sich vom Serbentum abgewendet hatten, hatten es nicht nötig, sich propagandistische Unterstellungen auszudenken: es genügte, in der "Politika" regelmäßig die Rubrik "Echos und Reaktionen" zu lesen. Der ganze Hass, die Lügen und die nationalistische Zügellosigkeit der Zeit fanden Platz in dieser Rubrik, in der sich nicht selten von Schreibwut besessene Möchtegern-Schriftsteller mit klangvollen Titeln versammelten, bereit, jeden zu erschießen, der es wagen wollte, die "serbischen Heiligtümer" anzutasten.

Während das Regime gefügige Redaktionen zusammenstellte, rechnete es mit aufmüpfigen Journalisten und Presseorganen ab. Die Zeitschriften "NIN", "Mladost" und "Student", die voller Elan begonnen hatten, wurden dicht gemacht. Auch der serbische Journalistenbund wurde gleichgeschaltet und sein damaliger Vorsitzender Jug Grizelj, einer der hervorragendsten jugoslawischen Journalisten, nach einer schmutzigen Hetzkampagne abgesetzt. All das geschah unter der Ägide des Sozialistischen Bundes, der formal Schutzpatron der Medien, in Wirklichkeit aber ein verlängerter Arm der Partei war.

Die sogenannte "antibürokratische Revolution" ließ Tausende früherer politischer Funktionäre in der Versenkung verschwinden. Es war dies die größte Verfolgungsaktion seit dem Fall der Liberalen im Jahre 1972. Die gesamte Parteileitung der Vojvodina, an deren Spitze nach dem Tod von Stevan Doronjski der 1929 geborene Boško Krunić stand, wurde abgesetzt.

In Montenegro erklärten drei Spitzenpolitiker ihren Rücktritt: Veselin Đuranovic, Jahrgang 1925, Vidoje Žarković, Jahrgang 1927 und Marko Orlandić, Jahrgang 1930. Die größten Aussichten, im Amt zu bleiben, hatte Orlandić, dem anfangs Slobodan Milošević den Rücken freihielt. Als die Menschenmenge auf einem "Meeting" in Podgorica nach Milošević rief, sie zu führen, entgegnete Orlandić, man könne auf den serbischen Präsidenten nicht zählen. Auf die Zurufe "Wir wollen Slobodan!" antwortete er: "Der kann euch nicht helfen!" Damit war Orlandićs Schicksal besiegelt.

Die Albaner stellten die Maximalforderung: einen eigenen Staat; Milošević nahm ihnen auch das, was sie schon besaßen, die

Provinzautonomie. Nach dem Rücktritt von Fadilj Hoxha wurde eine ganze Generation albanischer Politiker ihrer Posten enthoben. Die letzte einflussreiche Autoritätsfigur vor dem Auftauchen Ibrahim Rugovas und jüngerer, proalbanisch orientierter Politiker war Azem Vllasi, Jahrgang 1948, ein ehemaliger Liebling Titos. Angeblich sollte er den Aufstand der albanischen Bergleute von Stari Trg angezettelt haben. Auf einem "Meeting" vor dem jugoslawischen Parlament am 27. Februar 1989 forderte die Menschenmenge seine Verhaftung. Die Antwort Miloševićs lautete: "Im Namen der Führung der Sozialistischen Republik Serbien, das verspreche ich euch!" Am nächsten Tag schon wurde das Versprechen eingelöst, und Vllasi verbrachte 418 Tage im Gefängnis.

Rahman Morina, Jahrgang 1943, der letzte Vorsitzende der Kommunisten im Kosovo und einer der seltenen Albaner, die mit der Macht in Serbien zusammenarbeiteten, starb während einer Sitzung am Konferenztisch, zu einer Zeit, als die Partei der Sozialisten im Kosovo gegründet wurde. Seine Beisetzung in Belgrad zeigte, dass er einsam und von allen seinen albanischen Landsleuten verlassen gewesen war. In der Politik trat Morinas Witwe Buba an seine Stelle. Sie war von Beruf eigentlich Stenotypistin, sollte aber dank ihrer Loyalität zu Professorin Marković mit dem Ministersessel belohnt werden.

17. Oktober 1989

Hätte man Slobodan Milošević stürzen können? Es hat solche Momente in der Karriere des Präsidenten gegeben, sie gingen aber nach großen Unwettern stets zu seinen Gunsten aus. Er verstand es, Gleichgesinnte um sich zu scharen und die Schwächen seiner Gegner auszunutzen.

Zum ersten Versuch, Milošević abzusetzen, kam es auf einer Sitzung des jugoslawischen Zentralkomitees des BdKJ. Das herrische Verhalten und die Arroganz Miloševićs hatten böse

Ahnungen bei der damaligen kommunistischen Führung Jugo slawiens geweckt. Der Parteiideologe Stipe Šuvar war der Ansicht, nun sei der Moment dafür gekommen, den "Fall Milošević" zu eröffnen. Er hatte die Mehrheit auf seiner Seite.

Šuvar war damals eine führende Persönlichkeit an der Parteispitze, mutig im Auftreten und ein jugoslawisch orientierter Kroate. Er arbeitete mit Milošević zusammen, solange er an dessen jugoslawische und kommunistische Überzeugung glaubte, als er aber in ihm den militanten Nationalisten entdeckte, wurde er zu seinem schlimmsten Widersacher.

Wie sollte man Milošević über Bord werfen, ohne Gewalt anzuwenden? Da die Parteispitze in sich zerstritten war, wurde verabredet, dass einzeln über das Vertrauen zu jedem Mitglied des Parteipräsidiums abgestimmt werden sollte, in dem Milošević die Funktion des serbischen Republikvorsitzenden ausübte. Das war, so glaubte man, die beste Art, den serbischen leader in Misskredit zu bringen, denn mit Ausnahme der Vertreter Serbiens und Montenegros waren alle gegen ihn.

Solche Momente konnten Milošević nicht aus der Fassung bringen: niemand wird bestreiten, dass er einen gesunden Selbsterhaltungstrieb und die Fähigkeit besaß, Seitenhiebe auszuteilen und seine Gegner zu übertrumpfen. Also stellten er und seine Gefolgsleute die Prinzipienfrage: Ist es überhaupt möglich, über die Parteivorsitzenden der einzelnen Republiken abzustimmen, die von ihren Parteiorganisationen in den Republiken gewählt wurden und ihrer Funktion nach Mitglieder des höchsten Parteigremiums sind? Wird dadurch nicht die Souveränität der Partei in den einzelnen Republiken in Frage gestellt?

Eine bessere Verteidigungstaktik war nur schwer vorstellbar, obwohl sie von jemandem stammte, der sich hartnäckig für das Prinzip des demokratischen Zentralismus einsetzte und darunter die Vorherrschaft der Partei verstand. Das magische Wort Souveränität, das den Keim des künftigen Zerfalls des Landes in sich trug, brachte die Führungspolitiker der Republiken in große Verlegenheit. Die meisten von ihnen waren eher bereit, für den serbischen leader ein Auge zuzudrücken als auf ihre eigene Macht und damit die völlige Unabhängigkeit der Kommunistischen Partei in den einzelnen Republiken zu verzichten.

Milošević gewann auch diese Runde mit Leichtigkeit. Er umging die Vertrauensabstimmung, und die Zeche bezahlte an seiner Stelle Dušan Čkrebić, der serbische Vertreter im Präsidium des jugoslawischen Zentralkomitees. Indem sie gegen Čkrebić stimmten, votierten die Mitglieder des Zentralkomitees eigentlich gegen Milošević, und das ist zwei Jahre vor dem endgültigen Zerfall des Staates der erste öffentliche Beweis dafür, welche Meinung Jugoslawien über den serbischen Präsidenten hatte.

Während sich die Sitzung dem Ende zuneigte und Miloševićs Anhänger schon seinen neuen Sieg feierten, erhob sich ein kleiner, grauhaariger Mann, der älteste unter den Mitgliedern des Zentralkomitees, rasch von seinem Platz und trat ans Mikrofon. Es war Vinko Hafner, einer der wenigen slowenischen Funktionäre mit projugoslawischer Gesinnung. Er suchte mit seinem Blick Milošević und sagte zu ihm mit erhobenem Zeigefinger: "Genosse Slobodan, überlegen Sie gut, welchen Weg Sie gehen wollen, denken Sie nach, Genosse Slobodan!" Milošević schaute ihn mit der Überlegenheit eines Herrschers an, er zeigte weder Aufregung noch Gewissensbisse. Das krampfhafte Zucken seines Mundwinkels ließ eher Verstimmung über diese Warnung Hafners erkennen als wirkliche Besorgnis.

Die Ereignisse lenkten den serbischen Präsidenten, aber auch er selbst steuerte die Ereignisse; ein Beispiel dafür war der verhängnisvolle, außerordentliche Parteikongress des BdKJ im Januar 1990, der den Auftakt für die Zerschlagung Jugoslawiens bildete.

Glückliche Reise!

Während die Berliner Mauer fällt und die Herrschaft von Nicolae und Elena Ceaușescu auf dem Richtblock endet, gilt Serbien im Ausland als letzte Bastion des Kommunismus und Spaltbeil Jugoslawiens.

Berlin, 9. November 1989

Die Berliner Mauer fällt. Auch physisch ist ein Symbol des Kalten Krieges zerstört. In der Nacht der Umarmungen und des Neubeginns einer historischen Ära in Europa trägt eine aufgeregte Menschenmenge die kommunistische Bastille ab und verwandelt kleine Splitter dieser Festung in Souvenirs, die das Ausland an die Zeit des vom Eisernen Vorhang geteilten Europa erinnern werden. Die Regime des früheren kommunistischen Blocks zerfallen, eins nach dem anderen. Nur Rumänien bleibt.

Bukarest, 25. Dezember 1989

Blutig geht die Herrschaft des rumänischen Diktators Nicolae Ceaușescu und seiner Ehefrau Elena zu Ende. Während das Volk auf dem Bukarester Hauptplatz "Rumänien, erwache" singt, vollzieht ein Schützenbataillon vor den Kameras des Fernsehens in Târgu Mureș das Gerichtsurteil – die Hinrichtung von Nicolae und Elena Ceaușescu. "Wir haben gemeinsam gelebt, wir werden zusammen sterben, wir wünschen keine Gnade!", sind Elena Ceaușescus letzte Worte.

Belgrad, 20. Januar 1990

Vom Ruhm beflügelt, isolierte sich Milošević immer mehr als

einsamer Machthaber, für den es keine Hindernisse gibt. Auf die Außenwelt nahm er keine Rücksicht: er verhielt sich wie ein Politiker, der niemanden braucht. Sein Ehrgeiz wuchs. In dem Wunsch, seine Position in Jugoslawien auszubauen, nahm er Zuflucht zu einer alten Waffe, mit der er die Macht erobert hatte: die Rückkehr zu einer titoistischen Partei, die mobil, einheitlich und aus dem Zentrum heraus geführt wird. Mit diesem Ziel startete Serbien die Initiative, einen außerordentlichen Kongress der KP Jugoslawiens abzuhalten. Die Organisation, die Idee und alles andere, was diesem Ereignis vorausging, wird Slobodan Milošević zugeschrieben. Der ursprüngliche Gedanke dieses Putsches, und das war der Kongress im Grunde genommen für die Partei, ging von der Welt der Mira Marković aus.

Während das sozialistische Lager zerfiel, kam in Serbien eine Garnitur an die Macht, die dogmatischer war als zur Zeit von Titos Tod. Die Professorin Marković denkt 1988 in der Zeitschrift "Marksistička misao" über den Sozialismus als Zukunft der Weltzivilisation nach. Sie erkennt auch die Krise der sozialistischen Länder nicht an. Das sind nur vorübergehende Schwierigkeiten, und man muss seine unerschöpflichen Kräfte mobilisieren: "Die Mobilisierung dieser Mehrheit auf wissenschaftlicher Grundlage und im Rahmen der Politik ist der Raum, in dem der Sozialismus seine Schlacht ohne Anstrengung gewinnen und seinen historischen, zivilisatorischen Weg zu einer Gemeinschaft freier Menschen im Kommunismus fortsetzen wird."

In dem außerordentlichen Kongress sieht Mirjana M. die Möglichkeit zu einer Wiedergeburt der sklerotischen Kommunistenorganisation. Slobodan M. bietet er die Möglichkeit, nach der Eroberung der Macht in Serbien seinen Einfluss auf Jugoslawien auszudehnen.

Alles ist im voraus abgekartet, auch die möglichen Stimmen der Delegierten sind präzise abgezählt. Milošević hat Serbien, die Vojvodina, den Kosovo (mit eingesetzten, aufgezwungenen

Delegierten), Montenegro und die Armee hinter sich, außerdem rechnet er mit vielen Stimmen aus Makedonien, Bosnien sowie Kroatien. Der frühere Banker verrechnet sich jedoch. Äußerlich ist es im Save-Center, wo der Kongress stattfindet, wie früher, aber in Wirklichkeit ist alles anders. Tito, der immer das letzte Wort gehabt hatte, ist nicht mehr da. Es genügte das Veto einer Republik, und alles fiele ins Wasser. Die Rolle des Spielverderbers übernimmt die slowenische Delegation.

Slowenien bereitet sich nach Titos Tod auf die Abspaltung vor, bzw. akzeptiert in der ersten Phase Jugoslawien nur insofern, wie es ihm wirtschaftlich ins Konzept passt. Das, was die Serben nicht besaßen, ein ausgeklügeltes nationales Programm, das ihnen jedoch mit dem Auftauchen des konfusen Memorandums zugeschrieben wurde, hatten die slowenischen Intellektuellen schon wesentlich früher ausgearbeitet. Schon Mitte der achtziger Jahre wurde in der nördlichen Republik unverblümt vom jugoslawischen Ballast und von Eigenständigkeit gesprochen. Die Unzufriedenheit den "Bosniern" gegenüber wächst, wie die Arbeitskräfte aus dem Süden genannt werden, die in der am weitesten entwickelten Republik Beschäftigung suchen. Bei einem Basketball-Match in Ljubljana skandieren die Fans "Die Serben an die Weidenbäume!", und auf Containern erscheinen Drohbotschaften: "Bosnier raus!" Die slowenische Führung unterstützte mit viel Ausdauer die Unabhängigkeitsbestrebungen des Kosovo, was die Serben verbitterte, denn es gab wohl kein Volk in Jugoslawien, das die Serben so liebten und schätzten wie die Slowenen.

In der slowenischen Führung sah Milošević seinen größten Gegner, und selbstbewusst und leichtfertig glaubte er, dass die Slowenen ein leichter Bissen sein würden: es genüge, wenn er ihnen eine Gruppe seiner reisenden Anhänger mit dem famosen "Kurier Jovica" an der Spitze ins Land schicken würde, und Milan Kučan wäre am Ende, wie die Führung des Kosovo, der Vojvodina und Montenegros. Der serbische leader kannte die wahren Verhältnisse in Jugoslawien nicht. Noch weniger wusste er, dass es zwischen der

Haltung der slowenischen Führung und ihrer Bürger keine ernsten Unterschiede gab. Der Aufenthalt der reisenden Demonstranten in Ljubljana endete in einem Desaster, und Milan Kučan festigte seine Position. Der frühere Militärgeheimdienstler und Schüler Kardeljs, der mehrere Jahre in Belgrad an der Parteispitze Jugoslawiens tätig gewesen war, baute sein Prestige auf den Widerstand gegen das Milošević-Regime. Ein nationaler Führer, Slobodan Milošević, schuf einen anderen nationalen Führer, Milan Kučan. Nach dieser Formel entstehen die nationalen Führungspersönlichkeiten, die Jugoslawien ein Ende bereiten werden.

Slowenien ermöglichte als erste jugoslawische Republik ein Mehrparteiensystem, was ihm den Weg nach Europa öffnete. Der Kommunismus und der drohende Triumph des serbischen Regimes kam ihm sehr gelegen als zusätzliches Argument für das Ausland, Slowenien habe in Jugoslawien "nichts verloren". Zu dem außerordentlichen Kongress kamen die Slowenen mit der festen Absicht, den traditionellen Bund der Kommunisten Jugoslawiens zu sprengen, dies aber nicht eigenhändig zu tun. Milošević behauptet, dass die slowenische Delegation am Morgen vor dem plötzlichen Ende des Kongresses ihre Zimmer geräumt und das Gepäck an der Rezeption abgegeben habe.

Kučan wusste im Voraus von dem möglichen Ende des Kongresses, und Miloševićs Anhänger kamen ihm sehr gelegen mit ihrer trotzigen Zurückweisung aller aus Slowenien und Kroatien stammenden Vorschläge, auch derjenigen, die keinerlei politische Bedeutung hatten. Alles, was die Slowenen vorschlugen, wurde abgelehnt, des öfteren wurden sie zwar von den Kroaten unterstützt, aber die serbische Delegation wollte ihre Übermacht demonstrieren. So war das Ende der monopolistischen KP Jugoslawiens gekommen, die endgültige Niederlage des Titoismus und der Anfang vom Ende des gemeinsamen Staates. Den Slowenen werden die Kroaten folgen, dann die Bosnier, die Makedonen, wie das so geht.

Save-Center, 22. Januar 1990, 20.30 Uhr

Der letzte Augenblick des Abschieds ist gekommen, der, unabhängig vom Verlauf der Ereignisse, nicht ohne gewisse Gefühle vonstatten geht. Milan Kučan erhebt sich plötzlich von dem breiten Tisch, verabschiedet sich vom Vorsitzenden Milan Pančevski, der die Sitzung leitet, und marschiert in Richtung Ausgang. Begleitet wird er von den Slowenen Štefan Korošec und Sonja Lokar, danach, offensichtlich auf diesen Schritt vorbereitet, verlassen alle 105 slowenischen Delegierten den Saal. All dies läuft wie nach Drehbuch ab, aber es ist schwer, dabei Gleichmut zu bewahren, schließlich waren wir so lange Jahre zusammen, irgendwie beginnt Sonja Lokar zu weinen, und auch Štefan Korošec rollt eine Träne übers Gesicht. Die Grabesstille wird nur durch eine Fistelstimme aus dem Saal gestört: "Sie weinen um ihre Delegiertensessel. Gute Reise!" Dann eine kurze Stille, verwirrte Blicke, ein Augenblick, in dem allen klar ist, dass sich etwas Bedeutendes ereignet, und gerade da hallt der Saal wider von lautem, verächtlich-triumphierendem, ja fröhlichem Applaus über den Auszug der Slowenen.

Nach weiterem Durcheinander und Streit, wie es nun weitergehen sollte, blieb Milan Pančevski nichts anderes übrig, als die Sitzung zu schließen: "Der Kongress wird seine Arbeit fortsetzen, aber wann, das wissen wir nicht". Nie mehr. Während die Delegierten kurz vor Mitternacht das Save-Center verlassen, versucht nur einer, mit einem gutmütigen Lächeln die Journalisten zu beruhigen. Die KP ist gestorben, eine verlorene Sache ist tot, umso besser. "Jugoslawien wird auch weiter bestehen", verkündet der jugoslawische Premier Ante Marković.

Dieses Ereignis wertete das europäische Ausland als Kampf zwischen Nationalkommunismus und Demokratie: Die Serben sind gegen das Mehrparteiensystem, die Slowenen dafür; die Serben wollen den Kommunismus, die Slowenen sind dagegen; die Slowenen wollen eine lockere Konföderation, die Serben eine zentralistische Macht, in der sie das entscheidende Wort haben. Also ist

Kučan der Demokrat und Milošević der Bolschewik. Dieses zwar oberflächliche, aber doch überzeugende Bild wird die Distanz zwischen Serbien und Europa noch mehr vertiefen, in einer Zeit, da das Land Verbündete am allernötigsten hat. Kroatien folgt dem slowenischen Beispiel.

Dienstag, 16. Juli 1990

Wenn er in Nöten ist, macht Milošević Rückzieher. Obwohl die Mehrheit der Serben in ihm auch weiterhin den Führer sieht, der das nationale Selbstbewusstsein hebt, stört viele sein Kommunismus. Während in Kroatien, Slowenien und Bosnien das Mehrparteiensystem legalisiert wird, akzeptiert Serbien "nur den Pluralismus der sozialistisch orientierten Kräfte", beziehungsweise "den Pluralismus ohne Parteien", wie es die Führung formulierte, wobei die Autorenschaft Mira Marković und dem Philosophen Mihajlo Marković gehört, einem früheren Partisanenkämpfer und Dissidenten des Tito-Regimes. Die Professorin Marković wies in ihren Texten nach, dass "der Parlamentarismus den Engländern sehr gut steht, jedoch zu den Serben offenbar gar nicht passt".

Erst im Juli des Jahres 1990 sagt sich Milošević formal von dem Namen der kommunistischen Organisation los und gründet eine neue Bewegung unter der Bezeichnung Sozialistische Partei Serbiens. Viele orthodoxe Kommunisten widersetzen sich diesem Schachzug, unter ihnen nimmt Professorin Marković einen herausragenden Platz ein. Ihr zu Seite steht General Veljko Kadijević, der, so behauptet Borisav Jović, "verwirrt und enttäuscht" war, denn dies sei "definitiv der Zerfall Jugoslawiens".

Der ursprünglichen Idee nach sollte das Parteiprogramm der Sozialisten Elemente der europäischen Sozialdemokratie enthalten. Verändert wurde es durch den Sieg der Strömung um Mira Marković. Milošević beteiligte sich nicht an der Formulierung der Inhalte der neuen Partei, gab aber die Anweisung: "Man sollte unsere Leute zusammenrufen, damit sie sich das noch einmal ansehen". "Unsere Leute" bezog sich vor allem auf die Soziologin Mira Marković und ihre Gesinnungsgenossen von der Belgrader Universität.

Mit Propagandapomp ging in der Festhalle des Save-Centers der Gründungskongress der Sozialisten über die Bühne, der "travestierten Kommunisten", wie Borislav Mihajlović Mihiz sie bezeichnete. Man versuchte sowohl durch das äußere Erscheinungsbild wie durch die Zusammensetzung der Delegierten zu vermitteln, dass jetzt etwas anderes kam. Kein Tito-Bild mehr, und im Saal saßen zur Verwirrung der Kommunisten frühere Regimegegner, bekannte Persönlich- keiten des öffentlichen Lebens, Akademiemitglieder und Schriftsteller. Wieder hatte eine Täuschung Miloševićs Erfolg: er bewahrte die materielle und organisatorische Macht der KP und gewann neue Anhänger.

Star des Kongresses war der Schriftsteller Miodrag Bulatović, der liebe "Bule", ein Zauberkünstler des Wortes. "Ich bin überzeugt, dass es in Serbien kein Herz gibt, das nicht zittert, dass es niemanden gibt, dem heute das Herz nicht überquillt", sagte Bulatović in seiner Ansprache. "Eine neue Partei wird geboren, sie ist neu und von der Sonne verwöhnt, eine undogmatische Volkspartei, ehrlich und kompakt, für alle interessant. Mich schreckt die rote Farbe im Banner dieser Partei nicht. Das ist nicht nur die Farbe der Kommunisten, sondern die der Altäre und des geronnenen serbischen Bluts. Meine Herren und Freunde, das Ausland wird von neuem über Serbien sprechen! Serbien! Über dieses ruhmreiche Land, das unter den Völkern auch in den schwersten Augenblicken glänzte."

19. November 1990

Einen Monat vor den ersten Parlamentswahlen in Serbien wurde im Save-Center der Bund der Kommunisten, Bewegung für Jugoslawien gegründet, Chefideologin: Mira Marković. "Die wichtigsten Ziele dieser Partei sind Jugoslawien als gemeinsame

Heimat und der Sozialismus als reiche, gerechte, zeitgemäße Gesellschaft, anders als die bisherige sozialistische", erklärte Professorin Marković die programmatischen Zielsetzungen dieser Partei.

Im Save-Center versammelten sich etwa fünftausend Menschen, orthodoxe Kommunisten, Jugoslawen, die meisten aus den Reihen der Generäle und früheren Politiker. Die Jugoslawische Armee wird kurz darauf auch formal dieser Bewegung beitreten, an der Spitze der damalige Verteidigungsminister General Veljko Kadijević, mit dem die Familie Milošević freundschaftliche Kontakte unterhält. Die Medienpersönlichkeit des Kongresses ist Mira Marković, obwohl sie einen unauffälligen Platz, versteckt vor neugierigen Journalisten und Photographen gewählt hatte.

Die Position der Mirjana M. störte Milošević nicht. Ihr hatte er es zu verdanken, dass die Kommunisten hinter ihm standen, als ihrem Mann. Mit dem Kommunismus gewann er auch die Armee, in einem Augenblick, als der Nationalismus an deren Einheit nagte. Auch später war der Bund der Kommunisten – Bewegung für Jugoslawien, allerdings ohne General Stevan Mirković, immer auf der Seite Miloševićs und bedingungslos gegen die Oppositionsparteien.

Ihre politischen Zielsetzungen erklärte Mirjana M. mit der Konsequenz der Partei: "Nichts hat in mir auch nur den geringsten Zweifel geweckt, weder im theoretischen noch im politischen Sinn, dass ich meine Zielsetzungen für Jugoslawien und den Sozialismus in Frage stellen sollte". Auf die direkte Frage eines Journalisten, warum sie und ihr Ehemann verschiedenen Parteien angehörten, antwortet sie: "Das ist kein Zeichen von Toleranz, sondern von Emanzipation, einer Eigenschaft, die in meiner Familie nicht erst seit jetzt, sondern von Anfang an vorhanden war."

Ein Geschäftsmann aus Kalifornien serbischer Herkunft, Michael Đorđević, überzeugte Milošević anlässlich seines Besuches in Belgrad davon, sich von den abstoßenden kommunistischen Symbolen zu befreien: "Nehmen Sie doch wenigstens den fünfzackigen Stern weg, um Gottes Willen!" Milošević rechtfertigte sich nicht sehr überzeugend damit, dies stehe nicht in seiner Macht, denn "wir haben da zuständige Kommissionen!" Und auf die Frage Đorđevićs, was denn die alte Nationalhymne "Hej, Ihr Slawen" solle, antwortete er: "Was haben Sie gegen diese Hymne? Die Hymne ist schön, und die Melodie auch!"

9. Dezember 1990

Der Herbst in Serbien ist eine Zeit großer Erwartungen: nach fünfzig Jahren sollen erstmals Parlamentswahlen stattfinden.

Nicht ohne Grund hat es Slobodan Milošević eilig mit den Mehrparteienwahlen. Alle anderen jugoslawischen Politiker sind in der Ungewissheit: nur er kann mit einem sicheren Sieg rechnen. Davon ist er fest überzeugt. Er wettet mit Dr. Jovan Rašković darauf, dass er im ersten Wahlgang gewählt wird. Auch behindern die Sozialisten die Gründung anderer Parteien, unterdrücken die Opposition, nutzen kleinlich die Vorteile einer Partei an der Macht aus und führen als letzte auf dem Balkan das Mehrparteiensystem ein.

Alles, worüber die Opposition nicht verfügte, besaß die machthabende Partei: eine starke Organisation, unbegrenzte materielle Ressourcen, die Presse und das Fernsehen, Erfahrung und Staatsmacht. Noch mehr als das: eine wenig überzeugende, unfähige Opposition, die aus einem Chaos beliebiger Ideen, Ambitionen und Animositäten heraus geboren wurde. Die Parteiführer hassen sich mehr untereinander, als dass ihnen der serbische Präsident im Weg ist. Während sie die Macht noch nicht einmal erobert haben, kämpfen sie untereinander darum, und das wird zur Regierungszeit der Sozialisten ihr größtes Problem sein.

Was Tito nicht fertig brachte, erreichte Milošević: er spaltete den einheitlichen Block der Dissidenten. Ehemalige Freunde wurden zu erbitterten Gegnern; ehemalige politische Gesinnungsgenossen, die der Widerstand gegen die Macht der Kommunisten geeint hatte, gaben sich nun als Sozialisten aus, als Monarchisten, Tschetniks, Demokraten, Großserben und Verfechter der Zivilgesellschaft. Erst als sie die öffentliche Bühne betraten, erwies sich, dass viele geachtete Intellektuelle ebenso wie die gewöhnlichen Sterblichen von Engherzigkeit, Selbstgefälligkeit und Ruhmsucht zerfressen werden. Jeder von ihnen lebt in dem Glauben, gerade er sei dazu berufen, Serbien zu führen; keiner will zweiter sein, auf den mittleren Rängen oder im Hintergrund agieren.

Die führende Oppositionspartei, die Serbische Erneuerungsbewegung, lässt die Fahne der Tschetniks flattern, und ihr charismatischer Führer Vuk Drašković feiert Kraft und Heldentum der Serben: "Wir werden den Knoten zerschlagen wie Alexander der Große, um das Geschwür zu entfernen, das Serbien schon lange schwer zu schaffen macht", prophezeit Drašković in Novi Pazar den kämpferischen Muslimen. Auf die Rufe "Wir werden die Tschetniks nacheinander umbringen!" antwortet Drašković, wenn die Serbische Erneuerungsbewegung an die Macht komme, "wird in Serbien nur noch eine Fahne wehen, die serbische, und jeder, der eine andere in die Hand nimmt, wird ohne Fahne und ohne Hände nach Hause gehen!" Noch kämpferischer gibt sich sein enger Mitarbeiter, der Schriftsteller Milan Komnenić, der die Muslime ermahnt, nicht zu vergessen dass "an der Faust des serbisches Volkes der gesamte Balkan zerbrechen kann, geschweige denn eine einzige Region". "Anstelle der Macht, die in Belgrad zaudert, werden wir Serbien in den Tod oder zum Ruhm führen!"

Milošević muss seine nationalen Gefühle nicht beweisen: er ist die Integrationsfigur aller Serben! Wer immer sich mit ihm auf diesen Wettkampf einließ, und das tat die Opposition oft, hatte schon von vornherein verloren. "Heute stehen Individuen und Gruppen auf der politischen Bühne, die zur Zeit der großen Schlacht um das 8. Plenum und das Kosovo in Mauselöchern hockten. Jetzt, wo die Arbeit getan ist, kommen sie aus ihren Löchern, rufen das Volk zu Kämpfen auf, die sie nicht geführt haben, auf einen Weg, der unklar und blutig ist und in Wirklichkeit nur jenen Kräften im Lande und im Ausland dient, die die gerade für Serbien erkämpften Errungenschaften zerstören, in Serbien und Jugoslawien", sagte Milošević in Bor. Nur mit der Beziehung der beiden Ehepartner näher Vertraute konnten in seiner Rede die Ausführungen der Mira Marković wiedererkennen.

In den Ideen gespalten, unstabil, reizbar und mit Führungsansprüchen belastet, bereitet die Opposition Milošević keine Schwierigkeiten. Wer sind die oppositionellen Kräfte und was wollen sie? In den Medien werden sie dargestellt als gewalttätige, konfuse Gruppierung von Leuten, die nur eines sicher wissen, dass sie es wollen – die Macht. Aber wer kennt sich besser mit der Macht aus als Slobodan M.!

Am Vorabend des Krieges sichern sich die Sozialisten mit Antikriegsparolen und dem Slogan "Mit uns gibt es keine Ungewissheit!" die massenhafte Unterstützung des Volkes und gewinnen souverän die ersten Mehrparteienwahlen. (Slobodan Milošević erhielt 3.258.779 Stimmen, Vuk Drašković 821.674, Dr. Ivan Đurić 277.398, Sulejman Ugljanin 109.459, Vojislav Šešelj 96.277 Stimmen... Die Sozialistische Partei errang 194 Abgeordnetensitze, die Serbische Erneuerungsbewegung 19, die Demokratische Gemeinschaft der Vojvodiner Ungarn 9, eine Bürgergruppe 9, die Demokratische Partei 7 Sitze...)

Samstag, 9. März 1991

Der Ruhm ist unbeständig, wie er kommt, so geht er wieder, musste der serbische leader einsehen. Noch hatte Milošević seinen überzeugenden Wahlsieg nicht ausgekostet, schon wandte sich mit gleicher Glut die Unzufriedenheit des Volkes gegen ihn. Viele wollten sich mit dem Fortbestand des zurechtgebastelten, überall in der Welt kompromittierten Kommunismus nicht abfinden, der größte Zorn jedoch entzündete sich an den zwei tragenden Säulen der Macht, am Fernsehen und an der Tageszeitung "Politika".

Belgrad im Höllenfeuer und in Zerstörerlaune, wie es die

jugoslawische Hauptstadt bisher nicht erlebt hat. Von der Juristischen Fakultät über den Park der Pioniere bis zum Platz der Republik und dem Gebäude des serbischen Parlaments hat sich eine unübersehbare Menschenmenge eingefunden, angeführt von Vuk Drašković. Die Stadt ist erfüllt vom Widerhall feuriger Reden und Anti-Milošević-Rufen ("Slobo, du Stalin!", "Slobo, du Saddam!", "Rote Bande!"). Es ist ein richtiger Volksaufstand, provoziert durch eine verbotene Demonstration, bei der der Student Branivoje Milinović (18) und der Milizionär Nedeljko Kosović (54) ihr Leben verloren hatten. Auf die Polizeigewalt und den Gebrauch von Schlagstöcken, Wasserwerfern und Tränengas antworteten die militanten Demonstranten mit Pflastersteinen und Eisenstangen. Feuerwehrzisternen wurden besetzt, und ein Jugendlicher kletterte auf ein Transportfahrzeug, riss ein Maschinengewehr an sich und hisste die serbische Fahne.

Die Oppositionsführer beobachten die blutige Schlacht vom Balkon des Volkstheaters als Aussichtsplattform, und Vuk Drašković schlüpft in die Rolle des Kommandanten. "Der Sturm, der Sturm auf die Bastille!" befiehlt Drašković, von der Szene hingerissen, er hat wohl eine Wiederholung des Schauspiels in Bukarest vor Augen. Das Gebäude des Fernsehens in der Takovska-Straße 10 ist wie ein Bunker gesichert. Außer einem Kordon der Miliz an der Zufahrt zum Sender befinden sich im Gebäude selbst zweihundert Polizisten sowie einhundertundachtzig bewaffnete Wachleute als Sicherheitspersonal. Zu alldem kommt noch eine Abteilung der sogenannten Volkswehr, insgesamt etwa zweihundert Mann stark, mit automatischen Gewehren. Eine ganze Armee.

In Panik, dass er gestürzt werden könnte, hatte Milošević die Armee zu Hilfe gerufen. Als sich praktisch schon alles gelegt und die Demonstranten sich zurückgezogen hatten, abends gegen 19.30 Uhr tauchten auf den Belgrader Straßen Panzer auf. "Um die brutalen Übergriffe und die Gewalt militanter Gruppen zu stoppen, hat die Führung Serbiens bewaffnete Einheiten angefordert", teilte das Oberkommando in Vertretung des Staatspräsidiums SFRJ unter

Vorsitz von Borisav Jović mit.

Jović: "Ich hielt mich dieses Wochenende in Nikšić, einem Dorf bei Kragujevac, auf. Da ruft mich Slobodan Milošević an und fordert ein Eingreifen der Armee. Ich spreche mit Veljko Kadijević. Er schwankt, ob dieser Schritt wirklich unumgänglich sei und ob er politisch akzeptiert würde, stellt sich aber nicht dagegen, sondern meint, man müsse die Entscheidung des Präsidiums stützen. Ich gebe ihm noch ein wenig Zeit, um die Lage weiter zu verfolgen dann wollen wir noch einmal telefonieren. Slobodan ruft wieder an. Er ist sehr beunruhigt. Auch Veljko ruft an, sagt, jetzt demonstrieren sie vor dem Generalstab und versuchen, in das Gebäude einzudringen. Ich konsultiere per Telefon die Mitglieder des Präsidiums, die ich erreichen kann (alle außer Mesić und Drnovšek). Dann gebe ich Kadijević den Befehl, die Armee auf den Straßen aufmarschieren und das Gelände zwischen den gefährdeten staatlichen Gebäuden besetzen zu lassen. Milošević schickt eine förmliche schriftliche Anforderung, die wir morgen auf der Präsidiumssitzung absegnen werden"[10] Alles hatte sich über Nacht verändert: auch das Verhältnis der Machthaber gegenüber den Straßendemonstrationen – sie passten nicht in das idyllische Bild vom neuen, starken, einigen Serbien und seinem Führer, der die breite Unterstützung des Volkes genießt. Abends erklärt Milošević im Fernsehen das Eingreifen der Armee: "Heute ist in Belgrad und in Serbien der Friede bedroht. Den Kräften des Chaos und der Unvernunft müssen wir uns mit allen Mitteln entgegenstellen!"

Was vordem als "Wille des Volkes" gefeiert worden war, wurde jetzt als Rowdytum und nationaler Verrat verurteilt. "Ich bin immer dafür eingetreten, dass Probleme an Ort und Stelle gelöst werden und nicht auf Demonstrationen", erklärte Milošević, dem zwei Jahre zuvor Protestversammlungen als "ehrliche Reaktion" gegolten hatten.

Mira Marković brachte der 9. März aus der Fassung. Sie war gerade aus Kumanovo zurückgekommen, wo sie auf einer Werbeveranstaltung für den Bund der Kommunisten – Bewegung für

Jugoslawien die schönsten Momente erlebt hatte, wie sie sagte: "Das war wie bei der Gründung der Pariser Kommune. Die Augen der Menschen leuchteten, wenn von der Armee, Jugoslawien und dem Sozialismus die Rede war." In einem Telefoninterview mit Journalisten der Wochenzeitung "Mladina"[11] aus Ljubljana sprach sie aufgebracht über die Demonstrationen als tragischem Ereignis. Alle Schuld schob sie Vuk Drašković zu, über die Serbische Erneuerungsbewegung sagte sie, das sei "überhaupt keine politische Partei, sondern eine Räuberbande". "Die Stadt ist völlig verwüstet, es hat zwei Todesfälle gegeben, Schaufenster wurden zerstört, Autos angezündet, Betonkübel für Blumen herausgerissen. Ein wahres Irrenhaus! Die Hälfte der Demonstranten stand unter ziemlich starkem Alkoholeinfluss. Polizeihunde wurden umgebracht und Pferde überfahren. Schrecklich! Das ist ein Bild der Verzweiflung, und alle Bürger sind äußerst erschüttert."

In kritischen Momenten stets solidarisch mit ihrem Gatten, rechtfertigte Mirjana Marković auch den Einsatz von Panzern. Auf die Frage des Journalisten Luka Mičeta von der Wochenzeitung "NIN", wie sie die Panzer auf den Straßen Belgrads, "diese schrecklichen Maschinen, die da durch die Stadt walzten" erlebt habe, rügte sie ihren Gesprächspartner für seinen Mangel an Männlichkeit: "Ich glaube nicht, dass Panzer schreckliche Maschinen sind. Mich wundert, dass ein Mann das so empfunden hat".

Wahrscheinlich wäre dieses Ereignis bald in Vergessenheit geraten, hätten nicht ganz unerwartet die Studenten die Szene betreten. Versammlungen, auf denen sich Regimegegner organisieren, sind unangenehm, aber nur von kurzer Dauer und meist ohne greifbares Resultat. Das Regime fürchtete die studentischen Aufstände, die so spontan und hartnäckig waren. Es war schwer, sie mit Gewalt zu beantworten, denn "das sind ja unsere Kinder", die man nicht als fremde Söldner bezeichnen konnte. Alles, was die Obrigkeit der Opposition verbot, erlaubte sie den Studenten: Tribünen, Mikrophone, Demonstrationen mitten in der Stadt, die Behinderung des Straßenverkehrs.

Vier Forderungen stellten die Studenten: die Freilassung der Demonstranten, unter denen sich auch Vuk Drašković befand, aus dem Gefängnis; die Absetzung des Polizeiministers Radmilo Bogdanović und der Führungsriege des Staatsfernsehens, Dušan Mitević, Sergej Šestakov, Predrag Vitas, Ivan Krivec und Slavko Budihna; die ungestörte Tätigkeit des Belgrader TV-Senders Studio B und von Radio B 92. Alle diese Forderungen wurden erfüllt, und Slobodan Milošević, der ansonsten schwer zu sprechen war, stellte sich nach alledem einem geduldigen und ausführlichen Gespräch mit Studenten und Professoren der Belgrader Universität.

"Wann werden Sie zurücktreten?" wandte sich ein Student an ihn.

"Meine lieben Genossen, wenn es um den Präsidenten der Republik geht, gibt es einen verfassungsmäßigen Weg, wann gewählt und wann abgewählt wird. Ich kann euch nur antworten: niemals werde ich mich der Anwendung des Verfassungsrechts entgegenstellen, und niemals werde ich Gewalt anwenden, um meine Position zu bewahren. Das kann ich hier öffentlich sagen..."

"Sie haben auf dem Amselfeld gesagt, dass niemand das Volk schlagen darf, aber es wurde am 9. März geschlagen?"

"Was meine Haltung dazu anbetrifft, dass niemand das Volk schlagen darf, diese Haltung war und ist so geblieben. Ihr dürft mit dieser Haltung jedoch keinerlei Gewalt verbinden, wir müssen die Bürger schützen, unabhängig davon, von welchem Ort die Rede ist."

Am schwersten fiel Milošević der Abschied von seinem treuen Freund und Fernsehchef Dušan Mitević, der einer seiner wichtigsten Förderer beim Ringen um die Macht gewesen war. Noch vor den Demonstrationen hatte Mitević eingesehen, dass seine Position unhaltbar war, und seinen Rücktritt vorbereitet. "Na gut, Dušan, das macht nichts!" ermutigte ihn Milošević, auf dem Intendantensessel auszuharren. Darüber, dass sein Rücktritt unumgänglich war, wurde er von Bora Petrović unterrichtet, dem Vizepräsidenten des serbischen Parlaments:

"Dušan, siehst du, es ist Blut geflossen... Du weißt, was ich selbst für Ungerechtigkeiten im Leben hinnehmen musste..."

"Mir ist alles klar, Bora. Wir kennen uns ja noch aus jungen Jahren. Schon, dass du mich angerufen hast, macht mir klar, dass ich keine Chance mehr habe. In einer halben Stunde trete ich zurück!"

Die erschrockenen Funktionäre hatten so sehnsüchtig Mitevićs Rücktritt erwartet, dass sie ihn schon am Eingang ins serbische Parlamentsgebäude in Empfang nahmen. Eine Stunde später wurde Ratomir Vico zum geschäftsführenden Intendanten des Fernsehens ernannt.

Nachdem alles vorbei war, trafen sich am Sitz des Präsidenten in der Tolstoj-Straße 33 Milošević und Mitević, um Erinnerungen auszutauschen und in freundschaftlichem Ton die Rechnungen zu begleichen. Zum Abschluss schenkte Milošević Mitević einen Colt aus Edelstahl mit sechs Kugeln. "Das sind zu wenig Kugeln für die vielen Feinde, die ich habe", scherzte der immer gut aufgelegte Mitević, der auf- und wieder abgestiegen, aber nie ganz untergegangen war. Wenn schon alle dachten, sein politisches Ende sei gekommen, kehrte er von neuem mit noch wichtigeren politischen Funktionen auf die Bühne zurück.

Der serbische Präsident zog sich geschickt aus der Affäre: Die Studenten waren zufrieden, die Öffentlichkeit beruhigt, und nichts Wesentliches hatte sich verändert. Er hatte der Ablösung Mitevićs zugestimmt, dem Fernsehen aber eine neue Garnitur von Redakteuren vor die Nase gesetzt, die im Nachrichtengeschäft erst recht *tabula rasa* machen sollten. Auch auf die Dienste des Polizeiministers Radmilo Bogdanović verzichtete er und setzte an dessen Stelle Zoran Sokolović, den idealen Polizeichef seiner Amtszeit.

Berg Athos, Kloster Hilandar, 17. April 1991

Immer, wenn er sich in Unannehmlichkeiten befand, pflegte Milošević die Aufmerksamkeit der Öffentlichkeit mit einer symbolischen Geste auf sich zu lenken. So erklärt sich auch sein Besuch auf dem Heiligen Berg Athos.

Die Mönche des Klosters Hilandar weigerten sich, den serbischen Präsidenten zu empfangen. Für sie ist er ein "Kommunist, Antichrist und Diktator, der in Belgrad Panzer gegen sein Volk auffahren ließ". Um sich dem Treffen zu entziehen, begab sich der orthodoxe Klostervorsteher Hegumenos Pajsije in den Klostersitz Kareja auf Athos. Er wird mit einem Helikopter der Polizei eingeflogen, während sich viele Mönche in ihre Zellen zurückziehen, denn sie lehnen es ab, an dieser "Gotteslästerung" am Ort der Stiftung des Heiligen Sava mitzuwirken.

Der Helikopter des Präsidenten landet in Hilandar zum allgemeinen Entsetzen mitten im Klostergarten, den die Mönche für ihre eigenen Zwecke bearbeiten und der sie auch ernährt. Milošević ist als Politiker daran gelegen, dass die Serben von seinem Besuch in diesem Heiligtum der Orthodoxie erfahren, für die Sehenswürdigkeiten des Kulturdenkmals zeigt er jedoch kein großes Interesse, wie Augenzeugen berichten. Dem Hegumenos Pajsije streckt er die Hand hin und grüßt ihn mit "Guten Tag!", und während seines Besuchs in der Auferstehungskirche der Gottesmutter streicht er mit den Fingern über die Rückseite der wundertätigen dreihändigen Gottesmutter, der allerheiligsten Ikone, die der Hl. Sava aus Jerusalem mitgebracht haben soll.

Hegumenos Pajsije ließ es sich nicht nehmen, dem Präsidenten zu sagen, dass die Bruderschaft des Klosters Hilandar "unermüdlich dafür betet, dass ihre Patronin mit der dritten Hand das Blut von den Belgrader Terazije wäscht", womit die Demonstrationen am 9. März gemeint waren. Der Präsident gab zur Antwort, dass "Fehler passieren", und so schnell, wie er gekommen war, verließ er Athos auch wieder. Nach diesem Besuch führte die Bruderschaft von Hilandar eine neue, zusätzliche Fastenzeit sowie lange Gebete ein, und die Mönche wischten mit Lappen jeden Fußabdruck weg, den der serbische Präsident zurückgelassen hatte.

Zu Beginn des Jahres 1991 war dessen Macht noch immer groß, hatte aber den früheren Glanz verloren. Das ist gut, das ist gut, sagten sich viele verfrüht: die Ordnung zerfällt, und die Tage der sozialistischen Herrschaft sind gezählt. So war die Lage am Vorabend des Krieges in Jugoslawien, welcher die Position Miloševićs erneut festigen sollte.

Mal abwarten!

"Charlie, warum kommst du nicht zurück nach Hause und teilst den Hass mit deinen Freunden?" Charles Simić, der amerikanische Dichter serbischer Abstammung, ist schockiert über diesen Vorschlag und meint, er habe noch nie gut hassen können. "In diesem Fall", antwortet sein Freund aus Belgrad spöttisch, "verzichtest du auf den höchsten Genuss, den ein Mensch haben kann!"

Der außerordentliche Parteikongress des BdKJ markierte das Ende von Titos Jugoslawien, und die ersten Parlamentswahlen im selben Jahr, die von den national orientierten Parteien gewonnenen wurden, kündigten die tragische Zukunft des gemeinsamen Staates an. Über Nacht verschwand die Illusion von Brüderlichkeit und Einheit: der Hass brodelte überall, als wäre er schon immer in uns gewesen, eben nur unterschwellig und gezwungenermaßen verdeckt. Die Ideologie des Kommunismus wurde von der Ideologie des Nationalismus abgelöst, und der Wunsch der Völker, aufeinander einzuschlagen, war so stark, dass sie anscheinend niemand mehr daran hindern konnte. Blieb der traurige Schluss, Jugoslawien sei auch zum Beweis dafür geschaffen worden, dass das Zusammenleben verwandter Völker ein Ding der Unmöglichkeit ist.

Alles, was den gemeinsamen Staat symbolisierte, war auf einmal verhasst: die Armee, die Fahne, die Hymne und die Sportklubs. Im Zagreber Stadion Maximir feuerte das Publikum die holländische Fußballnationalmannschaft an und pfiff die "eigenen" Spieler und die jugoslawische Hymne aus. Das letzte Fußballspiel zwischen Dynamo Zagreb und Roter Stern Belgrad, das nach einer Massenschlägerei zwischen Fußballspielern und Fans abgebrochen werden musste, sollte zum Symbol des nationalen Kampfes werden. Am Eingang zum Stadion wurde eine Gedenktafel angebracht: "Für alle Dynamo-Fans, für die der Krieg am 13. Mai 1990 mit der

Schlacht im Maximir-Stadion begann und die ihr Leben auf dem Altar der Heimat geopfert haben".

Charles Simić, amerikanischer Dichter serbischer Herkunft, beschreibt ein Telefongespräch mit seinem Belgrader Freund, der ihn fragte: "Charlie, warum kommst du nicht nach Hause und teilst den Hass mit deinen Freunden?" Charles bemerkte wohl, dass es sich um einen schlechten Scherz handelte, antwortete ihm aber schockiert, er habe noch nie gut hassen können, zwar sei es ihm hie und da gelungen, manche Personen nicht zu mögen, aber die Kunst, ganze Völker zu hassen, habe er nie beherrscht. "In diesem Fall", entgegnete ihm sein Freund spöttisch, "verzichtest du auf das höchste Glück, das ein Mensch erleben kann!"

So fangen Kriege an: erst kommt der Hass, dann das Blutvergießen. Die Psychologie des Krieges hat der bekannte, inzwischen verstorbene Psychiater Jovan Rašković, der auch Anführer der Serbischen Demokratischen Partei in Bosnien war, aufgrund von Erfahrungen mit seinen Patienten anschaulich beschrieben: Erst wird der Esel des anvisierten Opfers beseitigt, dann sein Haus angezündet und zum Schluss der Mensch selbst umgebracht.

Nach Titos Tod weckte die jugoslawische Staatsführung Hoffnungen auf mögliche Lösungen. Obgleich jeder seine eigenen Interessen vertrat, denn Tito hatte ja eine Gesellschaftsordnung mit lebendigen nationalen Antagonismen geschaffen, gab es für die führenden Politiker, die in der Mehrzahl alte Partisanenkader waren, eine Grenze, an der sie Halt machten. Im Fortbestand Jugoslawiens sahen sie auch ihre eigene Zukunft. In der Zwischenzeit veränderte sich jedoch die Zusammensetzung der Staatsführung, und ihr Ansehen verringerte sich allmählich, bis sie 1990 jegliche Bedeutung verlor. Herren über das Schicksal der jugoslawischen Völker wurden ihre nationalen Führer – Slobodan Milošević, Franjo Tuđman und Milan Kučan, zu denen sich Alija Izetbegović und Radovan Karadžić gesellten.

Milošević merkte sehr spät, dass Jugoslawien als gemeinsamer Staat definitiv Geschichte wurde. Und auch als er es begriffen hatte, blieb sein Handeln unverständlich. Zunächst setzte er sich für einen zentralistischen Parteienstaat ein, in dem Serbien mit den inzwischen einverleibten Provinzen Vojvodina und Kosovo sowie Montenegro den entscheidenden Einfluss haben sollte; dann dachte er an ein Jugoslawien, das aus Serbien, Bosnien-Herzegowina, Makedonien, Montenegro und dem von Serben besiedelten Teil Kroatiens zu bilden wäre; als auch dieser Versuch misslang, plante er die Schaffung Großserbiens bzw. die Vereinigung aller Serben unter seiner Herrschaft.

Nach der Auseinandersetzung mit Ljubljana zum Thema Kosovo hatte es der serbische Präsident auf seinen Widersacher Milan Kučan abgesehen. Er meinte, die Slowenen mit Erpressungen und Drohungen zur Räson bringen zu können. In einer Proklamation des Sozialistischen Bundes Serbiens, der Wirtschaftssanktionen gegenüber Ljubljana ankündigte, wurde auch noch eine weitere Botschaft übermittelt: "Kein Bürger Serbiens wird die Slowenen darum bitten, in Jugoslawien zu verbleiben". Veröffentlicht wurde diese Botschaft am 1. Dezember 1989, dem Jahrestag der Gründung des ersten gemeinsamen Staates der Serben, Kroaten und Slowenen im Jahre 1918.

Serbiens Präsident glaubte, die slowenische Führung sei schwach und befinde sich auf verlorenem Posten. "Wir werden sie ignorieren und erniedrigen. Dazu haben wir das moralische Recht", sagte Milošević zu Borisav Jović, einen slowenischen Kniefall erwartend.

"Verlässt auch nur eine Republik Jugoslawien, so hört die SFRJ auf zu existieren", behauptete der Makedonier Vasil Tupurkovski in einer Sitzung der Staatsführung. "Mal abwarten!" antwortete ihm Milošević mit einem Ausdruck aus der Gaunersprache, offenbar besessen vom Gedanken, er habe das Schicksal des Landes in der Hand.

Als es ihm nicht gelang, die Slowenen in die Enge zu treiben, unterstützte er sie mit aller Kraft dabei, Jugoslawien zu verlassen.

"Sie können gehen, wenn sie wollen, mögen sie doch ruhig gehen!", sagte er unbekümmert zum italienischen Außenminister Gianni de Michelis und entwarf in Gedanken eine neue Landkarte Jugoslawiens, denn er war überzeugt, ohne die Slowenen ein leichteres Spiel mit den Kroaten zu haben.

Auf einen solchen Schritt eingestellt, wartete Ljubljana nur noch auf einen günstigen Augenblick im allgemeinen Chaos an der Staatsspitze, die zu dieser Zeit schon handlungsunfähig war. Die Slowenen hatten sich bereits seit Mitte der achtziger Jahre und speziell nach dem außerordentlichen Parteikongress sowohl politisch wie medienmäßig und diplomatisch auf ihr Ausscheiden aus der jugoslawischen Föderation vorbereitet, ja dank ihrer gut gerüsteten und ausgebildeten Territorialverteidigung, die 36.000 Mann umfasste, zudem auch militärisch. Kučan sollte später einräumen, dass Slowenien schon vor 1990 in beschleunigtem Tempo aufgerüstet und sogar ein eigenes, handgesteuertes Raketensystem importiert hatte, während die gemeinsame Armee noch existierte.

Der kurze Krieg begann im Juni 1991 mit der erniedrigenden Blockade von Kasernen der Jugoslawischen Bundesarmee in Slowenien und der Eroberung von 35 Grenzübergängen zu Österreich und Italien, an denen nach der slowenischen Unabhängigkeitserklärung vom 25. Juni anstelle der jugoslawischen die slowenischen Staatssymbole gehisst worden waren. Es war ein beschämender Konflikt und der Auftakt kommenden Blutvergießens. Die viertgrößte Militärmacht in Europa kapitulierte schmählich vor den territorialen Streitkräften eines Janez Janša, der später slowenischer Verteidigungsminister wurde.

Im allgemeinen Durcheinander widersprüchlicher Anweisungen der verwirrten und zerstrittenen Staatsführung hatten die Generäle das Militär mobilisiert, um die jugoslawische Grenze und die belagerten Kasernen der Jugoslawischen Volksarmee zu schützen, nahmen sich aber zurück, als unerwartet erste Schüsse fielen und Todesopfer zu verzeichnen waren. Die milchbärtigen, verdutzten Soldaten, die sich gar nicht vorstellen konnten, dass die eigenen Leute auf sie schießen würden, wurden von der slowenischen Territorialverteidigung wie die schlimmsten Feinde begrüßt. Und während dieses bühnenreife Kriegsgeschehen lief, in dem etwa fünfzig junge Soldaten, vor allem aus Serbien und Bosnien stammend, kampflos ihr Leben ließen, wurde Europa mit verlogenen Nachrichten über hohe Verluste unter der Zivilbevölkerung sowie die Zerstörung slowenischer Städte durch eine "gewalttätige serbokommunistische Armada" dauerberieselt.

Belgrad, 12. August 1991

Nach dem Erlangen der staatlichen Selbständigkeit, die anfangs allerdings noch etwas wackelig war, begab sich Ljubjana auf die Suche nach nützlichen Verbündeten. Der slowenische Parlamentspräsident Franc Bučar rief seinen alten Bekannten aus Dissidententagen Dobrica Ćosić an und teilte ihm mit, er werde zusammen mit Außenminister Dimitrije Rupel nach Belgrad kommen.

Die Situation hatte sich verändert. Der Mann, der gestern noch als größter Widersacher erschien, Slobodan Milošević, konnte heute zum Partner werden, sofern man seinen Wünschen zur Lösung der serbischen Frage in Kroatien entgegenkam. Die Pragmatiker in Ljubljana spürten, dass ein weiteres Zusammengehen mit Tuđman ihre Pläne durchkreuzen konnte und die Gefahr bestand, das bereits Erreichte wieder zu verlieren.

In dem Glauben, Dobrica Ćosić sei neben Milošević der wichtigste Mann im Staat, boten ihm Bučar und Rupel während der gemeinsamen dreistündigen Unterredung in seinem Haus die Vermittlerrolle bei der slowenisch-serbischen Aussöhnung an. Man wolle vergessen, was früher gewesen sei, und eine neue Zusammenarbeit aufbauen, im Gegenzug werde sich Ljubljana bereit erklären, in dem Konflikt zwischen Serbien und Kroatien eine neutrale Position einzunehmen.

"Wollen Sie das auf Papier festhalten?" fragte Ćosić.

"Ja."
"Auf Slowenisch und auf Serbisch?"
"Einverstanden!"

In dem aus fünf Punkten bestehenden, gemeinsam verfassten Text stimmte Ljubljana unter anderem auch der strittigsten Forderung zu, dem Recht auf Selbstbestimmung der in Kroatien lebenden Serben.

Während Bučar und Rupel zufrieden nach Ljubljana zurückkehrten, nahm Ćosić Kontakt mit Milošević auf und unterrichtete ihn über den Ausgang seiner Gespräche und die Möglichkeit einer Verständigung. All das hörte der serbische Präsident sich an und versprach unwillig, sich mit Kučan darüber zu unterhalten, allerdings fügte er hinzu: "Den Slowenen sollte man nichts glauben".

Koper, 20. Oktober 1991

Die letzten Reste der gedemütigten und zum Gespött gewordenen jugoslawischen Armee verließen den kleinen slowenischen Seehafen Koper. Das triumphierende Sirenengeheul verkündete auch formell das Ende jenes Jugoslawien, das siebzig Jahre zuvor aus der Idee geboren worden war, das Glück der miteinander verwandten Völker gemeinsam zu schmieden. Während er an Bord ging, erlitt ein Oberstleutnant einen Herzinfarkt, vor Aufregung und wohl auch aus Zerknirschung angesichts der eigenen Versäumnisse, jedenfalls erschüttert von dieser beleidigenden Verabschiedungszeremonie durch den Bruderstaat.

Auch einige Tränen flossen. Bevor der slowenische Funktionär Marjan Rožić von Belgrad nach Ljubljana umzog, schrieb er einen Abschiedsbrief an seine Nachbarn: "Für immer werde ich meinen Aufenthalt in Belgrad in Erinnerung behalten, wo ich mich frei und gut gefühlt habe. Solltet ihr einmal nach Ljubljana kommen, so besucht in jedem Fall euren einstigen Nachbarn".

Slowenien hatte mit Miloševićs Hilfe einen Krieg heraufprovoziert, den es ohne wirklichen Kampf gewann, und machte danach als Vermittler im Waffenhandel mit dem allgemeinen Unglück Geschäfte: ein Jahr vor Beginn des Schreckens in Bosnien lieferte es Waffen an Alija Izetbegovićs Armee. Fünf Jahre später, als es in den Kreis der EU-Beitrittskandidaten aufrückte, erhielt Slowenien vom amerikanischen Präsidenten Bill Clinton ein Glückwunschtelegramm, worin zu lesen stand, diese Eintrittskarte für Europa sei Ljubljanas Belohnung "für seine Nichteinmischung in den Krieg auf dem Balkan". Slowenien war der erste Staat des sozialistischen Lagers, dessen Bürgern die visafreie Einreise nach Amerika gestattet wurde. Ein perfektes Management!

Vermutlich freute sich keiner so sehr über das Ausscheiden der Slowenen wie der serbische Präsident. "Großartig, jetzt werden wir es mit den Kroaten leichter haben!", sagte er gemäß Borisav Jović.

Kroatien verließ die SFR Jugoslawien nach dem gleichen Szenario, freilich zu einem weit höheren Preis an Totensärgen. Franjo Tuđman folgte Kučans Spuren: was Ljubljana forderte, machte Zagreb sich zu eigen und schuf so die gleichen Voraussetzungen, um auch das gleiche Recht zu bekommen. Das kroatische Parlament teilte mit, die "seit dreizehn Jahrhunderten ersehnte" Souveränität sei endlich erreicht, und Stipe Mesić, der letzte Vorsitzende des rechtmäßigen Präsidiums der SFRJ, verkündete freudig am 5. Dezember 1991: "Ich habe meine Aufgabe erfüllt, Jugoslawien existiert nicht mehr!" Man dankte ihm mit stehenden Ovationen.

Der erste große Irrtum Miloševićs bestand darin, dass er glaubte, sich Jugoslawien als Führungspersönlichkeit aufdrängen zu können; der zweite Irrglaube, etwas später, war der, niemand würde es wagen, den gemeinsamen Staat zu verlassen; der dritte, man könne auch ohne die Slowenen auskommen; seinen vierten und größten Irrtum schließlich beging er, da er annahm, seinen politischen Willen mit Gewalt, Drohungen und geschützt durch die Ignoranz der internationalen Gemeinschaft durchsetzen zu können.

Nein, Milošević hatte anfangs keineswegs die Zerschlagung

des gemeinsamen Staates im Sinn. Er war allen anderen jugoslawischen Führungspolitikern gegenüber der kleinere Nationalist. Er wollte die Einheit Jugoslawiens, traf jedoch Entscheidungen, die deren Zerstörung begünstigten. Kučan und Tuđman hatten im serbischen Präsidenten ihren größten Widersacher, aber auch den Mann, der ihre Sache am besten beförderte. Was Milošević auch unternahm, wirkte sich zugunsten seiner Feinde aus, und zum Schaden der Serben, denen er die grausame Last des Bürgerkrieges aufbürdete.

Slowenen und Kroaten erkannten rasch Miloševićs Charakter und verstanden es, politisch dementsprechend zu agieren. Wissend, dass Milošević keine ihrer Forderungen akzeptieren würde, unterbreiteten sie Angebote, die ihnen selbst nicht zusagten. In seiner Rede in Široki Brijeg bei Mostar vom 3. Februar 1992 räumte Stipe Mesić ein, Tuđman habe sich für eine jugoslawische Konföderation nur eingesetzt, weil er überzeugt war, dass der serbische Präsident seinen Vorschlag ablehnen würde.

Es bestand einiger Anlass zur Hoffnung, dass Bosnien sich Restjugoslawien anschließen würde. Aber das war nur ein weiterer Irrtum: schon hatte ein harter Wind den gemeinsamen Staat aufgelöst, und niemand vermochte ihn wieder zusammenzufügen. Alija Izetbegović erklärte noch vor dem endgültigen Zerfall Jugoslawiens in einer Sitzung des bosnischen Parlaments vom 27. Februar 1991: "Ich würde den Frieden für ein souveränes Bosnien-Herzegowina opfern, werde aber die Souveränität nicht aufgeben für diesen Frieden". Auf einer islamischen Konferenz in Teheran sagte er zu seinen Gönnern: "Wenn Sie Bosnien helfen, wird Sarajevo zur Hauptstadt der Muslime werden".

Ihre Absicht, selbständige Staaten zu gründen, setzten die Führungen Sloweniens und Kroatiens, denen sich später auch Alija Izetbegović zugesellte, außerordentlich gut um. Geschickt nutzten sie Miloševićs kommunistische Einstellung und seine Kriegslust für sich aus: "Wir sind Opfer der serbokommunistischen Aggression!" Während das Belgrader Regime sich gegen alles und jeden stellte, suchten und fanden die neugegründeten Staaten Verbündete. Propaganda und Diplomatie wurden zu ihren schlagkräftigsten Waffen, und die geistige und politische Situation in Serbien bildete ihr stärkstes Argument, wenn sie im Ausland um Sympathien warben. Dem eroberungswütigen Serbien, dem Kerkermeister Jugoslawiens, der letzten kommunistischen Bastion in Europa stehen die bedrohten kleinen Völker gegenüber, die ihre Demokratie schützen und sich der europäischen Zivilisation annähern wollen. Ihr Nationalismus ist ein gutartiger Nationalismus. Diese Strategie hatte Erfolg, und so akzeptierte das Ausland den Untergang Jugoslawiens.

Zdravko Tomac, Politologe und kroatischer Nationalkommunist, heute der kroatische Parlamentspräsident, meint sogar, die führende Rolle bei der Zerschlagung Jugoslawiens habe Milan Kučan innegehabt. "Hätte es Kučan nicht gegeben, sähe die Geschichte heute anders aus", sagte Tomac am Runden Tisch des Slowenischen Fernsehens. Dem stimmte auch Stipe Mesić zu: "Papst Johannes Paul II. und Hans Dietrich Genscher spielten von außen die Hauptrollen bei der Spaltung Jugoslawiens, während Milan Kučan die wichtigste Figur im Inneren war". Und vielleicht, weil er betonen wollte, dass auch sein eigener Beitrag nicht zu unterschätzen sei, räumte Mesić vor den Fernsehzuschauern ein, dass er noch während seiner Zeit als Vorsitzender des Staatspräsidiums der SFRJ nicht nur in ständigem Kontakt zum deutschen Außenminister und zum Heiligen Stuhl gestanden, sondern unter anderem Militärgeheimnisse an das Pentagon weitergegeben habe.

Später schaltete sich auch Adem Demaqi, der Führer der aufständischen Kosovo-Albaner, in die Diskussion ein und behauptete, die Flamme zur Zerstörung des gemeinsamen Staates sei im Kosovo entfacht worden: alles habe schon Ende der sechziger Jahre mit der Parole "Macht Kosovo zur Republik" begonnen!

Nur Milošević brüstete sich nicht. Er hatte es nicht nötig, denn alle Welt war sowieso fest überzeugt davon, dass die Zerschlagung Jugoslawiens sein Werk war.

Vielleicht hätte die Geschichte tatsächlich anders ausgesehen, wären nicht Milan Kučan und die Albaner gewesen. Es ist schwer vorstellbar, dass Kroatien die Sezession gewagt hätte, wenn Slowenien nicht vorangegangen wäre. Fest steht in jedem Fall, dass die Ausgangsposition der Serben günstiger gewesen wäre, hätte ihr Präsident mit seiner Politik unmittelbar vor dem Krieg Serbien nicht in die völlige Isolation gestürzt. Die populistische Bewegung, die Wirtschaftssanktionen gegen Slowenien, der außerordentliche Parteikongress des BdKJ, die Aufhebung der Autonomie im Kosovo, die verspätete Ausschreibung von Mehrparteienwahlen, Miloševićs Kokettieren mit der Armee und seine Kriegsbereitschaft, all das ließ von Serbien und seinem Präsidenten ein niederschmetterndes Bild entstehen. Milošević nahm keinerlei Veränderungen zur Kenntnis: weder den Fall der Berliner Mauer und die neue Position Deutschlands, auch nicht den Zerfall des kommunistischen Ostblocks und die amerikanische Vorherrschaft oder die schwierige internationale Lage Russlands. Kompromisse hielt er für menschliche Schwächen. In der Annahme, die Auseinandersetzungen auf jugoslawischem Boden würden sich im Rahmen des Kräfteverhältnisses der Republiken untereinander und unter Ausschluss des Auslands abspielen, ignorierte er nicht nur den Westen, sondern lieferte durch sein öffentliches Auftreten den Beweis dafür, dass Serbien allein für die Zerstörung des gemeinsamen Staates verantwortlich war.

In den ersten Jahren seiner Regierung unternahm er keinerlei Reisen außerhalb Jugoslawiens, ja er hielt sich insgesamt nur zweimal außerhalb Serbiens auf. Suchte er Verbündete, so fand er diese auf der falschen Seite. Beim Versuch, Israel für sich zu gewinnen, erlebte er ein Debakel; als er auf die Hilfe der russischen Brüder zählte, vertraute er auf die Nationalkommunisten, von denen er glaubte, sie seien die Zukunft Russlands: zuerst war er gegen Gorbatschow, dann gegen Jelzin. Belgrads Lieblingsgäste waren Delegationen nationalistischer und kommunistischer Parlamentarier aus Moskau, die große Publizität und Gastfreundschaft genossen.

Milošević glaubte auch an derart nebulöse Konstruktionen wie zum Beispiel die Pläne für eine Konföderation Serbiens und Griechenlands im Jahr 1991. Das Ausland belächelte ihn, vor allem aber wunderte es sich.

Das erste gravierende Zeichen für die Isolation Serbiens wurde 1989 auf der Gedenkstätte Gazimestan im Kosovo sichtbar, als die westlichen Botschafter es ablehnten, an den Feiern zum 600. Jahrestag der Schlacht auf dem Amselfeld teilzunehmen. Diese Kränkung konnte der Serbenführer, dem damals jede diplomatische Anpassungsfähigkeit fehlte, nicht ertragen, und er rächte sich dafür am Repräsentanten der Großmacht Amerika, dem US-Botschafter in Belgrad Warren Zimmermann, indem er ihm neun Monate lang keine öffentliche Audienz gewährte: "Der Präsident hat keine Zeit!"

Alles, was Milošević wollte, erledigten seine Vertreter im letzten Staatspräsidium Jugoslawiens für ihn: Borisav Jović, Branko Kostić, Jugoslav Kostić und Sejdo Bajramović.

Jugoslav Kostić diente schweigend, stimmte mit Ja oder Nein, wie es von ihm gerade verlangt wurde. Das war alles.

Das Schicksal des 1927 geborenen Sejdo Bajramović ist ein trauriges Beispiel dafür, wie sehr die Politik ungebildete, aber ehrenwerte Menschen auszunutzen vermag. Milošević hatte die gesamte albanische kommunistische Führungsgarnitur gesäubert. Aber weil im jugoslawischen Staatspräsidium eben auch ein Albaner benötigt wurde, stieß man nach einigem Suchen auf den dankbaren Bajramović, der ein überzeugter Kommunist jugoslawischer Prägung und ein diszipliniertes Parteimitglied war. Er hatte als Sechzehnjähriger am Krieg teilgenommen, und seine ganze Familie war bei den Partisanen gewesen. Nach dem Abschied von der Armee unterrichtete er an der Polizeischule in Vučitrn. Was die Arbeit anbetraf, war er nicht wählerisch. Neben vielen anderen bescheidenen Verpflichtungen leitete er auch die Tombola des Boxerklubs von Priština. So war Bajramović eben: er hatte das gleiche Verhältnis zu seiner Ortsgemeinde wie zum Präsidium der SFRJ. Wie Präsidiumsmitglied Stipe Mesić dem Journalisten Bora Krivokapić erzählte, soll der Albaner, nachdem er in sein neues Amt gewählt worden war, auf der ersten Sitzung arglos gefragt haben: "Und wo werde ich schlafen?"

Kein Führungspolitiker hat so viele Opfer gebracht wie dieser einfache Mann. Acht seiner Familienmitglieder und Verwandten seiner Ehefrau kämpften an der Front, in Slowenien, Kroatien und Bosnien. Sein Sohn Dragan, aktiver Oberst der Jugoslawischen Armee, wurde von kroatischen Diversanten getötet, die im Morgengrauen die Kaserne von Čapljina überfallen hatten. Die Sabotagetruppe war von Slobodan Praljak angeführt worden, der zwei Jahre später bei der Zerstörung der 1566 erbauten Alten Brücke von Mostar der verantwortliche Befehlshaber war. Oberst Bajramović wurde von seinen Soldaten im Hof der Kaserne begraben. Als die Armee Čapljina schließlich verließ, versuchte Vater Bajramović, den Leichnam seines Sohnes herauszuholen, um ihn in der Grabstätte der Familie beizusetzen. Im Austausch für den toten Dragan jedoch hätte die Jugoslawische Armee dreizehn namentlich genannte kroatische Kriegsgefangene freilassen sollen. Bajramović lehnte dies ab. "Was sollte ich machen, das ist eben Pech!" sagte er mir, bis zuletzt überzeugt, es sei nichts Unnatürliches gewesen, was ihm und seiner Familie zugestoßen war. So, wie er in das jugoslawische Staatspräsidium hineingeholt worden war, ging er auch wieder: lautlos, als habe es ihn nie gegeben, politisch benutzt und missbraucht. Er starb 1993.

Borisav Jović, 1928 in Kragujevac geboren, war der Dienstälteste unter den serbischen Spitzenfunktionären. Zunächst Finanzdirektor der "Zastava"-Automobilwerke in Kragujevac, übernahm er Anfang der siebziger Jahre in der jugoslawischen Regierung allmählich den Platz des Džemal Bijedić. Von seinem Gönner Ivan Stambolić gefördert, schloss er sich dessen Erzrivalen Milosević an. Mit der Ausdauer eines Marathonläufers, mit eisernen Nerven, versteinertem Gesicht, dickköpfig und taub für fremde Argumente, erzeugte er Spannungen in seiner Umgebung und trieb seine Gesprächspartner an den Rand des Nervenzusammenbruchs. Seine

Arroganz verleitete oft zu dem Schluss, mit den Serben "sei nichts zu machen": mit ihm war nicht zu verhandeln, man konnte nur streiten oder die Niederlage zugeben. Er war stolz auf seinen Dickschädel und rühmte sich später in seinen Erinnerungen: "Während ich Präsident des jugoslawischen Staatspräsidiums war, pflegte ich ihnen zu sagen: Sie eine, und ich zehn, mal sehen, wer länger durchhält. Ich hatte die unangenehme Gewohnheit, sie alle in den Schweinestall zu treiben und die ganze Nacht dort festzuhalten."

Professor Dr. Branko Kostić, Jahrgang 1939, der letzte Präsident des jugoslawischen Rumpfpräsidiums, schwamm auf den Wogen des montenegrinischen Populismus. Wortgewandt und hartnäckig in den Verhandlungen, hochgewachsen, ein Mann, der Berge versetzt, brachte er eine Wegelagerer-Mentalität mit in die Politik. Wegen seiner angeblichen Neigung zum Kartenspielen wurde er "Branko, der Spieler" genannt. Er blieb als einziger konsequent bis zuletzt, indem er es bei der Wahl zum jugoslawischen Präsidenten ablehnte, für Stipe Mesić zu stimmen. Man hielt ihn für einen Befürworter der Kriegsoption. Sein jüngster Bruder kämpfte als Freiwilliger auf dem Kriegsschauplatz in der Lika, und auch Kostić selbst stattete den Kampfeinheiten Besuche ab. Während des Krieges in Kroatien und Slowenien arbeitete er sehr eng mit der Armeespitze zusammen und genoss diese Position: er verteilte Strafen und verlieh Auszeichnungen. Mit seiner Zustimmung erfolgte eine Massensäuberung unter den Generälen, und nach der Niederlage der Jugoslawischen Volksarmee in Slowenien, ihrer Flucht aus den Kasernen in Kroatien und der tragischen Odyssee von Vukovar verteilte er achtzig Tapferkeitsmedaillen an die sogenannten Befreier von Vukovar: "Ich bin davon überzeugt, dass ihr eure Aufgaben auch künftig ehrenhaft und erfolgreich erfüllen werdet, zum Wohle der Völker in diesen Regionen", sagte Kostić in seiner Ansprache.

Der Montenegriner, der behauptete, die Sippe der Kostićs werde 1650 erstmals urkundlich erwähnt, verteidigte leidenschaftlich die serbisch-montenegrinischen Gemeinsamkeiten. Auf die Frage von Journalisten, was denn der Unterschied zwischen Montenegrinern und Serben sei, antwortete Kostić: "Der Unterschied besteht darin, dass die überwiegende Mehrzahl der Montenegriner von sich behaupten kann, auch Serben zu sein, während die große Mehrheit der Serben von sich nicht sagen kann, auch Montenegriner zu sein". Derart imponierte Kostić sowohl den Serben als auch den Montenegrinern: eine Gruppe von Bürgern reichte sogar eine Petition ein, man möge ihm für seine militärischen Verdienste den Orden eines Volkshelden verleihen.

Mit diesen Vertretern im Staatspräsidium sahen Serbien und Montenegro den kommenden Ereignissen entgegen, in der Überzeugung, an der Schwelle zu einem historischen Sieg und der Verwirklichung des Jahrhunderte alten Traumes der Vereinigung aller Serben zu stehen.

Die Idee eines Großserbien reifte allmählich und wurde endgültig angenommen, als Kroatien seinen Abschied von Jugoslawien verkündete. Doch Milošević stellte sie nie öffentlich zur Diskussion. Er sprach stets vom Recht auf Selbstbestimmung, was für ihn die Akzeptanz des politischen Willens der Serben in Kroatien und Bosnien bedeutete. Zum ersten Mal kündigte er einen kommenden möglichen Krieg am 16. März 1991 in einer geschlossenen Sitzung mit serbischen Bürgermeistern an. "Die Grenzen werden, wie ihr wisst, stets von den Starken diktiert, niemals von den Schwachen. Deshalb ist es für uns von fundamentaler Bedeutung, stark zu sein", sagte er. "Wir meinen ganz einfach, dass es das legitime Recht und Interesse des serbischen Volkes ist, in einem Staat zu leben. Das ist das A und O. Wozu brauchen die anderen überhaupt die Krajina-Serben, die ihnen in Knin, Petrinja, Glina, in der Lika, der Banija, auf dem Kordun und in der Baranja nur im Wege sind?"

"Und wenn wir uns schlagen müssen", fügte Milošević hinzu, "bei Gott, dann werden wir uns eben schlagen! Ich hoffe, sie werden nicht so dumm sein, sich mit uns anzulegen. Denn wenn wir schon nicht gut arbeiten und Geschäfte machen können, so werden wir uns doch gut zu schlagen wissen."

Die verbalen Kriegsspielchen wurden erst zur blutigen Realität, nachdem sich die Jugoslawische Volksarmee aus Slowenien zurückgezogen und der deutsche Außenminister Hans-Dietrich Genscher am 5. Juli 1991 seine erpresserische Forderung gestellt hatte, Europa solle Slowenien und Kroatien als souveräne Staaten anerkennen. Dies bestärkte die sezessionistischen Bestrebungen und den Appetit Slobodan Miloševićs. Das bislang ruhige, scheinbar stabile Jugoslawien verwandelte sich in ein Land der Hoffnungslosigkeit, der verbrannten Erde und der Verzweiflung, in dem die Stärkeren die Schwächeren niedertrampelten, einschlägige Kriminelle zu Helden aufstiegen und unschuldige Menschen um ihr nacktes Leben fürchten mussten. Etwa zwei Millionen Einwohner Bosniens und der Herzegowina, die über Generationen an ihren Häusern gebaut hatten, verließen ihre Heimat und irrten mit ihrem Leid und ihren Erinnerungen im Gepäck durch die Welt auf der Suche nach einer Zuflucht, um von vorne anzufangen, dankbar dafür, dass sie am Leben geblieben waren.

Die jugoslawische Armee zog in den Krieg, ohne zu wissen, warum und wie sie ihn zu führen hatte. Jahrzehnte lang privilegiert und unantastbar, ein Garant der staatlichen Einheit, wurde sie wie Jugoslawien zum Gegenstand der Geschichte. Sie war auf innere Auseinandersetzungen nicht vorbereitet und unfähig, eine solche Herausforderung zu bewältigen. Mit ihrer Niederlage in Slowenien zerfiel auch die Armee.

Es gab Gerüchte, dass die Generäle einen Putsch planten und die Macht übernehmen wollten: Auch dazu waren sie nicht fähig. Die erbärmliche Armeeführung wurde mit der Zeit zu einer kranken Institution, die wie ganz Jugoslawien in ihrer nationalen Zusammensetzung gespalten war, wodurch schließlich aus Titos Generälen Kriegstreiber und nationale Befehlshaber wurden.

Der 1925 geborene Verteidigungsminister Veljko Kadijević und seine Gefolgsleute setzten ihr ganzes Vertrauen in Slobodan

Milošević. Die Armee entdeckte in dem serbischen Präsidenten einen Politiker, dem der Kommunismus und der Erhalt eines gemeinsamen Staates am Herzen lagen, was beides den Fortbestand Jugoslawiens verbürgte. Noch 1990, nach der Einführung des Mehrparteiensystems wollte die Armee auf das Symbol des fünfzackigen roten Sterns nicht verzichten: sie bekräftigte ihre kommunistische Gesinnung mit dem Beitritt zum neuen "Bund der Kommunisten – Bewegung für Jugoslawien". Und als alles zu spät war und in der Armee mit wenigen Ausnahmen nur noch Serben und Montenegriner dienten, wurden die Offiziere zu Schachfiguren in der Hand des serbischen Präsidenten.

Aus einer serbisch-kroatischen Mischehe stammend, war Kadijević überzeugter Jugoslawe und hatte als einziger in der Militärführung am Partisanenkrieg teilgenommen. Die Politiker respektierten seine hohe militärische Ausbildung und rechneten ihn zu den Intellektuellen in der Armee. Die Soldaten schätzten sein diplomatisches und politisches Geschick. Er tat sich jedoch weder auf dem einen noch auf dem anderen Gebiet durch Glanzleistungen hervor. Den Politikern drohte er mit der Armee, akzeptierte aber gleichzeitig deren größte militärische Schlappe: die Niederlage, die ihr von der Territorialverteidigung Sloweniens zugefügt worden war. Er forderte die Verhängung des Ausnahmezustandes und war überzeugt davon, dass der Krieg nur durch militärische Gewalt zu verhindern sei, traute sich aber nicht, das Risiko einer Militärintervention einzugehen.

Persönlich näher kamen sich Milošević und Kadijević bei den gemeinsamen Sommerurlauben in Kupari. Auf den Vorschlag Serbiens hin wurde Kadijević zum Armeegeneral befördert. Beide glaubten, der Sozialismus und Jugoslawien könnten mit der Hilfe Serbiens und des Militärs gerettet werden. Milošević, Jović, Kostić und Kadijević arbeiteten sehr eng zusammen. Die Armee wurde zu einem Instrument des serbischen Regimes, und laut Aussage des Verteidigungsministers war es ihre Aufgabe, serbisch besiedelte Gebiete zu schützen, die Serben zu bewaffnen und die Grenzen eines zukünftigen, fiktiven Jugoslawien zu sichern. Nachdem Kadijević seine Dienstzeit abgeleistet hatte, wurde er nach der entwürdigenden Schlacht um Vukovar und dem Zerfall der Armee pensioniert und erhielt Ende 1991 aus der Hand von Branko Kostić eine hohe Auszeichnung für seine militärischen Verdienste, den Orden des jugoslawischen Sterns am Band. Vereinsamt und von Krankheit gezeichnet, verbrachte er seinen Ruhestand im Belgrader Prominentenviertel Dedinje, abseits von Politik und Militär.

Große Erwartungen setzte man in den 1924 geborenen Ante Marković, den letzten Premier der jugoslawischen Regierung. Er blieb als Politiker in Erinnerung, der etwas Anderes versuchen wollte, wobei es für dieses "Andere" nicht die Spur einer Erfolgschance gab. Mit dem Namen dieses wahrscheinlich fähigsten und ganz sicher sympathischsten jugoslawischen Premiers verbinden sich Begriffe wie Wohlstand für die Verbraucher, harter Dinar, freier Devisenverkauf und der Versuch der Einführung von Rechtsstaatlichkeit und moderner Wirtschaft. Marković war der einzige Politiker, dem der Westen die Hand reichte. Als gebildeter Wirtschaftsfachmann, kompromissbereit und kommunikativ, versuchte er, im Chaos der Antagonismen zwischen den nationalen Führern Brücken der Verständigung zu schlagen – ohne Erfolg. Alle versuchten, sein Ansehen auszunutzen, attackierten ihn aber gleichzeitig. Bei der Feier zur Verkündigung der neuen serbischen Verfassung für das einheitliche Serbien schnitt er als "Taufpate" den festlichen Kuchen mit der Aufschrift "Es lebe Serbien" an und nahm mit dieser Geste des guten Willens Slobodan Milošević in die Pflicht. Marković gründete die "Partei der Reformer", eine Partei mit jugoslawischen Attributen, wodurch er bei den Nationalisten zum meistgehassten Politiker avancierte.

Niemand wurde mit derart brutaler Primitivität angegriffen wie Ante Marković. Regimeparteien wie Oppositionelle fielen über ihn her, und die Hetzkampagne wurde von Intellektuellen und Journalisten geführt. Er war der einzige Politiker, gegen den sich

Milošević, Tuđman und Kučan verbündeten. Während Ljubljana ihn auslachte, entdeckte Belgrad in ihm den "kroatischen Spion", Zagreb wiederum beschimpfte ihn als "Größenwahnsinnigen, moralisches Biest und Verbrecher", der "sich von Belgrad mit Ćevapčići bestechen ließ". Borisav Jović veröffentlichte im August 1990 unter dem Pseudonym S.L. in der "Politika" ein Pamphlet in drei Fortsetzungen über Ante Marković. Der Vorsitzende des jugoslawischen Staatspräsidiums stellte den jugoslawischen Premierminister öffentlich bloß: das ist das Bild des gemeinsamen Staates Anfang der neunziger Jahre des zwanzigsten Jahrhunderts.

Hätte er mit einem Putsch den Bürgerkrieg zu verhindern vermocht? Unter bestimmten Umständen ja, das heißt, bei einer engen Zusammenarbeit von Ante Marković und Veljko Kadijević, mit der Unterstützung einflussreicher Gesellschaftsgruppen aus Ljubljana, Zagreb und Belgrad, und mit dem Wohlwollen der internationalen Gemeinschaft. Keine dieser Voraussetzungen aber war gegeben. Marković und Kadijević pflegten nur für kurze Zeit gute Beziehungen, später traten sie eher als Gegner denn als Partner auf. Beiden fehlte der Mut zum Putsch und die Bereitschaft, die Risiken eines Staatstreichs auf sich zu nehmen. In den drei führenden Republiken hatte sich längst eine starke nationale Elite gebildet, und die populistischen Bewegungen nahmen immer größere Ausmaße an.

Schließlich trug der Westen als ein wichtiger Faktor mit seinem unsicheren und unüberlegten Verhalten mehr zum allgemeinen Chaos bei, als dass er rationale Lösungen anbot. Viele Länder entdeckten im Untergang Jugoslawiens ihre eigenen Interessen, insbesondere Deutschland, das eine fatale Rolle spielte. Während er eine vorzeitige Anerkennung Sloweniens und Kroatiens ablehnte, beschuldigte der amerikanische Vermittler Cyrus Vance den deutschen Außenminister Hans-Dietrich Genscher: "Mein Freund Genscher hat sich überhaupt nicht mehr unter Kontrolle. Was er tut, ist Wahnsinn". Nach eigenen Angaben stand Janez Drnovšek in täglichem Kontakt mit Genscher. Das deutsche Außenministerium hatte den Auftrag, bei einem Anruf aus Ljubljana Genscher aufzufinden, "wo immer er sich aufhielt und gleich zu welcher Uhrzeit". Propaganda, Finanzhilfe, Waffenlieferungen, diplomatische Tricks und die Ermunterung zur Sezession – alles das spielte eine Rolle, als Hauptargument aber wurde die Gewaltpolitik des serbischen Präsidenten in den Vordergrund gerückt.

Im März 1991 wurde auf der Sitzung der jugoslawischen Regierungsspitze im "Haus der Garde" auf dem Belgrader Topčider über die Verhängung des Ausnahmezustandes diskutiert. Dagegen stimmten der Slowene Janez Drnovšek, der Kroate Stipe Mesić, der Bosnier Bogić Bogićević und der Makedonier Vasil Tupurkovski. Auch die internationale Gemeinschaft widersetzte sich, obwohl gewichtige Gründe für diese Maßnahme sprachen: Slowenien hatte eigenmächtig die Kontrolle seiner Grenzübergänge übernommen, was die Zerstörung des gemeinsamen Staates einleitete.

Schwer vorstellbar, dass man nach all dem Jugoslawien hätte erhalten können. Niemand hätte es wieder zum Leben erwecken können. Man hätte aber durch politischen Druck das Blutvergießen verhindern und die politischen Akteure zu einem weniger schmerzhaften Abschied zwingen können. Statt dessen wurden konspirative Pläne ausgeheckt, die bei den herrschenden politischen und militärischen Akteuren keinerlei Erfolgsaussichten hatten. Der Stab der Armee bereitete die politische Liquidierung der slowenischen Führung vor. Auch der Tag ihrer Verhaftung am 30. Juni 1991 war schon festgelegt, doch im letzten Moment besann man sich eines Besseren. Über einen Staatsstreich dachte man in den Kreisen der Armee und in der Umgebung Miloševićs öfter nach: man traf diesbezüglich sogar präzise Entscheidungen. Allein, durch den Pakt zwischen Militär und serbischem Regime wäre ein Bürgerkrieg vorprogrammiert gewesen. Auch stand dieses Bündnis auf wackeligen Beinen: Das Militär drückte sich vor der Verantwortung, und Milošević traute der Armeeführung nie ganz: er hatte Angst, selbst entmachtet zu werden.

Seinen Einfluss auf das Militär und seinen Anteil am Krieg hat Milošević nie zugegeben: "Ich werde es hundertmal wiederholen, ich bin für den Frieden, Serbien befindet sich nicht im Krieg!" sagte er, während in Serbien massenhaft junge Männer für die Armee mobilisiert wurden, von den Kriegschauplätzen Särge mit toten Soldaten eintrafen und die Zeitungen vor lauter Todesanzeigen überquollen: "Gefallen am 23. Mai 1992 in der Gegend von Mostar, zu einer Zeit, als ‚Serbien sich nicht im Krieg befand' und sich ‚kein einziger Soldat, kein serbischer Staatsbürger außerhalb von Serbien aufhielt'..." stand in den Annoncen, in denen voller Bitterkeit die Worte des Präsidenten zitiert wurden.

Hartnäckig wies Milošević alle Behauptungen zurück, Serbien sei in einen Krieg verwickelt. Die ersten Wahlen gewann er dank seiner Friedensparolen, die ihm von den Menschen mit folgenden Rufen beantwortet wurden: "Slobo, du Serbe, lass nicht zu das Sterben!" Er wies auch Anschuldigungen zurück, dass die paramilitärischen Einheiten von Željko Ražnatović-Arkan, Dragoslav Bokan, Vojislav Šešelj sowie der "Serbischen Bewegung für den Wandel" am Krieg teilnahmen. Und während sich unter den Augen der Weltöffentlichkeit militante Gruppen bewaffneten, die später zahlreiche Verbrechen verübten (Arkan ließ seine Anhänger im Stadion des Fußballklubs "Roter Stern Belgrad" ausbilden), beteuerte Milošević dem amerikanischen Botschafter Warren Zimmermann, "nicht ein einziger Serbe kämpft in Bosnien", und von Arkan habe er nie etwas gehört. Ähnlich sprach er über andere paramilitärische Formationen, im Gegensatz zu Šešelj, der behauptete, Milošević habe den radikalen Militärs Waffen für dreißigtausend Freiwillige zur Verfügung gestellt.

Obwohl Serbien von nationaler Euphorie ergriffen war (beim Aufbruch nach Vukovar wurden die gepanzerten Wagen der Armee in Belgrad mit Liedern und Blumen verabschiedet), wollte die Mehrheit der Serben weder am Krieg teilnehmen, noch fühlten sie sich von der großserbischen Idee angezogen, die Opfer von ihnen verlangte. Ein Volk, das traditionell das Einrücken der Soldaten zur Armee feierlich beging, wurde zum Volk von Deserteuren, die über die Grenze flüchteten, ihre Waffen wegwarfen und sich vor den Behörden versteckten. Es war eine Massenerscheinung: dem Einberufungsbefehl folgten in Serbien nur sechsundzwanzig Prozent der jungen Männer.

Viele ehrbare, stolze Männer wussten nicht, ob sie sich für ihr militärisches Pflichtbewusstsein oder den gesunden Menschenverstand entscheiden sollten. In diesem Dilemma sah sich auch Miroslav Milenković aus Gornji Milanovac. Als an der Front von Šid der Major die Soldaten aufforderte, sich zu entscheiden, ob sie zu den Kämpfern gehören wollten oder zu denjenigen, die nach Hause gehen wollten, also zu den Deserteuren, wechselte Milenković in seiner Unentschlossenheit und Verzweiflung mal auf die eine, mal auf die andere Seite, schließlich blieb er in der Mitte zwischen beiden Seiten stehen und schoss sich eine Kugel in den Kopf. Der Student Vladimir Živković äußerte seinen Protest, indem er sich in einen Panzer setzte und durch alle Kontrollen von Šid nach Belgrad bis vor das jugoslawische Parlament fuhr. In dieser höchst ungewöhnlichen Antikriegsstimmung wäre er beinahe zum Wahnsinnigen erklärt worden, und zwar von denjenigen, die den Wahnsinn des Krieges heraufbeschworen hatten.

Major Milan Tepić aus dem Dorf Komlenci bei Bosanska Dubica fand für sich einen anderen Ausweg. Als Militär dazu erzogen, Niederlagen nicht zu akzeptieren, zündete Tepić in Bedenik bei Bjelovar ein Munitionslager an und flog zusammen mit siebzig Tonnen Sprengstoff in die Luft. Eine Straße im Belgrader Stadtviertel Dedinje, der Prominentensiedlung für die Generäle unweit von Cvećara, wurde später nach ihm benannt.

Und das Volk? Das Volk glaubte an Milošević, den Wundertäter und Retter Jugoslawiens: "Slobo, du meine Sonne, du mein Augenstern, du bist jetzt alles, was mir geblieben ist in diesem Leben!" sagte im Fernsehen ein in Tränen aufgelöster Vater, der seinen Sohn im Krieg verloren hatte, und verfluchte die Ustascha und die Mudschaheddin.

Das Ausland fand sich mit dem unabwendbaren Untergang Jugoslawiens rasch ab und stellte sich von Anbeginn auf die Seite der Slowenen, Kroaten und Muslime. Kein Volk in der neueren Geschichte wurde wie die Serben gebrandmarkt, als Horde genetisch kriminell veranlagter Wilder abgestempelt. Da man alles, was gegen die Serben gesagt wurde, wie selbstverständlich für bare Münze nahm, ging jede Lüge als die reine Wahrheit durch. Alle andern, deren Verbrechen erst einige Jahre später an den Tag kamen, wurden als unschuldige, schutzlose kleine Völker hingestellt. Diesem Schema folgte die Propaganda in der Berichterstattung über den Zerfall eines Landes und über einen Krieg, der die Wogen der öffentlichen Empörung höher schlagen ließ und die Unduldsamkeit gegenüber einem Volk bis zum Rassismus hochpeitschte.

Die Serben ihrerseits gaben allen Anlass für eine derartige Einstellung: durch die militärische Eroberung von Städten, die wahnwitzige Zerstörung Vukovars und den Granatenbeschuss von Dubrovnik, das von der UNESCO als historisches Weltkulturerbe eingestuft worden war, die mehrjährige Umzingelung und Belagerung der Großstadt Sarajevo, die Hölle von Srebrenica und die ständigen Drohungen an die Adresse des Auslands. Extreme Nationalisten drohten mit der Bombardierung von Wien, Rom, Zagreb und sogar London. Man sang: "Amerika, rühr' Serbien nicht an / noch weißt du nicht, wie Serbien kämpfen kann!" Man hätte gegen das eigene Land nicht erfolgreicher arbeiten und seinem Volk kaum größeren Schaden zufügen können, als es diese zügellosen Nationalisten taten. Um seine Gäste, ausländische Journalisten, zu beeindrucken, befahl ein Kommandeur der serbischen Armee vor laufenden Fernsehkameras ungeniert dem Kanonenschützen: "Für CNN, Feuer auf Goražde!"

Die Geschichte dieses Krieges ist in Serbien noch nicht geschrieben worden. Man weiß noch nicht exakt, wie viele Menschenopfer er gefordert hat. Mit propagandistischen Zielen behauptete jede Seite, was ihr selbst am besten ins Konzept passte.

Während Kroaten und Muslime ihre Verbrechen zu verschleiern suchten, genossen die Serben ihre Macht oder machten höhere Gewalt für ihre Verbrechen verantwortlich: "Die Serben töten nicht aus Hass, sondern aus Verzweiflung", behauptete der Schriftsteller Brana Crnčević, "und das Töten aus Verzweiflung ist eine Handlung Gottes, während Tötung aus Hass das Werk von Mördern und des Teufels ist. Für die serbischen Verbrechen ist Gott zuständig, für die der anderen – der Teufel".

In der Geschichte der kriegerischen Auseinandersetzungen war die Propaganda schon immer eine mächtige Waffe der Politik. Dermaßen überzeugende Beispiele für Gebrauch und Missbrauch der Medien wie in diesem Krieg bei der Zerschlagung Jugoslawiens gibt es jedoch nur wenige. Zuerst entdeckte Ljubljana die Macht der Medien, Zagreb und Sarajevo folgten. Gianni di Michelis behauptet, ein ganzes Heer von Fachleuten sei mit der Frage beschäftigt gewesen, wie der Konflikt in Slowenien darzustellen und die ganze Verantwortung dafür Belgrad anzulasten sei. Zu diesem Zweck habe man professionell arbeitenden amerikanischen Agenturen den Auftrag erteilt, die nötigen Intrigen zu spinnen und die öffentliche Meinung im Sinne der eigenen Position zu beeinflussen. Die Lügen über die Anzahl von Todesopfern, Vergewaltigungen und Vertreibungen erreichten ungeheure Ausmaße. Jeder korrigierte nach oben oder nach unten, wie es ihm passte, und wer die Macht über die Medien besaß, der setzte auch seine Wahrheit durch. Die Zahl der vergewaltigten Musliminnen wuchs in schwindelerregende Höhen: zwanzig, vierzig, sogar hundertfünfzig Tausend solcher Fälle soll es gegeben haben. Und ausschließlich die Serben waren es, die von Wahnsinn und zerstörerischem Hass getrieben, in Mörderhorden das Land unsicher machten. Jede Angabe, die nur gegen eine einzige Seite gerichtet war, akzeptierten die ausländischen Medien als Fakt. Die angesehene amerikanische Wochenzeitung Newsweek berichtete über eine dreitägige Vergewaltigung junger Musliminnen, die mit Draht an einen Zaun gefesselt, danach mit Benzin übergossen und bei lebendigem Leibe verbrannt worden waren. Aufgrund der

Suggestivkraft solcher Bilder und konstruierter Szenen im Fernsehen war die Weltöffentlichkeit dermaßen schockiert, dass westliche Pazifisten nach den Worten eines ausländischen Journalisten die Nachricht, man werde auf Belgrad eine Atombombe abwerfen, mit Genugtuung und dem Kommentar: "Gut so!" aufgenommen hätten.

Serbien hatte durchaus etwas zu sagen. Doch der demokratisch gesinnte Anteil der Bevölkerung kam kaum zu Wort, und den lärmenden Blättern des Regimes und den nationalen Aufwieglern, die bei den Medien offene Türen einrannten, bereitete es sichtlich Vergnügen, Serbien in das schlechteste Licht zu rücken. Niemand übergoss das Volk mit soviel Schande wie die Machthaber und deren Gefolgsleute. "Beim Embargo gegen Serbien müssen wir einen starken, an Hass grenzenden Willen zeigen", erklärte der italienische Außenminister Beniamino Andreotti.

Ging die diplomatische Isolation auf einen verhängnisvollen Fehler Miloševićs zurück, so hatte seine Unterschätzung der internationalen öffentlichen Meinung noch schlimmere Auswirkungen. Alle Seiten tischten in diesem Krieg Lügen auf. Die serbische Propaganda jedoch erwies sich als derart unfähig, dass selbst eine von ihr publizierte Wahrheit im Ausland als Lüge angesehen wurde. Nach dem Muster kommunistischer Regime erblickte die serbische Führung in den ausländischen Medien einen Feind, mit dem man nicht kooperieren dürfe, und innenpolitisch legte sie größten Wert darauf, eine strenge Kontrolle über die wichtigsten Printmedien auszuüben.

Mit seiner Kaderpolitik traf das Regime auch ein so mächtiges Instrument wie die Propaganda. Aus den Redaktionen der führenden Zeitungen und des Fernsehens wurden viele begabte Journalisten mit eigener Meinung entfernt und an ihre Stelle allerlei Kurpfuscher, Wahrsager und obskure Kommentatoren gesetzt. Es war die Zeit der arroganten Typen, die bereit waren, die Gegner des Regimes verbal kaltzustellen, die Zeit auch einer natürlich stets im Namen des "nationalen Interesses" handelnden Kriegspolitik. Es war in jeglicher Hinsicht eine Zeit des Übels, und ein solches Serbien konnte vom Ausland nur isoliert und verachtet werden.

Der serbische Präsident hat seine Schuld am blutigen Verlauf der jugoslawischen Krise und dem Untergang des gemeinsamen Staates nie zugegeben. Schuld sind seiner Meinung nach "alle drei Völker, und besonders große Verantwortung tragen einige Faktoren der internationalen Gemeinschaft".

Eine ähnliche Meinung vertritt auch seine Ehefrau. Sie beschuldigte ausländische Mächte, inländische Nationalisten und die Emigration. Gewiss, sie hatte sich immer gegen den Krieg ausgesprochen, gegen die Zerstörung Jugoslawiens und gegen nationalistische Gewalt: "Der Nationalismus ist eine Monstrosität, er stört mich mehr als der Antikommunismus." Sie verurteilte die nationalen Führer, zählte dabei aber ihren Ehemann nicht dazu, noch brachte sie ihn mit den vergangenen Ereignissen in Verbindung. Während die jungen Leute von der Front weg- und vor der Einberufung davonliefen, wies sie Behauptungen über die Mobilmachung in Serbien als unwahr zurück: "Ich weiß nicht, ob es in Serbien eine derartige Mobilisierung gibt. Ich glaube nicht."

Als sie einmal äußerte, der Krieg in Jugoslawien sei "unverständlich, unnötig, unmoralisch, ja sogar kitschig", pflichtete ihr der Regisseur und Schriftsteller Radivoje Lola Đukić bei und stellte ihr öffentlich die Frage: "Wer hat denn die Macht ausgeübt und uns auf diesen Weg geführt? Wo waren denn Sie, Frau Genossin Marković? Warum wenden Sie sich an die Weltöffentlichkeit, warum fragen Sie nicht wenigstens beim Abendessen ihren Gatten, wieso er es zuläßt, dass Kinder aus Serbien in diesen Krieg ziehen und dort sterben?"

Sie fand wohl die rechte Antwort auf diese Frage nicht und entgegnete daher leicht süffisant: "Woher will Radivoje Lola Đukić wissen, welche Fragen ich meinem Mann beim Abendbrot stelle?" Mit keinem Wort kritisierte sie die Politik ihres Ehemannes, die die Serben in schwarze Trauer gehüllt, den Kroaten und Slowenen hingegen die Verwirklichung ihres jahrhundertealten Traumes von der Gründung eines souveränen Staates beschert hatte.

Wenn der Führer in Nöten ist

Milošević: "Ich hoffe, wir sehen uns." Ćosić: Wir sind ja Nachbarn, es trennt uns nur ein Zaun." Milošević: "Ich hoffe, dass der Zaun nicht so hoch ist." So endet die erste Begegnung zweier führender Persönlichkeiten in Serbien, und es beginnt eine kurze Zusammenarbeit, die mit einem putschähnlichen Umsturz enden wird – einem missglückten Versuch, das machthabende Regime zu stürzen.

Gleich zu Beginn des Krieges 1991 stärkte Slobodan Milošević seine Position. Die militärischen Siege und der Großserbien-Mythos wurden zu einem neuen Spielzeug für das unglückliche Volk: am Horizont winkte die Verwirklichung des jahrhundertealten Traums von "einem Staat für alle Serben". Man musste nur die nötige Geduld aufbringen, der unerschütterliche Wille des serbischen Präsidenten garantierte den Erfolg: "Jetzt, wo wir den richtigen Mann haben, dem alle vertrauen, müssen wir auch dafür sterben!" kommentierte der sozialistische Abgeordnete Živorad Grković.

Die durch den Krieg verursachten Todesopfer und Serbiens internationale Isolation blieben jedoch nicht ohne Wirkung. Die nationale Begeisterung schmolz schnell dahin. 1992 wurde zum bis dahin schwierigsten Jahr in Miloševićs Karriere: unangefochten führte er die Liste des modernen Grauens an. Der Westen drohte mit der Bombardierung Belgrads, die humanitäre Organisation "Ärzte ohne Grenzen" ließ in Frankreich ein Plakat mit den Fotos von Hitler und Milošević drucken, die Belgrader Universität streikte; die Friedensbewegung organisierte Antikriegsdemonstrationen ("Rechnet nicht mit uns!"); im Park der Pioniere baten die Komponisten Milošević auf den Knien, seinen Rücktritt zu erklären, und die Belgrader trugen aus Protest gegen die Belagerung Sarajevos einen kilometerlangen schwarzen Trauerflor durch die Stadt, vorbei am

Regierungssitz des serbischen Präsidenten. Ein dreifacher Polizeikordon, mit kugelsicheren Westen, Gasmasken, automatischen Schusswaffen und Kampfwagen ausgerüstet, schützte die Tolstoj-Str. Nr. 33 vor den Studenten, die in den Stadtteil Dedinje marschierten. Die Bewohner dieses Prominentenviertels lauschten mit Zähneklappern den Spottliedern und Drohrufen, die vom Berg Topčider herunterschallten.

Auch der Wunsch nach der Wiedereinsetzung der serbischen Dynastie der Karađorđevićs wurde laut. Die Serben wandten sich vom Kommunismus ab und suchten ihr Heil in der Rückkehr zur Monarchie ("Es lebe der König!" "Slobo, verschwinde!").

Prinz Alexander stattete Serbien zweimal einen Besuch ab, im Oktober 1991 sowie im darauffolgenden Jahr aus Anlass des siebentätigen St.-Veits-Treffens[12]. So sehr das Kommen des Prinzen auch unerwünscht war, bemühten sich die Mächtigen doch, den Frieden zu wahren. Sie ließen es zu, dass sich wieder einmal nationale Begeisterung in nichts auflösen konnte, wirkten aber aus dem Hintergrund mit kleinen Nadelstichen. Das Gepäck mit ihrer Kleidung erhielt die Königsfamilie erst einen Tag nach der Ankunft, "denn es war irgendwo verschwunden". Die Polizei hatte keinerlei Sicherheitsmaßnahmen getroffen, und das Fernsehen zeigte böse einige Ausschnitte früherer Auftritte von Alexander, wo er sich mit der serbischen Sprache abmühte und dadurch das Mitleid seiner Anhänger hervorrief: ein serbischer König, der die Sprache seines Volkes nicht beherrschte!

Der Aufenthalt des Prinzen in Belgrad verlief wie ein schöner, königlicher Traum und zerplatzte wie eine Seifenblase. Alexander Karađorđević kehrte zu seinen Geschäften zurück, und Serbien setzte sein Leben mit Slobodan Milošević fort, der zwar nicht den Willen zur Macht, aber sein früheres Prestige verloren hatte und in eine immer schwierigere Lage geriet.

Was sollte er tun, um die allgemeine Unzufriedenheit zu besänftigen? Schocktherapien vollbringen da oft Wunder, und Milošević hatte eine Neigung zu überraschenden Entscheidungen, die in der Öffentlichkeit Aufsehen erregten und den Anschein erweckten, dass auch er sich veränderte. Unter diesen Umständen kam er auf die Idee, zwei Führungspositionen im "dritten Jugoslawien" dem 70-jährigen Schriftsteller Dobrica Ćosić und dem 62-jährigen Milan Panić anzuvertrauen. Eine bessere Auswahl der Führungskader konnte er nicht treffen: an die Spitze des neuen Staates gelangten mit Ćosić eine nationale Autoritätsfigur und mit Panić ein erfolgreicher Geschäftsmann, ein Serbe, der seine Fähigkeiten im amerikanischen Konkurrenzkampf bewiesen hatte. Dies war die erste und einzige Personalentscheidung des serbischen Präsidenten, die im Volk wohlwollend aufgenommen wurde. Ćosić mochte die Macht nicht, nahm aber gerne Einfluss, und die Position einer führenden, nationalen Autoritätsperson behagte ihm. Sein wirklicher Einfluss überstieg zu allen Zeiten die Macht seiner Funktion. Die Serben im Kosovo, in Bosnien und in Kroatien suchten am ehesten bei ihm Rückhalt, und allein ihm vertrauten sie wirklich. Obwohl er nicht gläubig war, genoss er den Respekt der Kirche als Mensch und Schriftsteller, der die Orthodoxie als Träger des serbischen Nationalbewusstseins durch die Jahrhunderte hindurch zu schätzen wusste. Unter seinem Schutz konnte Jovan Rašković in der Krajina glänzen. Radovan Karadžić arbeitete zur Gründung einer serbischen nationalen Partei in Bosnien aufs Engste mit Ćosić zusammen: Ćosić überzeugte ihn davon, den Vorsitz dieser neuen Partei zu übernehmen und setzte sich zu den Parlamentswahlen in Bosnien dafür ein, dass für die Serbische Demokratische Partei finanzielle Unterstützung gesammelt wurde. Und schließlich war er es, der Milošević mit den beiden Serbenführern Karadžić und Rašković in Verbindung brachte.

Dem 8. Plenum des serbischen ZK gegenüber verhielt sich Ćosić indifferent. Für ihn fand da ein Konflikt zweier titoistischer Strömungen statt, die von der Machtgier angetrieben wurden. Er war der Ansicht, es sei gut für Serbien, dass "die schlimmste politische Tradition des serbischen Volkes: die radikale Politik mit deren Verfechter Petar Stambolić an der Spitze" eine Niederlage erlitten hatte. Unmittelbar nach dem 8. Plenum äußerte er sich mehrmals lobend über den neuen leader Slobodan Milošević und seinen "ausdauernden Kampf für die Rechte des serbischen Volkes", sah seine autokratischen Eigenschaften aber kritisch: "Ich weiß nicht, bis zu welchem Maße er auf eine radikale Veränderung der Bewegung abzielt, die zur Abschaffung des Monopols des BdKJ und zur Schaffung einer demokratischen Gesellschaft führen würde. Er zeigt sich immer mehr als neuer Führer mit großer Autorität und überzeugender Unterstützung des Volkes. Aber die Geschichte lehrt uns: Völker, die einem Führer folgen, gehen in eine ungewisse Zukunft".

Zum ersten Mal trafen sich Milošević und Ćosić Anfang des Jahres 1990 anlässlich einer "bewusst zufälligen" Begegnung auf einem Empfang zu Ehren einer israelischen Delegation. Das Treffen kam durch die Vermittlung der Zahnärztin Klara Mandić zustande, die zu jener Zeit überall mit "dabei" war und sich ihrem eigentlichen Beruf nur selten widmete. Von dieser Begegnung wurde eine kleine Anekdote erzählt, in der es um die künftige Annäherung zwischen Milošević und Ćosić geht.

"Ich hoffe, wir sehen uns", sagte Milošević zum Abschied.

"Wir sind ja Nachbarn, es trennt uns nur ein Zaun", gab Ćosić zweideutig zur Antwort.

"Ich hoffe, dass der Zaun nicht sehr hoch ist", bemerkte Milošević gut gelaunt.

Seitdem trafen sich die beiden auf gegenseitigen Wunsch hin, und zwar immer in Miloševićs Arbeitsraum und unter Umgehung der einflussreichen Mira Marković, mit der Ćosić nie zusammengetroffen ist.

Die Macht lag in der Hand Miloševićs, die Zukunft der Serben aber wurde im Hause des führenden Oppositionellen erörtert, von Menschen, die ihren Platz in der offiziellen Politik suchten, und zwar häufig auf einander entgegengesetzten Flügeln. Keine Persönlichkeit in Serbien war von seinen Qualitäten und der Reputation her besser geeignet als Dobrica Ćosić, an die Spitze der

Opposition zu treten. Er war eine Führernatur, und niemand bestritt das. Aber zu diesem wichtigen Zeitpunkt, da sich eine Alternative zu Miloševićs Regime herauszubilden begann, vertrat er den Standpunkt der Überparteilichkeit. Seiner Ansicht nach konnte nur ein unabhängiger Intellektueller der Gesellschaft von Nutzen sein.

"Mit dieser Überzeugung möchte ich außerhalb aller politischen Parteien agieren und bin gleichzeitig bereit, jede fortschrittliche und demokratische Bestrebung zu unterstützen."

So überließ Ćosić das Spiel den anderen, und das brachte ihn irgendwann in Konflikt sowohl mit der Macht wie auch mit der Opposition.

Am besten aber nutzten die Sozialisten diese seine Position eines unabhängigen Intellektuellen. Obwohl er bei seinen öffentlichen Auftritten immer wieder Miloševićs Autokratie, seine katastrophale Kaderpolitik und die verhängnisvolle Verzögerung bei der Demokratisierung der serbischen Gesellschaft anprangerte, akzeptierte er ihn Anfang der neunziger Jahre als serbischen Präsidenten. Eine Politik, die heute nicht für die Integrität des serbischen Volkes eintrete, so sagte er, sei keine demokratische Politik: "In diesem Punkt ist die heutige staatliche Politik Serbiens und ihres Präsidenten meiner Überzeugung nach richtig".

Milošević vertraute Ćosić nicht, aber er brauchte ihn, und er ging das Risiko seiner Ernennung ein in der Gewissheit, dass er selbst das Heft in der Hand behielt. Um ihn für sich zu gewinnen, ging er auf alle Forderungen ein, die Ćosić als künftiger Staatspräsident Jugoslawiens stellte: vorzeitige Neuwahlen, einen Staatsrat, eine selbständige, überparteiliche Regierung, die Erarbeitung einer neuen Verfassung, eine flexiblere Außenpolitik, die Umwandlung der Jugoslawischen Volksarmee in eine serbische Armee und schließlich den nationalen Konsens in allen wesentlichen Fragen sowie eine Politik der Kompromisse mit der Opposition. Wohlwollend nahm der serbische Führer Milošević auch die Ankündigung Ćosićs auf, er wolle "ein Mann des Wandels und kein neuer Ivan Ribar"[13] sein.

Es gibt jedoch etwas, was für die Vorgehensweise Ćosićs als Staatspräsident außerordentlich bedeutsam war. Der Mann, der die sogenannte "serbische Frage" aufgeworfen und die Organisation der Serben im Kosovo, in Kroatien und Bosnien unterstützt hatte, er-kann te die für Serbien verhängnisvollen Folgen des Konflikts mit der internationalen Gemeinschaft; ihm war klar, dass über das Schicksal Serbiens in Washington entschieden werden würde. Ein Jahr bevor er zum Präsidenten ernannt wurde, schrieb er in seinen Aufzeichnungen von Zlatar: "Die Kunst der Anpassung ist unser schwächstes Vermögen"; wir sind genötigt, das "Es soll sein, was nicht sein kann!" der Poesie zu überlassen und sollten für die Zukunft kämpfen unter der Devise "Sein soll das, was wir erreichen können!" Das bedeute, so schrieb er weiter, dass das serbische Volk endlich damit beginne, ernsthaft seine Irrtümer einzusehen und ein realistisches Programm zu entwickeln: "Die nationale Illusion hat uns zum Tiefpunkt unserer Existenz in der Gemeinschaft Europas geführt." Es schien Ćosić, als sei Milošević auch mit diesen pro-grammatischen Äußerungen einverstanden.

So begann die politische Partnerschaft der beiden führenden Männer Serbiens.

Fast ein Vierteljahrhundert nach seinem Austritt aus der jugoslawischen KP stieg Dobrica Ćosić wieder ganz oben in die Politik ein. Mit einundsiebzig Jahren, er hatte drei schwere Opera-tionen hinter sich, wurde er Staatschef eines international nicht anerkannten Landes. Er nahm das Präsidentenamt in diesem für Serbien und Montenegro äußerst schwierigen Moment nicht auf eigenen Wunsch an, sondern gehorchte dem Druck der Öffentlich-keit und dem Rat eines Freundes.

Milan Panić stammte aus der Welt der Wanderarbeiter, die den Willen und den Mut besitzen, sich auf große Abenteuer einzulassen. Er begann, wie er stolz hervorhebt, mit zwanzig Dollar in der Tasche und gelangte bis an die Gipfel des *business*. Obwohl er Tito bewun-derte, konnte das jugoslawische Regime Panićs Ehrgeiz nicht befriedigen; deshalb ging er ins Ausland. 1955 nutzte er einen Aufenthalt in Holland, wo er als Radrennfahrer für Jugoslawien an einem Pokalwettbewerb teilnahm, als Gelegenheit, statt zurück nach Belgrad über den Großen Teich zu reisen. Er hatte Erfolg, erreichte sein Ziel, behielt jedoch Jugoslawien im Herzen.

Die Idee, einen Serben aus Amerika zum Premier der jugoslawischen Regierung zu küren, stammte von Dušan Mitević, der mit Panić auf geschäftlicher Ebene nähere Kontakte geknüpft hatte. Über ihn lernten sich Milošević und Panić kennen, und sie pflegten alsbald enge Beziehungen. Milošević erkannte in Panić den Mann, der für die "serbische Sache" nützlich sein konnte. Ein Serbe aus Amerika und erfolgreicher Geschäftsmann, zudem politisch naiv: die beste Empfehlung für das Amt des jugoslawischen Regierungschefs, rechnete Milošević sich aus. Der Abenteurer und Politclown Panić schnappte diesen ihm angebotenen Bissen im Fluge auf. Da kehrte einer, der als armer Schlucker aus der Belgrader Vorstadt aufgebrochen war und sich als Wanderarbeiter und Radrennfahrer durchgeschlagen hatte, als Premierminister in seine Stadt zurück!

Alles war gut ausgeklügelt, ging aber vom ersten Augenblick an schief. Der serbische Präsident nahm an, Ćosić und Panić würden ihm nur als Feigenblatt für die eigenen Wünsche dienen, und maß ihren hohen Ämtern keinerlei Bedeutung bei. "Mein Amt, Milan, ist nicht wichtig, denn ich bin für die Serben eine Art neuer Chomeini", sagte er damals zu Panić. Auch da hatte er sich verschätzt. Die von ihm Auserwählten dachten nicht daran, in ihren Ämtern als seine Marionetten zu agieren.

Panić, der politische Amateur, hielt auch gar nicht hinterm Berg mit seiner Absicht, Nachfolger Miloševics zu werden, und zwar sofort. Er sagte dies den Journalisten schon bei seiner Ankunft auf dem Flughafen von Budapest ganz deutlich, noch bevor er nach Jugoslawien eingereist und Premier geworden war, was darauf schließen lässt, dass der Plan in Amerika ausgeheckt worden war und der zukünftige Premierminister unter dieser Bedingung das

Plazet des Weißen Hauses bekommen hatte, das neue Amt anzunehmen.

Es wäre eine Untertreibung festzustellen, Milošević sei von den eintreffenden Nachrichten überrascht gewesen: er war schockiert. Das war nicht mehr der sympathische kleine Milan, zu dem er eine herzliche Beziehung geknüpft hatte und von dem er hundertprozentige Loyalität erwartete. Aber es war zu spät, die Entscheidung rückgängig zu machen, die Presse hatte Panićs Kandidatur für das Amt des Premierministers bereits angekündigt.

8. Juli 1992

In Belgrad eingetroffen, hatte Panić es eilig, zusammen mit Dušan Mitević, der ihn in Budapest abgeholt hatte, mit Milošević zusammenzutreffen. Nachdem sie sich die Hand geschüttelt hatten und ohne einen ersten *small talk* abzuwarten, fragte Panić gerade heraus und mit einem entwaffnenden Lächeln, als erkundige er sich nach der Familie oder der Gesundheit seines Gegenübers, Milošević ganz unvermittelt: "Und, Slobodan, wann gehst du?"

Eine nervöse Reaktion wäre das Mindeste, was man von Milošević hätte erwarten können. Zur allgemeinen Verwunderung jedoch nahm er das Gespräch ganz ruhig auf, als sei dies eine alltägliche Absprache, und die Begegnung wandelte sich Wort für Wort zu einer Erörterung über den Rücktritt Miloševićs. Sanft und gutmütig, aber unnachgiebig drängte Panić seinen Gesprächspartner in die Enge.

"Unsere Freundschaft muss mit den jugoslawischen Interessen in Einklang stehen", sagte Panić, und Milošević stimmte ihm zu. "Und es ist in Jugoslawiens Interesse, dass du dich freiwillig zurückziehst."

"Bist du dir da sicher?"

"Ich kenne die Haltung des Westens und der Amerikaner. Sie finden das Regime in Serbien unerträglich, und die Sanktionen werden solange aufrechterhalten, bis du zurücktrittst."

"Und du denkst, dann werden die Sanktionen aufgehoben?"
"Davon bin ich überzeugt, das hat man mir versprochen. Damit etwas getan werden kann, musst du zurücktreten, Slobodan!"
"Und was wird, wenn ich nicht zurücktrete?"
"Dann gehe ich, und die Absprache gilt nicht mehr. Ich werde mich ohne Skandal zurückziehen."

Und plötzlich fing Panić zu zählen an: "Achtung, ich zähle: fünf, vier, drei, zwei...".

Nichts konnte Panić aufhalten, die Zeit war fortgeschritten, und so gab Milošević nach, obwohl ihm unbegreiflich war, wie man für Staatsgeschäfte solche privaten Abmachungen treffen konnte. "Alles, was wir absprechen, wird vom Weißen Haus bestätigt!" insistierte Panić.

Was der serbische Präsident damals durchmachte, worüber er nachsann und wie er letztlich kombinierte, darüber kann nur spekuliert werden. Vor den Augenzeugen akzeptierte er die Idee und ging sogar darauf ein, eine Absprache der "interessierten Parteien" zu treffen, mit der Bedingung, dass ihn Dušan Mitević vertrete. Dass dies ein kluger Schritt sei, darin bestärkte ihn auch Mitević, als sie den Arbeitsraum verließen: "Du wirst in den Augen des Volkes zu einem neuen Helden werden, denn du trittst zurück, damit die Sanktionen aufgehoben werden können."

"Ich denke, das ist eine fantastische Idee!" pflichtete ihm Milošević bei.

Abends im Hotel "Hyatt" arbeiteten Dušan Mitević, Milan Panić und sein Berater John Scanlon, der ehemalige amerikanische Botschafter in Belgrad, ein Papier aus, das fünf Kernpunkte enthielt: 1. Nach Miloševićs Rücktritt heben die Amerikaner sofort die Sanktionen gegen Jugoslawien auf; 2. Milošević wird Präsident der Jugoslawisch-Amerikanischen Bank; 3. Milošević und seiner Familie werden volle Bewegungsfreiheit und Einreisevisa in die USA garantiert; 4. Das Recht der ersten Pressemitteilung über seinen Rücktritt liegt bei Milošević; 5. Dieser Vertrag wird von Milošević und dem amerikanischen Außenminister Baker unterzeichnet.

Einige Tage danach, als man schon glaubte, Milošević habe in seinen Rücktritt eingewilligt, ließ er Mitević mitteilen, er möge "die ganze Sache vergessen, als hätten wir darüber nie gesprochen".

Was hat Milošević zu dem Umschwung bewegt, und hat er jemals ernsthaft daran gedacht, sich auf diesen Polithandel einzulassen? Die Augenzeugen der Verhandlungen sind weiterhin der festen Überzeugung, es habe sich weder um eine bewusste Täuschung noch um ein politisches Manöver gehandelt. Der serbische Präsident fühlte sich ausgebrannt und auf verlorenem Posten: sein Rücktritt erschien ihm als Ausweg aus dieser Situation. Es gibt gute Gründe, der Behauptung Glauben zu schenken, Mira Marković habe ihn umgestimmt: sie konnte sich nicht vorstellen, mit ihrer Familie im Exil zu leben und hielt ihren Gatten Slobodan für noch stark genug, um seine Gegner zu bezwingen.

In der Öffentlichkeit wurde der Amtsantritt Ćosićs und Panićs an der Spitze Jugoslawiens als Erneuerung und ermutigendes Zeichen gewertet. Obwohl das europäische Ausland die beiden mit Vorsicht begrüßte, öffnete man ihnen dort schneller als erwartet die Türen der Diplomatie. Ćosić wurde zu Auslandsbesuchen eingeladen und traf sich mit führenden Persönlichkeiten der westlichen Welt, wobei man ihm eine Aufmerksamkeit zollte, die zur tristen Position Jugoslawiens in keiner Relation stand. Ein international nicht anerkanntes Land nahm internationale Beziehungen auf und gab Anlass zur Hoffnung, dass sich die Dinge dort in die gewünschte Richtung entwickeln würden.

Während Ćosić in der Stille wirkte, trat der unbeschwerte Panić temperamentvoll und energisch auf. Wo die diplomatischen Türen verschlossen waren, stieß er sie mit dem Fuß auf. In 35 Tagen stattete er sechzehn Ländern einen Besuch ab und traf sich dort mit fünfzig Spitzenpolitikern, neun Regierungspräsidenten und zehn Außenministern, ja er besuchte sogar, mitten im Krieg, die von Serben belagerte Stadt Sarajevo. Großspurig, schlagfertig und unbesonnen, aber stets lächelnd, mal aus Mitleid, mal vor Freude, blieb er niemandem etwas schuldig. Als ihn Lord Carrington mit "sogenannter Präsident" anredete, gab er ihm lächelnd ein "mein sogenannter Lord" zurück. Den Journalisten verkündete er, die neue Verfassung habe ihm ähnliche Macht wie dem amerikanischen Präsidenten Bush verliehen, und der serbische Präsident bekleide ein mit einem amerikanischen Gouverneur vergleichbares Amt: "Milošević soll seine Arbeit machen, Gott helfe ihm dabei! Ich werde mich mit allen anlegen, die sich mir in den Weg stellen!". Über die serbischen Politiker sagte er, sie befleißigten sich einer Mickey-Mouse-Politik: "Man sollte sie ins Disneyland bringen!"

Panić strahlte Selbstbewusstsein aus und nahm sich alles, was er bekommen konnte. Er ließ sich auch in Titos sechstürigem "Mercedes" mit dem Nummernschild der Jugoslawischen Armee, Nummer 1317, chauffieren. Neben seiner Funktion als Premierminister übernahm er zusätzlich den Posten eines Ministers für die Armee, in der Hoffnung, diese so kontrollieren zu können. Im Gegenzug ließ ihm die Armee vier Uniformen schneidern, jeweils eine für die Luftwaffe, die Marine und die Infanterie sowie eine weiße Paradeuniform. David Owen sagte über Panić, er erinnere ihn an eine "ungezündete Rakete" und gleiche keinem anderen Premierminister, den er jemals getroffen habe.

Dieser Panić, kraus, zielbewusst und maßlos, überschätzte seine Macht und versetzte die Sozialisten in helle Aufregung. Vom ersten Tag seiner Amtszeit an wurde aus allen Rohren auf ihn geschossen, voll Hass, Geringschätzung, ja Verachtung. Seine Hauptgegner waren der Schriftsteller Brana Crnčević und der Wojwode Vojislav Šešelj. Sie nannten ihn einen "Zirkusdirektor" und "Verräter". Crnčević sagte über Panić, er sei "ein Abenteurer, der in den nächsten fünfzig Jahren alle Serben kosten wird".

Panić parierte alle Angriffe mit einer Leichtigkeit, die sogar bei seinen Gegnern ein Lachen hervorrief. "Muss ich denn dieses Glas zerschlagen, um zu beweisen, dass ich ein richtiger Serbe bin?" pflegte er mit seiner geliebten Coca-Cola in der Hand zu sagen. "Wäre doch Zar Lazar in den Wald geflohen, anstatt sich im Kosovo zu schlagen! Dann gäbe es jetzt vierzig Millionen Serben". Und während Šešelj über ihn spottete, zeigte Panić provokativ mit dem Zeigefinger auf ihn: "Ich habe keine Angst vor Ihnen, aber Sie haben Angst vor mir, sonst würden Sie nicht so dumm reden."

26. August 1992

Das Verhältnis zwischen Ćosić und Panić auf der einen und Milošević auf der anderen Seite verschlechterte sich noch mehr nach der zweitägigen Londoner Konferenz, die Milošević, dem Führer der Sozialistischen Partei, als eine seiner unangenehmsten Erfahrungen im Gedächtnis blieb. Während sich der Westen Ćosić und Panić gegenüber rücksichtsvoll verhielt, wurde der serbische Führer öffentlich geschnitten und gedemütigt. "Er fühlte sich wie ein geprügelter Hund", sagte mir einer der Teilnehmer dieser Konferenz.

Auch Panić bewies kein ausreichendes Taktgefühl: er beachtete Milošević kaum, um zu demonstrieren, dass dieser in Jugoslawien nicht mehr die erste Geige spiele. Seine Haltung dem serbischen Präsidenten gegenüber war häufig unfein und herabsetzend, was wiederum Miloševićs Eitelkeit und Trotz herausforderte. Einmal wandte sich Panić an Boutros-Ghali und sagte: "Herr Generalsekretär, ich bin der Leiter dieser Delegation, ich bestimme, wer hier reden wird, deshalb bitte ich Sie, niemandem von diesen beiden hier, und dabei zeigte er auf Milošević und Vladislav Jovanović, ohne meine vorherige Zustimmung das Wort zu erteilen". Zu diesem Zeitpunkt war Ćosić nicht im Saal. Panić ging auch mit den früheren Brüdern der Serben, den Muslimen, nicht feinfühliger um. Dem bosnischen Präsidenten Izetbegović sagte er ins Gesicht, er repräsentiere nicht ganz Bosnien, sondern nur die bosnischen Muslime, und riet ihm, seinen Rücktritt einzureichen. Und Außenminister Silajdžić empfahl er, sich besser als Autohändler zu versuchen, "denn er ist ein ausgezeichneter Zwischenverkäufer".

Es schien, als würde der serbische Präsident als normaler Sterblicher nach Belgrad zurückkehren. Indem er sich auf die Forderungen von Eagleburger, Hurd und Kinkel berief, forderte

Panić in London Miloševićs sofortigen Rücktritt. Diesbezüglich führten die beiden ein stürmisches Gespräch in der Hotelsuite. Die Diskussion verlief so hitzig, dass nach Aussagen von Ohrenzeugen die Stimmen Panićs und Miloševićs auf dem Flur des Hotels zu hören waren.

Milošević war jedoch immer dann am gefährlichsten, wenn alle glaubten, er sei schwächer denn je. Sofort nach Abschluss der Konferenz in London entschloss sich der serbische Präsident zum Handeln. Im Hause seiner Familie in Požarevac, wo in aller Ruhe wichtige Entscheidungen getroffen wurden, empfing Milošević einige seiner Anhänger, allen voran Radmilo Bogdanović. Sie beschlossen die Ablösung Milan Panićs, und Vojislav Šešelj sollte in dieser Inszenierung die Hauptrolle spielen: er war zur schlagenden Faust der Sozialisten geworden.

Zweimal versuchten die Sozialisten und Radikalen erfolglos, Milan Panić zu stürzen. Das erste Mal ließ Milošević unter dem Druck der Studenten von seinem Vorhaben ab, nachdem diese Massendemonstrationen angekündigt hatten, und beim zweiten Versuch sprach das jugoslawische Bundesparlament Panić sein Vertrauen aus. Auf seiner Seite waren Dobrica Ćosić, die Oppositionsparteien, ausgenommen die Radikale Partei, sowie die Montenegriner. Panić konnte sich retten, aber der Konflikt verschärfte sich.

8. Oktober 1992

An diesem Tag fand das letzte Treffen zwischen Slobodan Milošević und Milan Panić statt, ihr Gespräch dauerte siebeneinhalb Stunden, von 13 Uhr mittags bis 20 Uhr abends. Der einzige Zeuge und Beobachter dieser Begegnung war wieder Dušan Mitević, der im Nachhinein als Zeuge der früheren Absprache über Miloševićs Rücktritt hinzugerufen worden war. Beide hatten Vertrauen zu ihm, und jeder von beiden glaubte, Mitević würde ihn unterstützen.

Es war dies eine der Begegnungen, die eine Bereicherung für

die auch sonst nicht uninteressante Geschichte des Präsidentenpalastes der Republik Serbien darstellen. Beiden Akteuren war klar, dass das Ende ihrer Komplizenschaft gekommen war, und sie ließen keine Gelegenheit aus, einander "alles zu sagen", wobei sie jedoch keinen Hass erkennen ließen. Uneingeweihte Beobachter hätten denken können, dies sei die Diskussion zweier Männer, die sich in der Nähe des anderen wohlfühlten und morgen vergessen würden, was sie jetzt einander sagten. Sie stritten und versöhnten sich, aßen miteinander zu Mittag, stimulierten ihre Argumente mit Hilfe von Wein und waren schließlich in angeheiterter Stimmung, in der Spaß und gefährliche Drohungen sich vermischen.

"Ich bin der für die Armee zuständige Minister, und ich werde den Generälen befehlen, dich zu verhaften!" sagte Panić prahlerisch und versuchte erfolglos, auch durch sein Aussehen Entschiedenheit auszudrücken.

"Mich zu verhaften?"

"Wir werden gemeinsam kommen, um dich festzunehmen!"

"Bitte, Milan, komm nicht selbst. Schick die Generäle."

"Und warum ich nicht?"

"Weil du mein Freund bist und es besser wäre, du würdest dich da nicht einmischen. Und die Generäle werde ich festnehmen und wahrscheinlich erschießen lassen."

Danach fingen die gegenseitigen Beschuldigungen an, die kein Ende nehmen sollten. Panić, der ansonsten Coca-Cola vorzog, stürzte schnell einige Gläser kräftigen roten Weins hinunter und betitelte dann den serbischen Präsidenten als Hitler: "Du bist der neue Hitler, ein Hitler!"

Am meisten gerieten die beiden über den famosen Vertrag zum Rücktritt Miloševićs in Rage. Panić behauptete, Slobodan habe sein gegebenes Versprechen gebrochen und hielt ihm den Vertragstext in englischer Sprache vors Gesicht, während Milošević entgegnete, das seien doch nur Worte gewesen.

"Dušan, hast du irgendetwas unterschrieben?"

"Nein."

"Habe ich irgendetwas unterschrieben ?"

"Nein."

"Das bedeutet, dieses Papier ist wertlos", schloss Milošević.

Schließlich kam der endgültige Abschied, der an alles Mögliche, nur nicht an die endgültige Trennung zweier zerstrittener Männer erinnerte: er endete mit einer brüderlichen Umarmung und einem langen, wiederholten Schulterschlag.

Beim Hinausgehen fragte der müde Panić Mitević gedrückt, was denn Milošević mit diesem Gespräch bezweckt habe.

"Er hat Ihnen den Krieg erklärt! Da können Sie sicher sein."

"Dann werden wir Krieg führen", und schon kehrten Panićs Lebensgeister zurück.

Welchen Weg würde Milošević nun einschlagen? Er konnte entweder seine Niederlage eingestehen oder sich in einen riskanten Kampf begeben. Er kannte seine Gegner gut, jedenfalls besser als sie ihn. Er wusste, dass Ćosić und Panić keine politischen Glücksspieler waren, dass sie weder Gewalt noch Unterschiebungen anwenden würden, und das war sein Vorteil. Er entschloss sich zum offenen Krieg, den er schon am nächsten Tag nach dem Treffen mit Panić in einem Fernsehinterview in der Regie von Milorad Vučelić ausrufen ließ. Er hatte nur eine einzige Absicht: Ćosić und Panić zu desavouieren. Milošević trat selbstbewusst und trotzig auf, als ein Mann mit starkem Willen, der sich nirgendwo einschmeicheln würde, schon gar nicht bei den Amerikanern, vor denen alle kriechen. Auf Vučelićs geschickt verpackte Frage hin setzte Milošević Panić in ein Boot, dessen "Steuermann in Washington" saß, Ćosić behandelte er noch einmal mit einer gewissen Nachsicht, man würde "noch sehen"; sich selbst sah er allein mit seinem Gewissen: "Zu mir denke ich, dass ich in einem Einsitzer fahre."

Samstag, 19. Oktober 1992

Wenn er sein Ziel abgesteckt hatte, kannte Milošević kein

Halten und griff dort an, wo man es am wenigsten erwartete. Um Ćosić und Panić zu unterminieren, musste man zuerst die Säulen ihrer Macht zum Wanken bringen, und dies waren die führenden Institutionen Jugoslawiens, die er selbst geschaffen hatte und die nur zu jener Zeit als Bundesstaat funktionierten.

Neben der Sorge um seine Partei kümmerte er sich am meisten um das Verhalten der Polizei. Er stützte sich auf verlässliche Polizeibeamte wie Radmilo Bogdanović, Zoran Sokolović und Jovica Stanišić, oder aber auf Politiker, die die Rolle eines Polizisten innehatten, wie Nikola Šainović.

Obwohl er die Miliz der Republik und die Armee mit siebzigtausend Mann hinter sich wusste, sorgte Milošević für eine eingespielte und modern ausgerüstete Bundespolizei, die in voller Loyalität hinter der jugoslawischen Führungsspitze stand. Während der Londoner Konferenz wurde Miloševićs enger Vertrauter Mihalj Kertes von seinem Posten als Assistent des Bundespolizeichefs abgelöst: Panić ließ ihn absetzen und aus London entfernen. Dort hatte man ihn unter ungeklärten Umständen, wie es später hieß, bei dem Versuch überrascht, Panić abzuhören.

Eines Abends am Wochenende, wo alles ruht und auch die Polizei nicht ganz soviel Arbeit hat, spielte sich im Gebäude am Ende der Knez-Miloš-Straße hinterrücks und in aller Stille, ohne dass eine einzige Kugel abgeschossen wurde, ein in der Geschichte der Sicherheitsbehörden äußerst ungewöhnliches Räuberstück ab. Bis an die Zähne bewaffnet, in Tarnuniformen und unterstützt von Heckenschützen und Maschinengewehren stürmten serbische Polizisten das Gebäude der befreundeten Bundespolizei und entwaffneten deren Angehörige in einer Nacht- und Nebelaktion von solcher Naivität, dass man an Räuber- und Gendarm-Spiele erinnert wurde.

Wissend, dass sich im Polizeigebäude am Wochenende nur das Wachpersonal aufhielt, hatte der Leiter der Dienststelle der Polizei der Republik Serbien seinen Kollegen von der Bundespolizei angerufen und seinen Besuch angekündigt, um eine ausgeliehene

Kamera zurückzubringen, die nachts auf größere Entfernung Bild und Ton aufnehmen konnte. Sein Kollege von der Bundespolizei hatte ihn nicht davon überzeugen können, dass dies bis Montag Zeit habe, da die Kamera am Wochenende nicht gebraucht wurde.

"Lass uns die Sache heute erledigen", insistierte der Kollege von der serbischen Polizei.

"Na gut!"

"Und noch etwas, sag deinen Leuten, sie sollen das Auto ohne Kontrolle durchlassen."

"Geht in Ordnung", stimmte der Beamte von der Bundespolizei zu, der nicht im Traum daran dachte, dass er in eine gut vorbereitete Falle tappte. So wurde das Polizeigebäude eingenommen und die jugoslawische Bundespolizei zerschlagen.

Während das Ausland sich über diesen räuberischen Überfall wunderte und nicht wusste, ob das nun ein Staatsstreich sein sollte, versuchte Dobrica Ćosić, der sich gerade in Genf aufhielt, ohne Erfolg, Kontakt mit Milošević aufzunehmen. Auf die Frage seines ebenfalls in Genf weilenden Amtskollegen Franjo Tuđman, was denn da in Belgrad los sei, gab er resigniert zur Antwort: "Das sind Angelegenheiten serbischer Panduren!"

Viele meinten, die serbische Führung habe sich durch diesen Streich Zugang zu den geheimen Archiven sichern wollen, worin allerlei unangenehme Fakten über dunkle Geschäfte, über Geheimagenten, in den politischen Zerfall Jugoslawiens verwickelte Personen, über die Bildung paramilitärischer Formationen und alles Andere enthalten waren, was als unerwünschte Beweismittel einer Amtszeit hätte dienen können. Es ging aber nicht nur um geheime belastende Schriftstücke. Mit der Eroberung des Bundesministeriums für Polizeiangelegenheiten verschaffte man sich auch Zugriff auf die moderne Technik, ja noch viel mehr als das: eine der natürlichen Säulen der Macht brach zusammen.

Der serbische Präsident wandte wieder einmal Gewalt an und hatte wieder einmal Erfolg. Nach diesem Streich gab es die jugoslawische Bundespolizei praktisch nicht mehr. Übrig blieben:

ein Kommandant ohne Armee und ein Polizeiminister ohne Polizei; in der Öffentlichkeit aber wurde dieser skandalöse Vorgang als rein administrativer Konflikt und eigentumsrechtlicher Streitfall dargestellt, denn "das Gebäude ist Eigentum der Republik Serbien". Der jugoslawische Bundesminister Pavle Bulatović und der Minister der Republik Serbien Zoran Sokolović ließen gar gemeinsam verkünden, dass "über das Verhältnis der beiden Ministerien unnötig politisiert wird". Alles spielte sich wie in einem naiven Filmszenarium ab, hätte jedoch das Ende von Miloševićs Regierungszeit bedeuten können.

Der serbische Führer hatte einen halsbrecherischen Schachzug getan. Einen schwerwiegenderen Verfassungs- und Rechtsbruch sowie ein übleres politisches Vergehen als die Kaltstellung einer Institution des jugoslawischen Bundesstaates, noch dazu des Polizeiministeriums hätte man sich kaum vorzustellen vermocht. Für einen solchen Verstoß hatte einer nicht nur politisch, sondern auch strafrechtlich den Kopf hinzuhalten. Ein entschlossener Politiker, dem die Macht im Blute lag, hätte nicht gezögert, sich mit einem Schlag seines Gegners zu entledigen, und viele sahen die Chance für Serbien gekommen, sich von Milošević zu trennen. Doch Ćosić war kein Mann der radikalen Schritte. Er scheute zurück vor Situationen, die nach Machtkampf aussahen, und war überzeugt, es würde alles irgendwie in Ordnung kommen und Milošević die Unhaltbarkeit seiner Position einsehen. Auch befürchtete er, eine solche Abrechnung mitten im Krieg würde Serbiens Position schwächen, und hatte Angst vor der internationalen Isolation. In Wirklichkeit protestierte er öffentlich und verlangte ein Eingreifen des jugoslawischen Parlaments; den Journalisten ließ er mitteilen, zwischen ihm und dem serbischen Präsident gäbe es wesentliche Unterschiede "im Demokratieverständnis, in der Auffassung von der Natur des Bundesstaates und darüber, wie man das Land aus dem Abgrund retten kann, in den es gestürzt ist". Aber Milošević hatte bekommen, was er sich gewünscht hatte, und zog daraus die Lehre, dass sich Rücksichtslosigkeit und Gewalt auszahlten.

In den Gesprächen, die ich mit ihm führte, sagte mir Ćosić, er teile nicht die Ansicht, die Ablösung Slobodan Miloševićs wäre damals möglich gewesen. Seiner Meinung nach wurde dessen Unterstützung durch die Armee, die Opposition und die Montenegriner überschätzt, er räumte aber ein, dass er etwas anderes unterlassen habe, was er nun bitter bereue: er hätte sofort seinen Rücktritt einreichen und damit eine politische Krise auslösen können, "aus der sich Milošević mit seinem politischen Klan nicht so leicht hätte befreien können, um seine despotische Herrschaft zu verlängern".

"Meine Aufforderung an das Bundesparlament, Maßnahmen zum Schutz der verfassungsmäßigen Ordnung zu ergreifen, hat Milošević gemeinsam mit Jović, Šešelj und Bulatović leicht abgeschmettert. Ich habe sie noch einmal wiederholt. Das Parlament stellte sich wieder taub, so wie es unter dem direkten Diktat von Borisav Jović, dem Adlatus Miloševićs, für alle meine Vorschläge taub geblieben ist. Ich habe den Rat für die Harmonisierung der Staatspolitik einberufen und gemeinsam mit Milan Panić versucht, den Usurpator zur Vernunft zu bringen und dem Bundesstaat Jugoslawien seinen Staatssicherheitsdienst zurückzugeben. Milošević und Radoman Božović haben schamlos gelogen und dieses Ereignis verfälscht. Ich war mir unsicher, was ich in diesem Rumpfstaat unternehmen sollte. Wahlen waren ausgeschrieben worden, wir hatten angefangen, einige internationale Beziehungen zu knüpfen, die Konferenz von London hatte uns zur Zusammenarbeit verpflichtet, in Bosnien wütete der Krieg. Durfte ich unter solchen Umständen mit meinem Rücktritt, dem sicher auch Milan Panić gefolgt wäre, das Land noch tiefer in die Krise, in noch ernstere Ungewissheit stürzen? Tag und Nacht quälte ich mich mit dieser Frage. Die Freunde gaben mir unterschiedliche Ratschläge. Meiner Einschätzung nach war es vernünftiger, weiter auf internationaler Ebene tätig zu sein, worin mich besonders der britische Außenminister Hurd bestärkte. Ich hoffte darauf, dass die anstehenden Wahlen die Zusammensetzung des Bundesparlaments verändern würden; ich glaubte, dass auch Slobodan Milošević das Verhängnisvolle seines despotischen Eigenwillens erkennen würde. Aber meine Einschätzung wurde von den Ereignissen überrollt. Das 'unbeugsame Serbien' gewann die Oberhand. Für eine Richtungsänderung hatte es nicht den politischen Verstand. Und ich selbst hatte nicht den Mut, es durch meinen Rücktritt auf dem Weg in den Untergang aufzuhalten."

Eine Gelegenheit war versäumt worden, bald jedoch bot sich eine zweite, politisch weniger erschütternde, die bessere Erfolgsaussichten hatte. Ich meine die Wahlen im Dezember 1992, bei denen Milošević mit Dobrica Ćosić und Milan Panić zum ersten Mal ernsthafte Konkurrenten hatte.

Dem serbischen Präsidenten bereitete hauptsächlich die mögliche Kandidatur von Dobrica Ćosić Sorgen. Nur er, der angesehene Schriftsteller, der tief im Volk verwurzelt war, konnte Milošević bezwingen. Das wusste der Parteivorsitzende der Sozialisten und beobachtete argwöhnisch dessen Verhalten. Sollte Ćosić kandidieren, war fraglich, ob sich Milošević überhaupt einer Wahl stellen würde.

Viele suchten Ćosić davon zu überzeugen, sich auf das Wettrennen der Wahl einzulassen. Vance und Owen machten den Eindruck, als seien sie bereit, ihn öffentlich zu unterstützen. Er dachte jedoch nicht daran zu kandidieren, und viele seiner Anhänger werden ihm das nicht verzeihen. Von da an wurde Ćosićs Position immer schwächer, bis er schließlich in der politischen Versenkung verschwand.

Milošević wurde leichter ums Herz, obwohl ihn seine Ängste weiterhin plagten. Denn es gab einen Reservespieler, einen unangenehmen Gegner, den kämpferischen Milan Panić, der seinen maßlosen Wunsch, Milošević vom Steuerruder der Macht zu entfernen, schon gezeigt hatte. Das Präsidentenamt interessierte ihn nicht.

Er hatte sogar angekündigt, das Amt des Premierministers der Republik Serbien abzuschaffen: "Also, wenn ich siege, werde ich mich selbst abschaffen!" sagte er mit dem Siegeseifer des früheren Radrennfahrers.

Sein Wahlbanner hisste Panić am 1. Dezember 1992 im Kristallsaal des "Hyatt" Hotels mit dem Pomp und der Routine eines amerikanischen Präsidentschaftswahlkampfs. Er konnte eine glänzende Empfehlung vorweisen: die Studenten hatten in Eigeninitiative 30.000 Unterschriften für seine Kandidatur gesammelt und bildeten die Kernmannschaft seiner Wahlkampftruppe. Dann fegte er wie ein Gewitter durch Serbien, voller Begeisterung und Optimismus. "Lasst uns auf Hochzeiten und nicht auf die Begräbnisfeiern unserer Söhne gehen!", sagte er in Kruševac in einer Rede vor dem Denkmal der im Kosovo gefallenen serbischen Helden.

Und während sich Panić auf die persönlichen Kontakte mit den Wählern berufen konnte, in die Häuser ging, die Bauern besuchte und Direktheit vermittelte, erlebte Milošević schwere Stunden. In Čačak wurde er mit langanhaltenden Buh-Rufen begrüßt, die in Gesang mündeten: "Und jetzt Lebwohl! – wer weiß wann, und wer weiß, wo!" Um diese Schande nicht öffentlich zu machen, verhinderte das Fernsehen durch eine Tonmontage, dass die wahre Stimmung der Bürger von Čačak deutlich wurde. Aber Milošević gab sich nicht geschlagen. Damals – die Serben lebten noch in der Begeisterung der Kriegserfolge in Bosnien und Kroatien – war die Härte der Wirtschaftssanktionen noch nicht zu spüren; man zehrte noch von den Reserven. Auf der Seite Miloševićs standen Radovan Karadžić, der Krajina-Serbe Milan Martić, die Kirchenoberhäupter, Vojislav Šešelj, die Spekulanten und die Privatbanken von Dafina und Jezda.

Mütterchen Dafina, in einem Bisonmantel und behängt mit Juwelen, klapperte die langen Schlangen ihrer Sparer ab und riet ihnen, für die Sozialisten zu stimmen: "Milošević ist der beste, den Serbien je hatte. Er ist ein Genie!" Und ihre Kunden glaubten ihr, denn sie machten damals wegen der hohen Zinsen gute Gewinne: "Sie ist unsere Mutter!" Und als bald darauf alles zum Teufel ging, rechtfertigte sie sich vor den unglücklichen Sparern und der Öffentlichkeit, sie hätte nur die Kunstfertigkeit des Präsidenten nachgeahmt, naive Bürger für sich zu gewinnen. Seine zündende Parole "Niemand darf euch schlagen!" münzte Dafina für ihre Geschäfte um: "Im richtigen Augenblick bin ich unter die Leute gegangen und habe ihnen versprochen 'niemand darf euch bestehlen' und gewann so ihr Vertrauen."

"Serbien wird sich weder winden noch in die Knie gehen, sondern allen gerade in die Augen schauen", ließ Milošević als Antwort auf Ćosićs programmatische Parole verkünden: "Die Politik des demokratischen Kompromisses gehen, aber nicht das Eigene oder die nationale Würde opfern. In der heutigen Zeit – sich erheben, sich beugen, aber nicht in die Knie gehen." Während die jungen Sozialisten im Save-Center seinen Spitznamen "Slobo, Slobo!" skandierten, lobte der serbische Präsident ihren Patriotismus: "Ich danke euch dafür, dass ihr keine Kriecher seid und den anderen zeigt, wie man Ehre und Würde verteidigt. Über Serbien werden nicht die Allerwelts-Politiker entscheiden", tönte der serbische Präsident heldenhaft, und seine Worte wärmten patriotische und falsche Hoffnungen auf.

Keiner kann uns etwas anhaben, suggerierte die Propaganda. "So soll es sein!" und "Serbien wird sich nicht beugen!" waren die führenden Wahlparolen der Sozialisten. "Wir wissen sehr wohl, dass Serbien weder Hunger noch Kälte leiden wird, und es wird auch nicht sterben vor Angst", sagte Milošević.

Wo war zu dieser Zeit Dobrica Ćosić? Er verurteilte öffentlich den serbischen Präsidenten: "Milošević und ich sind nicht einer Meinung in unserem Demokratieverständnis, in unseren Vorstellungen vom Charakter des neuen Staates und in einigen Zielen und Methoden der Außenpolitik, insbesondere in der Bewertung der Folgen der Sanktionen". Er zeigte sich auch gegenüber einem Teil der Oppositionsparteien unnachgiebig, wobei er an Šešelj und Drašković dachte, als er sagte, sie hätten "Gewalt und eine erschreckende Einfachheit in unser politisches Leben eingeführt". Obwohl Ćosićs Sympathien Panić galten ("Unsere Beziehungen sind kooperativ und korrekt, er ist erwiesenermaßen ein fähiger Mann"), gab er sich auch ihm gegenüber "aufgrund unzweifelhafter Unterschiede zwischen uns, was das Politikverständnis und die Methoden zur Realisierung von Staatspolitik angeht" in gewisser Weise distanziert. Als Panić einen Wahlspot zeigen ließ, in dem er mit Ćosić gemeinsam in freundschaftlicher Haltung zu sehen war, wie die beiden ihre ineinandergelegten Hände hinter dem Kopf erhoben, untersagte Ćosić die Ausstrahlung wegen dieses visuellen Symbols der Verbundenheit.

Diese Haltung Ćosićs, nicht für das Präsidentenamt zu kandidieren, bei den Wahlen aber diejenigen Parteien zu unterstützen, die sein Programm akzeptierten, konnte Milošević für sich nutzen. Die Arbeit fiel ihm leicht, denn von den Parteien, die Ćosić unterstützten, hatten nur die Demokraten gewisse, allerdings geringe Aussichten auf Erfolg. Einige der Parteien, denen er den Rücken freihielt, wie die Sozialdemokraten unter Führung von Čedomir Mirković, spielten auch nur reines Wahlkampftheater. Dies sollte später den Oppositionsparteien als Vorwand dienen, um die Schuld für ihre Wahlniederlage Ćosić in die Schuhe zu schieben.

Ćosić dazu:

"Dass ich nicht selbst bei den Wahlen kandidiert habe, wurde in der Öffentlichkeit als mein größter politischer Fehler gewertet. Vielleicht stimmt das. Ich habe diesen Fehler sehr bewusst begangen. Meiner Ansicht nach hatte ich, indem ich das Amt des Präsidenten Jugoslawiens aufgab, meine grundlegende, verfassungsmäßige Position verloren, aus der ich auf die Beendigung des Krieges und der Isolation Serbiens hinwirken konnte. Ein zweiter Grund dafür ist, dass ich keine eigene politische Partei hinter mir hatte. Ohne eine Partei im Parlament hätte ich die Demokratisierung Serbiens nicht beginnen können. Wenn ich die Wahlen gewonnen hätte, wäre ich dem Titel nach Präsident der Parlamentsmehrheit geworden. Bis auf die Demokratische Partei und einige politische

Randgruppen wäre mir die damalige Opposition bei der Veränderung der Gesellschaftsordnung nicht gefolgt. Und Milan Panić habe ich zu den Wahlen keine größere Unterstützung gegeben, weil mich mein Amt als Bundespräsident zur politischen Korrektheit und Neutralität im Wahlkampf verpflichtete".

Die Wahlen gewann Milošević mit 2.515.047 Stimmen, Milan Panić war jedoch mit 1.516.693 Stimmen der moralische Sieger. Alles hatte gegen ihn gearbeitet: die kurze Wahlkampfdauer von nur sieben Tagen, seine Benachteiligung in den Medien, der Wahlboykott der Albaner, die gespaltene Opposition und die Organisation der Wahl selbst, die von den Sozialisten kontrolliert und gelenkt wurde.

Milan Panićs fünfmonatiges politisches Abenteuer fand sein Ende in den letzten Dezembertagen des Jahres 1992, als er im dritten Anlauf aus dem Amt des jugoslawischen Premiers abgewählt wurde. Die Bürokratie reagierte schnell. Am nächsten Tag schon wartete vor Panićs Residenz in der Užička-Straße 23 nicht mehr Titos sechstüriger "Mercedes", der ihn vorher jeden Morgen abgeholt hatte. Und einen Monat später erlebte er, aus Los Angeles kommend, bei seiner Rückkehr nach Belgrad an der Grenze bei Horgoš eine politische Tortur, die fast mit seiner Verhaftung geendet hätte.

Obwohl sich Milošević seine Rachegelüste gewöhnlich nicht erfüllte, hatte Panić ihn Nerven gekostet, und er wollte noch einmal sein Spiel mit ihm treiben, mit der Lässigkeit eines Politikers, dessen Macht durch nichts beschränkt war. Diese Aufgabe übernahmen Mihalj Kertes, der sich gerne an Panić rächte, denn dieser hatte ihn aus seinem Amt als Assistent des Bundespolizeiministers entfernen lassen, und Goran Hadžić, der den früheren Premierminister "des Verrats und des Ausverkaufs der Serbischen Krajina an die Kroaten" bezichtigte. Derselbe Hadžić sollte sich vier Jahre später bei Franjo Tuđman einschmeicheln und als Friedensstifter ohne jegliche Gewissensbisse bei der "Rückkehr Slawoniens in seine Heimat Kroatien" mitmachen.

Als Ćosić zu Ohren kam, dass Panić nach Padinska Skela in ein Gefängnis für Kleinkriminelle und Berufsverbrecher gebracht werden sollte, intervenierte er bei Milošević. "Er ist noch nicht verhaftet", gab der Präsident zur Antwort, "aber wir werden ihn festnehmen und ihm den Schädel rasieren, ihr könnt ihn dann freisprechen lassen". Ob Milošević wirklich die Absicht hatte, dies zu tun, oder ob er damit nur seine Macht demonstrieren wollte, ist schwer zu sagen. Schließlich sagte er wohlgelaunt zu Ćosić, als würde er ihm Panić persönlich übergeben: "Gut, gut, hier haben Sie ihn!"

So endete das Abenteuer dieses Politamateurs mit guten Absichten, der mutig in den Kampf gegangen war und seine Niederlage sportlich hingenommen hatte; es nagte jedoch an ihm ein unerfüllter Wunsch: eines Tages als Sieger nach Belgrad zurückzukehren.

Nach Panićs Absetzung änderte sich die Fassade nicht: alles blieb beim Alten, die Institutionen, das Parlament, der jugoslawische Präsident, allerdings mit einer zusätzlichen Bedingung: man wusste, dass Milošević das letzte Wort behielt. So wurde das Fundament des neuen Staates gleich von Anbeginn unterminiert, was schnell zum Zerfall und zur völligen Abwertung der Bundesinstitutionen sowie zur Entfremdung Montenegros von Belgrad führte.

Ćosić zog daraus nicht die erwartete Lehre. Sein Konflikt mit der Macht, der Opposition und der Krajina vertiefte sich. Er beschuldigte die serbische Regierung, dass sie die jugoslawische Führungsspitze behindere und die Öffentlichkeit manipuliere, und über die serbischen Parteien, die paramilitärische Formationen in Bosnien unterhielten, sagte er, "sie begehen wahre Gewalttaten, plündern und terrorisieren die Zivilbevölkerung, kriminalisieren unser politisches Leben und fügen unserem Staat einen ungeheuren politischen und moralischen Schaden zu". Im Bundesparlament rief er die Abgeordneten dazu auf, die bisherige nationale Politik zu überdenken, und bei der Wahl zwischen den zwei Übeln "Krieg oder Pakt, Sklave oder Grab", formulierte er eine neue nationale Politik unter der Devise: "Weder Pakt noch Krieg: unser Fortbestehen liegt im aktiven Frieden". Die zurückliegenden Wahlen bezeichnete er als "einheimische politische Schlägerei, die ihrem ideologischen Inhalt nach der Fortsetzung des Bürgerkriegs gleichkommt". Sein Versuch, eine Regierung der Konzentration zu bilden, endete im fast einmütigen Boykott von Sozialisten und Opposition.

Ćosić erkannte, dass die Chancen, die maximalistischen Ziele der Serben in der Krajina zu verwirklichen, gegen Null tendierten und versuchte in Verhandlungen mit Tuđman zu retten, was zu retten war. Sie kamen überein, die bestehenden Grenzen unter der Bedingung anzuerkennen, dass eine Lösung für den Verbleib der Serben in Kroatien gefunden würde. Dies lieferte den Anlass dafür, Ćosić des "nationalen Verrats" zu bezichtigen. Die Regierung in Knin, die von Milošević aufgehetzt worden war, gab eine Mitteilung heraus, in der sie der jugoslawischen Führungsspitze das Recht absprach, die Interessen der Krajina zu vertreten. Der Einsatz von Ćosić wurde als "antiorthodoxe Verschwörung" und "verräterische Haltung" verurteilt.

Was Ćosić im Ringen mit Milošević einzusetzen versäumt hatte, ersparte Milošević seinem Gegenspieler nicht. Allen war klar, dass es so kommen würde, die Frage war nur, wie der Coup zur Ausführung gelangte. Der serbische Präsident hatte keine Eile. Im Gegenteil, nach dem Abgang Panićs arbeitete er in Verhandlungsdingen eng mit Ćosić zusammen. Die beiden unterstützten den Vance-Owen-Plan, und von diesem Zeitpunkt an wurde Milošević von der internationalen Gemeinschaft als möglicher Gesprächspartner akzeptiert. Der pragmatische Westen respektierte die Tatsache, dass Milošević aus den Wahlen als Gewinner hervorgegangen war.

Die äußeren Umstände begünstigten die Annäherung der beiden Führungspersönlichkeiten, allerdings nur vorübergehend. Als er wieder auf eigenen Beinen stehen konnte, entschloss sich der serbische Präsident zur politischen Kaltstellung Dobrica Ćosićs, ein Schritt, den er sich schon zu Zeiten seiner Abrechnung mit Panić vorgenommen hatte. Darin wurde er hauptsächlich von Vojislav Šešelj unterstützt, der ans jugoslawische Parlament einen Brief richtete, worin eine stattliche Anzahl von Abgeordneten Ćosić in einer Zehn-Punkte-Anklage beschuldigte, er habe sich über Regierung und Parlament hinweggesetzt und sogar die nationalen Interessen Jugoslawiens verraten. Zur endgültigen Abrechnung sollte ein banaler Anlass dienen, der in der Öffentlichkeit als Staatsstreich verkauft wurde.

Dobanovci, 27. Mai 1993

Alles begann mit einer Routine-Einladung an Ćosić, in Dobanovci an einer Zusammenkunft des militärischen Oberkommandos teilzunehmen. "Worüber wird da beraten?" "Über finanzielle Probleme der Armee und der Führungskader", gab der Leiter des Generalstabs Života Panić zur Antwort.

In Dobanovci war zu Zeiten Titos eine Villa eingerichtet worden, in der sich nach seinem Tod gewöhnlich Spitzenfunktionäre zum "Arbeitsurlaub" aufhielten. Hier wurden auch konspirative Sitzungen abgehalten, denn im Gebäude gab es auch eine sogenannte "abgeschirmte Kammer", einen abhörsicheren Raum.

So gut Ćosić seine Handlungen durchdachte, war er doch nicht vorsichtig genug im Gespräch, und so geriet er des öfteren in kritische Situationen. Diese Eigenschaften legte er auch als Staatschef nicht ab, auch nicht vor den Militärs, die angespannt jede Geste und jedes Wort auf die Waagschale legen. Nach den Ausführungen von Života Panić, der über die Probleme der Armee sprach, bat Ćosić die Generäle, sich offen über die Situation im Land zu äußern: "Ich rufe Sie zur Kritik an meiner Person auf, an der Staatspolitik, die ich vertrete, und bitte Sie, sich rückhaltlos zu äußern". Er beklagte die chaotischen Zustände im Land und erwähnte, dass viele ihn fragten, warum er zögere: "Dobrica, worauf wartest du?" Gerade diese beiläufige Bemerkung, die Ćosić so dahingesagt hatte und die man als gewöhnlichen Hinweis auf den Ernst der allgemeinen Lage verstehen konnte, sollte später als wichtigster Beweis für die ihm unterstellten Umsturzabsichten dienen. "Worauf wartest du?" bedeutete: Mobilisiere die Armee, schaffe Ordnung – so erklärten es jedenfalls die Anhänger Miloševićs und beschuldigten ihn, die jugoslawische Verfassung zu verletzen. Dass Ćosić im Nachsatz hinzugefügt hatte, "kein Politiker und keine Politik besitzt das Recht, Gewalt anzuwenden", blieb bei der Darstellung dieses Ereignisses in der Öffentlichkeit unerwähnt.

Das Treffen in Dobanovci wurde weder stenographiert noch auf Band aufgezeichnet; zwei Obersten hatten sich Notizen gemacht, aus denen im Verlauf des politischen Ränkespiels die für eine politische Lynchjustiz nötigen Passagen entnommen wurden. Es ist nicht geklärt, wer aus dem Kreis der Generäle als Autor des Drehbuchs von Dobanovci seine Hände im Spiel hatte. Die Rolle von General Panić, von dessen Qualitäten als Befehlshaber Ćosić keine gute Meinung hatte, ist ungeklärt. Der Leiter des Generalstabs war schon durch gewisse Transaktionen seines Sohnes kompromittiert, der aus Geschäften mit der Armee seinen Vorteil gezogen hatte. Aus diesem Anlass hatte Ćosić eine Kommission ins Leben gerufen, um den Fall zu überprüfen, und General Panić versuchte sich zu retten, indem er zu Milošević überlief.

Hatte der serbische Präsident an eine Verschwörung geglaubt? Ćosić war sicher der letzte, der sich auf eine solche eingelassen hätte, und das wusste auch Milošević, der Dobrica besser kannte als Dobrica ihn. Zweifellos belastete Milošević die Präsenz Ćosićs, und er wartete nur einen günstigen Augenblick ab, um sich der letzten nationalen Autoritätsfigur zu entledigen. So wurde ein Mann, der keinerlei Macht besaß, des Verfassungsbruchs angeklagt in einem Land, in dem keine einzige staatliche Institution funktionierte, im Gegenteil Milošević die einzige Institution darstellte.

Alles, was darauf folgte, war nur noch Routine. Drei Tage nach dem Treffen in Dobanovci entzog das jugoslawische Parlament dem ersten Präsidenten des neugegründeten Staates sein Vertrauen. Die Leichtigkeit, mit der hier ein Staatschef abgesetzt wurde, ist beispiellos. Einem Parlamentsbedien- steten hätte man üblicherweise mehr Aufmerksamkeit gezollt. Am Freitag, dem 31. Mai 1992 um 16.30 Uhr wurde Ćosić durch eine Faxnachricht davon unterrichtet, dass das Parlament die Verantwortung seiner Person erörtern werde, und schon am Abend wurde er abgesetzt. Das alles spielte sich auf den Tag genau 30 Jahre nach jener Sitzung des serbischen ZK ab, in der Ćosić auch formal aus der Partei ausgetreten war, mit dem Unterschied, dass er damals des serbischen Nationalismus, jetzt aber eines Mangels an Patriotismus beschuldigt wurde. Wie immer bei solchen Gelegenheiten gab Milošević keinerlei Stellungnahme ab. An diesem Tag traf er in Ohrid mit dem makedonischen Politiker Kiro Gligorov zusammen. Andere taten für Milošević die Arbeit, diesmal in der Hauptsache die Radikale Partei Vojislav Šešeljs.

Was man nicht vergessen wird, und was Ćosić Grund zum Nachdenken gab, ist die allgemeine Gleichgültigkeit, mit der seine Absetzung aufgenommen wurde. Abgesehen von einigen feurigen Ansprachen ("Ihnen, meine Herren Sozialisten und Radikale, fehlt die Seele!"), spielte sich dieser Vorgang fast in völliger Stille ab. Ćosić wollte eine Ein-Mann-Partei sein, und er war zum Schluss selbst im Kreise seiner besten Freunde isoliert. Dem Regime und vielen Oppositionsführern passte es gut ins Konzept, dass eine solche Autoritätsfigur aus der politischen Szene ausschied.

Einen Tag danach kam Ćosić in den Palast der Föderation, räumte seinen Präsidentenschreibtisch und verabschiedete sich vom gesamten Personal, den Bediensteten, Wachmännern und Kellnern. Dann fuhr er mit dem Taxi nach Hause, so, wie er auch zu seiner Wahl ins Präsidentenamt zum jugoslawischen Parlament gekommen war. Sämtliche Kontakte zwischen ihm und Milošević endeten an diesem Tag: die beiden haben sich nicht einmal angemessen verabschiedet.

Über die politische Wirkung von Dobrica Ćosić als Staatspräsident Jugoslawiens gibt es verschiedene Meinungen. Während ihm das Volk seinen Respekt bewahrte, sind seine Widersacher in den Reihen der Opposition der Ansicht, er habe "die Strafe für die Kollaboration mit Milošević verdient". Zweifellos war er Jugoslawiens größte personelle Chance und für Serbien die Gelegenheit, sich vom Ballast eines kompromittierten Regimes zu befreien. Im schwierigsten Augenblick, ich meine damit das Jahr 1992, führte er den illegitimen Staat gemeinsam mit Milan Panić in eine wie auch immer geartete Legitimität, und Jugoslawien befand sich auf dem Wege der Verständigung mit dem Ausland. Als Staatschef vertrat er einen völlig neuen Stil und eine demokratische Haltung zu den Institutionen des Systems.

Die wichtigste Aufgabe jedoch, deren Erfüllung man von ihm erwartete: eine Veränderung des bestehenden Gesellschaftssystems durchzusetzen, hat Ćosić nicht gemeistert. Das hat man ihm nicht verziehen. Die Politik bestraft diejenigen Staatsmänner, denen es nicht gelingt, die wesentlichen Probleme ihrer Gesellschaft zu lösen. Das Kernproblem Serbiens ist das Regime Slobodan Miloševićs. In Ćosić wurden Hoffnungen gesetzt, er könne Serbien von seinem schweren Ballast erlösen. Hatte er die Fähigkeiten und die Kraft für ein solches Unterfangen? Er ließ sich ohne Armee auf einen politischen Krieg ein. Er hatte keine eigene Partei hinter sich, und die Opposition war so in sich gespalten, dass sie nur schwerlich für ein gemeinsames Ziel, den Sturz des Regimes, begeistert werden konnte; die Armee war Ćosić gewogen, aber nicht so sehr, dass sie ihn bei der Zersetzung von Miloševićs Macht direkt unterstützt hätte; Montenegro schätzte das Kräfteverhältnis ab und zog es vor, eine neutrale Position einzunehmen. Unter diesen Bedingungen war auch Ćosić nicht bereit, bis zum Äußersten zu gehen, was auch die unlauteren Mittel hätte einschließen müssen, derer sich Milošević und seine Anhänger bedienten. Zu viele Skrupel verschwendete er auf die straßenräuberische Politik bei der Besetzung der jugoslawischen Bundespolizei, auch hielt er sich viel zu starr an Prinzipien, wobei er die nötige Anpassungsfähigkeit im Verhältnis zur Opposition vermissen ließ, was bei den Wahlen 1992 auch Kompromisse gegen die eigenen Überzeugungen bedeutet hätte.

Unter solchen Umständen konnte das bestehende Regime nicht gestürzt werden. Die Unfähigkeit zur Selbstbefreiung hielt auch das nächste Jahrzehnt über an. Ćosić kehrte zu seiner Romanschriftstellerei zurück, und Serbien setzte seinen Weg der Selbstzerstörung fort.

Ćosić: "Macht muss man auch ausüben. Ich selbst habe die Macht nie gemocht, bin also kein ‚richtiger Politiker'".

Was hatte Slobodan Milošević gewonnen?

Erstens konnte das neue Jugoslawien dank eines Ćosić und Panić die allgemeine Unzufriedenheit des Westens besänftigen; zweitens setzte Milošević im Namen der nationalen Würde zwei Führungsautoritäten ab ("Serbien wird sich nicht beugen!"), akzeptierte danach aber eine flexiblere Politik und die Option auf Frieden; drittens befreite er sich von der Last einer geteilten Macht, die er nicht ertragen konnte; viertens brachte er das Ausland dazu, seine Illusionen in Bezug auf die Veränderbarkeit des Regimes aufzugeben, sowie dazu, nur mit ihm selbst zu verhandeln und Verträge zu schließen. Geschickt und leicht kam er zum Ziel.

Nach der schlechten Erfahrung mit Ćosić und Panić ging der serbische Präsident in der Kaderpolitik keine Risiken mehr ein. Zum jugoslawischen Staatspräsidenten wurde Zoran Lilić, zum Premier der jugoslawischen Bundesregierung Radoje Kontić gewählt, Männer, die so hochgradig farblos waren, dass ihnen die Führung des Staates anvertraut werden konnte. Es heißt, Lilićs Schwiegermutter habe einen Schock erlitten, als sie erfuhr, dass ihr Schwiegersohn zum höchsten Funktionär des Landes ernannt worden war.

Lilić, Jahrgang 1953, entstammte einem Milieu, das die Bitterkeit des mühsamen Sich-Durchkämpfen-Müssens im Leben zur Genüge ausgekostet hat. Während des Studiums arbeitete er aushilfsweise als Schaffner bei den Verkehrsbetrieben, als Dressman und bei der Pfirsichernte in den Plantagen der Dörfer in der

Umgebung Belgrads. Mit dem Ingenieursdiplom wurde er Direktor der Fabrik Rakovica, wo er als Praktikant angefangen hatte: seine Biographie verdient Respekt. Aber Lilić besaß mehr als das Wissen, dass man mit einem Universitätsdiplom erwerben kann: er war gut vertraut mit dem Charakter des Regimes.

Nichts kann in unserer Gesellschaft mehr Erfolg bringen als der Einstieg in die Politik. Ein Politiker zu sein, ist eine rentable Beschäftigung, die mit dem geringstmöglichen Einsatz von Arbeit und persönlicher Bildung die größtmögliche Sicherheit sowie Berühmtheit, Macht, einen hohen Lebensstandard und die Präsenz im öffentlichen Leben garantiert. Es ist gar nicht nötig, der Regierungspartei anzugehören, und man muss auch nicht als Abgeordneter ins Parlament einziehen oder Mitglied einer Partei werden, die Anhänger besitzt. Es ist nur wichtig teilzunehmen, sich als Politiker auszugeben: allein schon das bringt so große Vorteile, wie sie im Leben gewöhnlicher Sterblicher kaum denkbar sind. Lilić hatte das begriffen, er entschied sich für die einflussreichste Partei und akzeptierte ihre Spielregeln: alles andere ging wie von selbst. Es war Lilić, der als erster das Gerücht von "Ćosićs Putsch" in die Welt setzte, indem er sich der Lüge bediente, er halte das (nichtexistente) Stenogramm vom Treffen der Generäle mit Ćosić in Dobanovci in seinen Händen.

Lilić war ein Statist im Präsidentenamt. Niemand fragte ihn in Staatsgeschäften um Rat: weder brauchte ihn irgendjemand, noch brauchte er selbst jemanden, ausgenommen seinen Gönner, den serbischen Präsidenten. Beide waren zufrieden: Lilić genoss die Privilegien eines Staatspräsidenten, und über Jugoslawien bestimmte Milošević.

Eine Hellseherin der Politik

Über das "Kumrovec"[14] der Serben, ein Horoskop für Mira Marković und einen Ehering, der mehr wiegt als die höchsten Staatsämter.

Die Zeiten von Mira Markovićs Anonymität waren vorbei. Mitte der neunziger Jahre zeigte sie eine massive Präsenz im politischen Leben Serbiens und gab sich nicht mehr mit der Rolle der einflussreichen Ehefrau zufrieden. Ihrem Aufstieg gab sie mit der Gründung der Partei *JUL* einen legalen Anstrich.

Die Abkürzung *JUL* steht für "Jugoslawische Vereinigte Linke", eine Bewegung, die bald über ganz Serbien herrschen sollte. Die Gründungsversammlung der *JUL* fand im Juli 1994 statt, wohl deshalb, weil dieser Monat als Symbol der Partisanenbewegung gilt und schließlich auch Mira Markovićs Geburtstag in den Monat Juli fällt. Im "serbischen Kumrovec", wie Požarevac, die Geburtsstadt des Ehepaars Milošević, auch genannt wird, feierte man weiterhin die Partisanen, die "Brüderlichkeit und Einheit" und den Staat Jugoslawien. Während der Kommunismus zerfiel, sang man alte Partisanenmärsche wie "Oh Marjan, Marjan", "Inmitten von Gewehren und Bajonetten", "Brüder zur Sonne, zur Freiheit". Und man rezitierte Majakowskijs Gedicht "Links, Links!".

23. Juli 1994

Zur Musik von Brahms und Tschaikovskij, mit Einlagen von Partisanenmärschen, begann im Belgrader Save-Center die Gründungsversammlung der "Jugoslawischen Linken", die sich aus dreiundzwanzig jugoslawisch-kommunistisch orientierten Parteien zusammensetzte. Alle Scheinwerfer waren auf Professorin Mira Marković gerichtet. Gebannte Stille begleitete ihren Weg zum

Rednerpult, und gespannt lauschten die Anwesenden ihrem zwanzigminütigen Vortrag, in dem sich bewährte politische Parolen mit einer Poesie vermischten, die an frühere Parteirezitationen erinnerte. Mit kindlicher Stimme schwärmte sie vom "Monat Juli, dem Symbol des Lebens, der Sonne und der Energie", "in dem die Tage am längsten und die Nächte am kürzesten sind", wenn "die Zeit der Ernte anbricht, die Sonne im Zenit steht und die Sterne dem Menschen am nächsten sind".

Warum hatte sie gerade die Bezeichnung "Jugoslawische Vereinte Linke" gewählt? Weil "die linke Hälfte der Welt humaner, gerechter, schöner ist" und weil in ihr "geträumt werden kann, erklärte Professorin Marković "und hier die anderen Menschen geliebt werden".

Nachdem die Führungsspitze gewählt worden war, feierte man am Abend die Gründung der neuen Partei. Die Zusammensetzung der Gästeliste sagte viel über die Kraft und die geistige Gesinnung dieser "Jugoslawischen Linken" aus. All das und noch viel mehr, was Professorin Marković dem unglücklichen Volk immer wieder versprochen hatte, besaßen diese Parteigründer bereits. Es waren Fabrikdirektoren, reiche Privatleute, ehemalige Kommunisten, Großverdiener, Folk-Künstler, Kriegsgewinnler und führende Regierungsmitglieder. Unter ihnen befand sich als Ehrengast auch Slobodan Milošević, der des öfteren den Veranstaltungen seiner Ehefrau durch sein Erscheinen noch mehr Bedeutung verlieh. Seine Anwesenheit gab der Jugoslawischen Linken Legitimität und festigte den ohnehin großen Einfluss der Präsidentengattin, die ihre Rolle als traute Helferin des Ehemanns gegen die Rolle der Geschäftspartnerin in politischen Angelegenheiten eingetauscht hatte.

Der Empfang fand im Haus des ehemaligen Belgrader Unternehmers Vlada Ilić statt, das enteignet worden war und seither dem Exportunternehmen "Genex" gehört hatte. Ilićs Vermögen war beschlagnahmt worden, und als sich "Genex" am Rande des Bankrotts befand, verkaufte es die Villa an den neureichen Linken

Nenad Đorđević weiter, der – früher im Außendienst der Geheimpolizei und als Marxismus-Lehrer an der Polizeischule tätig – das Gebäude dann der *JUL* übergab. Das Schicksal der Villa gleicht in mancher Hinsicht dem Schicksal der serbischen Gesellschaft schlechthin. Wenige Jahre später endete Đorđević schließlich als "Plünderer von Volkseigentum" im Gefängnis. Es heisst, dass er seiner Habgier und wiederholter Steuerhinterziehung wegen verhaftet wurde.

Die "Jugoslawische Linke" vereinte finanzielle und politische Macht. Sie erbte fünfzehn Stockwerke eines Hochhauses in Novi Belgrad, die früher dem jugoslawischen ZK des BdKJ gehört hatten, und der ebenfalls im *JUL* aufgegangene "Bund der Kommunisten – Bewegung für Jugoslawien" hatte seinerzeit fünf Millionen US-Dollar aus dem Parteifonds der Armee erhalten. Die Mitgliedschaft bei *JUL* galt als die beste Empfehlung, wenn es um die eigene, persönliche Bereicherung und den gesellschaftlichen Aufstieg ging, eine *conditio sine qua non* für große Geschäfte, an die man nur durch das Vermittlungsmonopol der Machthaber herankam. Viele Minister, Firmendirektoren, Botschafter und Zeitungsredakteure sind Mitglieder der *JUL*. Mira Marković verpasste man den Beinamen Mutter Theresa der "Profithaie, Kriecher und Speichellecker".

Obwohl die Forderung nach sozialem Wohlstand ein grundlegender Bestandteil des Parteiprogramms war, fühlte sich die Schicht der Mittellosen am wenigsten von der "Jugoslawischen Linken" angezogen. Auf die Frage, warum es in der Partei keine Arbeiter gäbe, pflegte Professorin Marković zu antworten, die Arbeiter stünden unter dem Einfluss der Nationalisten. Aber "sobald sie begreifen, dass das nationale Interesse gleichzeitig auch ein wirtschaftliches, politisches und kulturelles Interesse ist, werden sie erkennen, dass sie in die *JUL* gehören".

Mira Marković scheute hohe politische Ämter oder einen offiziellen Posten in der Regierung. Bei einem Ehering, der von größerem Gewicht war als die höchsten Auszeichnungen, hatte sie das nicht nötig. Sie verzichtete auch auf den Posten der

Parteivorsitzenden. Sie ist nur Geschäftsführerin von *JUL* und "wichtigste Parteigenossin", während zur allgemeinen Verwunderung der angesehene Theaterregisseur Ljubiša Ristić zum Vorsitzenden gewählt wurde, den sich seine Freunde eher als Astronauten, Trapezakrobaten oder Löwenbändiger hätten vorstellen können als an der Spitze einer regimetreuen Partei.

Wie kam Ristić zu diesem Posten? Der Fotoreporter Vican Vicanović, ein Freund von Mira Marković, der – überhaupt nicht wählerisch – enge Beziehungen mit der herrschenden Elite des alten wie des neuen Regimes pflegte, hatte sich an ihn erinnert. Vicanović erzählte mir: "Mira und ich haben noch einen Spieler gesucht, und es ist uns gelungen, unseren Freund Ljuša zum Mitmachen zu überreden".

Ristić war in einer bekannten serbischen Familie in Priština aufgewachsen. Sein Vater war der erste serbische General aus dem Kosovo, und sein Großvater, genannt Caca Ćuska, galt als angesehener Kaufmann, der tagsüber die für national gesinnte Serben typische Soldatenmütze und abends einen Hut trug. Ljubiša Ristić war seiner Umgebung als Halbwüchsiger noch in Erinnerung, wie er auf das Dach eines Hauses geklettert war, von dem die Feuerwehr ihn unter großer Aufregung und vor versammeltem Publikum heruntergeholt hatte. Dieses Ereignis ging als Heldentat der Feuerwehrleute von Priština in die Annalen ein und ist Teil der Biographie dieses unruhigen Mannes, dem das Spektakel zur Berufung werden sollte.

Viele glaubten, Ristićs Ausflug in die Politik sei nur eine seiner originellen Ideen oder der gelungene Scherz eines Künstlers, der sich durch sein unkonventionelles Aussehen (lange Haare, Schnauzer, Soldatenstiefel, abgewetzte Lederjacke) von allen Standards abhob und dessen langjähriges Wirken nicht im Geringsten zur politischen Camarilla passte. Doch "dass die Macht nicht nur den verdirbt, der sie nicht besitzt", bewies zum größten Bedauern bald auch dieser geistreiche Künstler, der die jugoslawische Kulturszene bedeutsam geprägt hatte. Seine früheren Prinzipien trat er jetzt mit Füßen. Er verkam zum Laufburschen Mira Markovićs und zum vulgären Propagandisten des Regimes. Bald steckte er so tief im Morast einer hörigen Politik, dass sich selbst seine besten Freunde öffentlich von ihm abgrenzten.

Professorin Marković ist eine gebildete Frau und unermüdlich. Neben vielen anderen Aktivitäten fand sie auch Zeit, zuerst in der Illustrierten Duga, später im Bazar regelmäßig ihre Tagebuchaufzeichnungen zu veröffentlichen. Diese Notizen gehörten zu den meistgelesenen Beiträgen der Belgrader Presse und wurden von vielen Blättern übernommen, immer auch von der Politika. Da sich Slobodan Milošević nur selten öffentlich äußerte, war man neugierig, wie die Gattin des Präsidenten dachte. Was sie sagte, war von größter Wichtigkeit, denn aus ihrer Meinung wurden Rückschlüsse auf Miloševićs Absichten gezogen.

Ihre Texte waren eine unerträgliche Gehirnwäsche und glichen einer Mischung aus Politpropaganda, Moralpädagogik und naiver Lyrik. Auf alle Fragen der Weltordnung hatte sie eine Antwort und war überzeugt, dass gerade sie zu einem Urteil darüber berufen war. Die Palette ihrer Interessen war unbegrenzt und reichte vom Marxismus bis zur Flora und Fauna. Wahrscheinlich deshalb betitelte sie ihre Beiträge mit dem wissenschaftlichen Schlagwort "soziologische Ästhetik". Sie trat als Fürsprecherin der Familie und politische Emissärin, als Beschützerin ihrer Gesinnungsgenossen und als Richterin auf. Sie schrieb über die Segnungen des Sozialismus, über die Geschmäcker ihrer Kinder, über Frost und Glatteis, mit dem auch ihr Sohn Marko ungute praktische Erfahrung gemacht hatte, über den Südostwind von Požarevac und die Liebesabenteuer hoher Funktionäre, über prasselndes Kaminfeuer, den Duft von Gras und über Vogelgezwitscher ("Nie zuvor hatte ich Gelegenheit, die Vögel und Wolken so ausgiebig zu beobachten wie in diesem Sommer!"). Das wirkliche Leben im Serbien der neunziger Jahren, lag weit abseits ihrer Interessen.

Ihre Leser ließ sie sogar in den Hof ihres Hauses treten, wo "der Winter so schön ist, es gibt weiße Bäume, bläuliche Nebelschleier und das blasse Licht ferner, einsamer Sterne". Das Ende des Jahres 1994, das den Einwohnern Serbiens als ein Jahr des Stromausfalls, der kalten Wohnungen, der Mangelwirtschaft und des Kriegs in Bosnien in Erinnerung ist, begrüßte sie mit einer Begeisterung, wie sie nur Menschen voller Glück und Lebensfreude empfinden können: "Dieser Regen am 31. Dezember ist mein Abschied vom Jahr 1994, das ich vom ersten bis zum letzten Tag genossen habe."

Abgesehen von diesen Beiträgen, die Mira Markovićs Kritiker dazu verleiteten, sie mit einer Anfängerin der Präparandinnengruppe mit Literaturneigung zu vergleichen, stand die Politik im Mittelpunkt ihres Interesses. Auch hier zeigte sich die Macht dieser Frau, die nur zu häufig über menschliche Schicksale entschied. Was sie anzukündigen pflegte, traf meist auch ein. Wen sie lobend erwähnte, dem winkte das Glück. Umgekehrt konnten Politiker, auf die sie es abgesehen hatte, ihre Hoffnungen begraben. Dobrica Ćosić, Milan Panić, Radovan Karadžić, Biljana Plavšić, der Universitätsprofessor Mihajlo Marković, Slobodanka Gruden, Vojislav Šešelj, Borisav Jović und Milo Đukanović, die allesamt aus verschiedenen Anlässen mit der Familie Milošević in Konflikt gerieten, waren schon zuvor Gegenstand ihrer spitzen Feder geworden. Allmählich entwickelte sie sich zu einer äußerst zuverlässigen Wahrsagerin in Sachen Politik, und die Machtausübenden waren gut beraten, anstelle des Horoskops sorgfältig die Tagebuchnotizen der Mira Marković zu lesen.

Slobodan Milošević war stolz auf die Fähigkeiten seiner Ehefrau. Zusammen mit Sohn Marko und Tochter Marija pflegte er als erster ihre Zeitungsbeiträge zu lesen. Ohnehin nur mit bescheidener Bildung und begrenzten Interessen gesegnet, schenkte er den panegyrischen Schriftstellern Glauben, die Mira Markovićs Texte den Spitzenleistungen der Literatur und der Soziologie zuordneten.

Alles, was von Professorin Marković kam, wurde von der regimetreuen Presse zu einem politischen und kulturellen Ereignis ersten Ranges hochstilisiert. Kein einziger großer Schriftsteller der serbischen Literatur genoss eine solche Publizität wie sie. Das Buch, in dem sie ihre Zeitungsinterviews und Plaudereien über Alltagsdinge veröffentlichte, nannte ein Rezensent eine Chronik "visionärer Erkenntnisse, der Aufrichtigkeit und des Respekts, nimmermüder Hoffnung, wahrer ideeller Werte und gedanklicher Perlen". Und 1994 wurde ihr nächstes Buch, *Noć i dan,* zu deutsch "Nacht und Tag", eine Sammlung ihrer Beiträge aus der Duga, zur verlegerischen Glanzleistung hochgelobt – auf der traditionsreichen Buchmesse, dem großen Belgrader Kulturereignis, das ansonsten Anlass ist, alle Werte aus Literatur, Geschichtsschreibung und Publizistik einer kritischen Prüfung zu unterziehen. Diese gebundene Textsammlung, von der kritischen Intelligenz als "Mischung von Kitsch, Krankheit, Halluzination und der Dreigroschenphilosophie einer selbstverliebten Frau" erlebt, wurde als "erstklassige literarische und philosophische Lektüre und Bereicherung unserer Literatur" vorgestellt. In der Rezension der Politika, für deren Abdruck nicht an Platz gespart wurde, fand Milomir Kragović sogar heraus, dass dieses "im Ausland meistzitierte" Buch von Mira Marković "die Lieblingslektüre des ersten Mannes der USA, von Bill Clinton" sei!

Mit der Unterstützung freigiebiger Sponsoren wurden ihre Bücher innerhalb kurzer Zeit in etwa zwanzig Sprachen übersetzt: ins Russische, Chinesische, Bulgarische, Englische, Griechische, Ungarische, Japanische, Albanische, Italienische, Türkische, Slowakische, Tschechische, Spanische, Slowenische und Tamilische. Und während im Serbien der neunziger Jahre anerkannte Autoren häufig auf die Gnade der Verlage angewiesen waren, sonnte sich Mira Marković in einem schriftstellerischen Ruhm, der ihr ein beachtliches Vermögen einbrachte. Die Herausgeber brauchten sich nicht um den Absatz ihrer Bücher zu kümmern. Druckkosten und Autorenhonorar wurden von Sponsoren finanziert, die ihr Geld jedoch nicht umsonst angelegt hatten. Im Gegenzug erhielten sie Zugang zu privilegierten Geschäften, an denen sie sich ebenfalls bereicherten.

So wie die Macht der Mira Marković wuchs, wurde auch ihr Ehrgeiz immer größer. Nach und nach übernahm sie auch geschäftliche Angelegenheiten ihres Mannes, der mehr und mehr Ermüdungserscheinungen zeigte und die Innenpolitik seiner Ehefrau überließ. Sie kümmerte sich um die Medien und die Kaderpolitik, war Parteiführerin und Staatsemissärin. Mit Unterstützung der Gebrüder Karić wurde sie Mitglied der Russischen Akademie der Wissenschaften. Auf ihrem Flug von Moskau nach Kiev genoss sie den Komfort von Boris Jelzins Privatflugzeug, das dieser auf Vermittlung von Dragan Karić zur Verfügung gestellt hatte, der Repräsentant der Fluggesellschaft für die ehemalige Sowjetunion gewesen war. Die Marković hatte das Vergnügen, im Plüschsessel von Boris Jelzin Platz zu nehmen.

Während Milošević Belgrad nur selten verließ, besuchte sie Moskau, Peking, Kiev, Bukarest, Sofia, Bratislava, Athen, Neu-Delhi, London, Ljubljana... und trat als Staatsmännin, Politikerin, Denkerin und Wissenschaftlerin auf. Sie verschaffte sich Macht, Anerkennung und gesellschaftliches Ansehen. Wie sie sich jedoch selbst erlebte, erfährt man aus ihren Meditationen über die Lage der Frau, nachzulesen in der Duga vom 11. September 1993: "..Wenn eine Frau dazu fähig ist, selbst den besten Mann zu zerstören, und es versteht, trotz ganz gewöhnlicher Fähigkeiten mit Hilfe von Experten zu einer sogar diese Spezialisten noch überragenden Persönlichkeit zu werden, dann verdient es diese Frau, ins neue Jahrhundert als Herrscherin jenes Mannes einzugehen." Ihre Untertanen wussten diesen Gedanken zu deuten, der bald zur serbischen Wirklichkeit werden sollte. Serbien hatte neben seinem Herrscher nun auch eine Herrscherin bekommen.

Serben gegen Serben

Wie Slobodan Milošević zum Friedensstifter wird und was hinter dem Bekenntnis Lord Owens steckt: "Die Spaltung der Serben, das war es, was wir erreichen mussten".

Unruhen in der Heimat machten Slobodan Milošević Sorgen. Aber er konnte damit leben, indem er hin- und hermanövrierte und die letzten materiellen Reserven mobilisierte. Die wirkliche Gefahr kam von der internationalen Gemeinschaft, die angesichts ihrer erfolglosen Versuche, den in Bosnien lodernden Krieg zu beenden, immer mehr die Geduld verlor. Wie konnte man den serbischen Präsidenten stoppen, den der Westen als Hauptschuldigen des jugoslawischen Dramas ausgemacht hatte? Man griff zu dessen eigenen Waffen: Gewalt wurde mit noch mehr Gewalt beantwortet. Dies war das Ende von Milošević offensiver Politik. Von diesem Zeitpunkt an verwandelte er sich in einen Friedensstifter, und alle Schuld für frühere Fehler schob er seinen ungehorsamen Kindern zu, der militanten und vom Siegestaumel erfassten Führung der bosnischen Serben. Seit dem Frühjahr 1993 steckte Milošević all seine Energie in die Beendigung dieses Krieges.

Nach dem Zerfall Jugoslawiens hatte Pale, die Schaltzentrale der bosnischen Serben, Milošević gehuldigt und in ihm die vereinigende Kraft der Serben gesehen. Diese politische Nähe war jedoch nicht von Dauer. Zwischen Belgrad und Pale offenbarten sich immer größere Unterschiede. Während das Milošević-Regime seine sozialistischen Merkmale beibehielt, Serbien in Partisanen- und Tschetnikanhänger teilte und sich mit der orthodoxen Kirche anlegte, vertrat Pale mit Vehemenz das monarchistische Gedankengut. In den Tschetniks sah Pale die authentischen Vertreter seiner nationalen Interessen, und in der traditionellen Religiosität fand es eine Stütze für das Weiterbestehen des serbischen Volkes. "Seht, auch Gott wird uns helfen, auch Gott ist ein Serbe!" pflegte Radovan Karadžić zu sagen. Und in den Truppen der bosnischen Serben galt der alte Gruß: "Es helf' euch Gott, ihr Helden! Gott helfe dir!"

Neben der Ideologie gab es jedoch einen viel gewichtigeren Stein des Anstoßes: den Ungehorsam der bosnischen Führung und ihre siegestrunkene Haltung, die im Ausland alle, sogar die wenigen Freunde der Serben außer sich geraten ließ. Karadžić und Genossen erkannten zwar Milošević als nationalen Führer an, bezeugten ihm auch ihre Achtung und nahmen seinen Zorn und seine Drohungen hin, verharrten aber in wesentlichen Fragen wie angewurzelt und rückten keinen Schrittbreit von ihrer grundsätzlichen Haltung ab.

Zu Kriegsende 1944 in Montenegro im Dorf Petnice im Durmitor-Gebirge geboren, gehört Karadžić zu denjenigen Montenegrinern, bei denen wie bei ihrem Fürsten Njegoš das Bewusstsein der Zugehörigkeit zum serbischen Volk tief verankert war. Den größten Teil seines Lebens hatte er in Sarajevo verbracht, wohin er erst als 15-jähriger gekommen war. Sohn eines Tschetniks und Psychiater von Beruf, der sich auf Depressionen spezialisiert hatte, lebte er das Leben eines Unruhegeistes. Ein ganzes Jahr verbrachte er in Belgrad, wo er sich selbst mehr suchte als wirklich fand. Drei Monate lang war er auch als Psychologe für den Fußballclub Roter Stern Belgrad tätig. Nutzbringender war sein Aufenthalt in Amerika, wo er seine Ausbildung als Facharzt absolvierte und Englisch lernte. In der Literatur machte er sich mit vier Gedichtsammlungen einen Namen. Seine dichterische Phantasie kündigte in schlimmer Vorahnung schon 1970, als zum ersten Mal seit Kriegsende Konflikte zwischen den Völkern Jugoslawiens aufbrachen, die Ereignisse an, in denen er selbst zum handelnden Akteur werden sollte: "Ich höre, wie das Unglück näher kommt / leeres Gefolge durchzieht die Stadt / Einheiten von bewaffneten weißen Pappeln / marschieren den Himmel entlang". Die Gusla war sein Lieblingsinstrument. Während einer Gesprächspause unterhielt er in Pale den früheren amerikanischen Präsidenten Jimmy Carter mit seinem Guslespiel.

Dieser Arzt, der mehr mit einem altgriechischen Diskuswerfer denn mit einem Psychiater Ähnlichkeit hat, fand erst spät zur Politik, in einer Zeit, als die nationalen Gefühle erwachten und die Politik niemanden mehr gleichgültig ließ. Gebildet und mit breitgefächerten Interessen, war Karadžić ein geschickter Redner, seine Liebenswürdigkeit, Wortgewandtheit und beruhigende Geduldigkeit machten ihn zu einem beliebten Politiker und Führer von großer Autorität.

Hinter äußerer Glattheit und perfektem Gleichmut verbarg sich ein Mann mit trotzigem Willen und der fanatischen Überzeugung, dass allein Gewalt und Unversöhnlichkeit etwas bewirkten. Auch eine Neigung zum Glücksspiel wurde ihm nachgesagt. Diese Eigenschaften nahm er mit in die Politik.

Auf die Frage eines japanischen Journalisten, was er denn mit der Belagerung Sarajevos erreichen wolle, die den Menschen dort großes Leid zugefügt und die Serben in die Rolle der Peiniger versetzt habe, antwortete Radovan Karadžić in der Sprache eines Mannes, der nicht gerade von Albträumen geplagt wird: "Wenn Sie eine Giftschlange fangen, fassen Sie sie nicht am Schwanz an, denn sie könnte beißen. Man muss sie am Kopf anpacken!"

Im Gespräch ein Taktiker, war er aber unnachgiebig in seinen Forderungen, die er als gerecht erachtete: "Die Serben in Bosnien können ohne Brot leben, aber nicht ohne Staat! Ich habe Menschen ohne Beine gesehen, aber ihr Gesicht strahlte, denn sie wissen, dass wir einen Staat schaffen", sagte Karadžić. Seine politische Haltung rechtfertigte er mit der Wirklichkeit, der historischen Erfahrung und dem Willen des Volkes, und das Volk dankte ihm hingerissen mit einem Lied: "Radovan, du Mann aus Eisen / wirst als erster Führer nach Karađorđe dich beweisen / bewahre unsre Freiheit und den Glauben / die am Genfer See man will uns rauben".

Von Karadžić, der unbeugsam war und ohne Rücksicht auf menschliche Verluste handelte, wird behauptet, dass er von allen führenden Politikern in Pale der nachgiebigste war. Und das sagt mehr über den Geisteszustand als über die Persönlichkeit des bosnischen Serbenführers aus.

Neben Karadžić war der Militärkommandant Ratko Mladić die zweite Persönlichkeit von großem Ansehen im Volk, ein neuer "Wojwode Mišić", wie die bosnischen Serben ihn liebevoll nannten, wobei er nicht verbarg, wie angenehm ihm diese historische Analogie war. Mladić und die hohen Offiziere aus seiner Umgebung trugen die Mützen der früheren serbischen Heerführer und wollten mit ihrem Aussehen unterstreichen, dass sie die Erben der berühmten Kampftradition waren. Auf diese Idee hatte sie die Jugoslawische Volksarmee gebracht, die 1992, in der Zeit der nationalen Begeisterung, ihre Uniform verändern wollte und eine Probekollektion neuer Mützen bestellt hatte. Als sie sich dagegen entschied, übernahmen Mladić und seine Kommandanten die Symbole der alten serbischen Armee, worauf man ihnen später vorwarf, dieses hehre Wahrzeichen missbraucht zu haben, da diese Mützen "die einzige Verbindung mit den Bräuchen und Verhaltensregeln ihrer Vorfahren" seien.

Mladić wurde 1943 im bosnischen Dorf Božinovići bei Kalinovik geboren. Sein Vater fiel 1945 bei der Erstürmung von Bradina, dem Geburtsort von Ante Pavelić. Als Habenichts und Kriegswaise verließ Mladić sein Heimatdorf und schlug die Militärlaufbahn ein, wobei er sich durch Fleiß und Talent auszeichnete und es zu hohen militärischen Ehren brachte. Den Kommandeursposten der serbischen Armee in Bosnien erhielt er, nachdem er das Kniner Korps zum Erfolg geführt hatte, und er überzeugte bald durch große Autorität und Macht, die von der politischen Führung in Pale respektiert wurden.

Von militärischem Aussehen, streng, tapfer, stur und ausdauernd bei der Durchsetzung seiner Ziele, war er ein ausgesprochen fähiger Kommandant von technokratischer Kaltblütigkeit, was allerseits Anerkennung fand. So wurde Mladić für die Serben zu einer Legende, aber auch zum Sklaven seines Kriegsruhmes. Der ehemalige Titoist und Kommunist, der in Knin die monarchistischen

Symbole entfernt und festgestellt hatte, dass es "zwischen der Kokarde und dem Hakenkreuz keine Unterschiede gibt", wandelte sich zu einem leidenschaftlichen Serben und war besessen von seinen militärischen Siegen, die er gleichzeitig genoss. Über seine Tapferkeit und Ausdauer kursierten bewundernde Erzählungen, es hieß zum Beispiel, er habe auch beim Zahnarzt die Betäubung abgelehnt. Er war immer in den ersten Kampfreihen zu finden und hatte ein neues Artillerie-Kommando eingeführt: "Verlier den Verstand!" statt "Feuer!"

Trunken von seiner Publizität und leichtfertig in seinen Aussagen, drohte er mit der Bombardierung der europäischen Hauptstädte. General Michael Rose behauptet, amerikanische Geheimagenten hätten eine Nachricht von Mladić aufgeschnappt, in der es hieß, in Goražde solle "keine einzige Toilette heil bleiben". Seine Botschaft an die Muslime war: "Was ich euch verspreche, gilt ebensoviel, als hätte es der Allmächtige gesagt", und er empfahl ihnen, von weiteren militärischen Handlungen abzusehen und ihr Leben auf die Gebiete zu beschränken, die man ihnen gelassen habe: "Auch das ist noch zu viel!" meinte er. Radovan Karadžić, gleichermaßen unkontrolliert, sagte öffentlich, man solle Mladić "wegen seiner idiotischen und unverantwortlichen Aussagen" doch ein Pflaster über den Mund kleben.

Seine Militärkollegen im Westen zeigten Respekt vor Mladićs Fähigkeiten als Kommandant ("Ein taktisches Genie!"), schrieben ihm aber die Eigenschaften eines "Sadisten und einer äußerst gefährlichen Persönlichkeit" zu. Seine Antwort darauf lautete: "Am meisten wird doch die Kugel geschätzt. Gott mag die Gewalt nicht, aber die Gewalt bittet Gott nicht um Erlaubnis!"

Bei dem Versuch, die Führung der bosnischen Serben zu spalten, versuchte Milošević, Mladić zu gewinnen und unterhielt enge Beziehungen zu ihm. Der General stand in Konflikt mit der politischen Führung in Pale, war aber eher davon überzeugt, dass der Krieg mit militärischen Mitteln beendet werden konnte. Mladićs Rede vor dem Parlament der Republik Serbien war ausschlaggebend dafür, dass der Vance-Owen-Plan schließlich abgelehnt wurde. Kurz vor Kriegsende entließ Karadžić den General von seinem Posten als militärischer Oberbefehlshaber und setzte ihn als seinen Berater ein. Nachdem es bei den Militärs zu großer Unzufriedenheit darüber gekommen war, wurde diese Entscheidung schnell revidiert, wobei Dobrica Ćosić den Vermittler spielte. Er zitierte in seinem Brief die Botschaft des ersten amerikanischen Präsidenten George Washington an General Lafayette: "General, wenn wir heute nicht zusammen stehen, werden wir morgen einzeln hängen!" Nachdem Milošević begriffen hatte, dass er nach seiner Abrechnung mit Karadžić auf Mladić nicht mehr zählen konnte, ließ er ihn ohne Skrupel fallen und sagte nach den Worten Holbrookes sogar später von ihm, dass er "klinisch verrückt" sei.

Mladić hat eine schwere Familientragödie mitgemacht. Seine dreiundzwanzigjährige Tochter Ana, die in Belgrad erfolgreich Medizin studierte, nahm sich mit einer Pistole das Leben. Das Motiv des Selbstmords blieb ungeklärt. Aber auch bei diesem Unglück mischte eine krankhafte Propaganda mit. Während einerseits Anas Tod als Akt der Unversöhnlichkeit mit dem "Werk des Vaters" dargestellt wurde, schob ein Kommentar der Zeitung Javnost diesen Selbstmord der Belgrader Friedensbewegung zu, deren Folter dieses Mädchen nicht ertragen konnte, "das mit rein serbischer Milch gestillt worden war". Und "sie ging laut von dieser Welt, genau so wie ihr Vater sein Volk verteidigt, und stolz darauf, dass alle wissen, wer sie ist!"

Die größten persönlichen Niederlagen, aber auch Siege hatte Milošević in seinem Konflikt mit Pale zu verzeichnen. Von der Parlamentssitzung der *Republika Srpska* auf dem Berg Jahorina im Frühjahr 1993, auf der die Abgeordneten den Vance-Owen-Plan ablehnten, kam er als geschlagener und verhöhnter Mann zurück. Mit einem Lagerfeuer und Liedern wie "Es marschierte die Garde von König Peter!" und "Auf, auf, ihr Tschetniks!" feierte man trotzig die Ablehnung des Friedensplans und erfand spontan Spottlieder für den serbischen Präsidenten: "Adieu, Slobodan, du schöner, wir waren blind, sind's aber jetzt nicht mehr!"

Wie sich die Dinge weiter entwickeln sollten, prophezeite auch diesmal wieder Mira Marković. Anders als ihr Gatte Slobodan, der die Serbentümelei mitgetragen hatte, seine Landsleute täuschend, hatte sie die Führung in Pale und Knin noch nie ertragen können. Die Männer dort waren Antikommunisten und außerdem ungehorsam Milošević gegenüber, Grund genug, sie für immer zu exkommunizieren.

Bevor der serbische Präsident unter verstärktem internationalen, insbesondere amerikanischen Druck an der Drina den eisernen Vorhang herunterließ, provozierte Mira Marković einen Konflikt mit Radovan Karadžić, worauf eine Notiz vom 20. Januar 1993 in der Duga deutet. Seine Behauptung von der "genoziden Vernichtung der Serben in Bosnien" nannte sie "Unsinn und konkurrenzlose Unwahrheit". Ähnlich reagierte sie auf einen Auftritt von Biljana Plavšić, der Vizepräsidentin der *Republika Srpska*, die sich durch chauvinistische Äußerungen hervortat: "Ich sage nicht, dass wir nicht mehr mit den Kroaten zusammenleben werden, sondern dass wir es nicht erlauben werden, dass sie mit uns zusammenleben". Diese Ansichten von Dr. Plavšić nannte Professorin Marković psychopatisch und verglich sie mit den Ansichten eines anderen Arztes – denen von Dr. Mengele. Kurz darauf äußerte sich auch Milošević in diesem Sinn, ohne jedoch den Namen von Biljana Plavšić zu erwähnen, worauf es bei seinem nächsten Besuch in Pale, als er die bosnischen Serben davon überzeugen wollte, den Vance-Owen-Plan anzunehmen, zu einem Zwischenfall kam. Vor laufenden Fernsehkameras wandte sich Dr. Plavšić vom serbischen Präsidenten ab und weigerte sich, seine ausgestreckte Hand zu ergreifen.

Milošević setzte sein ganzes Geschick ein, um die bosnischen Serbenführer auf Friedenskurs zu bringen, jedoch ohne Erfolg. Als Karadžić und Genossen aus Belgrad heimkehrten, sah es jenseits der Drina für sie schon wieder ganz anders aus. Die lokalen Machthaber hatten ihre Macht beschnitten, es herrschte die physikalische Trägheit des Krieges, in der die eroberten Gebiete zum Sinn des

Lebens werden. Niemand war bereit, auf das mit Waffengewalt eroberte Territorium zu verzichten, das mehr als siebzig Prozent von Bosnien und der Herzegowina ausmachte.

Donnerstag, 4. August 1994

Die Nachrichtenagentur *Tanjug* verbreitete eine Meldung der jugoslawischen Bundesregierung:

"Die Führung der *Republika Srpska* hat mit der Ablehnung des Friedensschlusses ein allerschwerstes Vergehen gegen die Bundesrepublik Jugoslawien verübt, das sich auch gegen das serbische und das montenegrinische Volk und alle in diesem Raum lebenden Bürger richtet. Daher hat die Bundesregierung folgenden Entschluss gefasst: sie wird die politischen und wirtschaftlichen Beziehungen zur *Republika Srpska* abbrechen; der Aufenthalt von Mitgliedern der Führung der *Republika Srpska* aus Parlament, Staatspräsidium und Regierung auf dem Territorium der BR Jugoslawien wird verboten; die Grenze der BR Jugoslawien wird ab heute für alle Transporte in die *Republika Srpska* geschlossen, ausgenommen sind nur Nahrungsmittel, Kleidung und Medikamente."

Der serbische Präsident hatte schon öfter seinen ehemaligen Schützlingen, die ihm immer mehr die Hände banden, einen offenen Krieg angekündigt, aber niemand hatte eine solch radikale Kehrtwende erwartet, am wenigsten die Führung der bosnischen Serben selbst, die überzeugt war, dass Milošević es nicht wagen würde, die gleichen Mittel gegen sie anzuwenden, die der Westen gegen ihn eingesetzt hatte. Würde je ein Serbe es wagen, die eigenen Brüder zu knebeln und das Scheitern des historischen nationalen Kampfes in Bosnien zu riskieren? Aber Milošević stellte andere Überlegungen an. In seiner Herrschernatur, die durch Ungehorsam in Raserei versetzt werden konnte, war er überzeugt, dass die Führung der bosnischen Serben bald in die Knie gehen würde.

Zum ersten Mal grenzte sich der Präsident Serbiens ausdrücklich von Radovan Karadžić und Genossen ab, seine

Erklärungen vom 31. Juli und 5. August 1994 wichen in Art und Stil von früheren ab. Während er es sonst seinen Anhängern und den regimetreuen Medien überlassen hatte, seine Absichten bekannt zu geben, nahm er diesmal den Knüppel selbst zur Hand. Das Vorgehen Pales nannte er "eine grausame Rücksichtslosigkeit", "deshalb müssen wir jede weitere Beziehung und Zusammenarbeit mit einer solchen Führung abbrechen".

Alles veränderte sich über Nacht. An der Grenze über die Drina wurden die Schlagbäume heruntergelassen, die Telefonverbindungen unterbrochen, der Führung der bosnischen Serben die Einreise nach Serbien verwehrt, die Übertragung der Fernsehnachrichten aus Pale eingestellt und die Informationen von dort blockiert, und die regimetreuen Medien machten sich zum Angriff auf ihren schlimmsten Widersacher bereit. Die gestrigen "Helden von Pale" wurden zu durchtriebenen Kriminellen, Kriegsgewinnlern, zu Kräften, die das eigene Volk zerstörten und sich selbst mit Blut besudelten, die Krieg führten von ihren Villen im Prominentenviertel Dedinje oder vom Genfer See aus, "im persönlichen Interesse, im Interesse ihrer Familien, für die eigene Karriere und Bereicherung", wie Dragan Tomić, der Präsident des serbischen Parlaments formulierte.

Miloševićs Ultimatum wurde mit den Resolutionen des Kominformbüros von 1948 verglichen. Die Folgen waren jedoch verheerender, denn die Saat der Zwietracht wurde nicht nur zwischen zwei Staats- oder Parteiführungen, sondern zwischen den Serben zu beiden Seiten der Drina gesät. Die Serben standen im Konflikt mit den Kroaten, Muslimen und Albanern, "mit der ganzen Welt", wie man so sagte, und jetzt waren die Serben auch noch gegen Serben.

Die Opposition, das Volk, die Serben in Serbien und jenseits der Drina in Bosnien, die Medien – alles war nun zweigeteilt. Die euphorische Idee vom Großserbischen Reich schmolz dahin: Milošević bereute es bitter, jemals die Drina, "diesen kalten Fluss", überschritten zu haben. Niemand blieb da gleichgültig, und jedermann hatte seine eigene Version von Recht und Wahrheit. Hätte Milošević so handeln dürfen? Hatte die Führung der bosnischen Serben, die die Unterstützung aus Serbien weidlich nutzte und schmeichlerisch vom "Mütterchen Serbien" sprach, das Recht, ein solch großes Risiko einzugehen und sich der internationalen Gemeinschaft zu widersetzen? Wie sollte die Zukunft der Serben aussehen, wenn sie sich in diesen für das Volk schicksalhaften Momenten nicht einig werden konnten?

Mit größter Aufmerksamkeit wurde die Stimme der orthodoxen Kirche erwartet, die sich nach dem Zusammenbruch des kommunistischen Regimes in die Politik eingemischt hatte, insbesondere, als die nationale Wiedergeburt der Serben in Bosnien und der Herzegowina begann. Die Kirchenkreise verurteilten bei öffentlichen Auftritten den Krieg, die bestialischen Verbrechen und Vertreibungen, "von welcher Seite sie auch kommen", sahen aber in der Bewegung von Radovan Karadžić einen gerechten Kampf für die nationale Befreiung. Einige Bischöfe verwirrten die Gläubigen mit kämpferischen Auftritten, die deutlich von der christlichen Tradition abwichen.

Die orthodoxe Kirche stellte sich mit der Mitteilung des Bischöflichen Rates vom 10. August 1994 auf die Seite Radovan Karadžićs und übernahm damit eine überaus große Verantwortung für die nationale Zukunft der Serben. Sie war der Meinung, dass "ein gerechter Frieden der einzig beständige Frieden ist, während ein ungerechter Frieden zur Quelle neuen Unglücks und zum neuen Konfliktherd wird": "Indem wir unter dem Druck der Mächtigen dieser Welt wie Pontius Pilatus unsere Hände im Blut unserer leidenden Brüder waschen, werden wir keine Lösung herbeiführen und das eigene Gesicht, die eigene Seele und Würde wie auch die unseres Volkes verlieren". Mit diesem Akt, so hieß es, bleibe die Kirche "bei ihrem Volk und teile mit ihm Gut und Böse".

"Verhüte Gott", heißt es in der Mitteilung weiter, "dass auch in dieser Generation der Serben der schreckliche Fluch des Volkes Gestalt annimmt: 'Die Großen, verflucht sei ihre Seele / In Stücke zerteilten sie das Reich / Die Saat der Zwietracht säten sie, die bittre

/ Und streuten damit Gift dem Stamm der Serben' (Njegoš).[15]

Das Volk war müde von Krieg, Erniedrigung und Armut und hätte freudig den Frieden begrüßt. Aber unglücklicherweise war das, was das Regime in Serbien nun tat – auch wenn es sich für eine unterstützungswürdige Politik einsetzte –, dergestalt, dass sich die Menschen einfach betrogen fühlen mussten. Der Mann, der seine Stimme gegen die "genoziden Sanktionen des Westens" erhoben hatte, verhängte nun selbst noch strengere Sanktionen gegen sein eigenes Volk jenseits des Drina-Flusses; der Politiker, der die nationale Wiedergeburt der Serben unterstützt und sie in ihrem Krieg bestärkt hatte, wälzte nun die gesamte Verantwortung für begangene Greueltaten auf die Führung der bosnischen Serben ab.

Eine noch tiefere Spaltung der Öffentlichkeit rief die Taktik bei der Entwaffnung der Führung in Pale hervor. Keine Spur mehr von ihrer oft unverständlichen Kampfbereitschaft und Sturköpfigkeit. Diese "leichtsinnigen Bosnier", wie sie oft aus Sympathie und gleichzeitig vorwurfsvoll genannt werden, weil man ihre Probleme und ihre Mentalität in Serbien nicht kennt, zeigten nicht nur keinerlei Ärger, sondern hatten sogar Verständnis für das Verhalten der jugoslawischen Führung, auch was die Wirtschaftssanktionen anbetraf. "Die Mutter besitzt das Recht, ihr Kind zu schlagen, aber das Kind hat nicht das Recht, seine Hand gegen die Mutter zu erheben", äußerte Karadžić und rechtfertigte damit Miloševićs Verhalten: "Seine Entscheidung ist nicht von persönlichen Beweggründen bestimmt."

In dieser dramatischen Gespaltenheit der Serben war Milošević für die einen "der größte serbische Verräter", der bereit war, den Kopf Karadžićs nach Washington zu schicken, den anderen galt er als kühl rechnender Politiker, der in einer großen nationalen Tragödie einen rationalen Ausweg suchte. Der serbische Präsident hatte damit jedoch bekommen, woran ihm in seinem Kampf ums Überleben am meisten gelegen war: die Unterstützung des Westens. Wenigstens zu diesem Zeitpunkt sah man ihm dort alles nach. Praktisch alle Mächtigen der Welt lobten ihn als loyalen Mitarbeiter, der den Schlüssel zur Beendigung des Krieges in Bosnien in Händen hielt. Keiner wünschte jetzt mehr seinen Rücktritt herbei. Im Gegenteil, der leader der jugoslawischen Sozialisten war jetzt eine Persönlichkeit, der man Ehrerbietung schuldete. Noch gestern war er als "Schlächter vom Balkan" und "neuer Hitler" bezeichnet worden, heute galt er als "reifer Politiker, der dem Frieden ausgesprochen zugeneigt ist". Er war der "einzige Kopf in Serbien, der nicht nur an morgen, sondern auch an übermorgen denkt".

Milošević wollte kein Verlierer sein, und als Preis dafür akzeptierte er das Diktat der Großmächte. Die neue Philosophie des verwandelten serbischen Präsidenten drückte der Milošević-Anhänger und Rechtsanwalt Radmilo Bogdanović hölzern so aus: "Der serbische Fürst Miloš hat es seinerzeit, obwohl er Analphabet war, für besser gehalten, Karađorđe umzubringen, als Serbien in den Krieg zu führen".

Die Geschichte wiederholt sich: die Serben konnten sich in keiner Frage einig werden, weder über Krieg und Frieden noch über die Staatsform eines neuen Jugoslawien oder über die Zukunft ihrer Landsleute jenseits der Drina in Bosnien. Sie hatten noch nicht einmal eine gemeinsame Nationalhymne. Im Kosovo stimmte man zur Jubiläumsfeier des St. Veitstags die Hymne "Hej Ihr Slawen!" an, und während die Regierungsseite sich erhob, blieb die Opposition sitzen; als der Kirchenchor "Gott der Gerechtigkeit!" sang, standen die Anhänger der Opposition von ihren Plätzen auf, während die Regierungsvertreter auf den Stühlen sitzen blieben. Zu einer Zeit, als alle anderen Nationen des ehemaligen Jugoslawien nach außen geschlossen auftraten, führten die Serben untereinander Krieg, sogar im wahrsten Sinne des Wortes mit Waffen: der General Jovan Divjak, ein Serbe, war einer der ranghöchsten Kommandanten in der Armee des muslimischen Präsidenten Alija Izetbegović.

"Die Spaltung der Serben, das war es, was wir erreichen mussten", bekennt der Friedensunterhändler Lord Owen in seinen Memoiren. Fazit: Willst du die Serben spalten, vertraue auf die Serben. Niemand wird diese Aufgabe besser erledigen!

Sie haben uns das Leben gestohlen!

Während Serbien schläft und Slobodan Milošević auf Urlaub in Crni Vrh ist, marschiert Tuđmans Kroatische Armee wie auf einem Spaziergang in die Festung ein, die als Bollwerk der Serben in Kroatien galt. Fünfhundert Jahre lang gab es die Serbische Krajina, jetzt existiert sie nicht mehr.

Die Mitte der neunziger Jahre erlebte Serbien als Krise, der Fortbestand des Staates war ungewiss, es herrschte Lustlosigkeit und kollektive Niedergeschlagenheit: man lebte von einem Tag auf den anderen. Die Menschen waren auf ein derartiges Unglück nicht vorbereitet, umso schwerer trugen sie daran. Man fragte sich: Wer sind wir, wo stehen wir, wohin gehen wir, und wo werden wir ankommen?

Nach der Begeisterung des Sieges folgten die Niederlagen. Man musste retten, was zu retten war. Während die militärische und moralische Kraft der Serben jenseits der Drina in Bosnien immer mehr abnahm, sie von Armut gezeichnet und von ihrem Mutterland aufgegeben buchstäblich hungrig und barfüßig waren, erhielten die Kroaten und Muslime immer mehr Vorteile. Das Ausland stand hinter ihnen, Pale und Knin hingegen hatten nicht einmal mehr die Rückendeckung Belgrads.

Milošević hatte sich auf den Krieg eingelassen, ohne zu wissen, wie er nun wieder heraus kam. Das überließ er dem Ermessen der Großmächte, unter denen die Amerikaner und die Deutschen den größten Einfluss besaßen.

Montag, 1. Mai 1995

Nichts Besonderes war angesagt, es war ein Festtag, arbeitsfrei, und nur wenige äußere Symbole erinnerten an die traditionelle

Erster-Mai-Feier. Das Ehepaar Milošević verbrachte diesen Urlaubstag in Karađorđevo, dem früher von Tito so gern angesteuerten Aufenthaltsort.

Und während Serbien schlief, müde eher von Armut und Unzufriedenheit als von anstrengender Arbeit, marschierte in der frühen Morgendämmmerung um 5.30 Uhr Kroatiens Armee in Slawonien ein. Kein Mensch stellte sich ihr in den Weg. Vor ihr lagen leere Dörfer, aus denen sich das Volk kopflos davongemacht hatte, nicht mehr an Habe mitnehmend, als was auf den Anhänger eines Traktors passte. Wo waren die serbischen Verteidiger geblieben? Ihre Waffen waren nirgendwo zu hören, auch die Stimmen der so gut abgerichteten Führer der Krajina-Serben waren nicht mehr zu vernehmen. Sie waren ebenfalls müde, am meisten aber vom Gerangel um die Macht: Milan Babić hatte Jovan Rašković gestürzt, Goran Hadžić an Milan Babićs Stuhl gesägt, Milan Martić hatte Milan Babić aus dem Spiel geworfen, Bora Mikelić hatte Martićs Position unterminiert. Das alles unter dem wachsamen Auge von Slobodan Milošević – einem Meister des Hinterhalts –, dessen System der Selbsterhaltung dem Prinzip des "teile und herrsche" folgte.

Kroatische Soldaten ziehen entspannt in die Grenzstation Okučani ein und kommen an einem Gebäude vorbei, auf dem gespenstisch, einen halben Meter hoch, die Aufschrift "Vojislav-Šešelj-Straße" prangt. Aus einem Gebäude mit dem Hinweisschild "Serbisches Radio Okučani" ist schon das Lied: "Meine Mutter ist Kroatin!" zu hören. Um 10.45 wird das frühere Konzentrationslager Jasenovac erobert, Symbol für das Leiden der Serben im Zweiten Weltkrieg. Wer hätte hier die siegreichen kroatischen Soldaten erwartet? Die Zagreber Presse erinnert an die Worte des letzten Kommandanten von Jasenovac, Dinko Šakić: "Ich bin stolz auf alles, was ich getan habe. Wenn mir eines Tages der gleiche Posten wieder angeboten würde, würde ich zugreifen". In kürzester Zeit wurden die Spuren dieses Lagers beseitigt, Tuđman wollte Jasenovac als "Gedenkstätte der kroatischen Opfer" ausgeben.

Und Serbien? Serbien beging diesen 1. Mai in feiertäglicher Stille, als wäre es von diesen Ereignissen unberührt, als spiele sich das westslawonische Drama in irgendeinem weitab gelegenen Winkel der Erde ab. Das Fernsehen strahlte ein Routineprogramm aus, in der Belgrader Ada Ciganlija tanzte man den Kolo auf der Straße und drehte einen ganzen Stier am Spieß, Milošević und seine Nachfolger ließen kein Wort verlauten. Wo blieb der nationale Aufschrei diesmal? Wo war die Begeisterung des Volkes hin, das in seinen Träumen alle Serben in einem Staat vereint gesehen hatte? Auch der Wojwode Šešelj war nicht mehr zu hören, der sich in den Cafés gebrüstet hatte, dass "der Tag nicht weit sei, an dem der Ustascha-Führer Tuđman vom Turm der Zagreber Kathedrale mit bloßem Auge die historischen Grenzen des kroatischen Staates erkennen könne".

Der orthodoxe Patriarch Pavle stattete Slobodan Milošević einen Besuch ab und fragte, was da vor sich gehe, ob Serbien seinen Brüdern zu Hilfe eile. Die Antwort des serbischen Präsidenten lautete: "Alles läuft nach Plan".

In diesem Albtraum fanden sich nun die serbischen Flüchtlinge wieder, auf die man die gesamte Last der Katastrophe abwälzte. Vor Tod und Not geflohen, suchten sie Zuflucht in Serbien. Aber wem waren sie von Nutzen? Serbien befand sich ja selbst am Rande sozialer Unruhen, und die Machthaber fürchteten die angestaute Unzufriedenheit, die mit dem Eintreffen immer neuer Kolonnen obdachloser Menschen weiter anwuchs. Sollen sie doch dahin gehen, wo sie hergekommen sind, und ihre Heimat mit dem Gewehr verteidigen, so lautete die Botschaft der regimetreuen Propagandatrommeln. "Als stolzer Serbe hätte ich es lieber gesehen, wenn sie alle heldenhaft gefallen wären und wir ihrer als Helden gedenken könnten", ließ der Kommandant der paramilitärischen "Tiger", Željko Ražnatović-Arkan, verkünden, ein Belgrader Geschäftsmann, der auf der Fahndungsliste von Interpol stand und von Jugend an mit dem Tod gelebt und Tod gesät hatte.

Während in Belgrad die internationalen Repräsentanten ein- und ausgingen, die Milošević als "führenden Friedensengel auf dem Balkan" für sich entdeckt hatten, startete die Polizeigewalt aus Serbien, Pale und Knin vereint eine brutale Fahndung nach den "Deserteuren", wie die unglücklichen Flüchtlinge und Wehrpflichtigen genannt wurden, die in Serbien Zuflucht gesucht hatten. Serbien befand sich nicht im Krieg, lieferte aber unerwünschte «Fremde» aus. Zehntausende junger Männer wurden zwangsweise an die Front gebracht. Man unternahm Razzien wie gegen Kriminelle, suchte nach ihnen unter der Heimatadresse, in Studentenwohnheimen, in Cafés und auf der Straße. Bis an die Zähne bewaffnete Polizisten führten aus dem Nachtclub "Havana" etwa dreißig junge Männer ab, darunter auch mehrere Kellner, die sich noch nicht einmal umziehen konnten. Sechzig "Deserteure" wurden in zwei Bussen nach Pale gebracht: manche hatten sommerlich kurze Hosen an oder waren noch in Pyjama und Hausschuhen, einige wurden auch in Handschellen vorgeführt.

Viele machten die "Erziehungs"-Hölle von Arkans "Tigern" in Erdut durch, die Augenzeugen mit der Folter auf der Sträflingsinsel Goli Otok vergleichen. M. G. aus Glina, der wegen eines Gehörschadens von der Wehrpflicht befreit worden war, wurde in einem Aufnahmelager in Bajmok aufgegriffen und in der Nacht nach Erdut gebracht.[16] Zum Morgenappell, so bezeugt dieser Flüchtling, ließ Arkan alle diejenigen vortreten, die krank seien und eine ärztliche Untersuchung benötigten. Etwa zehn junge Männer meldeten sich, darunter auch M. G., der seine Wehruntauglichkeitsbescheinung vorzeigte: "Arkan ohrfeigte mich links und rechts, und ich musste die Bescheinigung vor versammelter Mannschaft hinunterschlucken. Dann bekreuzigte er sich, verkündete, wir seien jetzt gesund und ließ uns wieder ins Glied zurücktreten."

Hier der Augenzeugenbericht von M. Š., der in Kruševac festgenommen worden war: "Als wir in Erdut ankamen, wurden wir in zwei Gruppen aufgeteilt. Den ganzen Tag standen wir in der Sonne, ohne etwas zu trinken und zu essen. Wenn einer von uns aufbegehrte und eine Forderung stellte, wurde er sofort geohrfeigt. Erst abends bekamen wir zu essen. Davor war einer aus der Gruppe zum Prügeln bestimmt worden – fünfundzwanzig Schläge auf den Körper. Im nahegelegenen Wald hielten ein Dutzend Männer, die mit Draht an einen Baum gefesselt unbeweglich dastehen mussten, 'die Strafe aus'. Am nächsten Tag wartete die gleiche Behandlung auch auf uns."[17]

B. Š., der zusammen mit vierzehn Männern aus der Krajina neun Tage lang in Erdut verbrachte, behauptete, dass sie, auf Steinboden kniend und in Hundehütten eingeschlossen, gezwungen wurden zu bellen. Vierundzwanzig Stunden verbrachten sie in einem Fass mit kaltem Wasser und hatten einen etwa dreißig Kilo schweren Stein um den Hals hängen, während sie sich selbst beschimpfen mussten: "Ich bin der allerschlimmste Serbe!" und "Ich bin ein Verräter des Serbentums!".

Alle Beschuldigungen wischte Arkan später mit einer Handbewegung weg: "Das ist alles Unsinn!" Er gab nur zu, dass seine Garde nach "den alten Gesetzen der serbischen Armee" handelte, und das waren, wie er sagte, "fünfundzwanzig Schläge aufs Gesäß!".

Die Serben aus Serbien selbst wollten nicht in den Krieg, freuten sich jedoch an den militärischen Siegen ihrer Brüder jenseits der Drina. Diese hatten weder Kraft noch Lust, ihr Leben für ungewisse Ziele zu opfern, waren sie doch von ihrem Mutterland im Stich gelassen worden, das zuvor ihren Nationalstolz angeheizt hatte. Der serbische Präsident hat im Gegensatz zu Franjo Tuđman, der in der Herzeg-Bosna ein häufiger Gast war, kein einziges Mal die Krajina besucht, aber alle Serben, sei es aus der Herzegowina, der Lika, der Banija, dem Kordun oder aus Slawonien, sahen in ihm einen Führer, an den sie glaubten, mit dem sie "ehrenvoll im gleichen Glied marschieren" konnten. Das war nun alles vorbei, der große Irrtum kam ans Licht, und Serbien sank auf das niedrigste Niveau seiner Geschichte.

Knin, Samstag, 5. August 1995

Die Bilder aus Westslawonien wiederholen sich in katastrophaler Weise. Kroatiens Armee dringt, ohne auf Widerstand zu stoßen, wie auf einem Spaziergang in Knin ein. Nachdem sie fünfhundert Jahre Bestand gehabt hatte, fällt diese Festung des Serbentums in Kroatien. Die serbische Krajina gibt es nicht mehr.

Die Stadt ist wie verwunschen, leer und unberührt. Viele Haustüren stehen offen, der Herd ist noch warm, sogar der Fernseher läuft noch, als wären die Menschen in einem Atemzug verschwunden. Schon um die Mittagszeit hisst General Ivan Korada auf der Festung zu Knin eine zwanzig Meter lange kroatische Fahne mit dem Schachbrettmuster.

Es hat in einem Krieg niemals einen leichteren und größeren Sieg gegeben. Wo war die Verteidigung des "unbezwingbaren Knin"? Die Menschen flüchteten Hals über Kopf. Jemand (wer?) hatte geäußert, der Rückzug sei angeordnet, vorübergehend, und die Lawine der Flüchtlinge rollte los, niemand ahnte, dass er niemals hierher zurückkehren würde. Fünf Tage zuvor, so bezeugte der orthodoxe Mitropolit Amfilohije, hatte Knin noch den Eindruck völliger Sicherheit erweckt: "Martić saß in seinem Arbeitszimmer, und wir sprachen miteinander, als wäre nichts im Schwange".

Belgrad beschuldigte Martić, dieser aber schob die Schuld auf den serbischen Präsidenten und dessen "treuen Diener" Borislav Mikelić und die aus Serbien abgeordneten Offiziere mit dem ehemaligen Oberbefehlshaber der Spezialtruppen der Jugoslawischen Volksarmee, General Mile Mrkšić an der Spitze. Sie hätten, so behauptete Martić, als erste den Kampfplatz geräumt und seien halsüberkopf geflohen. Ihn, Martić, hätten sie auch nicht von dem bevorstehenden Angriff informiert, und fast hätte die Kroatische Armee den Präsidenten der Serbischen Krajina im Schlaf überrumpelt. Nach seiner Aussage in der regimekritischen Tageszeitung "Naša Borba", "handelt es sich offensichtlich um eine beschämende und schmutzige Regieanweisung, die in Belgrad ausgeheckt wurde, damit es zum Rückzug der Armee kommen und das Gebiet der Krajina einfach Kroatien überlassen werden konnte".

Die Nachricht vom Fall des Städtchens Knin erreichte Slobodan Milošević in Crni vrh, wo er gemeinsam mit Gattin Mirjana, Bogoljub Karić sowie dessen Ehefrau Mara Urlaub machte. Seine Gesprächspartner am Telefon behaupten, er habe auf sie den Eindruck gemacht, als habe die Einnahme Knins ihn erschüttert. Er gebrauchte weder das Wort vom "Fall" noch von der "Eroberung" Knins. "Schau, diese Dummköpfe haben sich zurückgezogen!" sagte er. Die Führung der Krajina-Serben betitelte er als "Säufer" und "Taugenichtse".

Diese Haltung Miloševićs war richtungweisend für die Belgrader regimetreue Presse. Auch das Fernsehen änderte nichts an der Abfolge seines Programms, es unterhielt die Zuschauer weiterhin mit der Schlussvorstellung des Zirkusfestivals in Monte Carlo. Dies veranlasste Patriarch Pavle dazu, einen Brief an den Fernsehintendanten Milorad Vučelić zu richten, in dem er "mit Trauer feststellt", dass jener keinerlei Programmänderungen angeordnet habe, und schrieb: "Sie tragen eine riesengroße Verantwortung vor Gott und der Geschichte".

Am Abend nach dem Fall von Knin berief Milošević im Belgrader Dedinje dreierlei Gesprächsrunden in die Botić-Villa ein: er traf sich mit der Führungsspitze des Militärs, mit vertrauenswürdigen Zeitungsredakteuren und mit der Parteiführung der Sozialisten. Dabei zeigte er keinerlei Aufregung. Den Verlust von Knin schrieb er der unverständigen Politik eines Martić und Karadžić zu, was zur Propaganda-Losung des Regimes werden sollte. An die lokalen Radiostationen wurde der Befehl ausgegeben, "bei Interviews mit serbischen Flüchtlingen Martić und Karadžić zu beschuldigen." Ausschließlich auf diese beiden wurde die Schuld an der Niederlage abgewälzt.

Serbien war verwirrt und betäubt von der eigenen Unfähigkeit. Nur einige hundert Belgrader, meist Serben aus Bosnien und der Krajina, schüttelten vor dem Nationaltheater ihre Bitterkeit aus:

"Verrat, Verrat!"

Das Führungsgremium der Jugoslawischen Linken ließ vermelden, "das wichtigste Interesse Jugoslawiens ist die Bewahrung des Friedens", und um das zu erreichen, "muss man den Kriegstreibern Einhalt gebieten und sie beim Namen nennen, und zwar in den Gebieten, in denen aufgrund dieser Aufwiegler der Krieg noch nicht zum Stillstand gekommen ist". Die Kriegshetzer sollten also unschädlich gemacht werden, was einer Aufgabe all dessen gleichkam, wofür der Krieg überhaupt begonnen worden war.

Sonntag, 6. August 1995

Völlig berauscht von seinem militärischen Ruhm war ganz Kroatien auf den Beinen, in allgemeiner Volksfeststimmung wurde Alkohol ausgeschenkt und Freudenschüsse über den Sieg abgefeuert. Nachmittags, während das Belgrader Fernsehen noch meldete, dass sich "die Verteidiger umgruppieren", landete ein Hubschrauber mit Franjo Tuđman an Bord auf der aus dem 13. Jahrhundert stammenden Festung von Knin. Tuđman küsste die kroatische Fahne und verkündete, dass nun "endlich der Grundstein für einen unabhängigen kroatischen Staat der kommenden Jahrhunderte gelegt" sei, nach der Vertreibung derjenigen, "die das Krebsgeschwür im kroatischen Volkstum verbreitet haben" und "in der Folge unserer militärischen Siege, die in goldenen Lettern in die Geschichte eingehen werden".

Den früheren Tito-General verglich die kroatische Presse mit Bismarck, Churchill und De Gaulle. Auch ein Film mit dem Titel Tuđman – der kroatische George Washington wurde angekündigt.

Zur gleichen Zeit wälzt sich eine fünfzig Kilometer lange Kolonne von Flüchtlingen über die Landstraßen, keiner von ihnen weiß, wo sie ankommen und was sie dort erwarten wird. Alles was sich bewegen lässt, ist in Bewegung, Autos, Traktoren, Fahrräder, Pferdefuhrwerke, Lastwagen. Die Menschen sind mutlos, verloren, verängstigt, in sich gekehrt, von Schweiß und Staub bedeckt, von der

Sonne verbrannt und nass vom Regen. Sie schlafen in den ihnen verbliebenen Lumpen auf Traktoren oder auf Pferden, im Sitzen und im Stehen, und ziehen immer weiter, weiter weg von der Krajina.

Die Entkräfteten bleiben sterbend am Rande der Landstraße liegen, Kinder kommen in der Flüchtlingskolonne zur Welt. Bei Marin Brod tötet ein Krajinaserbe aus Verzweiflung seine Frau und zwei Kinder und nimmt sich dann selbst das Leben. Ein junger Mann wird über Nacht schlohweiß. Der neunjährige Grundschüler Dejan Popović lenkt das Steuer eines "Yugo", in dem seine Mutter, Schwester, Großmutter und eine Tante mit ihrem Säugling sitzen. Kinder werden übernacht erwachsen.

Eine Szene auf der Landstraße: das Fuhrwerk ist zusammengebrochen, die Räder sind entzwei, ein älterer Mann führt das Pferd beiseite, überlässt ihm einen Hafersack und setzt mit seiner Familie den Weg zu Fuß fort.

Nichts ist mehr wichtig von all dem, was noch bis gestern die Herzen dieser Menschen bewegt hat: der eigene Staat, die eigene Fahne. Man versucht, die nackte Haut zu retten.

Alles ist zusammengebrochen, nur der Handel blüht. Zwischenhändler bieten am Wegrand Motoröl, Bier und Wassermelonen an, ein Sandwich zu fünf Deutschmark. Auch der gescheiterte Staat der Republika Srpska will profitieren: im westbosnischen Prijedor kostet an der staatlichen Tankstelle der Liter Motoröl zehn Deutschmark.

Versteckt unter Ladeplanen und niedergeschlagen, ziehen die obdachlosen Menschen durch Sisak, das nun siegesfeiernd seinen Zorn entlädt. Eine Gruppe von Einwohnern dieser ehemals kommunistischen Hauptstadt begleitet mit Steinwürfen, Müllkanonaden und Drohrufen wie "Ihr Tschetniks, geht nach Serbien!" die Krajinaserben auf ihrem Weg ohne Wiederkehr, auf dieser letzten Reise durch Kroatien zur Stadt hinaus. Den gequälten Menschen wird jetzt all das vergolten, was ihre Landsleute in Vukovar, Sarajevo, Zvornik, Srebrenica und in Knin selbst angerichtet hatten, als sie die Vertreibung ihrer kroatischen Nachbarn forcierten.

Es wiederholt sich das Bild des Helden in dem Stück "Srpska drama" von Siniša Kovačević (zu deutsch "Das serbische Drama"), welcher angesichts seines Todes sagt: "Dank sei dir, mein Gott, dass auch mir auf dieser Welt etwas Gutes geschieht!"

"Verrat" ist das Wort, das sich am häufigsten wiederholt. Wer ist der Verräter? "Alle!" Wer, alle? "Ihr dort aus Belgrad." Slobodan Milošević? "Er ist's, er! Erst war er für uns ein Gott und Heiliger, jetzt ist er der Feind!" Und Martić? "Er ist ein kleines Rädchen, wir wissen doch alle, dass die Hauptpersonen in Belgrad sitzen." Und General Mrkšić? "Mrkšić habt ihr uns aus Belgrad geschickt. Er ist ein ganz gewöhnlicher Ochse!"[18]

Ein weiterer Augenzeuge: "Ich bin immer mehr überzeugt davon, dass wir weder einen Staat, noch Machthaber oder eine Armee besessen haben, sondern all das war reiner Machtkampf, Ausbeutung und Volksbetrug. In vier Jahren Krieg gab es in der Krajina Schwarzhandel, Volksfeste und Langeweile. Niemand hat sich auf die Verteidigung vorbereitet. Wenn ihr nur sehen könntet, was wir für Waffen zurückgelassen haben, und sie haben uns wie eine Herde Hammel weggetrieben".

Milan Martić empfiehlt von Banja Luka aus, man solle "die Besatzung nicht akzeptieren" und ruft die wehrfähigen Männer dazu auf, "sofort zur Befreiung Knins in den Kampf zurückzukehren". Aber keinem fällt das auch nur im Traume ein. Und Milan Babić, "dieser Babić mit dem unzerbrechlichen Rückgrat", der alle Verhandlungen mit den Kroaten abgelehnt hatte, schreibt im Gebäude der serbischen Regierung in Belgrad unter der Aufsicht von Präsident Mirko Marjanović unterwürfig eine Anklageschrift gegen Martić, der "schuld an der Kapitulation der Krajina ist".

Palast der Föderation, 7. August 1995

Montag nachmittag im Arbeitszimmer des jugoslawischen Regierungschefs Radoje Kontić. Auf dem Tisch eine halbleere Flasche französischen Kognaks. Zu Besuch beim Regierenden sind zwei seiner Freunde. "Ich habe euch eingeladen, um mich mit euch gemeinsam zu betrinken", sagt der Premier. "Ich weiß nicht, wie es euch geht, aber ich als Montenegriner schäme mich. Heute morgen haben mir meine Kinder gesagt: 'Wir pfeifen auf dein Amt!' Was sollte ich ihnen antworten? Ich habe geschwiegen!"

Die jämmerliche Lage des jugoslawischen Regierungschefs ist an der Kognakflasche zu erkennen. Der Büroleiter kommt herein: "Herr Präsident, Samaruga (Cornelio Samaruga, der Generalsekretär des Internationalen Roten Kreuzes), ist angekommen, es ist ein Treffen mit ihm vereinbart". Kontić verabschiedet sich von seinen Freunden und versucht, beim Hinausgehen ein sicheres Auftreten zu demonstrieren.

In einem Tag hat sich Kroatien von den Serben befreit. Die Stadt Knin wurde unberührt verlassen, wie bei einer Umsiedlung auf Vereinbarung. Neue Bewohner konnten einziehen, alles stand zu ihrer Verfügung.

Vor dem Angriff auf Knin hatten Kroatien dreihunderttausend Serben verlassen, nach dem Fall Knins noch einmal zweihunderttausend.[19] Was Ante Pavelić mit dem berüchtigten Konzentrationslager Jasenovac und den Todesgruben in der Herzegowina nicht erreicht hatte, gelang Franjo Tuđman ohne Anstrengung. Großzügig wurde er dabei durch die unvernünftige Politik in Belgrad und Knin unterstützt. Die Serben hatten ihren eigenen Staat innerhalb Kroatiens zum Ziel, aber letzten Endes wurde Kroatien dann ethnisch fast serbenfrei. Die Botschaft des deutschen Außenministers Klaus Kinkel: "Serbien muss in die Knie gezwungen werden!" hatte sich erfüllt.

Mit feierlichem Ausdruck im Gesicht und mit bortenbesetzter, fransenbehangener Uniform militärisch gekleidet, verkündete der frühere Tito-General Franjo Tuđman triumphierend, dass alle Teilnehmer am Feldzug in Westslawonien und der Krajina mit insgesamt 168.487 Medaillen für die Operationen "Blitz", "Gewittersturm" und "Sommer '95" ausgezeichnet wurden. Diese Aktion der

Kroatischen Armee wurde von der Propaganda zum größten Militärunterfangen und zur schlimmsten Niederlage der Serben seit der Schlacht auf dem Amselfeld hochstilisiert. Aber einen richtigen Krieg hatte es bei der Eroberung Westslawoniens und der Krajina in Wahrheit nicht gegeben. Das war vielmehr eine allgemeine, kopflose Flucht des von allen vergessenen und sich selbst überlassenen Volkes, in der es ums nackte Überleben ging. Die Geschichte wiederholte sich wiederum, und in schlimmerer Form: Vor siebzig Jahren hatte der serbische Politiker Svetozar Pribićević gesagt: "Die Serben in Kroatien behandelt Serbien wie die Hunde. Zuerst stachelt es sie zum Bellen an, lässt sie dann aber am Zaun festgebunden zurück, damit der kroatische Herr sie verprügeln kann".

Es hat sich herausgestellt, dass alles eine große Lüge war, an der viele Seiten beteiligt waren, Belgrad, Zagreb, Pale, Knin und die internationale Gemeinschaft. Tuđmans Wahlkampf im Jahr 1990, der mit Symbolen aus dem Arsenal der kroatischen faschistischen Ustascha geführt worden war, hatte den Einwohnern von Knin Angst gemacht, die ihre Erfahrungen aus der Vergangenheit wieder vor Augen hatten. Die nationale Euphorie in Serbien und Miloševićs Versprechungen hatten viele Gemüter angeheizt und das Volk dazu ermutigt, mit einem Aufstand und der Schaffung eines eigenen Staates seine Selbständigkeit zu gewinnen. Das Belgrader Regime unterstützte die Krajina mit Waffenlieferungen und Kriegsbegeisterung, suchte aber dann, als es klar wurde, dass diese nationalen Ziele unerreichbar bleiben würden und sogar die Existenz Serbiens in Frage gestellt war, den Ausweg in der totalen Kapitulation.

Hätte man die Krajina retten können? Jawohl, wenn in Belgrad und Zagreb andere Politiker an der Macht gewesen wären und Knin eine vernünftige Führung gehabt hätte. Aber keine dieser Bedingungen traf zu. Tuđman sprach davon, dass "es in Kroatien nur kroatische Wiesen, kroatische Hügel und kroatische Rasenflächen gibt" und dass Pavelićs Kroatiens "nicht nur ein reiner Quisling-Staat und ein faschistisches Verbrechen war, sondern auch der

Ausdruck der historischen Bestrebungen des kroatischen Volkes". Den Serben wurde zu verstehen gegeben, dass sie da nichts zu suchen hätten. Und Knin, besorgt um seine Zukunft und beflügelt von den anfänglichen Siegen dieses Krieges, verlor den Bezug zur Realität: die Macht stieg den Leuten zu Kopf, sie verlangten einen eigenen Staat und lehnten alles andere ab, hatten aber andererseits weder den Verstand noch die Kraft, diesen Staat zu schaffen.

Längst war Jovan Rašković davongejagt worden, ein Humanist und Mann von hohem Ansehen bei den kroatischen Serben. Er war weder nach Tuđmans noch nach Miloševićs Geschmack. Den serbischen Präsidenten störte seine unglaubliche Popularität, die bis nach Serbien' reichte, und auch seine Politik der Kompromisse, deren Hauptziel es war, die Sicherheit der Serben in Kroatien zu gewährleisten, und mit der man das Blutvergießen hätte verhindern können. Von drei Seiten gleichzeitig angegriffen, von Belgrad, Zagreb und seinen ehrgeizigen Genossen aus Knin, übersiedelte er mit seiner Familie nach Belgrad. Zwei Jahre zuvor war er aus seiner Heimatstadt Šibenik vertrieben worden, und in Primošten hatte man sein Haus angezündet. Am selben Tag, als es in Knin das erste Todesopfer gab, sagte er vor versammelter Menschenmenge, er werde sie nicht in den Krieg führen: "Ich weiß, wie man den Frieden pflegt, aber nicht, wie man Krieg führt. Auch wenn ich Waffen hätte, würde ich sie euch nicht geben!" Ich traf ihn unmittelbar vor seinem Tod im Juli 1992. Er machte einen eher traurigen und unglücklichen als enttäuschten Eindruck.

Mit dem Fall von Knin atmete die internationale Gemeinschaft auf: Die Serben waren nun die Unterlegenen. Die gesteuerte Weltöffentlichkeit, die die ganze Zeit den Schuldigen nur auf einer Seite gesehen hatte, verfolgte gleichgültig den größten Exodus in der jüngeren Geschichte und klatschte in der Stille Beifall für den kroatischen "Blitzkrieg": Die Serben hatten das bekommen, was sie verdienten! Es gab kein Erbarmen. Außer einigen vereinzelten Stimmen herrschte nirgendwo Solidarität mit der Tragödie des vertriebenen serbischen Volkes. "Die Welt will das Weinen der serbischen Mütter nicht hören", konstatierte die New York Times. "Wenn aus irgendeinem Grund dreihunderttausend Vögel ihre Brutplätze hätten verlassen müssen, wäre die Weltöffentlichkeit wegen Gefährdung des ökologischen Lebensraums Sturm gelaufen", meinte ein Geistlicher. Aber die Umsiedlung eines ganzes Volkes wurde von allgemeinem Stillschweigen begleitet.

Die Vertreibung der Serben verlief ohne Gnade. Die Teilnehmer am Krieg um ihre kroatische Heimat gründeten sogar eine "Vereinigung zum Hinauswurf der Serben aus kroatischen Häusern". Der schwedische Friedensunterhändler Carl Bildt war einer der wenigen westlichen Diplomaten, der seine Stimme gegen diese Gewalt erhob. Er forderte das Haager Tribunal auf, sich mit diesen ethnischen Säuberungen zu befassen. Deshalb wurde er in Kroatien zur persona non grata. Einige Tage nach der Operation "Gewittersturm" ließ Bill Clinton verkünden, er sei "über dieses Problem (des Exodus) überhaupt nicht informiert worden".

Knin wurde von allen Seiten im Stich gelassen, und dem schuldbeladenen Milan Martić, der in seinen staatsmännischen Fähigkeiten weit überfordert war, wurde die Rolle des Sündenbocks zugeschoben, der für die Tragödie von Knin verantwortlich war.

Martić gehörte zu den Anführern des Krieges, die sich mit Begeisterung und voller persönlicher Überzeugung die nationale Idee zu eigen gemacht hatten und Milošević als Erlöser des Serbentums betrachteten: "Ich habe geglaubt, er sei unser Gott, der das Serbentum retten würde, und ich hätte beide Hände für ihn ins Feuer gelegt", bekannte Martić enttäuscht und von allen verlassen in einem Interview für "Zapadna Srbija". Dieser Glaube hatte für ihn und seine Krajina-Serben, die im Gegensatz zu Pale unter der direkten Kontrolle Belgrads standen, fatale Folgen.

1954 im Dorf Žagorić bei Knin geboren, hatte dieser Mann von bescheidener Bildung seine Karriere als halbqualifizierter Arbeiter und Milizionär in Šibenik begonnen, um nach dem Abschluss der Zagreber Höheren Schule für innere Angelegenheiten

Polizeichef in Knin zu werden. Auf diesem Posten wurde er vom Zerfall Jugoslawiens überrascht, und in der Öffentlichkeit hörte man zum ersten Mal Mitte 1991 von ihm, als er, der Polizeikommandeur, es ablehnte, das Abzeichen mit dem kroatischen Schachbrettmuster an seine Mütze zu heften, das zum neuen Emblem des Tuđman-Staates geworden war. Obwohl er damals politisch nur die zweite Geige spielte, ist die sogenannte "Baumstamm-Revolution" und die Aufruhrstimmung in der Kniner Gegend hauptsächlich mit seiner Person verknüpft. Auch er selbst bekennt, dass er "von den politischen Umständen an die Oberfläche getragen wurde". Mit der Zeit wurde er zur führenden Persönlichkeit der Serbischen Krajina, zum Auserwählten Miloševićs und abhängigen Sklaven mit der naiven Überzeugung, Serbien stünde hinter ihm, und dem gewachsenen Selbstvertrauen, das Schicksal habe ihn für die historische Mission der Verwirklichung des serbischen Traumes vorherbestimmt. Kein einziges Mal dachte er daran, dass Knin in den Grenzen Kroatiens verbleiben könnte, auch dann nicht, als es allen anderen schon sonnenklar war. Zagreb begegnete er mit Drohungen und Trotz, ließ es mit Raketen beschießen, während die "Republik Serbische Krajina" im Chaos zwischen Armee, staatlicher Organisation und den Querelen seiner ehrgeizigen, aber unfähigen Anführer zerfiel. Martić wurde zum Opfer einer politischen Utopie, die man gebrauchte und dann missbrauchte. Er war eine manipulierbare Persönlichkeit mit bescheidenen Fähigkeiten, der selbstverschuldet als der Mann in Erinnerung bleiben wird, unter dessen Führung die Serbische Krajina von der Landkarte verschwand. Eine historische Illusion wurde zunichte gemacht.

Und Slobodan Milošević? Der Hintergrund der Absprache zwischen Milošević und Tuđman vom 25. März 1991 in Karađorđevo unmittelbar vor dem Zerfall Jugoslawiens muss erst noch aufgeklärt werden. Wurde das Schicksal der Krajina schon zu diesem Zeitpunkt entschieden, und war alles, was danach geschah, nur ein politisches Spiel mit tragischen Folgen? Milošević schweigt sich bisher darüber aus, und nur einige Einzelheiten sind bis zu seinen Mitarbeitern vorgedrungen. Tuđman war da redseliger; gleich mehrere seiner ehemaligen Anhänger bezeugen, dass zwischen dem serbischen und dem kroatischen leader damals die Aufteilung Bosnien-Herzegowinas vereinbart wurde. Stipe Mesić sagte darüber sogar freiwillig vor dem Haager Tribunal aus und behauptete, dass die beiden Staatsmänner sich über eine "humanitäre Umsiedlung" der Einwohner Bosniens verständigt hätten. Nach diesen Angaben war Milošević auch damit einverstanden, die Serben in Kroatien Tuđman zu überlassen und Kroatien die Gebiete der früheren Banovina und Westbosnien zuzuschustern. Dies hat laut Mesić auch Borisav Jović bestätigt, der ihm gesagt habe, dass "sie (in Belgrad) nicht die Serben in Kroatien, sondern 66 Prozent von Bosnien-Herzegowina interessiere, und das werden sie einnehmen". Und Tuđmans Kabinettschef Hrvoje Šarinić erklärte, Milošević habe ihm 1995 gesagt: "Wir werden, Hrvoje, unsere Probleme lösen, und das ohne die internationale Gemeinschaft. Jeder wird von seiner Seite aus seinen Teil von Bosnien-Herzegowina annektieren. Die Amerikaner wollen da einen Bastard aus der Taufe heben, aber sie verstehen rein gar nichts davon. Wir dürfen die Einheit Bosniens nicht zulassen."

Während des gesamten Krieges trafen Tuđman und Milošević, so sehr sie auch gegnerischen Seiten angehören, wiederholt mit äußerster Leichtigkeit Absprachen und zeigten gegenseitige Sympathie und Vertrauen. Obwohl Tuđman bei jeder Gelegenheit vom Hass gegen die "serbokommunistische Aggression" sprach, erwähnte er dabei Milošević kein einziges Mal, und auch der serbische Präsident feindete seinen kroatischen Amtskollegen nie öffentlich an. Milošević redete Tuđman freundschaftlich mit "Franjo" an, während Tuđman ihn "Slobo" nannte. Der amerikanische Botschafter in Belgrad, Warren Zimmerman, behauptet in seinen Memoiren, Tuđman habe ihm gesagt, er vertraue Milošević: "Man kann ihm Glauben schenken". Die beiden standen dank der Vermittlung Šarinićs, der zwischen 1993 und 1995 insgesamt dreizehn Mal nach Belgrad reiste, in ständigem Kontakt miteinander. Auch nach Šarinićs Aussage machte sich der serbische Präsident keine Sorgen um das Schicksal der Krajina. Er sagte: "Am Ende bekommt ihr doch alles, aber ihr habt es einfach etwas zu eilig!" Gleichzeitig interessierte er sich mit warmer Anteilnahme für Tuđmans Gesundheit: "Wie geht es Franjo? Ich bin froh, dass er, wie ich gehört habe, seine Krankheit erfolgreich überwunden hat".

Obwohl sie sich politisch unterschieden, Tuđman ein leidenschaftlicher Chauvinist und Milošević ein habgieriger Machtmensch war, zeigten die beiden doch gewisse Ähnlichkeiten. Beide waren harte Autokraten, Landesherren und politische Hasardeure. Auch ihr Familienschicksal ist ähnlich: während Miloševićs Eltern beide ihrem Leben durch Selbstmord ein Ende machten, tötete Tuđmans Vater Stjepan erst seine Frau, Franjos Mutter, und dann sich selbst.

Die Krajina war längst verkauft, und alles andere war pures politisches Theater. Einerseits stärkte Milošević Knin den Rücken, andererseits stimmte er mit Franjo Tuđman überein. Dobrica Ćosić versuchte er davon zu überzeugen, dass der Staat der Krajina Bestand haben werde und führte das Beispiel Zyperns an: "Die Türken haben da Grenzen gezogen, die heute unverrückbar sind". Und zu Hrvoje Šarinić sagte er: "Ich kann euch (Kroatien) nicht anerkennen wegen diesen da!"

Dem serbischen Präsidenten war am wichtigsten, dem schlechten Ruf der Niederlage zu entgehen. Es fiel ihm leichter, den militärischen Zusammenbruch der Krajina hinzunehmen als eine Kapitulationsurkunde unterzeichnen zu müssen; es war ihm angenehmer, ein Territorium militärisch zu verlieren als es politisch aufgeben zu müssen, denn eine militärische Niederlage war nur die Niederlage Knins und nicht die des Regimes in Serbien. Wurde deshalb der Belgrader General Mrkšić als Kommandant in die Krajina versetzt, wie man ganz offen in Zagreb erörtert?

Mit der Operation "Gewittersturm" ging Tuđman keinerlei Risiko ein. Er wusste, dass sich die von Milošević kontrollierte

Armee auf keinen Fall einmischen würde, und er hatte grünes Licht von den Amerikanern. "Er ist ein Hundesohn, aber jetzt ist er unser Hundesohn", sagte man in Abwandlung des geflügelten Wortes von Franklin D. Roosevelt. Außer den Deutschen unterstützten Tudman vor allem die Amerikaner: diplomatisch, durch Militärberatung, nachrichtendienstliche Hinweise und durch die Vernichtung der elektrischen Anlagen in der Krajina aus der Luft. Nach der Operation "Gewittersturm" verlieh Tudman dem früheren amerikanischen Verteidigungsminister William Perry "für die der Kroatischen Armee geleistete Unterstützung" eine Auszeichnung. Der Vorsitzende der britischen Liberalen, Paddy Ashdown, bezeugt, Tudman habe ihm selbstbewusst gesagt, es werde wegen der Krajina keinerlei Probleme geben. "Wir werden sie innerhalb von zehn Tagen einnehmen". Die Krajina wurde in 85 Stunden erobert.

Als hätte sich gar nichts Besonderes ereignet, nahm Serbien den Fall der Krajina und den Exodus von zweihunderttausend Menschen gelassen hin. Es gab weder ernsthafte Proteste noch eine diplomatische Demarche. Leidtragende waren die unglücklichen Vertriebenen, die von allen im Stich gelassen noch nicht einmal das Recht auf einen kostenlosen Sarg für ihre Toten besaßen. Tudman wollte sie nicht, und das geschwächte Serbien konnte nicht einmal sich selbst helfen. Am meisten kümmerte sich das einfache, nicht selbst betroffene und mit seinen eigenen Problemen schon zur Genüge belastete Volk um diese Menschen. Die nationalen Führer öffneten diesen Märtyrern keine Haustür.

Bezeichnend ist die Aussage eines Flüchtlings aus Knin, die er einem Reporter der Zeitung "Svetlost" aus Kragujevac gab: "Zu Beginn des Krieges sahen wir Serbien, wie es voller Kraft, Draufgängertum, Phantasie, Trotz und Selbstbewusstsein war. Junge Männer, starke, kräftige Burschen, hielten in Belgrad Meetings ab und sangen: 'Dreimal hat Serbien Krieg geführt und wird's wieder tun, wenn das Glück sich rührt'. Das Serbien, in dem wir jetzt angekommen sind, gleicht dem anderen kein bisschen mehr. Es ist abgestumpft, schwach, kennt uns nicht. Nirgendwo sind diese starken Burschen mehr zu sehen, kein einziger mehr!"

So endete der serbische Traum: mit Totensärgen und verzweifelten Menschen. Die Serbische Frage in Kroatien stellte sich nicht mehr. Nach Aussagen Tuđmans waren neunzig Prozent der Serben ausgewandert. Nur die serbische Enklave in Baranja und Srijem blieb bestehen, die weiße Fahne gehisst, mit ungewisser Zukunft und Goran Hadžić an der Spitze, dem ehemaligen Magazinverwalter und Studenten der Wirtschaftswissenschaften ohne Abschluss, der, für alle Fälle, in Novi Sad eine Wohnung und eine Privatfirma besitzt. Milošević hatte dem UN-Verwalter Slawoniens, dem Amerikaner Jack Klein, gesagt, dieses Gebiet werde zukünftig nur ein "außenpolitisches Problem Serbiens" darstellen, was bedeuten sollte, dass es keinerlei Anbindung an Serbien haben würde. Als ihn der UN-Verwalter dazu aufrief, den Serben doch zu raten, in Ostslawonien zu bleiben, habe er laut Klein geantwortet: "Das ist mir egal, das ist ihr Problem!"

Zur gleichen Zeit schrieben und sprachen die Propagandisten des Regimes von der Großzügigkeit Serbiens. Das, was für die Flüchtlinge Leid, Erniedrigung und das Gefühl völliger Verlassenheit bedeutete, war für die serbischen Machthaber eine gute Tat, die diese "auf immer und ewig in Erinnerung behalten" sollten. "Die Solidarität, die das serbische Volk gezeigt hat, ist ein dauerhaftes, ja das allerschönste Denkmal seiner Humanität", sagte Slobodan Milošević auf dem Parteikongress der Sozialisten: "Und alle diejenigen, die Gegenstand dieser Solidarität gewesen sind, sollten dies als Lektion der Güte und als Bringschuld in Erinnerung behalten, die sie vielleicht einmal einer zukünftigen Generation zurückzahlen müssen".

Mira Marković ging noch weiter. Sie schrieb über die Gutmütigkeit Serbiens und beschuldigte verbittert die Opposition, sie wiegele die Flüchtlinge gegen ihre Wohltäter auf. Denn die serbische Obrigkeit habe diesen Menschen, so Professorin Marković, "nicht nur ein Heim, lebensnotwendige Dinge, Brot und einen Mantel" zur Verfügung gestellt, sondern ihnen "auch das Leben bewahrt". Und "diejenigen, die ohne Dach über dem Kopf, ohne Arbeit, ohne das Allernotwendigste, buchstäblich häufig ohne Brot und Mantel dastehen, zum Aufstand gegen jene aufzurufen, die ihnen all das gegeben haben", das "stellt ein biblisches Beispiel fehlender Ehrerbietung dar", schlussfolgerte die Präsidentengattin.

In einem anderen Beitrag für die Zeitschrift "Duga" fühlte Genossin Marković das Bedürfnis, sich an die unzufriedenen Zuwanderer zu wenden, die sich über ihr Leid beklagten. Diese Menschen seien, so drückte sie sich aus, "nach Belgrad, aber auch in andere Städte Serbiens gekommen, mit ihren Kindern, mit ihrem Geld und ihrem Ehrgeiz – um in Serbien Positionen in Wirtschaft, Politik und Gesellschaft zu übernehmen, die aus ihnen auf diesem Umweg Bürger erster Ordnung machen werden." Mit Verbitterung fragte sie diese Menschen, "wenn sie so erzürnt ob ihres heimatlichen serbischen Herdes sind, warum sind sie nicht dort geblieben, um ihn zu verteidigen: warum sind sie überhaupt hierher gekommen?"

Die Serben waren geschlagen, aber Slobodan Milošević konnte sich wieder einmal als Sieger präsentieren. Er hatte eine neue, starke Rückendeckung, die ihm die Macht sicherte: er besaß nun die Gunst seines ehemals größten Widersachers – des Westens. Er war zum "besten Friedensstifter der Welt" geworden.

Nach Knin blieben nur Worte, und die waren bitter: "Man hat uns das Leben gestohlen!"

Auf einem Gebäude in Belgrad war ein gespenstisches Grafitti zu lesen: "Eins-zwei abzählen: tot, hungrig, tot, hungrig!" Wer hatte sich das ausgedacht? Der Autor mochte aus der endlosen Kolonne der beschämten, lust- und kraftlosen jungen Leute stammen, die jetzt keinerlei Zukunft mehr besaßen.

Auf einer Versammlung in Pančevo sangen die Sozialisten: "Keiner kann uns etwas tun/ wir sind stärker als das Schicksal!"

Athen, 7. August 1996

In Athen trafen sich Slobodan Milošević und Franjo Tuđman, um die Vereinbarung über die gegenseitige Anerkennung Jugoslawiens und Kroatiens zu unterzeichnen. Der serbische Präsident hatte gerade zusammen mit Ehefrau und Tochter eine Kreuzfahrt auf einer Jacht und einen Urlaub auf der mondänen griechischen Insel Hydra verbracht. Zwei Tage zuvor, am Jahrestag des Falls von Knin, hatte Tuđman verkündet, dass "die Krajina in die Umarmung Kroatiens heimgekehrt ist, so rein, wie sie zu König Zvonimirs Zeiten war".

Zu Ehren der Niederlage

Von den leeren Taschen eines Präsidenten, von einem beliebten Teilnehmer der Konferenz von Dayton, von Karadžićs trauriger Feier zu Ehren seines Schutzheiligen und von der Abrechnung mit führenden Sozialisten.

Dayton, 21. November 1995

Im Hotel "Hope" auf der Militärbasis Wright-Patterson fand die feierliche Unterzeichnung des Friedensvertrags statt. Damit wurde ein Morden beendet, das nach dem Zweiten Weltkrieg in Europa ohnegleichen war. Am Verhandlungstisch saßen alle drei kriegsführenden Parteien: Slobodan Milošević, Franjo Tuđman und Alija Izetbegović. Der vierte verantwortliche Akteur des jugoslawischen Dramas, Milan Kučan, verfolgte aus Ljubljana die Verhandlungen als unschuldiger Beobachter, ganz zufrieden damit, "den Jahrhunderte alten Traum des slowenischen Volkes von einem eigenen Staat" verwirklicht zu haben.

Alle waren müde nach den dreiwöchigen Verhandlungen, die Tag und Nacht andauerten und mehr einer Geiselhaft denn einer Konferenz von Staatsmännern ähnelten. Und alle waren glücklich und überzeugt davon, für ihr Volk das Beste getan zu haben. Doch der politische Star von Dayton war eindeutig der serbische Präsident. Der meistgehasste Staatsmann der neunziger Jahre bekam anlässlich seiner Abschlussrede den größten Applaus. Als er in den Konferenzsaal trat, war schon zur Begrüßung in Leuchtschrift an der elektronischen Wandtafel zu lesen: "Willkommen, Präsident Milošević!"

Ohne das Engagement des amerikanischen Weißen Hauses hätte es Dayton nicht gegeben, und ohne die Bereitschaft des serbischen Präsidenten, den Krieg um jeden Preis zu beenden, auch keinen Triumph der Clinton-Administration. Der serbische Präsident hatte begriffen, dass sein Schicksal in den Händen der Weltmacht Amerika lag, und tat ihr jeden Gefallen. Hier wurden keine diplomatischen Gespräche geführt, sondern der Stärkere zwang seine Befehle den anderen auf.

Die Hauptrolle spielte dabei Richard Holbrooke als markanter Vertreter einer neuen, ungeschliffenen Diplomatie, die den Druck der Großmacht hinter sich weiß und ihn auch ohne Zögern ausübt. Der ehemalige Rechtsanwalt fand mit der Keule in der Hand die Sprache, in der man mit Gewaltherrschern spricht. Als Widersacher Miloševićs hatte er noch 1992 gesagt, dieser sei auf dem Weg, sich zum "blutigsten Tyrannen Europas" zu entwickeln, jetzt war er ein vertrauter Gesprächspartner des serbischen Präsidenten. Keiner konnte mit Milošević so gut umgehen wie Holbrooke. Sie tauschten untereinander Witze, Komplimente und Worte aus, die jeglichen diplomatischen Schliffs entbehrten. Mit der mächtigen Männern eigenen, gefälligen Grobheit erlaubte sich Holbrooke, seinen Gesprächspartnern "Genug der Scheiße!" oder "Keine Geschichtsvorträge!" zuzurufen, und hatte damit Erfolg.

Von den internationalen Mächten an die Wand gedrückt und von inneren Konflikten zerrissen, befanden sich die Serben in einer ausweglosen Situation. Knin war verloren, die Serben in Kroatien geopfert und die Brüder jenseits der Drina in Bosnien am Rande des Untergangs. Was früher greifbar nahe schien, eine selbständige serbische Republik im Rahmen Bosnien-Herzegowinas auf 49% von dessen Staatsgebiet, drohte nun, auf dem militärischen Schlachtfeld verloren zu gehen. In mehr als dreitausend Luftangriffen hatte die Nato das militärische Potenzial Pales weit mehr als öffentlich zugegeben vernichtet und das Kräfteverhältnis zu Gunsten der Muslime und Kroaten verändert. Zur eigenen Verteidigung nicht in der Lage, stand Banja Luka kurz vor dem unausweichlichen Fall: das Volk packte schon die Koffer. Dass diese Stadt nicht erobert wurde, war den Amerikanern zu verdanken, die aus der Angst heraus, der Krieg könne sich noch ausweiten, "Es reicht!" sagten. Banja Luka wurde auf diplomatischem und nicht auf militärischem Wege gerettet.

Milošević begriff, dass der Kampf verloren war, und suchte den Ausweg in der diplomatischen Anpassung. Die Zeit der Angeberei war vorbei. Während der Bombardierung von Pale erklärte der französische Präsident Jacques Chirac den Journalisten, er habe mit dem serbischen Präsidenten telefoniert, und der sei "nicht der Meinung, dass der Westen einen Krieg gegen die Serben führt".

Der serbische Präsident wälzte die gesamte Verantwortung für seine Misserfolge auf die Politik Radovan Karadžićs und seiner Genossen ab: "Jetzt ist unserer Öffentlichkeit wohl endlich zur Genüge klar, warum wir gerade im Interesse des ganzen Volkes so hart gegen die Führung in Pale vorgehen mussten". Karadžić schob die Schuld Milošević zu und warf ihm Verrat an der eigenen Idee vor, alle Serben in einem Staat zu vereinen. "Sie tragen den größten Teil der Verantwortung dafür, was jetzt geschieht" wandte er sich öffentlich an Milošević.

Die Führung in Pale hatte sich drei Jahre lang dem serbischen Präsidenten widersetzt: sie konnte nicht mit ihm, aber auch nicht ohne ihn auskommen. Zum Schluss erhob sie resigniert die Hände zum Zeichen der Kapitulation und trat alle Rechte an Milošević ab, einen anderen Ausweg gab es nicht. Milošević erhielt das Mandat, Pale in Dayton zu vertreten, wobei Patriarch Pavle bei den Verhandlungen dabei sein sollte, wie in Dobanovci beschlossen worden war. Sein hohes Ansehen beim Volk wollten sich sowohl Milošević als auch die Führung in Pale zunutze machen, um die eigene undankbare Position zu stärken. Holbrooke behauptet, es sei seine Idee gewesen, das Abkommen über die Entsendung einer einheitlichen Delegation für alle Serben vom orthodoxen Kirchenoberhaupt unterzeichnen zu lassen.

Während der serbische Präsident in Dayton das Mandat hatte, für Pale zu sprechen, wurde die Delegation der bosnischen Serben in Ohio auf die Rolle von bloßen Anwesenden reduziert, die nicht gefragt wurden, obwohl es um ihr Schicksal ging. Radovan Karadžić gehörte dieser Delegation nicht an. Er wurde als "Kriegsverbrecher" von der Liste des Haager Tribunals von den Gesprächen ausgeschlossen. Milošević strafte die Vertreter der bosnischen Serben mit Missachtung. Er wollte ihre Meinung gar nicht hören. "Beachten Sie diese Typen nicht" sagte er zu Richard Holbrooke. Oder im gleichen Ton: "Ich sagte schon, dass sie diese Idioten aus Pale zu keiner einzigen Sitzung zulassen sollen!". Carl Bildt erzählt, die bosnischen Serben hätten sich in Dayton so erniedrigt gefühlt, dass sie "heimlich mit der Bitte zu uns kamen, von uns aus telefonieren zu können".

Den Amerikanern gegenüber benahm sich Milošević ganz anders. Ansonsten entweder hart und unnachgiebig oder absichtlich verwirrend und mehrdeutig, war er in Dayton ein äußerst angenehmer Gesprächspartner. Mündeten die Gespräche in eine Sackgasse, wurde vorwiegend dank seiner Zugeständnisse im letzten Moment ein Ausweg gefunden. Dabei gelang es ihm zur Verwunderung seiner Verhandlungspartner sogar, Scherze auf eigene Kosten zu machen. Einmal drehte er die Taschen seiner Anzugsjacke um und sagte mit Leidensmiene zu Alija Izetbegović: "Womit soll ich denn nach Belgrad zurückkehren? Mit leeren Taschen etwa?"

Ausländische Journalisten, die ihn stets als abstoßenden, verlogenen Politiker dargestellt hatten, der die Manieren eines Gewalttäters besaß, entdeckten, dass Milošević Charme und Geist hatte, sich zu entspannen und angenehme Gespräche zu führen wusste. Seine gute Stimmung hielt er mit harten Spirituosen aufrecht, die er immer dann benötigte, wenn wichtige Ent scheidungen anstanden.

Mit etwas mehr Hartnäckigkeit hätte in Dayton die Stadt Brčko bedingungslos der *Republika Srpska* angegliedert werden können und nicht zum Gegenstand eines späteren Schiedsgerichts werden müssen. Doch Milošević gefiel sich in der Position des kompromissbereiten Politikers und war zu größeren Zugeständnissen bereit als Alija Izetbegović.

Neben Goražde und Brčko stellte Sarajevo das größte Problem

dar. Die Amerikaner gingen davon aus, dass die serbische Seite nicht dazu bereit sein würde, diese Stadt den Bosniern zu überlassen. Die Serben hätten zumindest eine lokale Selbstverwaltung und eine eigene Polizei in den von Pale kontrollierten Gemeinden fordern können. Zum allgemeinen Entsetzen seiner Landsleute hatte jedoch der serbische Präsident, was Sarajevo anbetraf, keinerlei Einwände.

Alija Izetbegović und Haris Silajdžić behaupten, Milosević habe gesagt: "Ihr habt Sarajevo verdient, denn ihr habt darum gekämpft, und diese Feiglinge haben euch von den Bergen aus getötet! Deshalb gehört Sarajevo euch, und ich werde es euch überlassen". Selbst Bill Clinton äußerte sich gegenüber einer Journalistin der Los Angeles Times verwundert darüber, dass sich Milošević ohne Zögern bereit erklärt hatte, ganz Sarajevo den Muslimen zu überlassen. Er lobte die "Vernunft des serbischen Präsidenten".

"Okay, das ist es! Der Vertrag steht!" rief Holbrooke freudig aus und entkorkte zur Feier der Vertragsunterzeich- nung eine Flasche Wein. Man trank den Wein für die Opfer eines wahnsinnigen Krieges. Dies war der ungewisse Beginn eines neuen Bosnien-Herzegowina.

Pale, 21. November 1995

Während in Dayton die zeremonielle Unterzeichnung des Friedensvertrages im Gange ist, feiert Radovan Karadžić in seinem Haus in Pale, das ihm vor Beginn des Bosnien-Krieges als Ferienhaus gedient hatte, sein Patronatsfest, den Tag des Erzengels. Karadžić ist ein religiöser Mensch. Noch zu Titos Zeiten, das ist bekannt, hat er zusammen mit dem Schriftsteller Gojko Đogo einen Weihnachtsbaum durch die Straßen Sarajevos getragen.

An der Feier nehmen seine Verwandten aus Montenegro, Soldaten und einige gute Freunde teil, unter ihnen der Schriftsteller Momo Kapor, Brana Crnčević und Rajko Nogo. Auch Ratko Mladić ist anwesend, er überreicht nach orthodoxer Sitte dem Hausherrn einen Apfel. Der Apfel ist die Frucht des Paradieses, ein Symbol für

Gesundheit, Leben, Fülle und Unversehrtheit und wird zu feierlichen Anlässen, wie es Patronatsfeste und Hochzeiten sind, zum Geschenk gemacht. Mit einem Apfel verabschiedet man die jungen Männer, wenn sie zur Armee einrücken. Mladić klagt über einen Nierenstein, er hat versucht, ihn mit Gewalt loszuwerden und ist mit seinem Jeep über holpriges Terrain gefahren, jedoch ohne Erfolg.

Und während die Gäste am Tisch sitzen und vom Hausherrn selbst bedient werden, wie es beim Patronatsfest so üblich ist, bleibt der Fernseher eingeschaltet, während die Bilder aus Dayton über den Bildschirm flimmern, wie Milošević, Tuđman und Izetbegović gemeinsam das Abschlussdokument unterzeichnen und ihre Friedensreden an die Welt richten.

Es herrscht allgemeines Schweigen, niemand kommentiert das Geschehen, nicht einmal in Anspielungen fällt der Name Miloševićs. Der Wille des Hausherrn wird geachtet.

Belgrad, 22. November 1995

Aus Dayton kehrt der serbische Präsident mit siegesgewissem Selbstvertrauen zurück. Neben den höchsten Funktionären erwarten ihn am Flughafen seine Ehefrau Mira, Tochter Marija und Sohn Marko. Das ist eine Ausnahmeszene für die Journalisten und Kameraleute: zum ersten Mal hat Mirjana ihren Ehemann Slobodan zu einer Reise am Flughafen verabschiedet und begrüßt.

Und während das Ausland Dayton als den Sieg Tuđmans und Izetbegovićs empfindet, feiert das Regime in Belgrad Milošević. Die Euphorie des Krieges wird mit Unterstützung der staatlichen Medien und der Sozialisten durch die Euphorie des Friedens ersetzt. Milošević hat nicht nur die Serben, sondern auch das Ansehen der internationalen Gemeinschaft gerettet! Die Schlagzeilen der Zeitungen lauten: "Die entscheidende Rolle des serbischen Präsidenten", "Durch den Verdienst von Slobodan Milošević", "Die Schlüsselrolle des Slobodan Milošević", "Slobodan Milošević – ein Mann des Friedens".

Die Oberen der Stadt Niš stellen dem serbischen Präsidenten eine Urkunde für "prinzipientreue, ausdauernde, konstruktive, mutige, weise und geduldige Politik" aus. Das ist den Einwohnern der Stadt noch nicht genug: sie schlagen den serbischen Führer für den Friedensnobelpreis vor.

Der serbische Energieminister Dragan Kostić, der sich während der Verhandlungen von Dayton in Russland aufgehalten hat, sagt, er habe in Moskau strahlende Gesichter gesehen, "auch der Schnee hat sich gefreut, der Schnee sah weniger kalt aus", und "das Lächeln auf den Gesichtern der Moskauer war einfach fröhlicher".

Bei den Wahlen 1992 sind die wichtigsten Parolen der Sozialistischen Partei identisch mit der Botschaft Miloševićs: Serbien ist nicht bereit, auf den Druck der ausländischen Sanktionen hin Zugeständnisse zu machen, Serbien wird nicht nachgeben und sich auch nicht ducken, sondern allen direkt ins Auge schauen, Serbien kann diese Sanktionen tausend Jahre lang aushalten! Und jetzt, nach Dayton und der seit 1253 Tagen andauernden Wirtschaftsblockade, wird die Aufhebung der Sanktionen zum wichtigste Argument des Regimes. Um dieses Ereignis zu würdigen, eröffnet der Parlamentsvorsitzende Dragan Tomić in Novi Belgrad eine Luxustankstelle mit Namen "Dayton". Und der Vizepräsident der serbischen Regierung, Professor Slobodan Unković, sagt in einer Rede in Kragujevac, "auch die Natur freut sich mit uns über die Aufhebung der Sanktionen" und "auch die Sonne, die heute über Kragujevac scheint, teilt mit uns die Freude über das Daytoner Abkommen". Auf der anderen Seite erklärt Tuđman, dass "Kroatien nie stärker war" und dass es "dem serbischen Imperialismus und den 200 Jahre alten Plänen zur Eroberung der kroatischen Gebiete und des kroatischen Meeres eine vernichtende Niederlage zugefügt hat".

Der Friede kam, aber die psychischen Nachwirkungen des Krieges hinterließen tiefe Spuren in der Volksseele. Niemand vermochte die Serben in Sarajevo mehr zu überzeugen, dass sie weiterhin mit den Muslimen und Kroaten zusammen leben konnten. Der Friedensvermittler Carl Bildt ließ Flugblätter mit den Versen des

Dichters Aleksa Šantić drucken: "Bleibt, die Sonne am fremden Himmel wird euch nicht so wärmen, wie die Sonne hier!" Können wir und dürfen wir in Sarajevo bleiben, fragten sich die Serben, nachdem sie die Stadt drei Jahren lang belagert hatten.

Mehr als hunderttausend Serben verließen die Gemeinden Sarajevos, die der muslimisch-bosnischen Obrigkeit unterstellt wurden. Sie nahmen alles mit, angefangen von den Gebeinen ihrer Vorfahren bis zur Glocke vom Turm der orthodoxen Kirche. Alle Einwohner von Blažuj nahmen, bevor sie ihr Dorf verließen, gemeinsam an der letzten orthodoxen Messe teil. Und diejenigen, die blieben, bereuten, dass sie nicht mitgegangen waren. Denn die Rache folgte auf dem Fuß, man konnte sich ihr nur schwer entziehen. Der Stellvertreter des Hohen Repräsentanten der internationalen Gemeinschaft, Michael Steiner, wiederholte mehrmals: "Dies ist ethnisches engineering, ich schäme mich für Sarajevo, ich schäme mich wegen des Versprechens, das ich persönlich den Serben Sarajevos gegeben habe". Leider war das die Realität, eine unvermeidbare Folge dieses sinnlosen Krieges und Vergeltung für alle Untaten, die die Serben den Muslimen angetan hatten.

Das allgemeine Unglück ließ nur den "eisernen Richard Holbrooke" kalt, der es wie folgt kommentierte: "Es gibt einen Exodus der Serben aus Sarajevo, aber das ist nicht weiter besorgniserregend. Es handelt sich im übrigen zum großen Teil um Menschen, die nicht hierher gehören. Diese Leute waren von außerhalb gekommen, haben die muslimische Bevölkerung vertrieben und ihnen ihr Eigentum abgenommen."

Milošević musste bluten, seine Wunden waren aber nicht tödlich. In der Folge von Dayton konnte er mit Unterstützung des Westens in aller Ruhe seine inneren Angelegenheiten regeln. Und diese Gelegenheit ließ er sich nicht entgehen.

Mit der Gründung der JUL-Partei hatte sich die Situation der Sozialisten verändert. Auch Miloševićs Verhältnis zu seinen Parteigenossen war nicht mehr dasselbe.

In den ersten Jahren nach ihrer Gründung hatte sich die sozialistische Partei durch eine perfekte Organisation ausgezeichnet. Nicht einmal die ehemaligen Kommunisten hatten es mit ihr aufnehmen können, obwohl sie streng militärisch organisiert waren. Auch Tito hatte seine Untertanen nicht so sehr unter Kontrolle wie jetzt der serbische Führer. Selbst in der Zeit des Untergrunds gab es in der KP Fraktionen; bei den Sozialisten waren solche Erscheinungen undenkbar. "Wir sind eine Mannschaft, die immer wieder gewinnt, denn wir haben sowohl Arbeitstiere als auch Organisatoren", sagte Radovan Raka Radović, ein Abgeordneter aus Trstenik, der zu den Arbeitstieren gehörte und aufgrund seines provinziellen Humors der Chefunterhalter der Sozialisten war.

Dieses Team wurde mit dem Erscheinen der "Jugoslawischen Vereinigten Linken", abgekürzt JUL, die sich bald als führende Kraft der sogenannten linken Bewegung in Serbien durchsetzte, in seinen Grundfesten erschüttert. Auch der Inhalt des Begriffs "Regime in Serbien" veränderte sich. Das Regime wurde jetzt eher von der zahlenmäßig kleineren Jugoslawischen Linken als von den Sozialisten repräsentiert, wozu auch Slobodan Milošević beitrug, der engere Kontakte zur Partei seiner Ehefrau unterhielt als zu seiner eigenen.

Auch die ersten Fraktionsbildungen in der Sozialistischen Partei wurden gerade von Angehörigen der JUL provoziert. Sie untergruben die Andersdenkenden in der Schwesterpartei und spalteten sie in Nationalisten und Linke, in eine Kriegs- und eine Friedenslobby auf. Zu den Nichtsozialisten wurden die einflussreichsten Vertreter der Sozialistischen Partei, Professor Mihajlo Marković, Borisav Jović und Milorad Vučelić gezählt, die sich im übrigen der Expansion der Präsidentengattin widersetzt hatten.

Für Zeitungsleser ein Genuss war ein mehrwöchiger Disput, der von Akademiemitglied Mihajlo Marković, dem 1923 geborenen Ideologen der Sozialisten, losgetreten wurde. Marković verkündete, dass "die Jugoslawische Linke unseriös" sei. Die Antwort der Präsidentengattin war heftig, sie nannte ihn voller Spott "einen alten

Akademiker und neuen Sozialisten", der "in seinem Leben Partisan, Kommunist und Mitglied der Belgrader Praxisgruppe war, um schließlich als Nationalist zu enden". Zwischenzeitlich machte sie auch überhebliche Scherze auf Kosten ihres ehemaligen Hochschullehrers: "In einer einzigen Sache hat mein Professor vielleicht recht, nämlich, dass man mit seinen ehemaligen Studenten nicht polemisieren sollte. Insbesondere sollte man ihnen nicht böse sein, wenn sie manchmal besser sind. Liegt der Sinn des Lehrberufes unter anderem nicht auch darin, dass unsere Schüler uns zumindest manchmal und in manchen Dingen übertreffen?"

"Ich habe mich immer für das stärkere Geschlecht gehalten" fügte Mira Marković noch hinzu.

Milošević mischte sich in diesen Disput nicht ein. Offenbar war ihm Mihajlo Marković, der offen mit Pale sympathisierte, nicht mehr genehm. Er überließ es Mira Marković, den Ideologen und angesehensten Vertreter seiner Partei zu erledigen, so wie er stets mit nutzlos gewordenen Mitarbeitern zu tun pflegte.

In eine andere Falle tappte Borisav Jović: er hatte die eigene Position falsch eingeschätzt. Für den serbischen Präsidenten gab es in Serbien nach ihm selbst niemanden an zweiter, dritter oder zehnter Stelle. Es gab nur ihn, Milošević. Diesen Charakterzug hatte Jović erstaunlicherweise vernachlässigt, und so begann der Leidensweg dieses Politikers, der eine wichtige Position inne hatte, als Jugoslawien zerfiel.

Milošević hatte Jović nach der 8. Plenumssitzung des serbischen ZK zum Aufstieg verholfen und ihm mit der Vertretung Serbiens im Staatspräsidium der SFRJ die Nachfolge von Nikola Ljubičić und die höchste Position im Staat anvertraut. Er rechnete fest damit, dass seinem Günstling klar sein musste, "wer sein Brötchengeber war" und wie er zu regieren hatte. Jović setzte sich darüber hinweg und bildete sich ein, tatsächlich ein gleichberechtigter politischer Partner zu sein. Dies machte er auch öffentlich deutlich. Während seiner kurzen Amtszeit als

Vorsitzender der Sozialistischen Partei hatte er sogar die Stirn, sich über die Presse auf eine Diskussion mit Milošević einzulassen. Anlass war dessen Bemerkung, dass "einzelne Mitglieder der Führung Züge von Einbildung und Überheblichkeit zeigen" und "sich selbst große Bedeutung beimessen". Milošević hatte auf Jović angespielt, und damit war die Karriere dieses Politikers beendet.

Die wenigen Vorteile, die diesem ansonsten höchst selbstbewussten Mann noch geblieben waren, verspielte er mit der Herausgabe seines Tagebuchs "Die letzten Tage der SFRJ", das ein historisches Dokument von besonderer Bedeutung ist. Ein ehrlicheres persönliches Bekenntnis ist kaum vorstellbar; es ist so ehrlich, dass es erbarmungslos auch für den Autor selbst vernichtend ist. Solch ein Buch konnte nur jemand schreiben, der beschlossen hatte, sich ehrlich dem eigenen Gewissen zu stellen, oder jemand, dem nicht bewusst war, was er da in die Öffentlichkeit trug. Da es sich beim Autor um einem langjährigen Funktionär handelt, kann man sicher davon ausgehen, dass er der festen Überzeugung war, alles aufs Beste durchdacht und für das Wohl seines Volkes getan zu haben. Der Inhalt des Buches ist niederschmetternd. Dem Leser bleibt nur der verzweifelte Aufschrei über das Unheil, das dem eigenen Volke drohte und die traurige Feststellung, dass Serbien mit diesen Männern, die sein Schicksal lenkten, einfach zur Katastrophe verurteilt war.

Welches Schicksal Jović blühte, kündigte Mira Marković in ihren Tagebuchaufzeichnungen an. In ihrer Polemik erwähnte sie keine Namen, was sie schrieb war aber so unmissverständlich, dass dies auch nicht nötig war. Die schlimmsten Worte überhaupt, die sich über jemanden sagen lassen, gingen nun an Jovićs Adresse. Er sei ein politischer Wegelagerer, Intrigant und Wendehals, der "mit dem Gift seiner Memoiren das Leben seiner Zeitgenossen und auch derjenigen zerstört, die erst noch geboren werden". Seine "Erinnerungen sind voller Unwahrheiten" behauptete sie, "diese Erinnerungen sind eine Bestandsaufnahme des Bösen und bergen keinerlei Gutes in sich, seine Wahrheiten entbehren jeglicher zwingender Begründung, sie sind ein freiwilliges Eingeständnis der Wertlosigkeit derjenigen, die es akzeptiert haben, um an die Macht kommen und sie zu behalten..." Nach solchen Äußerungen konnte man nur noch den letzten Akt von Jovićs politischer Liquidierung abwarten.

Der dritte Vertreter auf der Abschreibungsliste der Sozialisten, der 1948 geborene Milorad Vučelić, war zunächst die Hoffnung und später die größte Enttäuschung der Öffentlichkeit, die unter den jungen Intellektuellen den neuen demokratischen Geist Serbiens zu entdecken suchte. Dieser Aufrührer aus den Belgrader Studentenunruhen von 1968, ein ehemaliger Linker, Jugoslawe demokratischer Orientierung und Verfasser gewagter Artikel in der Literaturzeitschrift "Književne novine", arbeitete mit den Dissidenten aus der Francuska 7 zusammen und wurde Mitte der achtziger Jahre ein guter Freund Dobrica Ćosićs, dessen Ideen er interpretierte und populär machte. Vor dem 8. Plenum des serbischen ZK und unmittelbar danach distanzierte er sich offen von der Politik Slobodan Miloševićs. Dann wendete er sich ganz unerwartet dem Regime zu. Der ehemals radikale Kritiker einer totalitären Ideologie trat als führender Agitator der Macht, Kriegstrommler und äußerst hartnäckiger Kämpfer für die "serbische Wahrheit" auf. Mit der Empfehlung Dobrica Ćosićs kam er in Miloševićs Nähe und gewann bald das größte Vertrauen der Sozialisten. Er wurde Generaldirektor des Staatlichen Fernsehens und Fraktionschef der sozialistischen Abgeordneten im serbischen Parlament. An die Stelle der alten Freundschaften aus der Gruppe Francuska 7 traten neue aus der neureichen Elite, mit problematischer Vergangenheit. Während Ćosić ihm half, in die politische Umlaufbahn zu gelangen, unterstützte er später den serbischen Präsidenten bei seiner politischen Abrechnung mit Ćosić. Unter seiner Leitung erlebte das Fernsehen die größte Säuberung der Nachkriegszeit: mehrere hundert Mitarbeiter aus der Takovska-Straße 10 wurden entlassen. Vučelić war Informationsminister der herzegowinischen Kriegsregierung unter Božidar Vučurović. Er wurde aus dem serbischen PEN-Club mit der Begründung ausgeschlossen, er habe "die internationale Charta verletzt". Zwei Jahre später sollte Vučelić erneut hohe Positionen in der Sozialistischen Partei einnehmen. Er war unzuverlässig, mit allen auf gutem Fuß, ohne jegliche Loyalität, und wollte sich gleichzeitig die Zuneigung Miloševićs bewahren, die Beziehungen zur Opposition aber nicht verlieren; so vereinsamte er in der Erwartung einer neuen Chance, ausgestattet mit einem Kapital, das ihn als einen der vielen serbischen Kriegsgewinnler ausweist.

28. November 1995

Alle vor Dayton aufgeschobenen Geschäfte erledigte Milošević jetzt in erhöhtem Tempo, und dazu gehörte auch die Säuberung der eigenen Partei.

Die dem Hauptausschuss angehörenden Mitglieder der Sozialistischen Partei kamen im Saal des ehemaligen Stadtparteikomitees auf dem Universitätsplatz zusammen, wo Milošević vor elf Jahren seine politische Karriere begonnen hatte. Der Präsident wurde mit anhaltendem Applaus begrüßt, der in Ovationen überging.

Er setzte sich geschäftsmäßig auf den Platz des Vorsitzenden, obwohl er die Präsidentenfunktion in der Zwischenzeit eingefroren hatte, eröffnete den Parteikongress unter dem Motto "Serbien im Jahr 2000: der Schritt in ein neues Zeitalter" und diktierte ohne jegliche Einleitung, von einem Zettel ablesend, die Veränderungen in der Parteiführung: aus ihren Ämtern entfernt wurden Borisav Jović, Professor Mihajlo Marković, Milorad Vučelić und die leitenden Sozialisten von Belgrad und Novi Sad, Slobodan Jovanović und Radovan Pankov. Anschließend erklärte er das Treffen ohne Aussprache für beendet und lud die Mitglieder des Hauptausschusses gut gelaunt zum Cocktail ein, um auf die "Wiederherstellung des Friedens" anzustoßen. Die Sitzung hatte siebzehn Minuten gedauert.

Die Parteiführung war vorher nicht darüber informiert worden, dass personelle Veränderungen erörtert werden sollten. Professor Marković bekam die Einladung zur Sitzung, als er schon die Koffer für eine Reise nach Griechenland gepackt hatte. Jović wurde von seiner Abberufung erst durch die Journalistin Milica Kuburović von Radio B-92 unterrichtet.

"Guten Tag!"

"Guten Tag!" meldete sich Jović am Telefon.

"Wie lautet Ihr Kommentar?" fragte ihn die Journalistin.

"Kommentar zu was?"

"Zu Ihrer Absetzung."

"Absetzung? Wurde das so gemeldet?" wunderte sich Jović.

"Heißt das, Sie wussten nichts davon?"

"Nein, nein, das habe ich nicht gewusst. Keiner hat mir gesagt, dass das auf der Tagesordnung stehen würde. Hätte ich es gewusst, wäre ich zur Sitzung gegangen..."

Im gleichen Stil fand am 2. März 1996 der Wahlkongress der Sozialistischen Partei statt, sozusagen wie nebenbei und innerhalb weniger Stunden wurde in feierlicher Stimmung die neue Führung gewürdigt. Mit strahlenden Gesichtern feierte man den "Sieg des Friedens" und verkündete den "Anbruch des 21. Jahrhunderts". Die hässliche Vergangenheit war weggewischt und statt dessen wurden nun große Versprechungen gemacht, bis dahin, dass "an der Schwelle zum 21. Jahrhundert Serbien keinen Durst leiden wird". Symbolisch für die Zukunft stellte eine Videoprojektion auf sechsundneunzig Bildschirmen illustrativ das neue Zeitalter der sozialistischen Utopie dar. Fasziniert von diesem Wunder der Technik, das aus London herbeigeschafft worden war, glaubten die Delegierten, das Geschehen auf dem Bildschirm sei schon Wirklichkeit geworden: "Ich denke, wir alle in diesem Saal waren heute schon im neuen Jahrhundert", erklärte die neue Generalsekretärin der Partei Gorica Gajević den Journalisten.

Unter den vielen Telegrammen an den Kongress war auch eines dabei, das nicht an die Öffentlichkeit gelangte: "Geht in das

21. Jahrhundert, aber bitte ohne mich!" schrieb Dragiša Gile Đurić.

Neben Slobodan Milošević, für den mit einer Gegenstimme und einer Enthaltung 99,888 % der Delegierten stimmten, erhielt die Juristin Gorica Gajević, eine Parteiaktivistin aus der Raška, ein wichtiges Amt. Knapp in ihren Formulierungen und von vulgärer Intimität in der Kommunikation, war sie unendlich von sich selbst überzeugt wie alle Menschen, die glauben, dass sie mit der Macht auch höhere Eigenschaften erwerben, und erinnerte an die kommunistischen Apparatschiks aus der Provinz. Sie war eine bessere Partisanin als die "Erstkämpfer" im jugoslawischen Volksbefreiungskrieg und wurde "Partisanin Mara" genannt. Mit jugendlichem Elan verbreitete sie eine unerträgliche Langeweile um sich herum. Sie strahlte vor Optimismus und Zufriedenheit und behauptete, "glücklich geschieden" zu sein. Ihr ging es gut, und sie dachte, dass alle anderen auch glücklich seien. Ihr Spruch war: "Alles, was ich vom Leben erwarte, steht im Programm meiner Partei".

Nicht im Save-Center anwesend war Mira Marković, eine glühende Verehrerin des chinesischen Sozialismus; ihr Geist war jedoch zu spüren. Diejenigen, die sie nicht leiden konnte, waren gegangen; die wichtigen Ämter in der sozialistischen Partei hatten nun ihre Günstlinge oder Miloševićs Leute wie Zoran Lilić, Nikola Šainović, Dragan Tomić, Mirko Marjanović und Milan Milutinović inne, auf die sie sich ebenfalls verlassen konnte. Die Partei der Vereinten Jugoslawischen Linken, die im Parlament keinen einzigen Abgeordneten stellte, hatte die größte Massenpartei Serbiens geschluckt und wurde damit zur führenden Kaderschmiede.

Wie würde der nächste Schachzug aussehen? Würde der serbische Präsident seine eigene Ehefrau zur Nachfolgerin aufbauen? Im Kreise ihrer Mitarbeiter ließ Mira Marković eine Bemerkung fallen: "Slobodan ist müde". Damit gab sie zu erkennen, wo ihr Platz war und an wen man sich zu wenden habe. Als erste begriffen die Zeitungsredakteure und passten ihr Verhalten dementsprechend an.

Kleine Frösche im großen Tümpel

Von Šešeljs marktschreierischem Chaos, von Mullah Jussuf und der verfluchten Jerina[20], oppositionellen Maulwürfen, von Draškovićs Blumenstrauß für Mira Marković und dem Ehekrieg zwischen den Vorsitzenden der zwei einflussreichsten Parteien Serbiens, von Mongoloiden, Androiden, Schizophrenen und Epileptikern oder wie sich die Ehefrauen der zwei einflussreichsten Parteivorsitzenden gegenseitige Ehre erweisen.

Die Sozialisten hatten die Parlamentswahlen gewonnen. Man wusste, dass sie Stimmenklau betrieben, aber sie hatten ohnehin die Nase vorn. Das Geheimnis ihres Erfolges lag in der Findigkeit ihres Führers und der Leichtgläubigkeit ihrer Wählerschaft, die trotz aller Täuschungen noch immer an Milošević glaubte. Doch genauso viel, wenn nicht noch mehr, trug das Chaos des Mehrparteiensystems zu ihrem Erfolg bei. Während es in anderen sozialistischen Ländern der Opposition gelungen war, die Macht zu erobern, bildete in Serbien das alte Regime ein neues Regime heraus, und angepasste Kommunisten lösten die früheren Kommunisten ab.

Die Parteien schossen aus dem Boden wie Pilze nach dem Regen: fünfzig, einhundert, einhundertunddreißig Parteien. Es war leichter, eine politische Partei zu gründen als ein Sägewerk zu eröffnen. Häufig brachten es gerade anonyme Leute, die in ihrem Fach bisher unbekannt waren, Möchtegern-Intellektuelle, Kaffeehausbesitzer, frühere Politiker, abgebrochene Studenten, pensionierte Polizisten und Gewerkschaftsdemagogen im neuen Parlamentarismus zu etwas und wurden bekannt. Da war kein Platz für einen Mann vom Schlage eines Milovan Đilas. Niemand hatte Verwendung für seine politische Erfahrung und das hohe Ansehen, das er im Ausland genoss. Er selbst gründete keine eigene Partei, und auch die anderen Parteien riefen ihn nicht dazu auf, in ihren

Reihen mitzuwirken. Er war und blieb bis zu seinem Tod im Jahre 1995 ein Störenfried für Regime wie Opposition.

Einer der ersten Parteiengründer war Mirko Jović, ein militanter Nationalist und früherer Basketballer, Eisenbahner, ein Gastarbeiter und Kaffeehausbesitzer aus der Kleinstadt Nova Pazova bei Belgrad. So unerwartet, wie er auftauchte, verschwand er auch wieder. Er sammelte ein beachtliches Vermögen an und beendete dann seine politische Karriere. Seinem Beispiel folgend, entdeckte ein Anonymus nach dem anderen im politischen Aktivismus seine Goldgrube und machte es aufgrund seines Lebenslaufs dem Regime oft unmöglich, das politische Leben eines Mehrparteiensystems zu kontrollieren und zu lenken.

Aufgrund ihres Ansehens und ihrer Zusammensetzung versprach man sich am meisten von den Demokraten, an deren Spitze der 1930 geborene Dragoljub Mićunović stand, ein kultivierter Politiker von gutmütigem Charakter und ehemaliger Dissident, der als Philosoph zusammen mit einer ganzen Gruppe Mitte der siebziger Jahre von der Belgrader Universität ausgeschlossen worden war. Die Demokraten versammelten angesehene Intellektuelle, Professoren, Akademiker, Schriftsteller, Gegner des Tito-Regimes und unabhängige Denker um sich. Doch auch dieser Partei, die zu einer starken Stütze des Parlamentarismus hätte werden können, gelang es nicht, über dem Alltagsgeschäft zu stehen, das von der Eitelkeit ihrer Führungspolitiker und von Revierkämpfen geprägt war. Die serbischen Intellektuellen wurden zum Spiegel der allgemeinen Frustrationen. Aus den Reihen dieser Partei entstanden vier neue Parteien: die Demokratische Partei, die Demokratische Partei Serbiens, die Liberalen und das Demokratische Zentrum. Gemeinsam hätten sie eine Alternative zum serbischen Regime abgeben können, gespalten, ja in winzige Fraktionen zersplittert brachten sie nur die verwirrte Wählerschaft in Rage.

Von den vier erwähnten Parteien zählte die Demokratische Partei die meisten Anhänger. An ihrer Spitze stand mit dem in Heidelberg aufgewachsenen Zoran Đinđić, Jahrgang 1952, ein eloquenter, unsicherer politischer Partner mit Führungsanspruch und unermüdlichem Engagement. Zu fruchtlosen Täuschungsversuchen und überstürzten Handlungen neigend, änderte die Demokratische Partei immer wieder ihre Richtung, wechselte die Positionen, wagte sich vor, zog sich zurück und blieb dann schließlich doch, wo sie war, ausgestattet zwar mit einem starken, reformistischen Kern, doch ohne jegliche Aussichten, dem Regime ernsthaft gefährlich zu werden.

Die Demokratische Partei Serbiens, die von dem einst verfolgten und ausgeschlossenen Universitätsprofessor Vojislav Koštunica, Jahrgang 1944, geleitet wurde, stand in dem Ruf einer nationalen, demokratischen Partei, die unbeweglich, in sich verschlossen und nicht in der Lage war, flexibel auf alltagspolitische Anforderungen zu reagieren. Anfänglich wurde Koštunica schon als die Führungspersönlichkeit der Opposition betrachtet, doch er bemühte sich nicht, diesen Erwartungen gerecht zu werden. Es gelang ihm nur schwer, mit potenziellen Partnern eine gemeinsame Linie zu finden. Mit unbefleckter Weste ging er, seinen Überzeugungen treu bleibend, einen im voraus gewählten Weg und befand sich damit zur Regierung ebenso wie zur Opposition in Gegenposition. In der Rolle eines Moralapostels ging er innerhalb der Opposition allein seinen Weg. Er machte den Eindruck eines harten Politikers, an den nur schwer heranzukommen war und der sich nicht um neue Anhänger bemühte.

Ähnlich war das Schicksal der anderen, aus der früheren Demokratischen Partei entstandenen Splitterparteien. Obwohl sie zu den schärfsten Kritikern des Regimes gehörten, interessierten sich die "Liberalen" der Professoren Nikola Milošević und Kosta Čavoški nicht für ihre Wählerschaft, während das "Demokratische Zentrum" von Dragoljub Mićunović zum Debattierclub der guten Absichten verkam. So spaltete sich eine starke politische Gruppierung bereits in ihren Anfängen, und das Scheitern der ursprünglichen Demokratischen Partei wurde zum Symbol für die ruinierte Zukunft Serbiens.

Auf Serbiens politischer Bühne bewegte sich eine unüberschaubare Menge neuer Parteien. Einige konnten sich dank guter Verbindungen zu einflussreichen Persönlichkeiten und Parteien über Wasser halten, so zum Beispiel die "Neue Demokratie" Dušan Mihajlovićs, die zwar nicht in der ersten Reihe, aber stets mit den Siegern mitmarschierte. Sie hielt sich immer an den Stärkeren: zunächst an ihren Paten Dobrica Ćosić, dann an Vuk Drašković, später an Slobodan Milošević, schließlich wiederum an Drašković. Der "Bürgerbund" von Vesna Pešić, der eine konsequente Antikriegspolitik betrieb, wurde mehr von einflussreichen Institutionen und Politikern aus dem Westen unterstützt als von den eigenen Landsleuten. Und die überwiegende Mehrzahl der Parteien war so unbedeutend, dass sie keinerlei Erwähnung verdient. Das einzige Ziel ihrer Vorsitzenden bestand darin, selbst einige Häppchen vom Kuchen der Parteienprivilegien zu ergattern.

Neben den Sozialisten und der Neuen Jugoslawischen Linken gaben im politischen Leben Serbiens auch Vojislav Šešelj und Vuk Drašković, zwei Zuwanderer aus der Herzegowina, den Ton an. Obwohl sie aus unterschiedlichen Positionen heraus agierten, vereinte jede der beiden Parteien ein großes Wählerpotenzial auf sich und bestimmte damit in hohem Maß das Schicksal des serbischen Parlamentarismus. Ihre Geschichte stellt sich dar als eine Story vom Chaos der Opposition, von Unterstellungen und Machtkämpfen, von geschickt errungener Popularität und halsbrecherischen politischen Drahtseilakten. Was sie jedoch am meisten verdeutlichte: wie leicht es das Regime Slobodan Miloševićs hatte, an der Macht zu bleiben, und wie der nationale Sturz in den Abgrund zustande kam.

In der Riege der serbischen Politiker ist schwerlich eine destruktivere Persönlichkeit vorstellbar als der 1954 in Sarajevo geborene Radikalenführer Vojislav Šešelj. Sein Lebensweg war keineswegs leicht, aber auch selbst trug Šešelj viel dazu bei, sich und anderen das Leben schwer zu machen. Da er aus ärmlichen Verhältnissen stammte, sein Vater war Eisenbahner, die Mutter

Hausfrau und Analphabetin, wurde der Kommunismus zu seiner ersten politischen Bestimmung. Als junger, zukunftsträchtiger Kommunist kommandierte er schon bald sozialistische Arbeitseinsätze; innerhalb von zwei Jahren und sechs Monaten absolvierte er ein Jurastudium und promovierte mit einer Arbeit zum Thema "Der Begriff des bewaffneten Volkes in den Werken des Marxismus" zum Doktor der Wissenschaften.

Nach Titos Tod wandelten sich viele Kommunisten zu noch schärferen Nationalisten, darunter an herausragender Stelle auch Šešelj. Im Unterschied zu anderen interessierte ihn jedoch der Preis dafür nicht. Eine Gefängnisstrafe saß er innerlich gefasst ab, obwohl sein Aufenthalt in den bosnischen Kasematten nach Berichten von Augenzeugen mit der Hölle auf den Teufelsinseln vergleichbar war. Er vermied es, davon zu sprechen, und nur anhand gewisser verbaler Details ließ sich erahnen, wie sehr seine Seele von traumatischen Erinnerungen und von Rachedurst geprägt war.

Aus Bosnien ausgewiesen, schaffte Šešelj den politischen Aufstieg in Belgrad, wo er seine Anhänger aus den ärmsten und militantesten Gesellschaftsschichten rekrutierte, die kampfbereit und national frustriert waren. Als erster Politiker benutzte er die Fahne der Tschetniks, die später auch Drašković übernehmen und in seinem politischen Programm verankern sollte. In den Rang eines sogenannten "Tschetnik-Wojwoden" ließ er sich mit dem Segen des orthodoxen Popen Momčilo Đujić erheben, der nach Amerika emigriert war, weil ihn die Kommunisten zum Kriegsverbrecher erklärt hatten. Später gingen die beiden auseinander, Đujić bedauerte seine Handlung und bat "das serbische Volk um Vergebung" für seinen Irrtum. Es hatte sich nämlich herausgestellt, dass der Radikalenführer sich zwar keinen Deut um die Tschetniks scherte, der Titel eines Wojwoden ihm aber gefiel und er ihn auch nicht mehr ablegen wollte.

Šešelj ist begabt, intelligent, hat teuflische Energien und monströse Ideen, im Gesprächsduell mit seinen Gegnern ist er schlagfertig, unbesiegbar und unerträglich. Er genießt das Chaos und zerstört seine Konkurrenten am Boden. Er ist einer jener Charaktere, bei denen man sich fragt: wie kann es nur solche Menschen auf der Erde geben? Sein Auftreten glich einem elementaren Unwetter, er führte im Umgang mit seinen Gegnern eine unsägliche Vulgarität ein. Dobrica Ćosić meinte, eine solche Type wie Šešelj sei ihm im politischen Leben Serbiens noch nicht vorgekommen: "Nach dem Ersten Weltkrieg hat es wohl den verrückten Wojwoden Lune gegeben, nicht aber so jemanden wie Šešelj."

Während er noch in Padinska Skela eine Gefängnisstrafe wegen Beleidigung absitzen musste, kandidierte er schon bei den ersten freien Wahlen in Serbien 1990 für das Amt des serbischen Präsidenten. Bald darauf schlug er sich auf die Seite Miloševićs, in dem er einen Kämpfer für die großserbische Idee erkannte. Auch später stand er nur dann nicht hinter dem serbischen Präsidenten, wenn es diesem nicht passte. In das serbische Parlament zog er erst als Nachrücker für den verstorbenen Schriftsteller Miodrag Bulatović ein. Mit der allseitigen Unterstützung der Sozialisten hatte er in Rakovica dem Gründer der Demokratischen Partei, dem Humanisten und bekannten Schriftsteller Borislav Pekić eine katastrophale Niederlage bereitet. Šešelj revanchierte sich dafür bei den Sozialisten durch die Zersetzung der demokratisch ausgerichteten Oppositionsparteien. Deshalb wurde er auch "der rote Wojwode" und "der erlaubte Oppositionelle" genannt. Mit einer Straßenräuber-Mentalität ausgestattet, äußerst ungehobelt, frech und maßlos, dachte er sich die unmöglichsten Unterstellungen aus, denen die Opposition nichts entgegenzusetzen wusste. Die "Serbische Erneuerungsbewegung" seines Busenfreundes Vuk Drašković pflegte er hartnäckig als "Serbische Täuschungsbewegung" zu bezeichnen. Er verspottete den serbischen Thronfolger Alexander, der nach seiner Ankunft in Belgrad die serbische Erde küsste: "Wie sieht das denn aus, wenn ein König Gras frisst!"

Während des Krieges in Bosnien vertrat er ganz offen die Idee des Völkermordes und unterhielt in Kroatien und Bosnien starke paramilitärische Formationen. Durch die Vojvodina reiste er mit einer Liste von Kroaten, "die als erwiesene Feinde Serbiens ausgesiedelt werden müssen". Nachdem Nato-Flugzeuge von ihrem Stützpunkt aus Italien kommend Pale bombardiert hatten, verglich er sich selbst mit Kaiser Nero: "Er hat als erster in der Geschichte Rom in Flammen gelegt, und ich bin bereit, es ein zweites Mal anzuzünden!". Mit seinen Erklärungen, die die Serben in den Augen des Auslands als zügelloser, blutrünstiger, kranker, bis an die Zähne bewaffneter Pöbel erscheinen lassen mussten, richtete er riesigen Schaden an. Eine Zeitlang erschien er in Tarnuniform im serbischen Parlament. Davon konnte ihn erst ein gegnerischer Abgeordneter mit der Behauptung abbringen, in diesem Kampfanzug erinnere ihn Šešelj an einen trächtigen Frosch.

Milošević gefielen die politischen Ansichten des Wojwoden nicht, aber er war sich darüber im klaren, wie sehr ihm dieser vor allem bei der Abrechnung mit Dobrica Ćosić und Milan Panić von Nutzen war. Das genügte. Šešelj war der einzige Parteiführer, den der serbische Präsident öffentlich belobigte. "Von den Oppositionsführern schätze ich Šešelj am meisten, denn ich denke, dass er und seine Partei vom Ausland finanziell unabhängig sind, außerdem bleibt er konsequent bei seiner Meinung", erklärte Milošević im März des Jahres 1992.

Der Parteiführer der Radikalen lieferte den anderen täglich Argumente, ihre schlechte Meinung über ihn zu vertiefen. Das war sein politischer Stil. Er schien einem tollwütigen Schädling gleichen zu wollen, den sogar die Erde loswerden will. Er tat, als sei es ein Spiel für Verrückte. Mit provokativer Offenheit verspottete er auch öffentlich seine Wähler: "Solange es Dummköpfe in Serbien gibt, muss ich mir um meine politische Karriere keine Sorgen machen!"

Mirjana Marković hielt Distanz zum Antikommunisten Šešelj, vermied es jedoch, während dessen Zusammenarbeit mit Milošević eine Front gegen ihn zu eröffnen. War sie gezwungen, zwischen den eigenen Überzeugungen und den Interessen ihres Gatten zu wählen, fiel ihre Entscheidung stets zugunsten ihres Ehemanns aus. General Stevan Mirković behauptet, Professorin Marković habe seinerzeit gesagt, man solle "Šešelj nicht kritisieren", sondern "zu diesem Zeitpunkt ausschließlich Vuk Drašković angreifen".

Doch dann änderte sich die Situation. Die ausweglose Lage Serbiens zwang den leader der Sozialisten, die Verbündeten zu wechseln. Seit Jahresbeginn 1993 bemühte sich Milošević, im Ausland den Eindruck eines Staatsmannes zu wecken, mit dem man reden und verhandeln kann und dessen höchstes Ziel der Frieden ist. Da war für Vojislav Šešelj kein Platz mehr. Den endgültigen Bruch der beiden sollte Mira Marković ankündigen, wie sie es schon öfter getan hatte. In ihren Tagebuchaufzeichnungen in der "Duga" präsentierte sie Šešelj als Urheber des Faschismus in Serbien, der die serbischen nationalen Interessen kompromittiere. Zur gleichen Zeit nahm sie in Zeitungsinterviews Milošević gegen die Kritik an seiner früheren Zusammenarbeit mit den Radikalen in Schutz und stellte, nach ihren Worten, mit Bitterkeit fest, ihr Gatte Slobodan habe über Šešelj niemals das gesagt, was ihm nachgesagt werde, seine Äußerungen seien jedoch falsch interpretiert und politisch missbraucht worden.

28. September 1993

Dies war ein guter Tag für Vojislav Šešeljs Widersacher: nie zuvor hatten sich die Sozialisten so sehr auf eine Partei eingeschossen wie jetzt auf die Radikalen. In einer Mitteilung der Sozialistischen Partei vom Tage wurde der bisherige Verbündete Šešelj zum politischen Monstrum erklärt. Mit ihren Worten war er ein Faschist, Kriegsverbrecher, Krimineller, die Verkörperung der Gewalt, ein primitiver Nationalist, der in Serbien böses Blut gemacht und Hass gegen die Nichtserben verbreitet hatte; er war ein Politikaster aus Sarajevo, der Belgrads Gastfreundschaft missbrauchte. Die gleichen Männer, die dem Wojwoden wohlwollend auf die Schulter geklopft hatten, als er bei der Abrechnung mit den Gegnern des Regimes als eiserner Besen gedient hatte, bezeichneten ihn jetzt als politischen Wilden und Serbiens Unheilsbringer.

Im Text der Erklärung konnte man in Stil und Sprache die Handschrift der Mira Marković erkennen, die schon viele von Gremien und Mitarbeitern des Regimes unterzeichnete politische Mitteilungen verfasst hatte.

Diese kam einer politischen Kriegserklärung gleich, die dem Ehepaar Milošević wie dem Ehepaar Šešelj bittere Minuten bescheren sollte.

Die Wähler mögen es nicht, wenn sich Ehefrauen von Staatsmännern in deren politische Angelegenheiten einmischen, und noch weniger, wenn sie sich die Macht mit ihren Männern teilen. Ganz oben in der Wählergunst stehen diskrete Präsidentengattinnen, die sich der Familie widmen und zur Politik eine angemessene Distanz halten. Mit einer solchen Rolle gab sich Mirjana Marković nicht zufrieden. Ihre aufdringliche Präsenz in der Öffentlichkeit rief oft Unmut hervor, und die Unzufriedenheit mit dem Regime wendete sich immer mehr gegen die Ehefrau Miloševićs. Die Radikalen hatten äußerst abfällige Spottnamen für sie parat: "Schattenideologin á la Suslov", "rote Hexe vom Dedinje" oder "neue verfluchte Jerina".

Milošević ließen Beleidigungen seiner Widersacher kalt, den Spott an die Adresse seiner Gattin konnte er jedoch nur schwer verwinden. "Ich bin davon überzeugt, dass diese Intrigen von Leuten ausgehen, die wissen, wie viel mir meine Frau bedeutet, und dadurch versuchen, mich aus dem Gleichgewicht zu bringen", beklagte er sich bei einem Journalisten der Abendzeitung "Večernje novosti".

Diese Achillesferse des Sozialistenführers entdeckte als erster Vojislav Šešelj und machte daraus ein Höllenspektakel, wie nur er es mit seiner obszönen Wortwahl vermochte, indem er Milošević als Präsidenten unter dem Pantoffel seiner Ehefrau, der Kommunistin darstellte. Er inszenierte Skandal um Skandal und ging dabei bis an die Toleranzgrenze des Regimes. Nichts konnte ihn zur Vernunft

229

bringen, weder mündliche Drohungen, noch die Ausweisung seiner Anhänger oder das Gefängnis. Nach dem Zwischenfall im jugoslawischen Parlament vom 18. Mai 1994, als er die Mikrophonkabel herausgerissen hatte, wurde Šešelj vor Gericht gestellt. Auch im Gerichtssaal nahm er nichts zurück, sondern gab Anlass, ihn wirklich ins Gefängnis zu stecken.

Šešelj: "Falls Sie nichts dagegen haben, Herr Richter, möchte ich sofort eine Erklärung zu Protokoll geben."

Richter: "Bitte sehr!"

Šešelj: "Slobodan Milošević ist Serbiens größter Krimineller. Das ist alles, was ich zu meiner Verteidigung sagen kann."

Der Wojwode kannte keine Grenzen, und er war auf die Präsidentengattin fixiert, was die Presseorgane des Regimes und die Sozialisten in große Unannehmlichkeiten brachte. Nach seinem Auftritt in einer Fernsehsendung der "Politika", bei dem er sich mit der Bemerkung "Ist das überhaupt eine Frau?" auch über das Aussehen der Genossin Marković lustig gemacht hatte, teilte das verängstigte Politika-Direktorium mit, dass von nun an "Šešelj und seinesgleichen" die weitere Gastfreundschaft bei allen Organen des Konzerns verwehrt bleibe.

Šešelj wurde von seinem Stellvertreter Tomislav Nikolić unterstützt, einem Mann von starkem Willen und vollkommener Kaltschnäuzigkeit, dem Kennzeichen der Profis. Mit gewählten Argumenten und leiser Stimme machte Nikolić seine Gegner nieder, nicht ohne einen unvermeidlichen Hinweis darauf, dass das Leben kurz sei: "Das weiß ich selbst am allerbesten, denn ich habe auf dem Friedhof gearbeitet." Nikolić hatte nämlich als Bautechniker die Friedhöfe von Kragujevac betreut und deshalb den Spitznamen "Toma Grobar, der Totengräber" bekommen. Nichts konnte ihn aus der Ruhe bringen, geschweige denn vom Platz vertreiben. Er benahm sich wie ein Pathologe am Seziertisch, dem aufgrund seines Berufes jeglicher Sinn für das Leben abhanden gekommen war. Einmal äußerte er: "Bei sich zu Hause mag Milošević ja den Pantoffelhelden spielen, aber in der Republik Serbien darf er sich doch nicht unter den Pantoffel stellen lassen!".

Mit solchen Auftritten im serbischen Parlament brachte er den Parlamentspräsidenten Dragan Tomić zur Verzweiflung. Völlig ratlos forderte Tomić eines Tages, als gerade ein Angriff auf die Präsidentengattin im Gange war, die Sicherheitskräfte zur Unterstützung an. An diesem 22. Juni 1994 stürmten zum ersten Mal in der Geschichte des serbischen Parlamentarismus fünfzig Polizisten das Parlamentsgebäude, um die Radikalen mit Muskelkraft zur Vernunft zu bringen und sie mit Gewalt aus dem Saal zu entfernen.

Im Gegensatz zu Milošević, der alle Entscheidungen in der Stille seines Arbeitszimmers traf, war die Marković leicht aus der Ruhe zu bringen und ging dann auch gleich zur Gegenattacke über. Ihren bissigsten Text in der Duga vom 14. Juli 1994 widmete sie Šešelj, den sie mit türkischen Aghas und Janitscharen verglich, die "in fremden Städten lagerten und ... fremde Frauen erniedrigten, anstatt mit bewaffneten Männern zu kämpfen". Der Führer der Radikalen war für sie ein Mullah Jussuf[21], "ein wiedergeborener türkischer Janitscharenführer", der "in Gestalt eines Deserteurs von der bosnischen Front in Belgrad sitzt, auf fremde Kosten lebt und damit prahlt, eine Frau tausend Tode sterben zu lassen". "Nein, Šešelj ist kein Serbe", verkündete die Professorin zornig. "Er ist ein Türke der allerprimitivsten historischen Art. Oder er ist kein Mann. Obwohl ich denke, um ehrlich zu sein, dass er weder das eine noch das andere ist. Weder ein Serbe noch ein Mann."

Šešelj war eine harte Nuss, und man konnte ihn nicht von seinen Absichten abbringen. Wo immer er hinkam, und er kam überall hin, ließ er kein gutes Haar an der Präsidentengattin. Im Mittelalter hätten solche Auseinandersetzungen mit einem Duell und rollenden Köpfen geendet. Aber stattdessen wartete das Gefängnis auf den Radikalenführer, und man suchte nur einen guten Vorwand, um ihn hinter Gitter zu schicken. Einen Vorwand? Es war leicht, einen solchen zu finden, wenn es sich um Šešelj handelte. Auf jeder Parlamentssitzung schuf er ein Chaos, und als Zielscheibe hatte er sich den Vorsitzenden des Bürgerkomitees des jugoslawischen Parlaments Radoman Božović gewählt, dessen Erscheinung allein genügte, um allen den Blutdruck in die Höhe zu treiben.

In der serbischen Politik gab es viele verhasste Personen, aber niemand war bei den Abgeordneten der Opposition so unbeliebt wie der Sozialist Radoman Božović, Jahrgang 1953. Der Radikale Tomislav Nikolić sagte über ihn, dass einen solchen Menschen "auch die eigene Mutter nicht lieben" könne. Die Journalisten bezeichneten die serbische Regierung, deren Präsident er war, als "schlimmste Regierung der Welt". Im Dorf Crepaja bei Kovačice rammten die Einwohner zur Wahlzeit seinen Wagen mit Parolen wie "Božović, verschwinde!", "Du Gauner, ein Bauer ist kein Spieler!" mit ihren Traktoren. Zwei Minister hatten unter Eid vor Gericht ausgesagt, dass Božović für ein Erdölgeschäft eine Provision von vierhunderttausend Deutschmark und einen Mercedes 290 D erhalten hat, doch Milošević drückte beide Augen zu: er brauchte diesen Mann. Auf zynische und unerträglich arrogante Art setzte Božović rücksichtslos die Abgeordneten der Opposition herab.

Bei einer dieser häufigen Auseinandersetzungen spuckte Šešelj Božović an, worauf dieser erklärte, er werde die Parlamentssitzung solange nicht fortsetzen, "bis man diese Rüpel und die Gewalt aus dem Parlament verbannt". Dann kam der erwartete Augenblick.

Donnerstag, 29. September 1994

Zur gewohnten Zeit machte sich Šešelj von zu Hause aus auf den Weg zum Sitz der Radikalen Partei. Um etwa 9.30 umstellten auf der Straße nach Batajnica, nur einige hundert Meter von seinem Wohnhaus entfernt, drei Dutzend Polizisten seinen Wagen. "Seid ihr wegen mir hierher gekommen?" fragte der Radikalenführer, der damit gerechnet hatte, dass die Polizei bei ihm anklopfen würde, Anlass genug hatte er ja geliefert. Als dies bejaht wurde, stieg er aus und kletterte wortlos in die "grüne Minna" der serbischen Polizei, die in der Nähe geparkt war. Alles ging nun sehr schnell: auf der städtischen Polizeiwache ordnete der Strafrichter dreißig Tage Gefängnis für Šešelj an, schon am Tag zuvor war seine Abgeordneten- immunität aufgehoben worden, und zehn Tage vorher hatte man ihn wegen Demolierung der Mikrophonkabel im Parlament zu acht Monaten Gefängnis mit drei Jahren Bewährung verurteilt. Diese Strafen wurden dann zu einer insgesamt dreimonatigen Gefängnisstrafe umgewandelt.

Schon kurz vor 12.00 verbrachte man Šešelj in eine Einzelzelle des Zentralgefängnisses auf der Belgrader Zvezdara, wo er zum Mittagessen das sogenannte "Cowboy- mahl", Erbsen und Bohnen in Mehlschwitze, vorgesetzt bekam. Im Gefängnis benahm er sich ebenso fröhlich wie aufgeblasen. Wie zu Hause stand er auch hier um sieben Uhr auf, nicht früh um sechs wie die anderen Gefangenen. Er lehnte es ab, sein Bett zu machen, warf den Gefängnisleiter aus seiner Zelle hinaus, und seinen Haftgenossen, die hauptsächlich Kriminelle waren, brachte er die Lieder der Tschetniks bei.

Šešelj verfügte schon über Gefängniserfahrung. Das erste Mal wurde er im Jahr 1984 verhaftet und verbrachte in den Kasematten von Sarajevo und Zenica insgesamt einundzwanzig Monate. Dreimal wurde er unter dem Milošević-Regime eingesperrt. Die Haftzeit machte ihn nicht weicher: nach eigenem Eingeständnis kann ihn nur eine Portion Blei im Schädel zur Ruhe bringen. Als er aus dem Belgrader Gefängnis entlassen wurde, erwarteten ihn vor dem Tor seine Anhänger in den typischen Serbenmützen, mit Kokarden und dem Lied: "Genosse Tito hat sich aus dem Grab erhoben, jetzt heißt er Milošević, Slobodan!" Mit kurz geschorenen Haaren bot Šešelj einen fast frischen Anblick; seine ersten Worte lauteten: "Ich erinnere euch daran, dass Slobodan Milošević, der Präsident der Republik Serbien, ein kommunistischer Bandit ist. Serbien weiß seit langem, dass Slobodan Milošević, der Präsident der Republik Serbien, der größte Kriminelle ist!" In seiner Zeitung

"Velika Srbija" (zu deutsch "Großserbien") erklärte Šešelj, dass Milošević "in der gesamten Struktur seiner Persönlichkeit psychopathologische Eigenschaften zum Ausdruck bringt". Er nannte den Präsidenten einen "ordinären Lügner", der "auf alles verzichtet hat, nur von der verfluchten Jerina kann er nicht lassen". Mira Marković erinnere ihn sehr an Elena Ceaușescu, "ihre Gedanken sollten am besten als Toilettenpapier Verwendung finden".

Die quälenden Wortgefechte nahmen kein Ende. Bald darauf wurden Šešelj und Toma Nikolić "wegen Verletzung des Versammlungsverbots" in Gnjilane festgenommen, wo sie eine zwei Monate lange Haftstrafe verbüßten. Da sich all diese Ereignisse um die Person Mira Markovićs drehten, hatten die Radikalen ihr Ziel sehr bald erreicht. Milošević nannte man immer öfter Opfer der eigenen Ohnmacht, dem es nicht gelinge, die Ambitionen seiner Ehefrau zu zügeln. "Wenn jemand Milošević um Kopf und Kragen bringt, wird es seine Ehefrau sein", sagte man in Abwandlung von Lenins geflügeltem Wort, das im Arbeitszimmer der Genossin Marković einen Ehrenplatz einnahm: "Wenn uns jemand um Kopf und Kragen bringt, werden das die Nichtsnutze aus unseren eigenen Reihen sein!"

Unsere Leserinnen und Leser sollten sich jedoch mit voreiligen Schlussfolgerungen zurückhalten. Im moralisch zerstörten Serbien ist nichts von Dauer, am wenigsten Freundschaften und Feindschaften.

Schon zu Beginn seiner Regierungszeit bereitete der charismatische Führer der Serbischen Erneuerungsbewegung, Vuk Drašković, ein begnadeter Redner und für breite Bevölkerungskreise ein Magier, Milošević große Unannehmlichkeiten. Der aus dem Banat stammende Herzegowiner, der 1946 am Tag der Republik, dem 29. November, geboren war, wuchs in Gacko auf, wurde Rechtsanwalt und begann seine Karriere im Journalismus, wo er sich mehr den Anforderungen der Zeit anpasste, als dass er seinem eigenen Ehrgeiz frönte. Er schrieb Texte, die er später bitter bereute, wie zum Beispiel Angriffe auf die sogenannte "schwarze Welle" in der Kultur und die Tschetnik-Bewegung, die er 1974 in der Zeitung "Ekspres" als "verräterisch und verbrecherisch" bezeichnete. Mit der Zeit machte Drašković eine Wandlung durch. Mit mehr Erfolg wandte er sich der Publizistik und der Literatur zu. Beachtet wurde sein Buch Sudija (zu deutsch "Der Richter"), in dem er mutig über die Versuchungen eines Provinzrichters schrieb, dessen Gewissen gegen die Verletzung der Menschenrechte revoltierte. Mit seinen Romanen Nož, deutsch erschienen unter dem Titel "Das Messer", und Molitva ("Das Gebet") weckte er die Erinnerung an den Völkermord an den Serben, der für seine persönliche Biografie ein wichtiges Moment ist.

Flügge wurde Drašković erst, als er in die Politik ging. Hier kamen seine Phantasie, sein Ehrgeiz und sein Temperament zur Entfaltung. Das Bad in der Menge, die Meetings, feurigen Reden, die Ovationen und Rufe nach "Vuk, Vuk", all das gefiel diesem Heißsporn aus dem Dinarischen Gebirge. Während Milošević auf inszenierten Meetings wie ein Heiliger auftrat, hatten Draškovićs oppositionelle Demonstrationen Umsturzcharakter, bei denen es auch Todesopfer gab. Allein seine Anwesenheit genügte, um den Belgrader Platz der Republik zu füllen. Bei seinen Auftritten war er der Heerführer, der, nachdem der Schießbefehl schon gegeben war und alles zum Angriff drängte, die Krieger in letzter Minute wieder zum Stehen zu bringen vermochte. Er verstand es, sich reumütig zu bekreuzigen, mit donnernder Stimme ins Mikrofon zu rufen, Versprechungen zu machen, Flüche und Drohungen auszustoßen, sich auf Christus, den Heiligen Sava, das Evangelium und Onkelchen Draža Mihailović zu berufen, und anstelle einer Rede ein öffentliches Gegröle zu setzen, zu singen und zu weinen. Er war dermaßen durchdrungen von Selbstgefälligkeit, dass er sich als direkter Nachfolger der serbischen Dynastie der Nemanjiden sah und glaubte, sich in Gesellschaft von Jesus Christus, dem Hl. Sava, von Karađorđe, Peter I., Peter dem Großen und den berühmten serbischen Wojwoden zu befinden. Als man ihn Anfang der neunziger

Jahre auf einer Versammlung in Pančevo fragte, warum er einen Bart trage, lautete sein Antwort: "Warum wundert Sie das? So viele große Männer von Jesus Christus bis Karl Marx haben Bärte getragen."

Im Kontakt mit den Massen besaß er die Kraft der Glaubwürdigkeit, sooft er auch Unsinn redete. Emotionsgeladen, spontan und mit einem Hang zu epischer Breite, wie er war, entwickelte Drašković eine außergewöhnliche Kraft der Selbsttäuschung. Er gehörte zu den Politikern, die zuerst sich selbst, dann anderen etwas vormachen, und wenn er seinem Gegner eine Wunde zufügte, brachte er sich auch selbst eine bei. Seinem Charakter nach war er weder gewalttätig noch ein schlechter Mensch, und um keinen Preis hätte er jemanden in den Rücken geschossen. Aber er war dermaßen von Ruhmsucht verdorben, dass er sich nicht kontrollieren konnte.

Draškovićs Partei stützte sich vor allem auf junge Menschen, frischgebackene Tschetniks, Monarchisten und Antikommunisten. Sie glichen einer Sekte fanatisierter Anhänger, die sich am ehesten auf Marktplätzen oder an der Süd- bzw. Nordseite von Fußballstadien wohlfühlten. Der Psychiater Jovan Rašković bezeichnete die Serbische Erneuerungsbewegung einmal als eine "Partei im Delirium", in Begeisterung, Rauschzustand und Unordnung, die in ihren Anfängen gleichwohl talentierte Politiker an der Spitze versammelt hatte.

Der frühere Kommunist Drašković machte halsbrecherische Metamorphosen durch. Aus einer Partisanen- familie stammend, wandelte er sich zu einem hitzigen Antikommunisten; der frühere Gegner der Tschetniks von Ravna gora, der nach den Worten seiner Ehefrau Danica die kroatischen Ustaschen mit den serbischen Tschetniks gleichstellte, entwickelte sich zum größten Verehrer von General Draža Mihailović. Er nannte diesen vertraulich "Čiča" (Onkel). "Hier, General, sind wir mit dir und bei dir, Onkel", rief Drašković bei einer Rede im Ravna-Gora-Gebirge, dem "Montblanc der europäischen Freiheit", wie er es formulierte, wo die Serbische Erneuerungsbewegung dem Tschetnikführer 1992 ein Denkmal setzte. Drašković behauptete sogar, dass "der Tag nicht weit ist, an dem General Draža endlich seinen Platz auf dem Denkmalsockel einnehmen wird, der für ihn vor dem Weißen Haus in Washington gleich neben Abraham Lincoln reserviert ist."

Während Jugoslawien zerfiel, trat Drašković als begeisterter Nationalist auf. Mit einer Landkarte in der Hand, die der Šešelj'schen wie ein Ei dem anderen glich, stellte er fest, dass "Serbien alle Gebiete zufallen müssen, mit denen das Königreich Serbien im Jahr 1918 in den jugoslawischen Staat eingetreten ist". Als der Krieg begann, war seine Partei eine der ersten, die mit der "Serbischen Garde" unter Đorđe Božović-Giška eine paramilitärische Formation aufstellte, während sich Drašković selbst im "Wiener Kurier" damit brüstete, sechzigtausend Freiwillige für die neue Serbische Armee zur Verfügung zu haben. Bald drohte er den Muslimen und Kroaten, bald streckte er die Hand zur Versöhnung aus und verurteilte mitfühlend die serbischen Verbrechen. In einer späteren Phase wandelte er sich zum Friedensapostel und Parteiführer, der fest davon überzeugt war, der Westen setze auf ihn, als Alternative zum Regime der Sozialisten.

Die Konkurrenzparteien verabscheuten sein Charisma und seine Führungsambitionen; die Serben jenseits der Drina hatten kein Vertrauen zu ihm und betrachteten ihn mit der Zeit als ihren größten Widersacher. Für die Kroaten und Muslime war Drašković immer ein Symbol für das Serbien der Tschetniks. In Kroatien ging er in die Kriegsfolklore ein: "Drašković, du Hurensohn / über die Drina kommst du nicht!" Im Gegensatz zu Šešelj, der häufig seine Heimat aufsuchte, ließ sich Drašković niemals in den vom Krieg erfassten Gebieten sehen.

Die einen liebten, die anderen hassten ihn, niemand konnte ihm gegenüber gleichgültig bleiben. Ähnlich wie Vojislav Šešelj hatte auch Drašković unter den Intellektuellen die wenigsten Anhänger. Noch als die beiden ganz am Anfang ihrer politischen Karriere standen, stellte 1990 die Literaturzeitung "Književne novine" fest, die beiden seien ein Produkt ihrer Zeit: "Wären Drašković und Šešelj nicht aus ihrem Metier vertrieben worden und würden wir unter normalen Umständen leben, wären die beiden heute das, was ihren Fähigkeiten entspricht: der eine ein Feuilletonist mit dem Hang zu kitschiger, sozrealistischer Moral, und der andere, mit seinem Doktortitel und der ausgeprägten Neigung, überall um sich herum Feinde zu sehen, ein Vertreter der Doktrin der allgemeinen Volksverteidigung."

1. Juni 1994

Der Wendepunkt in Draškovićs Karriere begann mit einem Zwischenfall im jugoslawischen Parlament, als der radikale Abgeordnete Branislav Vakić seinen Kollegen aus der Serbischen Erneuerungsbewegung Mihajlo Marković k.o. schlug. Obwohl der ehemalige Boxer Vakić behauptete, es sei gar kein richtiger Schlag gewesen, er habe seinen Abgeordnetenkollegen nur etwas "härter gestreichelt", mobilisierten die darauffolgenden Ereignisse die Anhänger der Serbischen Erneuerungsbewegung. Das Fernsehen spielte dabei eine wichtige Rolle, denn es strahlte Bilder aus, die den bewusstlosen Marković zeigten, wie er von Sanitätern auf einer Bahre aus dem Parlament getragen wurde.

Der Krach begann gegen Abend, als sich vor dem Parlamentsgebäude einige hundert rebellische Anhänger der Serbischen Erneuerungsbewegung versammelten. Unter ihnen befanden sich auch Vuk Drašković und dessen Ehefrau Danica, die als hitzige Parteiaktivistin der festen Überzeugung war, dass nur durch die Gewalt der Straße die Macht zu erringen sei. Sie heizte die kämpferische Stimmung der Demonstranten an, die kleine Steine in die Fenster des Parlamentsgebäudes warfen und versuchten, den Polizeikordon zu durchbrechen, um in das Gebäude zu dringen. Einem Jugendlichen gelang es, den Fahnenmast zu erklimmen und die Staatsfahne herunterzuholen, die dann von den Demonstranten zertrampelt und zerrissen wurde.

Drašković agierte verwirrt und unentschlossen, was Danica wütend machte. Mit einer Flut von Schimpfworten wie "Ihr Läuse und Scheißkerle, was steht ihr hier herum!", forderte sie die Versammelten auf, die Tür des Parlaments einzurennen. Im Tumult, der nun entstand, wurde der Milizionär Milorad Nikolić schwer verwundet und starb bald darauf im Krankenhaus. Dies war der Auftakt zu Ereignissen, bei denen Vuk und Danica Drašković einerseits Opfer waren, andererseits zum Paradigma des Widerstand gegen das Regime werden sollten.

Etwa zweitausend erzürnte Polizeibeamte, die zweifellos von ihren Vorgesetzten entsprechende Anweisung hatten, traten daraufhin wütend in Aktion und trieben die Demonstranten auseinander. Aber damit nicht genug, nach Mitternacht, als sich alles soweit beruhigt hatte, stürmten etwa ein Dutzend bedrohlich aussehende Polizisten die zentral an den Belgrader Terazijen gelegenen Geschäftsräume der Serbischen Erneuerungsbewegung. Sie trafen Vuk und Danica Drašković sowie einige Abgeordnete der Partei an. "Aufstehen, keine Bewegung! Alle an die Wand!" kommandierte der ranghöchste Polizist und teilte dann mit, sich auf einen Beschluss des serbischen Innenministeriums berufend, alle Anwesenden seien auf die Polizeiwache abzuführen.

Obwohl keiner der Verhafteten verschont blieb, hatte es die Polizei offensichtlich besonders auf Vuk und Danica Drašković abgesehen, auf die sich nun die ganze Gewalt entlud. Auf dem Weg zur Polizeiwache verprügelte und erniedrigte man das Ehepaar. Die Einwohner der umliegenden Häuser, die die Szene aus nächster Nähe beobachteten, erklärten Journalisten gegenüber, Polizisten hätten die beiden mit Füßen getreten und dabei voller Rachedurst gebrüllt: "Hier, ein Starkes für den Führer!"

"Auf dich haben wir nur gewartet, du unfruchtbare Hure!", wurde Danica Drašković beschimpft.

Die Polizisten verhielten sich auch deshalb aggressiver als sonst, weil der Mord an ihrem Kollegen Milorad Nikolić und die wiederholten, von den Anhängern Vuk Draškovićs verursachten Unannehmlichkeiten ihren Hass geschürt hatten. Aber die späteren Ereignisse deuten darauf hin, dass die Machthaber entschlossen waren, der Opposition für immer tiefsitzende Angst einzujagen. Das Ehepaar Drašković wurde vom Strafrichter zu sechzig Tagen Gefängnis verurteilt, und der Staatsanwalt eröffnete ein Verfahren zum Verbot der Serbischen Erneuerungsbewegung. In Einzelzellen voneinander getrennt, verbrachten die Draškovićs auch ihren zwanzigsten Hochzeitstag im Gefängnis.

Die Festnahme des Führers der Serbischen Erneuerungsbewegung, später sein Aufenthalt in der Klinik für Neurochirurgie, sein Entschluss, in den Hungerstreik zu treten "bis zum Tode", all das führte zu Unruhen in der serbischen Öffentlichkeit wie im Ausland. Unter dem Motto "Vuk muss am Leben bleiben" wurden Protestversammlungen abgehalten, und von allen Seiten trafen Petitionen an den serbischen Präsidenten ein, Drašković freizulassen. Der serbische Patriarch Pavle, François Mitterand, Konstantin Mitzotakis, Simon Wiesenthal und verschiedene internationale Institutionen setzten sich für ihn ein, und der Belgrader Fernsehsender Studio B strahlte täglich den Slogan der Opposition aus: "Genosse und Genossin, / lasst Vuk doch aus dem Kerker ziehn. / Das wäre sicher klug, / das Leben hier draußen ist Strafe genug.

So intensiv wie nie zuvor war die Öffentlichkeit vierzig Tage lang auf den Beinen, und Vuk Drašković wurde zum "Jesus Christus des Kampfes für die Demokratie in Serbien", wie seine Anhänger verkündeten. Über Verwandte, Ärzte und international angesehene Persönlichkeiten, denen es gelungen war, mit Drašković Kontakt aufzunehmen, gelangten Informationen über dessen qualvollen Aufenthalt im Belgrader Zentralgefängnis in der Bačvanska Nr. 14 und später in der Klinik für Neurochirurgie zu den Journalisten. Die Nachrichten waren mehr als dramatisch. Eines Tages wurde gemeldet, Drašković habe sich entschlossen zu sterben. Er rief den serbisch-orthodoxen Wladika Artemije zu sich, der ihm die letzte Ölung erteilen sollte, und bestimmte den 17. Juli zu seinem Todestag, "der Tag, an dem der russische Zar Nikolaus und General Draža Mihailović umgebracht wurden". Sein Wunsch war es, wie er erklärte, dass "die gleiche Hand am gleichen Tag" auch ihn selbst ins Jenseits befördern sollte.

Der serbische Präsident wurde tagtäglich über das psychische Befinden und den Gesundheitszustand der Eheleute Drašković informiert. Milošević war überzeugt, dass Vuk Drašković seinen Erschöpfungszustand nur simulierte und mit der Ankündigung, sein Leben beschließen zu wollen, "nur politische Punkte sammelt". Als ihn Danielle Mitterand, die Ehefrau des französischen Präsidenten, anlässlich ihres Besuchs in Belgrad darauf hinwies, dass Drašković kurz vor dem körperlichen Zusammenbruch stehe, gab Milošević zur Antwort: "Ach was, krank soll er sein! Er spielt doch den ganzen Tag Schach!"

Nach seiner Begnadigung war Vuk Drašković mit mehr Pluspunkten ausgestattet, als man sich hätte wünschen können, sein Charisma noch unwiderstehlicher. Viele glaubten, Milošević habe sich, ohne es zu wollen, einen Nachfolger aufgebaut, und die Opposition habe jetzt endlich ihren leader gefunden. Das war jedoch ein weiterer Irrtum, der die Öffentlichkeit davon überzeugen sollte, was für ein leicht verdaulicher Happen die Opposition für den serbischen Präsidenten war. Die Opposition wollte Drašković nicht zu ihrem Führer küren, und auch er selbst hatte nicht die Kraft, sich über den belastenden politischen Alltag zu erheben.

Vuk "Wolf" Drašković war nicht mehr der Alte. Das Gefängnis hatte ihn gezeichnet, und Mitte der neunziger Jahre kam er vollends zur Ruhe. "Den Wolf vom 9. März haben wir in ein Lamm verwandelt", erklärte Parlamentspräsident Radmilo Bogdanović, geschäftsmäßig schmunzelnd. An die Stelle der Straßendemonstrationen trat nun der parlamentarische Kampf, eine Rolle, die Drašković lange nicht so lag wie die eines Redners vor dem Fürst-Mihajlo-Denkmal mitten auf dem Belgrader Platz der Republik. Zu dieser Zeit war er der führende Friedensbefürworter und ein harter Kritiker von Karadžić, Martić sowie des national gesinnten Oppositionsflügels, in dem – von unterschiedlichen Positionen aus – Zoran Đinđić, Vojislav Koštunica und Vojislav

Šešelj wirkten. Ihre Energie verwendete die Serbische Erneuerungsbewegung hauptsächlich für die Desavouierung der "kriegstreibenden Parteien", wie man diejenigen Parteien nannte, die nicht für die bedingungslose Kapitulation der Serben jenseits der Drina in Bosnien zu gewinnen waren. Das, was seinerzeit Šešelj als Helfer von Milošević für die Opposition gewesen war, wurde nun in einer produktiveren Auflage Vuk Drašković. Gleichzeitig bewies er immer wieder, dass dies seine angestammte Position war und die Sozialisten seine Politik nur übernommen hatten: "Milošević hat zumindest in Sachen Krieg und Frieden seine Zelte auf dem angestammten Eigentum der Serbischen Erneuerungsbewegung aufgeschlagen."

Wie viel Erfolg der Redner Drašković auch hatte, seine Annäherung an die Sozialisten brachte ihn doch in ernsthafte Bedrängnis. Die Serbische Erneuerungsbewegung zerbröckelte. Einer nach dem anderen verließen viele führende Parteimitglieder, darunter fast die gesamte Führungsspitze, die Bewegung; übrig blieben in höheren Positionen Vuk und seine einflussreiche Gattin Danica.

Danica Drašković hatte ihre Karriere als Juristin und Strafrichterin begonnen. Sie wurde nach eigener Aussage wegen "politischer Untauglichkeit" entlassen und 1990 vorzeitig pensioniert. Das ärztliche Attest stellte neben einer chronischen Bronchitis, Bandscheibenvorfall, beidseitigem Ischias und einer Parese der linken Kniekehle auch ein "depressives Syndrom" fest, was von Danicas politischen Gegnern dazu benutzt wurde, ihre gesunde Urteilsfähigkeit in Zweifel zu ziehen.

Ihre Bestimmung entdeckte Danica Drašković in den Jahren des Parlamentarismus, als sie im politischen Leben einen herausragenden Platz einnahm. "Ich bin Politikerin aus Berufung", äußerte sie im Schwung ihres leidenschaftlichen Engagements. Sie behauptete auch, die "moralische Gründerin" der Partei zu sein. Mit Blick auf ihre Rolle im Leben ihres Ehemanns Vuk und ihre Position in der Serbischen Erneuerungsbewegung kann man ihr diesbezüglichen Glauben schenken.

Die Beziehung zwischen Danica und Vuk Drašković glich in vielem dem Verhältnis zwischen Mirjana M. und Slobodan Milošević. Beide waren ihren Ehepartnern grenzenlos ergeben, beide ehrgeizig, und beide übten Einfluss auf ihre Gatten aus und gaben sich in keiner Weise mit einer untergeordneten Rolle zufrieden. Beide waren ihren Ehemännern so verbunden, dass sie sie mit übergroßer Liebe erdrückten wie die Gottesanbeterin mantis europea, die nach der Befruchtung ihr Männchen verschlingt. Aber im Gegensatz zu Mirjana Marković, die Slobodan M. ermutigte und ihm insgeheim ihren Willen aufnötigte, zeigte Danica Drašković ganz offen, wer der Herr im Hause war, und brachte ihren Mann Vuk im Beisein von Mitarbeitern in peinliche Situationen. Ihr Verhältnis zu Drašković schwankte von grenzenloser Hingabe und Liebe bis zu offener Erniedrigung. Einerseits kritisierte sie ihn unbarmherzig und überhäufte ihr Opfer mit Komplexen, andererseits nahm sie ihn vor seinen Gegnern in Schutz und förderte ihn leidenschaftlich. Zunächst machte sie ihn nieder, um dann als fanatisch ergebene Mutter und Beschützerin wieder in Erscheinung zu treten.

Die aus den montenegrinischen Bergen stammende Danica war so energisch und unternehmungslustig, dass sie "eiserne Lady" genannt wurde, was ihr ganz offensichtlich gefiel, und sie war zweifellos eine mutige Frau und Motor ihrer Partei. Vuk Drašković traf keine wichtige Entscheidung ohne ihre Zustimmung. In vielen politischen Verhandlungen stand sie an seiner Seite, und Drašković wünschte sich nichts sehnlicher als ihre Unterstützung. Deshalb sagte man auch, "Vuk hält den Bleistift und Danica das Radiergummi" in der Hand. Dass viele führende Männer die Partei verließen, soll eine Folge ihrer Auseinandersetzungen mit Danica Drašković sein, deren "Chefgehabe" sie nicht ertragen konnten.

Mit ihren Äußerungen und öffentlichen Auftritten brachte sie oft sowohl ihren Gatten wie die ganze Partei in schwere Verlegenheit. Auf der Begräbnisfeier für den Würdenträger Wladika

Nikolaj Velimirović im Dorf Lelić schlug sie in Anwesenheit des Patriarchen Pavle einem der Gäste, mit dem sie sich politisch in die Haare geraten war, mit einer Flasche auf den Kopf. Sie war zuerst in Konflikt mit der Führung der bosnischen Serben geraten, später folgte dann auch Gatte Drašković. Sooft sie von Karadžić und Genossen sprach, konnte man ihren Hass förmlich spüren. Sie scheute sich nicht, auf einem Empfang Journalisten gegenüber kundzutun, dass man "dieses Gesindel aus Pale vernichten muss!" Als Verantwortliche für die Leitartikel in der Parteizeitung "Srpska reč" ("Das serbische Wort") kommentierte sie erfreut die militärischen Misserfolge der Serben in Bosnien: "Wir empfinden eine Art Freiheit wie die Deutschen zu Ende des Zweiten Weltkriegs...".

Der Parteiführer der Serbischen Erneuerungsbewegung hielt mit seiner Liebe, mit seiner Abhängigkeit und intensiven emotionalen Bindung an seine Ehefrau nicht hinter dem Berg. "Sie ist meine Gattin, mein Kind und meine ganze Familie", schrieb er nach der Verhaftung der beiden in einem Hilferuf an Mira Marković: "Solange sie im Gefängnis ist, befindet sich meine gesamte Familie im Gefängnis. Helfen Sie ihr, Frau Marković, und Sie haben mir geholfen. Dafür wäre ich Ihnen bis an mein Lebensende unendlich dankbar."

Das Regime gab mit keinem Hinweis zu erkennen, wie es das Land und sein Volk aus dem Sumpf von Armut, Isolation und allgemeiner Hoffnungslosigkeit herauszuführen gedachte. Aber es bewies Geschick dabei, sich in einem aus den Fugen geratenen Staat an der Macht zu erhalten, und das ohne jegliche ernsthafte Konkurrenz.

Schon zu Jahresbeginn 1995 bereiteten sich die Sozialisten und die Mitglieder der Neuen Jugoslawischen Linken auf die kommenden Wahlen vor. Sie wussten, dass sie allein keine Mehrheit im Parlament erzielen würden, und Bündnispartner waren nicht leicht zu finden. Eine Partnerschaft mit den Radikalen wollten sie vermeiden. Šešelj war für sie als Unruhestifter in den Reihen der

Opposition interessant und in dieser Rolle unersetzlich. Auf die Parteien von Vojislav Koštunica und Zoran Đinđić konnte man nicht zählen.

In dieser Situation übernahm Mira Marković den Knüppel in der Parteienszene. Sie veränderte die politische Landkarte Serbiens und teilte sie in zwei Strömungen: in die Kriegs- und in die Friedenslobby. Aus ihrer Sicht gehörten zu der ersteren Šešelj, Đinđić und Koštunica, zu den Friedensbewegten die Jugoslawische Linke, die Sozialisten, die Neue Demokratie und die Serbische Erneuerungsbewegung. Den Bürgerbund um Vesna Pešić als "auslandbestimmte, prowestliche Institution" ignorierte sie.

Mehrmals trafen Milošević und Drašković zu einem entspannten Gespräch zusammen. Nach all den Verfolgungen und Verhaftungen warb der serbische Präsident mit allem Charme um den Führer der Serbischen Erneuerungsbewegung. Anlässlich eines Gesprächs mit Journalisten der Zeitung "Intervju" erinnerte sich Drašković später an die Plaudereien und unterschwelligen Anspielungen, mit denen sich die beiden bemühten, über die früheren Konflikte zu scherzen. Vuk Drašković erzählte Milošević einen Witz über ein Fußballspiel von Elefanten und Mäusen, nach dem sich der Mannschaftskapitän der Elefanten für seine Grobheit entschuldigte, worauf die Maus ihm zur Antwort gab: "Macht nichts, wir haben ja auch geholzt!" Milošević lachte darüber und sagte: "Aber Herr Drašković, Sie vergessen, dass gerade der Elefant ein Tier ist, das Angst vor Mäusen hat." Drašković erfuhr nachträglich, dass Elefanten wirklich einen Krampf bekommen, wenn sie Mäuse sehen. Es blieb dem Führer der größten Oppositionspartei überlassen, aus dieser Fabel seine politische Lehre zu ziehen. Wer dabei der Elefant und wer die Maus war, darüber brauchte er nicht zu rätseln.

Am Vorabend des 8. März 1995

Im Arbeitszimmer Bogoljub Karićs in der Palmiro-Togliatti-

Straße 3 kam es zu einem Treffen zwischen Mira Marković, Vuk und Danica Drašković im Beisein Dušan Mitevićs sowie des Gastgebers. Man traf sich auf beiderseitigen Wunsch. Der Parteivorsitzende der Serbischen Erneuerungsbewegung stand zu dieser Zeit den Sozialisten näher als seinen eigenen Kollegen aus der Opposition, und Mirjana M. sah in ihm einen möglichen Bündnispartner. Genossin Marković hatte im weiteren großen Einfluss auf die Begnadigung und Haftverschonung des Ehepaars Drašković. Das war nach Vuks Brief an die Präsidentengattin, in dem er an sie appelliert hatte, seiner Frau Danica die Strafe zu erlassen. Ihre früheren Auseinandersetzungen waren in Vergessenheit geraten, obwohl es zwischen beiden tiefe politische Gräben gab: Drašković störte an Mirjana M. ihr Kommunismus und die Glorifizierung der Partisanenbewegung, während sich die Marković nicht mit Vuks Hang zur Monarchie und seiner Vorliebe für die Tschetniks abfinden konnte.

An diesem Treffen nahm Milošević nicht teil. Aber das minderte seine Bedeutung nicht: Mirjana Marković diente ihrem Gatten als verlässliche Vorhut.

Drašković kam mit einem Blumenbouquet zum Stelldichein. Wie ein Kavalier verneigte er sich vor der Professorin und gab ihr einen Handkuss. Neben den Blumen brachte er ihr den Roman Gori Moravo ("Brenne, Morava") von Dragoslav Mihajlović mit, obwohl zu diesem Zeitpunkt gerade sein eigenes Buch "Noć generala" ("Die Nacht des Generals") auf den Markt gekommen war, in dem er Draža Mihailović und die Tschetnikbewegung verherrlichte.

Zweieinhalb Stunden lang führte man ein angenehmes Gespräch, in dem sich alle Beteiligten rührend darum bemühten, unangenehme Themen zu vermeiden. Die Verhaftung und Verprügelung von Vuk und Danica Drašković erwähnte natürlich keiner der Anwesenden. Im Hinblick auf die noch bevorstehenden Ereignisse ist erwähnenswert, dass die Gattinnen Mirjana und Danica den angenehmen Ton des Gesprächs vorgaben. Die beiden waren sich in allem einig. "Mit allem, was Sie sagen, stimme ich vollkommen überein", wiederholte Danica mehrmals, während man über die Beendigung des Krieges, über den Frieden und über das Schicksal der Serben in Bosnien und Kroatien innerhalb der bestehenden Grenzen sprach.

Die Zusammenkunft wurde durch eine fröhliche Bemerkung von Koordinator Dušan Mitević beendet, der meinte, dieses Treffen könne historische Bedeutung gewinnen: "Danica, du bist ein ausgeprägter Tschetnik, und du, Mira, bist eine Vertreterin der serbischen Partisanen. Seit Titos Treffen mit Draža Mihailović im Jahre 1941 ist das heute die erste Begegnung von Tschetniks und Partisanen!"

Und die Fortsetzung? Eine Fortsetzung gab es nicht. Das Bündnis, das man in Reichweite geglaubt hatte, kam nicht zustande, bald wurde der unbarmherzige Krieg zwischen der Serbischen Erneuerungsbewegung und dem Regime weitergeführt.

Der serbische Präsident hatte Drašković unter der Bedingung gewinnen wollen, dass dieser einen gut entlohnten Wasserträger für ihn spielen würde. Drašković verlangte seinerseits ebenfalls einen hohen Preis, außerdem war es schwierig für ihn, sich mit der Rolle eines zweiten Mannes im Staat abzufinden. Er betrachtete sich selbst als Alternative zu Milošević, und so präsentierte er sich auch ausländischen Diplomaten, die sich in diesem balkanischen Albtraum nur schwer zurechtfanden. "Ich bin Mike Tyson", sagte er zum finnischen Außenminister Tarji Halonen, "aber was kann ein Tyson ausrichten, wenn ihm Arme und Beine gebunden sind!"

Vielleicht hätten Milošević und Drašković ja eine gemeinsame Sprache gefunden, bestanden doch gewisse heimliche Sympathien zwischen den beiden. Da gab es jedoch die einflussreichen Ehefrauen, die eine gewisse Ähnlichkeit aufwiesen, obwohl sie politisch verschiedenen Lagern angehörten. Beide waren streitsüchtig und nicht imstande, ihren Ehrgeiz und den tiefen Groll in sich zu beherrschen. Die eine mit der Kokarde der Tschetniks, die andere mit dem roten fünfzackigen Stern der Kommunisten ausgestattet, standen sie doch beide unter dem unendlich großen Schutzschirm ihrer Ehemänner. So wie im Endeffekt viele ihr Anliegen mit der Professorin abwickelten, wusste man in politischen Kreisen ebenfalls, dass durch Vuk Drašković eigentlich seine Ehefrau sprach. So, wie man aus den Artikeln der Mira Marković die Absichten von Slobodan Milošević herauslesen konnte, kündigte auch Danica Drašković in ihren Leitartikeln für die Parteizeitung "Srpska reč" die politischen Schachzüge ihres Ehegatten Vuk an.

Und als die beiden Frauen sich gegenseitig den Krieg erklärten, die eine über "Srpska reč", die andere auf den Seiten der "Duga", da war auch das Ende der möglichen Zusammenarbeit zwischen den Sozialisten, der Jugoslawischen Linken und der Serbischen Erneuerungsbewegung gekommen.

Mirjana M. nannte Danica D. eine "Androidin in Gestalt der Chefredakteurin eines bunten Quisling-Wochenblatts mit Niedrigauflage". Im Gegenzug erkannte Danica D. in Mirjana M. eine selbstverliebte Präsidentengattin mit den charakteristischen Merkmalen "von Mongoloiden, das heißt Menschen von beschädigtem Aussehen und Bewusstsein", die "sich durch die Verzerrung der Wirklichkeit in einem fremden und schöneren Licht sehen". Mirjana M. schrieb über die Draškovićs, sie seien "invalide Pensionäre mit nicht kompensierten Energien". Außerdem sei Danica "eine Frau, die sich selbst nicht verwirklicht und die Gewohnheiten halbwilder Viehzüchter und Wegelagerer angenommen hat". Danica D. äußerte über die Miloševićs, dass "es weder in Serbien noch im Ausland Ärzte gibt, die bestätigen können, dass die beiden in Bezug auf ihr familiäres, politisches und gesellschaftliches Verhalten als normal zu bezeichnen sind". Sie fügte außerdem noch hinzu, Mirjana M. sei eine "Schizophrenikerin" und "Epileptikerin".

So beschenkten sich die Gattinnen der Vorsitzenden der beiden größten Parteien, die Amazonen der Tschetniks und der Partisanen, gegenseitig. Sie waren ein Spiegelbild Serbiens der neunziger Jahre.

Wo war die Herzlichkeit des angenehmen Märzabends im Arbeitszimmer des Bogoljub Karić geblieben? Sich hier auf einen Erklärungsversuch einzulassen, bleibt in der unheilbar kranken serbischen Gesellschaft ein sinnloses Unterfangen.

In dieser Stimmung harrte man der nächsten Wahlen und hoffte auf einen allgemeinen Volksaufstand, der ganz Serbien in Aufruhr versetzen würde, während das Ausland schockiert war über Milošević's Fähigkeit, sich auch in der ausweglosesten Situation noch aus der Affäre zu ziehen.

Die gelbe Revolution

"Auf, los, alle zum Angriff!" Mit Ausrufen wie diesem bringt sich das berühmt-berüchtigte Volk nun wieder selbst ein, es "geschieht" diesmal in einem Ausbruch von Unzufriedenheit. Auf der Straße festliche Stimmung, Freude und aufkeimende Hoffnung – während das Ehepaar Milošević den allgemeinen Volksaufstand mit heimlichem Schaudern verfolgt.

Im Vorfeld der Parlamentswahlen von 1996 war Slobodan Milošević fest davon überzeugt, dass er unter keinen Umständen verlieren würde. Diese Möglichkeit wollte er überhaupt nicht in Betracht ziehen. Auf meine Frage an einen seiner engsten Mitarbeiter, was der Präsident im Fall einer Wahlniederlage zu tun gedenke, antwortete mir dieser: "Milošević ist sich seines Sieges so sicher, dass er mit keinem Wort die Möglichkeit einer Niederlage auch nur erwähnt."

In Wahrheit fürchtete er sich vor Dragoslav Avramović, vor Großväterchen Avram, Jahrgang 1919, dem "Super-Opa", "jüngsten Alten" und "geliebten Avram", wie der abgesetzte Direktor der Jugoslawischen Nationalbank allgemein liebevoll genannt wurde, der Jugoslawien vor der katastrophalen Inflation gerettet hatte und jetzt im Ruf eines großen Reformers stand. Alle wünschten sich Avramović zum Bundesgenossen. Als die JUL gegründet wurde, hatte Mira Marković, bevor die Wahl auf Ljubiša Ristić fiel, den Posten des Vorsitzenden Avramović angeboten. Der begründete seine Absage mit seiner angegriffenen Gesundheit und dem vorgerückten Alter und verbrachte, um Unannehmlichkeiten zu vermeiden, eine gewisse Zeit im Krankenhaus.

Kommunikativ und offen, wie er in seinem Auftreten war, geriet der Bankdirektor in Konflikt mit dem Regime. Er beschuldigte die Minister, die gleichzeitig auch Direktoren von

Unternehmen waren, die Privilegien ihres Amtes auszunutzen, und lehnte es ab, in der Notenpresse zusätzliche Dinar drucken zu lassen. Dazu meinte er: "Verkauft doch Dedinje, und ihr werdet genug Geld haben." Das Volk spendete ihm Beifall: "Du, Avram, bist unser Zar, den Gaunern gib keinen einzigen Dinar!"

Avramović war unbequem geworden, und seine Zeit als Lieblingskind der Mächtigen war abgelaufen. Brutal wurde er vom Gouverneursposten der Jugoslawischen Nationalbank entfernt. "Sogar die Türken waren größere Gentlemen", kommentierte er diesen Vorgang, obwohl er vom Parlament mit Applaus und sogar einigen Tränen verabschiedet wurde. Er ließ sich jedoch nicht entmutigen und behielt seine Haltung dem Regime gegenüber bei, was ihm noch größere Popularität verschaffte.

Je näher die Wahlen heranrückten, desto mehr bestanden die Anhänger der einzelnen Parteien auf der Bildung eines gemeinsamen Oppositionsblocks. Von allen Seiten trafen Bitten, Drohungen und Empfehlungen ein: "Leute, schließt euch zusammen! Nehmt euch uns zum Vorbild, wenn unsere schon keins darstellt!" War das überhaupt möglich? Konnten die Parteivorsitzenden nach so vielen gegenseitigen Beleidigungen ein gemeinsames Konzept finden? Das geringste Problem stellte der Bürgerbund von Vesna Pešić dar, der den unter sich zerstrittenen Parteien als Brücke der Vermittlung diente.

Unter dem Druck der Öffentlichkeit jedoch wurde erst eine aus drei, und schließlich, nach vielem Hin und Her, eine aus fünf Parteien bestehende Koalition gebildet: ihr gehörten die Serbische Erneuerungsbewegung, die Demokratische Partei, die Demokratische Partei Serbiens, der Bürgerbund und die Unabhängige Gewerkschaft an. Der erste Mann in dieser nur mit Mühe zusammengebastelten Koalition war Dragoslav Avramović. Trotz seines Alters und des schlechten Gesundheitszustandes hatte er eingewilligt, an der Spitze des Oppositionsbündnisses zu stehen, und das ließ eine gewisse Hoffnung aufkommen, dass man etwas erreichen konnte.

Aber dann...

Vesna Pešić, Vuk Drašković und Zoran Đinđić kehrten aus Brüssel nach Belgrad zurück. Am Flughafen wurden sie von Miroljub Labus erwartet, der ihnen mitteilte, Avramović habe sich zurückgezogen. Völlig überrascht nahmen die vier einen Wagen und fuhren zu Labus nach Hause, wo in der Zwischenzeit auch Koštunica eingetroffen war. Mit Verwunderung lasen sie Avramovićs Brief, in dem er die Vorsitzenden der Koalitionsparteien davon informierte, dass er als Koalitionsführer zurücktrete, weil sich sein Gesundheitszustand verschlechtert habe. Was hatte sich wirklich ereignet, und wie ging es jetzt weiter?

Ein Rätselraten über die wahren Hintergründe von Avramovićs politischer Enthaltsamkeit begann. Es war die Rede von Bestechung, vom Druck des Westens, von seinen Treffen mit Milošević und von der undurchsichtigen Rolle Nikola Šainovićs, der eine Liste mit den "Sünden des Avramović" in Händen hielt. Drašković behauptete sogar, der ehemalige Bankdirektor sei "unter Androhung von Lebensgefahr erpresst" worden. Jedenfalls kannte Avramović den Charakter des Regimes, er hatte Angst vor dem, was ihn und seine Familie erwartete, und besaß nicht die Kraft, einem solchen Druck standzuhalten.

Nach dem Verzicht Avramovićs konnte Milošević erleichtert aufatmen. Der Weg war jetzt frei, und die Koalition der Linken, bestehend aus Sozialisten, JUL und Neuer Demokratie, begann mit einem heftigen Wahlkampf, in dem sie der Öffentlichkeit suggerierte, dass ohne ihren Sieg das Überleben Serbiens auf dem Spiel stehe. Alles, was vor sechs Jahren ein für alle Mal abgeschafft schien – die revolutionäre Rhetorik, gewürzt mit sozialem Pathos, die nationale Spaltung und der Terror des Medienmonopols, all das wurde wieder hervorgeholt, so dass den Menschen nur die Wahl blieb, sich vor Qual oder vor Lachen zu krümmen: "Schön, schöner, links"[22] und "JUL weiß, wie Träume wahr werden!"

Der Generaldirektor des holzverarbeitenden Unternehmens "Srbijašume"[23] verkündete, dass "die Idee der Linken auch auf fruchtbaren Boden bei den Förstern gestoßen ist, denn alle demokratischen Ideen sind ein natürlicher Zustand." Und der Arzt Dr. Jovan Striković erklärte fachmännisch, dass "links die vorherrschende Seite bei dem Wesen ist, das sich homo sapiens nennt." Während in Russland Boris Jelzin einen Ukas unterzeichnete, mit dem der "Tag der Oktoberrevolution" in "Tag der Eintracht und der Völkerversöhnung" umbenannt und die Aussöhnung zwischen den "Roten" und den "Weißen" verkündet wurde, vertieften die regimetreuen Parteien Serbiens im Elan revolutionärer Tradition den Konflikt zwischen Partisanen und Tschetniks immer mehr.

Auf einer Wahlveranstaltung der Jugoslawischen Linken im Save-Center forderte Mira Marković in letzter Minute, das Programm um die Partisanenlieder "Kapitän Leschie"[24] und "Ich bin Partisan und stolz darauf" zu ergänzen. Der Belgrader JUL-Vorsitzende Slobodan Čerović brüstete sich bei diesem Anlass, er habe sein vor fünf Jahren gegebenes Versprechen eingehalten, wonach Titos Porträt niemals aus dem Hotel "Metropol" entfernt werden dürfe, solange er dessen Direktor sei.

Viele hatten den Eindruck, dass auch die Radikalen, wie abgenutzte Räder, an Schwung verloren hatten. Wie ein einsamer Reiter bereiste Wojwode Šešelj die serbische Provinz, einer allein gegen alle. Er verspottete sowohl das Regime wie die Koalition Zajedno[25], insbesondere seine Kollegen Vuk und Danica Drašković. Auf einem Meeting in Valjevo deklamierte er einige Verse, die den beiden gewidmet waren: "Schlimmer noch als die kaffeesatzlesenden Muslime / sind Vuk und Danica, die Trine!". Mit gleicher Münze zahlte Drašković heim, indem er Šešeljs Sprachfehler imitierte: "Ihl lieben selbischen Blüdel!"

Gleichzeitig herrschte eine absolute Medienblockade, und die Öffentlichkeit erinnerte sich mit einem Seufzer an die ersten Parlamentswahlen von 1990, als man, schlecht oder recht, immerhin auch die Stimme der Opposition hatte hören können. Der Medienforscher Zoran Slavujević errechnete, dass die Repräsentanz der Parteien in den Medien im Verhältnis 298:1 zugunsten des Regimes stand. Lügen über Lügen, ein Sumpf von Lügen. Das ganze Land befand sich, dem Fernsehen nach zu urteilen, in einem schwindelerregendem Fortschritt von Arbeit und Wohlstand. Der stellvertretende Gesundheitsminister Dr. Zoran Kovačević verkündete, dass "Jugoslawien auf dem Weg ist, als erster Staat in der Welt ein Medikament gegen die AIDS-Krankheit zu entwickeln". Die Opposition wurde auch von Čeda Mirković verspottet, dem Vizepräsidenten der Neuen Demokratie und einem der führenden Literaturkritiker Serbiens, einer derjenigen, die das Buch von Professorin Marković in den höchsten Tönen gelobt hatte. Er äußerte mitleidig, es sei doch sehr schade, dass die Koalition der Linken "keine gleichrangige Konkurrenz bei den Wahlen hat".

Milošević verspürte nicht einmal das Bedürfnis nach einem symbolischen Kontakt mit der Bevölkerung, in der Überzeugung, das sei verlorene Zeit. Drei Tage vor dem Wahltag feierten unmittelbar im Anschluss an eine Wahlveranstaltung im Save-Center etwa zwanzig Führungspolitiker der Linken, darunter der Schauspieler Desimir Stojanović-Desko und die Vorsitzenden der Neuen Demokratie, im Restaurant der "Jugopetrol" im voraus ihren Wahlsieg. Den Ton der feucht-fröhlichen Feier gab Milošević an, der auswendig, wie von einer Kassette abgespult, eine ganze Liste von Liedern parat hatte; begleitet wurde er von seinen Genossen. Sie gaben ein breites Spektrum von Schlagern, traditionellen Volksmelodien und Revolutionsliedern zum Besten: "Besser betrunken als zu alt", "Katjuscha", "Drei Panzerführer, drei fröhliche Kameraden", "Vom Ovčar- und vom Kablar-Berg herunter, spricht das Hirtenmädchen munter…". Die Wahlen erwähnte so gut wie niemand. "Lasst uns weitergehen!" war der Wahlkampfslogan der Linken, der erahnen ließ, dass sie genau dort weitermachen würde, wo sie gerade angekommen war.

Am Sonntag, dem 3. November 1996 stellte sich heraus, dass Miloševićs Selbstvertrauen begründet war. Er brachte den Sieg, und mehr als das: die überwältigende Übermacht der Linken und die katastrophale Niederlage der Opposition bei den Wahlen zum jugoslawischen Bundesparlament. Die Linke eroberte 66

Abgeordnetensitze, die Koalition Zajedno hingegen nur 22 Mandate.
Wie betäubt von seinem Erfolg, versetzte der serbische Präsident seine Mitarbeiter in Verwirrung. Er verhielt sich der Opposition gegenüber unerwartet milde und sensibel, oder vielleicht zynisch? Das läßt sich schwer feststellen. Spontan äußerte er: "Wir stehen jetzt vor einem großen Problem." Aufmerksam lauschten die Genossen, voller Erwartung, was jetzt kommen würde, dann machte Milošević, als verspüre er Gewissensbisse, eine künstliche Pause, in der eine unangenehme Stille herrschte, und fuhr fort: "Unser Problem wird der völlige Zusammenbruch der Opposition sein. Die Frage, wann wir die Macht abtreten werden, stellt sich nicht mehr, und die Opposition von heute wird niemals an die Macht kommen."

Sonntag, 17. November 1996

Noch war nicht alles perfekt, es stand noch eine zweite Runde von Kommunalwahlen bevor, die sowohl für die Sieger wie für die Unterlegenen in allgemeiner Lustlosigkeit verliefen. Die Opposition glich einem leckgeschlagenen Schiff, das langsam, aber unerbittlich sank, während die Sozialisten und die Jugoslawische Vereinigte Linke die Süße ihres Wahlsieges auf Bundesebene auskosteten und nicht mit einer möglichen Niederlage auf lokaler Ebene rechneten. Slobodan Milošević und Gattin Mirjana bereiteten ihre tags darauf bevorstehende Reise nach Karađorđevo vor, wo sie sich in der Stille der ehemaligen Tito-Residenz erholen wollten.

Und nachdem der Präsident samt Ehefrau müde und zufrieden ungewöhnlich früh in den Kurzurlaub aufgebrochen war, versetzte abends gegen 21 Uhr ein Anruf mit unangenehmen Neuigkeiten die beiden in Unruhe: die Siege der Koalition Zajedno in 34 Städten, Jubelfeiern auf den Straßen von Belgrad, Niš, Čačak, Užice, Kragujevac, Novi Sad, Pančevo, Pirot, Jagodina, Kraljevo, Sombor, Bajina Bašta, Zrenjanin, Srbobran, Arilje, Trstenik... Nahezu überall dort, wo die Jugoslawische Vereinigte Linke allein, ohne Koalitionspartner, angetreten war, hatte sie ein Debakel erlebt. Um die Wahrheit zu sagen, hatten die Sozialisten in 144 Gemeinden die Mehrheit erobert, aber die Großstädte gaben die Richtung vor, denn dort lebten mehr als fünfzig Prozent der Wahlberechtigten. Dieses Ergebnis deutete zuverlässig die Stimmung an, die im Hinblick auf die nächsten wichtigen Wahlen – diejenigen zum serbischen Parlament – in der Bevölkerung vorherrschte.

Vor Mitternacht versammeln sich auf dem Belgrader Platz der Republik spontan die Einwohnerinnen und Einwohner der Stadt. Blechbläser spielen auf, es fliegen leere Bierflaschen, eine Gruppe junger Leute winkt vom Denkmal herunter mit der serbischen Fahne. Die Menge wächst von Minute zu Minute, eine Autokolonne fährt durch die Straßen Belgrads vorbei am Stadtparlament, am Belgrader Fernsehen, am Gebäude der "Politika" und wieder zurück zum Platz der Republik, wo die Feiernden von der Morgendämmerung überrascht werden.

Serbiens Präsident schwankt immer wieder zwischen übertriebener Selbstgewissheit und Angst, zwischen Arroganz und Panik. Schon am Montag, dem 18. November, dem "Tag danach", hält er mittags eine Sitzung mit seinem Wahlkampfstab ab, zu dem Nikola Šainović, Gorica Gajević, Nebojša Čović, Branislav Ivković und Zoran Todorović gehören. Der Vorsitzende der Sozialisten verbirgt seine Unzufriedenheit nicht und schreibt die Niederlagen der schlechten Wahlkampforganisation und den Meinungsverschiedenheiten zwischen den Parteiführern zu. Čović und Ivković, zwei der Anwesenden sind gemeint, als er sagt: "Wir haben Belgrad aufgrund eurer Streitereien eingebüßt, und überall da, wo es Streit gab, haben wir verloren."

Aus Miloševićs Reaktion konnte man schließen, dass er sich mit den Niederlagen abgefunden hatte. Dem Präsidenten Montenegros, Momir Bulatović, teilte er mit, der Verlust der Städte beunruhige ihn nicht: "Das wird die Partei dazu motivieren, sich besser auf die nächsten Wahlen vorzubereiten. Der Verlust dieser

Städte stellt für mich keinerlei Problem dar: meine Lage in Bezug auf das Ausland bleibt unverändert." Unter diesen Umständen beglückwünschten die zwei Belgrader Parteiführer Čović und Ivković die Koalition Zajedno zu ihrem Sieg.

Die Politbürokratie fürchtete jedoch um ihre Posten und Privilegien. Viele führende Sozialisten waren der Ansicht, dass zum Beispiel der Verlust von Belgrad und Niš die Niederlage bei den bevorstehenden Wahlen in Serbien bedeuten könne, und sie mussten Milošević nicht lange überreden, denn er konnte es im Grunde nicht ertragen, die Macht zu teilen. So änderte er seine Meinung und rief noch am Abend des 18. November erneut den Wahlkampfstab zusammen, der im Gebäude des früheren Stadtparteikomitees tagte, und rief die Mitglieder dazu auf, nicht zu resignieren: "Kopf hoch!"

Was "Kopf hoch" bedeutete, sollte sich sofort zeigen. Über Nacht wurden Protokolle umgeschrieben, Stimmen hinzugefügt und abgerechnet und die Wahlergebnisse für ungültig erklärt, all das unter dem Schirm der gefügigen Justiz. "So wie die hier angefangen haben, werden sie noch die gerade ausgezählten Wahlen in Amerika und Rumänien für ungültig erklären", schlussfolgerte ein Augenzeuge dieser Wahlfälschungen.

Den Sieg der Koalition Zajedno in Belgrad bezeichnete der Vorsitzende der JUL, Ljubiša Ristić, als Sieg der Tschetniks: "Wir werden ein Belgrad der Tschetniks haben", was "die Linke in die Position des antifaschistischen Kampfes versetzt". "Und diesen Kampf werden wir aufnehmen", ergänzte Ristić entschieden. Und er wurde aufgenommen, mit Erpressung und Gewalt.

Die Machthaber hatten mit der Gleichgültigkeit und Müdigkeit des Volkes gerechnet. Aber das Fass war bis zum Überlaufen gefüllt, es fasste keinen einzigen zusätzlichen Tropfen mehr, und das, was bis gestern noch unmöglich schien, passierte nun. Einen solch heftigen Ausbruch des Volkszorns hatte Serbien seit fünfzig Jahren nicht mehr gehabt. Auf dem Belgrader Platz der Republik rief Vuk Drašković dazu auf, den Wahlsieg mit allen Mitteln zu verteidigen: "Mit allen, allen, allen!" Die Gattin des

Vorsitzenden der Serbischen Erneuerungsbewegung, die kämpferische Danica Drašković, verkündete, "man müsste ihnen mit der Spitzhacke über den Kopf hauen", und es sei "eine Schande, dass Serbien keinen eigenen Apis[26], hat und keinen Terrorismus als Antwort auf diesen geistigen und physischen Terrorismus". Sollte das zum ausgehenden zwanzigsten Jahrhundert Serbiens Schicksal werden?

Der Widerstand gegen das Regime hatte wieder seinen Ausgangs- und seinen Endpunkt in Belgrad, wie schon in den Jahren 1991 und 1992, als einzelne Erfolge den Anschein erweckt hatten, als sei etwas erreicht und verändert worden. Nach einer Atempause, die die Machthaber geschickt zum Zeitgewinn nutzten, zeigten sie jedoch umso mehr Stärke, denn sie hatten die Stützen des Systems, Polizei, Medien und Staatsapparat, unter Kontrolle. Dieses Mal aber erwachte die sogenannte Provinz, und sie wurde zum Motor des Widerstands, obwohl aufgrund seiner zahlenmäßigen Größe Belgrad im Blickpunkt stand. Jeden Tag aufs neue versammelten sich spontan in mehr als dreißig Städten Serbiens die Bürgerinnen und Bürger, während in Belgrad selbst zwischen einhundert- und zweihunderttausend Menschen demonstrierten.

Dies war ein heftiger Beginn und nicht weit entfernt, so schien es wenigstens, von den Abläufen in Bukarest. Würde der Krieg, der vor einem Jahr in Bosnien und der Herzegowina zu Ende gegangen war, sich in Serbien nun als Abrechnung der Serben mit den Serben fortsetzen? Das berühmte Volk hatte sich wieder einmal "ereignet", nur auf andere Art und Weise.

Die Belgrader Studentenunruhen von 1968 waren als "blassrote Revolution" bezeichnet worden, der Sturz der Autonomen 1988 in der Vojvodina als "Joghurt-Revolution", die Demonstrationen von 1991 hatten die Machthaber "Revolution der Hooligans" genannt; diese letzte, größte Massenversammlung aber wurde zur "gelben Revolution" erklärt.

Alles beginnt auf einem der vielen Meetings, als Zoran

Đinđić in der Hitze des Gefechts auf die Idee kommt, die Demonstranten aufzurufen, am nächsten Tag Eier mitzubringen, und Drašković den Schluss zieht: "Sie sind mit Joghurt an die Macht gekommen, wir werden sie mit Eiern vertreiben!". So werden Eier zum Zeichen des Widerstands, "denn gegen kleine Gauner und Eierdiebe muss man mit Eiern kämpfen". Die Nachfrage nach Eiern wächst jäh an, bald werden sie auf den strategischen Zielen der Demonstranten kleben, auf den Fassaden des Belgrader Parlaments, des Fernsehens, des Politika-Gebäudes und auf den Zeitungshäusern der roten "Borba" und der "Večernje novosti". Als die Demonstrationsteilnehmer am Sitz dieser Institutionen, die es zu denunzieren gilt, vorbeimarschieren, verwandelt sich ihre Gutartigkeit in Zorn und die Organisatoren der Umzüge haben Mühe, die Wutanfälle der Menge unter Kontrolle zu halten.

Während die Verse "Los, alle gehen zum Angriff über, los und jetzt hinüber, jetzt hinüber!" ertönen, fliegen die Eier, die Fassaden sehen aus wie serbisches Rührei, *kajgana* genannt, es fliegen Petarden und kleine Steine gegen die Fenster der verdunkelten Gebäude.

Der Sitz des Fernsehens in der Takovska-Straße Nr. 10 ist leer, wie verzaubert. Im Gebäude befinden sich nur Sicherheitskräfte, ein ganzes Heer bewaffneter Männer, Putzfrauen und eine kleinere Gruppe von Journalisten der Nachrichtenredaktion, die in dem verhassten Fernsehen das Sagen haben. Nur manchmal schaut der leitende Mann und Intendant Dragoljub Milanović im Fernsehgebäude vorbei, die übrige Zeit sitzt er im Hauptquartier der Sozialisten und überbringt die Anweisungen. Jedes Mal, wenn ein Demonstrationszug vorbeimarschiert ist, gleichen die Redaktionsräume im ersten Stock einem Müllhaufen, es herrscht ein Durcheinander aus Glasscherben, Steinen und Eierschalen. Hier befindet sich auch das Zimmer von Milovan Vitezović, der das in Serbien berühmt gewordene geflügelte Wort: "Und das Volk geschah" geprägt hatte, als er die populistische Bewegung des Jahres 1988 beschrieb. "Sieh her, Milovan", sagen Freunde zu ihm, "das Volk hat sich auch unter deinem Fenster ereignet."

Obwohl das Fernsehen das Symbol der Macht ist, sparen die Demonstranten ihre Energie für die "Politika" auf. Die Menschen sind den Terror des Fernsehens schon gewohnt, ihre Verachtung hat sich schon erschöpft, aber die "Politika" bleibt weiterhin ihr wunder Punkt und Gegenstand tiefer Trauer, sie ist eine Zeitung, mit der sich in diesem Jahrhundert Generationen von Serben identifiziert haben. Man pflegte sie wie einen Kuchen für das Slava-Fest mit nach Hause zu nehmen, wie etwas, das zum Haushalt und zum tagtäglichen Leben gehört, und nun hat sie sich dem vulgären Dienst am Regime verschrieben.

Mit dem Schlachtruf "Eier fertig machen, los, alle auf zum Angriff!", wobei man auch kleinere Steine benutzt, bleiben die Demonstranten wie auf Kommando vor der Nr. 29 in der Makedonska-Straße stehen, die bald spöttisch "Kajgana street" genannt werden wird. Der Reihe nach zerklirren im Erdgeschoss ein Fenster nach dem anderen, zersplittern zu einem Haufen Scherben. Auch die Leuchtreklame im zweiten Stock bleibt nicht verschont: vom Schriftzug "Politika" ist nur das große P übriggeblieben, und auf der Straße glimmem noch die Reste der verbrannten Exemplaren aus den umliegenden Kiosken. Drei junge Männer schieben einen Container in die Eingangshalle des Gebäudes, der dort als Symbol für die Entsorgung des geistigen Abfalls stehen bleiben soll.

Neue Unannehmlichkeiten entstehen dem Regime mit dem Aufstand der Studenten, die frischen Wind in die Protestmärsche brachten. Sie waren nur schwer in Bewegung zu setzen, dafür noch schwerer wieder zur Ruhe zu bringen, und gaben nie auf, ohne etwas erreicht zu haben. Vom Vorplatz der Philosophischen Fakultät aus zogen sie in vollendeter Ordnung durch die Straßen der Innenstadt, mit Parolen, die oft Heiterkeit hervorriefen: "Die Studenten sind gegen die Dämonen-Kratie", "Solche Tiere haben wir nicht studiert", so die Biologen, oder die Zahnmedizinstudenten: "Wir kämpfen gegen die Karies". Ihre Antwort auf den Sozialisten-Slogan "Lasst uns weitergehen!" lautete: "Geht nur weiter weg von hier".

Den Demonstranten und der Besonnenheit der Koalitionsführer war es zu verdanken, dass die Proteste ihren Charakter veränderten und die Heftigkeit, die in ein Chaos tragischen Ausmaßes zu münden drohte, einer fast festlichen Haltung Platz machte mit einem Touch von politischem Karneval. Ähnlich wie beim Prager Frühling wurde das Gewaltregime mit gewaltfreien Mitteln an den Pranger gestellt.

Alles verlief in vollkommener Ordnung und Disziplin, man blieb unnachgiebig, man marschierte einfach, begleitet vom Lärm aller möglichen Instrumente, man lief und marschierte. Die Waffen waren Trillerpfeifen, ja, Tausende von Trillerpfeifen, Rasseln, Blechschüsseln, mit Steinchen gefüllte Konservendosen, Tiegel, Trommeln, kleine und große Trompeten, Klappern, alle möglichen Vorrichtungen, die Krach produzierten. Man trug Armbinden mit der Aufschrift "Steher", "Steherin", "Spaziergänger", "Spaziergängerin", es waren Parolen auf Transparenten, auf Papierhüten, vorn auf der Brust und auf den Gebäuden zu lesen, an denen die Demonstranten vorbeiliefen: "Wann – wenn nicht jetzt!", und zum Lieblingslied avancierte "Baba Jula" ("die Alte Jula") von Bora Čorba, das der Genossin Marković gewidmet war.

Abends vor Beginn der täglichen Hauptnachrichtensendung im Fernsehen öffnete man die Fenster und setzte alles in Betrieb, was Lärm verursachte: Knaller, Töpfe und Kasserollen, Trompeten, Stereoanlagen, Autohupen, Ratschen. Einen solchen Widerstand hatte das Regime noch nicht erlebt. Der Spuk endete erst mit dem Abspann der verlogenen Fernsehnachrichten.

Das Regime wurde verspottet, erniedrigt, ausgepfiffen, und das war das allerschlimmste, was einem Mann passieren konnte, der einmal das nationale Ansehen genossen hatte.

Die Macht des Autokraten ist ein Hemd, dass man nur mit der Haut ausziehen kann, soll ein deutsches Sprichwort lauten. War es möglich, dass in Serbien etwas geschah, was in der Geschichte der Beziehung zwischen den Bürgern und der Macht noch nie da gewesen war, nämlich, ein Regime mit Tiegeln, Töpfen, Trillerpfeifen und witzigen Einfällen zu stürzen?

Bei einem der Protestmärsche stellten die Demonstranten auch visuell den "unerträglichen Gestank" dar, der aus der Takovska 10 und der Makedonska 29 herausdrang. Als erstickten sie an diesem nicht auszuhaltenden Mief, zogen die Teilnehmer des Umzugs mit zugehaltener Nase an beiden Gebäuden vorbei und zündeten zum Zeichen der Besinnung Kerzen an, bekreuzigten sich und beteten zu Gott, damit er die Zeitungsredakteure zur Vernunft bringen möge.

Am nächsten Tag benutzten die Demonstranten Papierflugzeuge als Kampfinstrument. Der Dirigent des Protestzugs rief: "Vorwärts, serbische Luftwaffe!", darauf flogen Tausende von Papierflugzeugen in Richtung Politika- und Fernsehgebäude. Nicht im Traum wäre jemandem eingefallen, dass diese friedlichen Scherze drei Jahre später zur schrecklichen Wirklichkeit werden sollten. Da wurden die gleichen Menschen zu Opfern der Bombenflugzeuge aus jenen Ländern, deren Fahnen sie als Symbol der Demokratie vor sich hertrugen, und das Gebäude des Belgrader Fernsehens sollte zur tragischen Zielscheibe amerikanischer Raketen werden.

Die langen Schlangen der Protestierenden änderten mehrmals ihre Richtung, um schließlich immer auf dem Platz der Republik zu enden, wo dann die Koalitionsführer Vuk Drašković, Zoran Đinđić und Vesna Pešić Reden hielten. Die drei traten jeden Tag gemeinsam auf und strahlten große Energie aus. Wie unterschiedlich sie auch waren, jetzt standen sie zusammen, wie es schien für immer, eingespielte Partner, die den Protestveranstaltungen die Richtung wiesen, aber auch selbst vom Schwung der Demonstranten mitgerissen wurden. Niemand ahnte, was sich hinter den Kulissen abspielte, wie falsch und verlogen dieses Bündnis und wie wackelig die Beine waren, auf die es sich stützte.

Jaipur, 27. November 1996

Mira Marković hielt sich zu einem einwöchigen Besuch in Indien auf, um für ihr Buch Noć i dan ("Nacht und Tag") zu werben. Die Kosten für den Aufenthalt der Delegation und die Herausgabe des Buches hatte diesmal das indisch-serbische Joint venture "Torlak" übernommen.

Obwohl sie täglich mehrmals mit ihrem Ehemann Slobodan in Kontakt stand, war sie nicht über das wahre Ausmaß der Proteste in Serbien informiert, denn ihr Gatte wollte sie nicht beunruhigen.

Nach dem Aufenthalt in Neu-Delhi besuchte Mirjana M. zusammen mit ihrer Begleitung die indische Stadt Jaipur. Diesen Aufenthalt sollte sie in schönster Erinnerung behalten, denn dort hatte sie ein Erlebnis, das ihr neuen Mut und neues Selbstvertrauen sowohl in die eigene wie die politische Zukunft ihres Gatten gab. Im Hotel, in dem sie übernachteten, nahm die gesamte Delegation die Gelegenheit zum Besuch eines Astrologen wahr, der durch sein Äußeres und sein Auftreten vertrauenerweckend auf seine Klientel wirkte. Er trug einen langen Bart, einen um den Kopf gewickelten Turban und saß mit gekreuzten Beinen gedankenverloren da, während er Mirjana M. auf den Kopf zusagte, sie sei im Wald geboren, und ihr Sohn gehe einer "gefährlichen Beschäftigung" nach, außerdem erwähnte er noch einige weitere Details, die Professorin Marković sehr beeindruckten. Und das wichtigste war das, was sie zu hören wünschte, nämlich, dass ihr politischer Stern auch noch in den nächsten zehn Jahren strahlen werde! Sie bereute es nicht, für diese astrologische Sitzung fünfunddreißig US-Dollar ausgegeben zu haben.

Serbiens Präsident war sich seiner Überlegenheit noch immer sicher, er schwieg und stellte sich taub gegenüber allen Aufforderungen, sich mit einer Rede an die Nation zu wenden. Sein Arbeitszimmer verließ er am Samstag, dem 30. November, um seine Gattin nach ihrer Rückkehr aus Neu-Delhi auf dem Flughafen zu empfangen. Er bemühte sich, gute Laune zu zeigen und keinerlei Nervosität erkennen zu lassen.

Bald nach ihrer Ankunft, arrangierte Mira Marković mehrere Treffen mit Personen ihres Vertrauens. Sie war schockiert vom "Zustand in Serbien", und weil sie selbst so etwas nicht für möglich hielt, erschienen ihr die führenden Demonstranten wie Tschetniks, deren Ziel es war, das Prominentenviertel Dedinje zu erobern.

22. November 1996

Beim privaten Radiosender "Bum 93" in Požarevac taucht unangemeldet Präsidentensohn Marko Milošević auf. Er ist gereizt und betroffen, was er schon durch sein Auftreten zu verstehen gibt. Mit einem Knall schlägt er die Tür des Büros von Chefredakteur Milorad Tadić hinter sich zu. Die Hand hält er auf dem Rücken versteckt, an der Pistole, und ohne abzuwarten, bis sein Gesprächspartner seine Fassung wiedererlangt, geht er mit drohender Stimme und einem Schwall von Flüchen zum Angriff über gegen den "verräterischen Radiosender", der "das Volk zum Bürgerkrieg aufruft". Der Verrat besteht darin, dass der Sender seine Hörerinnen und Hörer über die Protestdemonstrationen in den serbischen Städten informierte.

"Für wen arbeitest du denn, he?" wendet er sich an Tadić. "Wir wissen, dass ihr von Soros dafür bezahlt werdet, dass ihr die Leute aufhetzt und hinters Licht führt. Ihr habt gemeldet, dass sich gestern auf den Straßen Belgrads zweihunderttausend Menschen versammelt haben, dabei waren es im Verlauf des ganzen Tages nicht mehr als dreitausend! Wen interessiert, was diese Handvoll Schwachsinniger daherschwatzen und labern!"

In seinem Zorn lässt er die Journalisten vor sich antreten, liest ihnen die Leviten und droht: "Wisst ihr, was euch erwartet! Ihr hättet wohl gerne, dass ich die Antennen herausreiße, aus den Geräten Kleinholz mache, innerhalb von zwei, drei Stunden euren Sender schließen lasse und euch zeige, wen ihr da verscheißert!"

Danach erhält der Radiosender ein achtmonatiges Sendeverbot.

Obwohl die Demonstrationen ursprünglich von drei Parteien organisiert worden waren, verloren sie fast über Nacht ihren Parteiencharakter und wurden zum Sammelbecken für alle, die sich nicht mit einem solchen Leben in Serbien abfinden wollten. Gemeinsam marschierten die Kinder von Tschetniks und Partisanen, Monarchisten und ehemaligen Kommunisten, Intellektuelle und Hausfrauen, alte Leute und Mütter mit Kindern, Wohlhabende und Rentner, Menschen verschiedener politischer Couleur, darunter auch nicht wenige, die noch bis zum gestrigen Tage Sozialisten gewesen waren.

Im Gespräch mit Cathy Marton, der Vorsitzenden des amerikanischen Komitees zum Schutz der Journalisten, die übrigens die Ehefrau Richard Holbrookes war, bemühte sich Milošević, nach außen ruhig und sicher zu wirken. Wie nebenbei erwähnte er, dass er gerade an diesem Tag vorhatte, auf Entenjagd zu gehen. Vielleicht wollte er bei seiner Gesprächspartnerin einen guten Eindruck machen, denn seine Leidenschaft für die Jagd war bisher unbekannt. Auf die Frage, was er von den Protestversammlungen halte, gab der Präsident zur Antwort, es demonstrierten "ein paar tausend Menschen", und die Studenten würden von "nationalistischen Professoren" angeführt. Das seien alles von den "Soldaten Karadžićs, verführte Kinder, die es kaum erwarten können, nicht in die Schule gehen zu müssen".

Seit Beginn der Protestmärsche waren vier Wochen vergangen, und kein Ende war abzusehen. Auch der Tag des Heiligen Nikola, der von der einen Hälfte der Serben gefeiert wird, während die andere zur Feier eingeladen ist, wurde in den Belgrader Straßen kollektiv begangen. Der Patronatskuchen, Tausende von brennenden Kerzen, der traditionelle grünende Weizen, die Weihung des Kuchens durch drei orthodoxe Geistliche und die Segnung der

Versammelten: "Gebe Gott, dass wir den Heiligen Abend und Weihnachten im ersten Hause dieser Stadt feiern können" – all dies gehörte zu dem ungewöhnlichen Ereignis, bei welchem die herbeigeströmten Menschen auch mit einem angemessenen "Festmahl" aus anderthalb Tonnen Fisch, 500 Kilo Kuchen und 500 Liter Wein empfangen wurden.

Zum Zeichen der Solidarität trafen in Belgrad immer wieder Gruppen von Demonstranten aus vielen anderen Städten Serbiens ein. Zweihundert Studenten aus Novi Sad legten innerhalb von vierundzwanzig Stunden für diesen "Marsch auf Belgrad" achtzig Kilometer zu Fuß zurück. In Novi Sad wurden sie mit den Worten "Grüßt Belgrad, der Sieg ist unser" verabschiedet, und auf der Branko-Brücke in Belgrad angekommen mit Blumen und einer Stärkung für das leibliche Wohl unter Lachen und Tränen empfangen, so wie Helden und Befreier einander begegnen.

Siebzehn Studenten aus Niš waren sechsundvierzig Stunden in einem Fußmarsch über den Autoput (die Autobahn) unterwegs, wobei sie zwischendurch Erholungspausen in einem Kombi einlegten, bevor sie schließlich die Hauptstadt erreichten. Mitgebracht hatten sie Beweismaterial zur Wahlfälschung. Ihre Ankunft wurde zu einem politischen Ereignis, denn Milošević ging auf ihre Bitte ein, sie zu empfangen und ihr Anliegen anzuhören, was seine erste unmittelbare Begegnung mit dem "Geschehen der Bürger" sein sollte, wie die Protestmärsche im Gegensatz zu dem früheren "Geschehen des Volkes" jetzt bezeichnet wurden. Obwohl sich Milošević im Gespräch mit der Studentendelegation entgegenkommend zeigte, war ihm die Anstrengung anzusehen, mit der er den Eindruck eines gefestigten Staatsmannes vermitteln wollte, der vollkommen Herr der Lage war. Seine Antworten waren klar, durch und durch überlegt, bisweilen auch streng: "Serbien wird nicht von fremder Hand regiert werden." Aber die Blässe seines Gesichts und seine Augen – denn Augen trügen nicht – zeigten die Unruhe und Anspannung eines Mannes, der sich äußerst schwer damit tat, die Selbstgefälligkeit des Führers mit der Realität der gegenwärtigen

Lage zu vereinbaren. Den Studenten versprach er, es werde alles im Rahmen des Gesetzes geregelt: "Ihr könnt sicher sein, dass dieser Staat niemanden in Schutz nehmen wird, der das Gesetz verletzt."

Die Studentendelegation war zufrieden, und die Öffentlichkeit glaubte, Milošević werde nachgeben, und man stünde vielleicht an der Schwelle zur Lösung der Krise. Aber das, was der serbische Präsident sagt, denkt gewöhnlich seine Gattin und kündigt es auch an. Professorin Marković wollte sich nicht mit der Wahlniederlage abfinden und beschuldigte die Organisatoren der Protestmärsche des Vandalismus. Sie zerstörten das gerade Erreichte, bedienten sich terroristischer Mittel und manipulierten die Jugend, kurz, sie seien eine fünfte Kolonne: "Ich weiß wirklich nicht, ob diese Aufrufe zur Gewalt in Serbien, die einen Krieg ankündigen, nur die Folge einer seelischen Erkrankung derjenigen ist, die zu dieser Gewalt aufruft, oder ob diese Strategien dem Volk aufoktroiert werden, damit der Krieg auf dem Gebiet des ehemaligen Jugoslawien kein Ende findet." In diesem Sinne appellierte die Führung der JUL an die "Organe der Macht, alle Maßnahmen zu ergreifen, um die Bürger zu schützen" und ein Strafverfahren gegen die Initiatoren der Proteste einzuleiten.

Acht Jahre zuvor, am 12. Dezember 1988, hatte Mira Marković in der "Politika" geschrieben, dass sich "alle großen und wichtigen Ereignisse in der Geschichte, insbesondere in der Geschichte der Arbeiterbewegung, auf der Straße abgespielt haben." Aber das war die Zeit der populistischen Bewegung, als die Straße Slobodan Milošević den Ruhm eines nationalen Führers verliehen und ihm unbegrenzte Macht eingeräumt hatte. Jetzt war die Straße zu einer Quelle von Angst und Schrecken geworden, die das System, an dessen Spitze sie und ihr Gatte standen, für immer untergehen zu lassen drohte. Milošević war davon überzeugt, dass er noch immer die mehrheitliche Unterstützung des Volkes besaß, und darin bestärkten ihn auch seine engsten Mitarbeiter. Wie sollte man der Koalition Zajedno Paroli bieten? Mit Unterstützung der JUL kamen führende Sozialisten, darunter an wichtiger Stelle Nikola Šainović und Gorica Gajević, auf den Gedanken, Gegenmeetings zu organisieren, die "das wahre Gesicht Serbiens" zeigen sollten. Wohl unter dem Eindruck des Jahres 1988 nahm das Ehepaar Milošević diesen Plan an, und so kam es in allen Städten, in denen gegen die Machthaber demonstriert wurde, zu Gegenveranstaltungen. Als Vorwand diente ein teils gutmütiger, teils vorwurfsvoller Brief, den Warren Christopher zur allgemeinen Verwunderung an den serbischen Präsidenten geschrieben hatte, der mit einem freundschaftlichen "Lieber Herr Präsident" begann und mit der sanften Ermahnung fortfuhr, dass auch Serbien das verdiene, was seine Nachbarn in Mitteleuropa bereits eingeführt hatten: die Respektierung der Wahlergebnisse, eine freie Presse und die Marktwirtschaft.

Christopher war zu bedauern: er ahnte nicht, was er sich eingebrockt hatte, nämlich kurz vor Ende seiner Amtszeit als amerikanischer Außenminister dem serbischen Regime noch Gelegenheit zur Abrechnung zu bieten. Milošević antwortete Christopher mit einem entschiedenen Brief, in dem er ihm eine Lektion in Demokratie zu geben wünschte und die Demonstrationen als Ausdruck "von Vandalismus und als Drohung mit politischem Terrorismus" bezeichnete, was "nicht nur undemokratisch, sondern auch nicht politisch ist und nicht die Unterstützung demokratischer und progressiver Einzelpersonen, Institutionen und Regierungen des Auslands finden dürfte."

Auf den Gegenmeetings wurde wieder einmal die "Würde des Volkes" aufgewärmt, noch einmal wurde verkündet, dass sich "die Serben vor niemandem beugen werden" und dass "Serbien keine fremde Hand regieren wird." Von allen Seiten erhielt der Präsident Telegramme und Briefe der Unterstützung, von Arbeitern, Beamten, Weltkriegsveteranen, am meisten aber von den Bauern: die ängstlichen Bauern lassen sich leicht von jedermann politisch ausnutzen, ohne dass sie es selbst bemerken.

Die Telegramme kamen von Direktoren im Namen ihrer Arbeiter, von Leitern der landwirtschaftlichen Genossenschaften im

Namen der Bauern, von den Veteranenausschüssen im Namen der Kriegsveteranen und von Schulleitern im Namen der Lehrerkollegien. Sie waren alle mit den gleichen Worten, den gleichen Phrasen und Sprüchen versehen, und die Parolen klangen, als seien sie von einer Hand geschrieben. Es schienen auch die gleichen Menschen zu sein, die auf den Meetings an verschiedenen Orten zu sehen waren, denn die Anhänger des Präsidenten wurden aus den umliegenden Städten herangekarrt.

Nach dem Drehbuch der Großdemonstration an der Belgrader Savemündung von 1988 kündigten die Machthaber an, dass ihre Kampagne mit dem Meeting aller Meetings inmitten von Belgrad seinen Abschluss finden sollte, am selben Ort, an dem sich die Anhänger der Koalition versammelten. Dieser Gedanke schien so absurd, dass bis zum letzten Moment niemand daran glaubte. War es möglich, dass das Regime einen solchen Schritt wagte, der in dem Belgrader Pulverfass mit einem blutigen Finale enden konnte? War es möglich, dass der Präsident aller Bürgerinnen und Bürger Serbiens beschlossen hatte, das Volk in einer direkten Konfrontation in erwünschte und unerwünschte, in fremde und eigene Leute zu spalten, um dem Ausland zu demonstrieren, dass nur er allein die Macht besaß?

Die Nacht vor dem Gegenmeeting in Belgrad verlief in angespannter Erwartung des nächsten Tages.

Dienstag, 24. Dezember 1996

Schon im Laufe des Vormittags trafen die Teilnehmer des Gegenmeetings, von der Verkehrspolizei abgeschirmt, mit Sonderzügen und Sonderbussen in Belgrad ein. Auf dem Boulevard der Revolution, einer der Hauptstraßen, stauten sich die Busse ohne Ende, sechs Fahrspuren nebeneinander, und ähnlich sah es überall um das Stadtzentrum herum aus. Wie viele waren gekommen? Angekündigt waren zehntausend, die sich auf den serbischen Landstraßen hierher bewegten. Mit Zuckerbrot, aber mehr mit der

Peitsche hatten die Organisatoren den letzten Dinar aus den Staatskassen herausgepresst, damit es dieser Unternehmung an nichts mangelte. Für alle Teilnehmer des Meetings waren An- und Abreise kostenlos, sie bekamen Lunch-Pakete, einen bezahlten freien Arbeitstag und einige sogar Tagegeld.

Aus allen Himmelsrichtungen fielen sie in Belgrad ein, in langen Kolonnen, die mehr an die Versammlungen der Nachkriegszeit erinnerten als an die berühmte "antibürokratische Revolution". Überall waren Fotografien Slobodan Miloševićs zu sehen und Parolen, die aus einer Feder stammen: "Slobo ist unser, und wir gehören Slobo", "Für Serbien", "Serbien wird nicht von fremder Hand regiert", "Immer mit dir, lieber Slobo", "Danke für Dayton", "Slobo, das Volk ist mit dir", "Verräter raus", "Wir geben Serbien nicht her". Es waren fast so viele Transparente, Porträts und Parolen wie Menschen selbst zu sehen.

Wer waren diese Leute, und was erwarteten sie von dieser Fahrt in die Hauptstadt? Viele waren hier versammelt, weil sie keine andere Wahl hatten, standen unter dem Druck von Lohn und Brot, der Anweisungen ihrer Chefs. Ihrer bescheidenen, abgetragenen Kleidung nach zu urteilen, waren es meist arme Leute, darunter auch viele Roma, aus engen Verhältnissen, die sonst nur äußerst geringen Nutzen aus dem Regime zogen. Der Schriftsteller Vladimir Arsenijević bemerkte dazu, ohne jemanden kränken zu wollen, scheine ihm, dass diese Menschen, die die Sozialisten unterstützten, gar keine Parolen zu tragen brauchten: "Es reicht aus, wenn sie die eigenen Physiognomien mit sich herumtragen, und schon ist klar, was gemeint ist."

Das Auftauchen dieser Menschen auf den Straßen Belgrads rief bei den Passanten Gereiztheit hervor, sie scharten sich auf den Gehsteigen zusammen und zeigten offen mit Pfiffen und beleidigenden Rufen wie "Schafe, Schafe!", wie unerwünscht ihnen diese Gäste waren. Die Auseinandersetzungen, die danach folgten, nahmen auf dem Platz der Republik dramatische Ausmaße an. Der Platz war von Milošević-Anhängern aus dem Kosovo besetzt worden, die zusammen mit den Reisegruppen aus Leskovac und Požarevac die militante Truppe der Gegenveranstaltung bildeten. Nach längeren, erhitzten Wortgefechten eroberten um 12.10 Uhr die Belgrader den Platz, und die Kosovo-Gruppe begab sich mit hängenden Köpfen zu den Terazijen in die Nähe der feierlich errichteten Tribüne, an der sich schon Zehntausende von Teilnehmern des Gegenmeetings versammelt hatten. Auch dort sollten sich die beiden Lager mehr als zwei Stunden lang mit Pfiffen, geballten Fäusten, gegenseitigen Beleidigungen und Drohungen wie "Man sollte sie alle totschlagen!" auseinandersetzen. Als wichtigste Waffe dienten den Anhängern der Koalition Zajedno zerbrochene Stangen von Transparenten und Milošević-Porträts, die sie sich beim Eintreffen der gegnerischen Marschkolonnen auf den Terazijen erobert hatten. Die gleichen Stangen dienten auch dem anderen Lager als Waffen, um die Schläge der Gegner heimzahlen zu können.

Dann tauchten plötzlich wie aus dem Nichts von mehreren Seiten Polizeieinheiten auf, ausgerüstet wie in Science-Fiction-Filmen und in einer Anzahl, die die Macht des Regimes vor Augen führte. Aus der perfekten Anordnung der Kräfte wurde klar, dass die Organisatoren den Verlauf der Ereignisse minutiös vorausgeplant hatten. Sie hatten ein allgemeines Handgemenge zugelassen, um die bis aufs Blut gereizten Belgrader als gewalttätigen Pöbel hinstellen zu können, und hielten dann ihr einstündiges "majestätisches Meeting" ab, wie es die Presseorgane des Regimes im Nachhinein darstellten.

Gleich nach 15 Uhr erschienen die führenden Politiker auf der Tribüne, darunter auch Mira Marković mit ihren Parteigenossen Ljubiša Ristić und Zoran Todorović Kundak. In der Zwischenzeit hatte die Polizei die wichtigsten Straßenkreuzungen besetzt, sodass die Autokolonnen zu den Terazijen vorfahren konnten. Doch Slobodan Milošević blieb aus, und das spürte man in der Menge der sozialistischen Anhänger, die aus allen Richtungen gekommen waren, um "Slobo" zu sehen und zu hören. Während anonyme Redner plakative Phrasen aneinander reihten, prägten erzwungene

Sprechchöre das Bild der Veranstaltung, die Begeisterung des Volkes und das "wahre Serbien" hatte demonstrieren sollen.

Schließlich aber kam der Augenblick, der die Gemüter auf den Terazijen in Wallung brachte. Zur Krönung der Veranstaltung, die nach einem vorbereiteten Drehbuch mit Spannungstiefs und Höhepunkten verlief, zeigte sich Slobodan Milošević auf der Tribüne. Slobo war gekommen! Und endlich bekam dieses unglückliche Meeting ein gewisses Feuer und so etwas wie eine Meeting-Stimmung, in der die Zugereisten ermutigt ihre Köpfe hoben und sich etwas sicherer fühlten in der Hölle, die sie hier angetroffen hatten.

Begleitet von Sprechchören wie "Slobo ist unser, und wir gehören Slobo" hielt Milošević eine seiner typischen Reden, die Außenstehende "unvermeidlich an die Reden der ehemaligen kommunistischen Diktatoren Osteuropas erinnern musste". Nur in gewissen Augenblicken ähnelte die Veranstaltung der früheren "antibürokratischen Revolution". Auf die Worte Miloševićs, "Niemand wird Serbien destabilisieren", rief man im Chor "Verhaftet Vuk Drašković!", so wie man im Jahr 1989 vor dem jugoslawischen Parlament in Sprechchören "Verhaftet Azem Vllasi" gefordert hatte. Am besten in Erinnerung blieb eine Reaktion Miloševićs, die später den Belgrader Demonstranten Anlass zu geistreichen Wortspielen und spöttischen Straßen-Sketches geben sollte. Während die Anhänger der Sozialisten im Chor "Slobo, wir lieben dich!" skandierten, presste Milošević mit erhobenen Händen hervor: "Ich liebe euch auch!"

Wie viele Menschen hatten an dieser Veranstaltung auf dem Platz an den Belgrader Terazijen teilgenommen? Die regimetreue Presse behauptete, es seien mehr als fünfhunderttausend Menschen gewesen. Nach Schätzungen ausländischer Beobachter hielten sich auf den Terazijen zwischen vierzig- und sechzigtausend Anhänger der Sozialisten auf. Zur gleichen Zeit, nur ein paar hundert Meter entfernt, wo zum fünfunddreißigsten Mal Vuk Drašković, Zoran Đinđić und Vesna Pešić sprachen, waren die Belgrader in Rekordzahl gekommen: mehr als zweihunderttausend Menschen hatten sich versammelt.

Dies war das Rezept für die Katastrophe, wie diese Gegenveranstaltung von ausländischen Beobachtern erlebt wurde – ein Fiasko für die Machthaber, die damit ihre Staatsmacht bloßstellten mit der kläglichen Strategie, um den Preis des offenen Bruchs mit der Bevölkerung und der Spaltung des Volkes in zwei Lager die eigene Macht aufrechterhalten zu wollen. Bei dieser tragischen Veranstaltung kam ein 39-jähriger Anhänger der Koalition, Predrag Starčević, ums Leben. Er erlag im Krankenhaus seinen Verletzungen, den "Folgen von Schlägen mit einem stumpfen Gegenstand", wie die Ärzte feststellten. Auch etwa fünfzig weitere Demonstranten mussten sich mit schwereren oder leichteren Verletzungen in ärztliche Behandlung begeben. Aber dieser Tag verdient eher dafür Erwähnung, was nicht eingetreten ist, denn leicht hätte es Hunderte von Opfern geben können. Man sollte nicht vergessen, was die Machthaber alles hätten anrichten können, indem sie in vollem Bewusstsein Serbiens Provinz gegen die eigene Hauptstadt aufhetzten.

In der Nähe der Terazijen schoss der Anhänger der Sozialisten Živko Sandić nach einem Wortgefecht Ivica Lazović aus Boljevac eine Kugel in den Kopf. Lazović, ein Mitglied der Serbischen Erneuerungsbewegung, schwebte lange zwischen Leben und Tod und überlebte nur als schwerbeschädigter Invalide. Sechs Monate danach haben sich die beiden im Justizpalast wiedergesehen. Sie saßen einander gegenüber, beide verzweifelt und ohne jegliches Anzeichen von Hass. Fast hätten sie einander die Hände gereicht.

Lazović: "Warum, Bruder?"

Sandić: "Ich weiß es nicht, Bruder!"

Während Menschen in tödlichem Streit aufeinander losgingen, lief in der regimetreuen Nachrichtenagentur Tanjug folgender Dialog ab:

Der Journalist: "Ein Mann ist ums Leben gekommen!"

Der Redakteur: "Einer der unsrigen oder der anderen?"

Um 17.30 Uhr endete das "Meeting aller Meetings" mit folgenden Worten: "Sehr geehrtes Volk. Damit ist die heutige Versammlung beendet. Es lebe Serbien, es lebe Slobodan Milošević." Wenn es nur zu Ende ist, soll es doch nur schon vorbei sein, konnte man auf den Gesichtern dieser traurigen Armee lesen, die eher Mitleid als Zorn erweckte und sich beeilte, mit ihren Transparenten und Fahnen so schnell wie möglich wieder die Busse zu erreichen.

Am Tag nach der Gegenveranstaltung fanden sich die Studenten auf den Terazijen ein und säuberten den Platz, an dem die Versammlung der Sozialisten stattgefunden hatte, mit Reinigungsmitteln, um "die Flecken von Miloševićs Untertanen zu entfernen". Und mit den Bussen, die die Anhänger des serbischen Präsidenten nach Hause gebracht hatten, wurden aus mehreren serbischen Städten frische Polizeikräfte nach Belgrad importiert. Die Machthaber hatten entschieden, gleichzeitig mit dem Belgrader Meeting auch alle Versammlungen anderer Art zu beenden.

Zunächst wurde der Durchgang für Demonstranten zu den Straßen im Zentrum abgeriegelt, danach schreckten dreifache Polizeikordons aus Spezialeinheiten auf den wichtigsten Kreuzungen die Demonstranten ab, die auf den Platz der Republik und an ihren Versammlungsort vor der Philosophischen Fakultät gelangen wollten.

Die Unduldsamkeit gegenüber dem Regime wuchs, trotzdem blieb der Charakter friedlicher Demonstrationen erhalten, was vor allen Dingen der Vernunft der Koalitionsführer und der Anführer des Studentenaufstands zu verdanken war. Auf die Blockade Belgrads konterte man mit trotzigem Lachen, mit Scherzen und bürgerlichem Ungehorsam. Zum neuen Hit wurde Miloševićs Antwort auf dem Gegenmeeting: "Ich liebe euch auch!" In der Fußgängerzone der Knez-Mihailo-Straße ahmten Studenten den Freigang auf dem Gefängnishof nach und riefen den entsetzten

Polizisten mit auf dem Hinterkopf verschränkten Armen fröhlich zu: "Wir lieben euch auch!".

Auch die Theaterschauspieler machten dem Regime das Leben sauer, denn sie verstanden es, gelassen und spielerisch mit witzigen Einfällen und politischen Scherzen den Vorstellungen Aktualität zu verleihen. Nach der Aufführung des Stücks "Ein Fass mit Schießpulver" im Jugoslawischen Schauspielhaus gaben die Künstler anstelle der abschließenden Verbeugungsrunde dem Publikum die Straßenatmosphäre zum besten. Mit Trillerpfeifen und "Ich-liebe-euch-auch"-Rufen liefen sie im Kreis auf der Bühne herum, was die Zuschauer dazu brachte, sich ihnen anzuschließen und das Geschehen der Straße auf die Bühne zu bringen.

Die zweiundvierzigste Protestversammlung mündete in das schönste und größte Fest, in eine Silvesterfeier von mehr als einhunderttausend Menschen, die fast die gesamte Stadt von der Slavija bis zur Festung Kalemegdan besetzten. Nie zuvor hatte Belgrad soviel Freude, Nähe und Luzidität erlebt, und in vielen serbischen Städten war es ähnlich, insbesondere in Niš und Kragujevac, wo auch Proteste begonnen hatten. Als ein Reporter des Italienischen Fernsehens Szenen der Belgrader Neujahrsnacht filmte und selbst von der Begeisterung angesteckt wurde, rief er – obwohl voreingenommen vom schlechten Ruf der Serben – voller Freude aus: "Oh, wo waren denn bisher diese schönen, durchgeistigten Menschen?"

Und während man im Zentrum von Belgrad feierte, verbrachte einhundert Kilometer weiter das Ehepaar Milošević in Karađorđevo die Neujahrsnacht unter Umständen, die ihnen das Leben noch mehr vergällten. Am Silvesterabend fiel in Karađorđevo einige Stunden lang der Strom aus. Obwohl es sich um eine Havarie größeren Ausmaßes handelte, war Mira Marković davon überzeugt, dass dies ein Werk der Opposition, "die Rache des politischen Gegners" sei . Es war ihr Anlass genug, die gesamte Leitung der Elektrizitätswerke Serbiens abzusetzen.

2. Februar 1997

Die Wiederholungen wurden fortgesetzt. Die Demonstranten kamen ihren alltäglichen Pflichten nach, verrichteten ordnungsgemäß ihre Routinetätigkeit. Plötzlich war der Schein des Friedens weg und ein Höllentheater ging los. Das war nicht mehr die Polizei, von der man geglaubt hatte, dass ihre Stärke simuliert sei. Auf der Belgrader Branko-Brücke wurden die von Vuk Drašković angeführten Demonstranten, die aus Neu-Belgrad in einer Marschkolonne unterwegs waren zu ihrer allabendlichen Versammlung, von düsteren, kalten und abweisenden Polizisten mit Wasserwerfern und Tränengas empfangen. Schon durch ihr Aussehen gaben sie zu verstehen, dass jetzt der Tag der Abrechnung gekommen war.

Was war der Anlass gewesen? Nichts war geschehen, was man nicht schon in den vergangenen vierundsiebzig Tagen gesehen hätte. Die Menschen waren voller Freude mit Trillerpfeifen, Lärminstrumenten und Transparenten durch die Stadt marschiert: "Wir wollen nicht Mira und Slobodan, sondern Frieden und Freiheit!"[27].

In dieser Nacht wurden bei einer Massenprügelei zweihundert Demonstranten verletzt, darunter auch Vesna Pešić, die gemeinsam mit Zoran Đinđić die Marschkolonne angeführt hatte, die vom Platz der Republik zur Branko-Brücke gelaufen war, um ihren demonstrierenden Kollegen zu Hilfe zu kommen. Sogar diejenigen, die sich um die Verletzten kümmerten, bekamen Prügel ab.

Während die Ereignisse auf der Branko-Brücke die Zeit der Abrechnung ankündigten, verbrachte das Ehepaar Milošević in seiner Residenz in Dedinje den Abend zur Entspannung vor dem Fernseher. Slobodan M. konnte sich nur unter Schmerzen bewegen. Als er das Kaminfeuer anzünden wollte, hatte er sich bei einer ungeschickten Bewegung einen Hexenschuss zugezogen.

War Serbiens Präsident von der Verprügelung der Demonstranten benachrichtigt worden? Nichts konnte ohne seine Zustimmung geschehen, insbesondere kein solch risikoreicher Schritt.

Diese Aktion war bis in die Details voraus geplant. Der Krisenstab unter der Führung von Generaloberst Radovan Stojičić Badža war in das Gebäude der serbischen Polizei in der Knez-Miloš-Straße verlegt worden. Unter dem Decknamen "Avala 925" war die Anordnung ausgegeben worden, "in der Kolarčeva-Straße alle jungen Männer mit Turnschuhen festzunehmen, bei denen anlässlich einer Leibesvisitation eine Armbinde oder eine Trillerpfeife gefunden wird." Unter dem Decknamen "Avala 9201, 9202, 9203" wurde um 01.20 Uhr angeordnet, dass "sobald die Übergabe der vorgeführten Personen beendet ist, die Polizei in der Stadtmitte patrouilliert und weiter Verhaftungen vornimmt".

Dies war ein untrügliches Zeichen, dass sich Milošević nach langem Zögern entschlossen hatte, die Straßenproteste mit Gewalt zu beenden. So dachten alle und irrten sich wie immer in ihren Voraussagen. Wer auch immer sich darauf einließ, Miloševićs Absichten mit seinem gesunden Menschenverstand einzuschätzen, täuschte sich mit seinen Prognosen.

4. Februar 1997

Noch waren die von den Schlagstöcken verursachten blauen Flecken nicht verheilt, da traf eine neue, sensationelle Meldung ein: Milošević schlug die Verabschiedung einer "lex specialis", eines Sondergesetzes vor, mit dem die Wahlergebnisse vom 17. November 1996 anerkannt wurden. Als habe sich alles, was geschehen war, ohne sein Zutun ereignet, akzeptierte er nun den Wahlsieg der Opposition. Die Auseinandersetzungen um die Wahlen hätten, so der serbische Präsident, "unserem Land nach innen und nach außen großen Schaden zugefügt", und es sei "höchste Zeit, das Problem zu beenden". Natürlich würde er selbst den gordischen Knoten durchhauen, das konnte nur er allein, davon sollten sich alle überzeugen, und niemand sollte der Täuschung erliegen, man könne etwas gegen seinen Willen tun.

Wozu war dann diese belastende Verprügelung der Demonstranten notwendig gewesen? So eingebildet und versöhnlich, so frech und nachgiebig, wie er war, hätte Milošević seine Niederlage niemals zugegeben. Damit gab er seinen Gegnern zu verstehen, dass er sie nach eigenem Gutdünken schlagen und belohnen konnte. Und das sollten sie wissen.

Freitag, 21. Februar 1997

Dies ist die letzte Versammlung auf dem Platz der Republik, bis tief in die Nacht hinein wird der Sieg gefeiert. Zuvor wird Zoran Đinđić zum Bürgermeister von Belgrad gewählt, und vor mehreren Tausend Menschen wird in einer spektakulären Aktion der fünfzackige rote Kommunistenstern vom Gebäude der städtischen Machtorgane, dem früheren Alten Hof heruntergeholt. Die Kommunisten hatten 1947 den fünfzackigen Stern an die Stelle des doppelköpfigen Adlers mit den ausgebreiteten Schwingen gesetzt, der ein Symbol des Königreichs Serbien war. Der doppelköpfige Adler war Geschichte geworden, und nun ist es auch mit dem fünfzackigen Stern soweit. Das Volk ist begeistert: es trällert, singt und feuert die beiden Alpinisten an, die nach mehrstündiger Anstrengung die Spitze der Kuppel erobern.

"Der Leichnam des toten Feindes riecht immer angenehm!" soll Karl IX. gesagt haben.

Vom Alten Hof wurde der fünfzackige Stern entfernt, aber nur fünfzig Meter weiter schmückte genau solch ein roter Stern immer noch die Spitze des Präsidentenpalastes der Republik. Das ist Serbien im Jahre 1997: gespalten, in sich zerstritten und mit ungewisser Zukunft.

Ein Invalide mittleren Alters, vielleicht ein Kriegsgeschädigter, betrachtet neugierig das aufregende Ereignis und presst zwischen den Zähnen hervor: "Scheiße!"

All das beobachtet vom Rande her Vojislav Šešelj, der seinen Hass auf die Gevatter Drašković und Đinđić nicht verbergen kann: "Ich trinke solange von eurem Blut, bis ich eure Macht gestürzt habe!" sagt der Ex-Wojwode. Und während er das sagt, läuft sein Gesicht dunkelrot an, die Haut spannt sich, und Schweißperlen erscheinen, als trinke er schon jetzt das Blut seiner Gegner.

Während des Nachts in der Stadt die Amtseinführung des neuen Bürgermeisters von Belgrad gefeiert wird, mischt sich unter die Siegesbegeisterung auch Wehmut und Besorgnis. Nach achtundachtzig Tagen des Protests in Belgrad, Novi Sad, Niš, Kragujevac und siebzig anderen, kleineren und größeren Städten Serbiens war die Zeit des Abschieds gekommen. Was war künftig von einem Regime zu erwarten, das zwar jegliches Vertrauen verloren hatte, dessen Ende aber nicht abzusehen war?

Eine ungewöhnliche Parole blieb mahnend auf dem Belgrader Platz der Republik als verhängnisvolles Vorzeichen übrig: "Bewahrt die Trillerpfeifen, die Töpfe und die Schüsseln, ihr werdet sie noch brauchen!"

Nach alledem

Wie die Hoffnungen des Millionenpublikums der Märsche begraben werden und den Führer beim Einzug in den Weißen Hof das Lied begleitet: "Slobodan, du Kommunist, wir lieben dich wie Jesu Christ!"

Nach alledem war der Fortgang der Ereignisse erschütternd: kaum an die Macht gelangt, zerfiel die Koalition Zajedno. Was man im allgemeinen Volksaufstand um den Preis von Menschenopfern und gegen die Polizeigewalt erreicht hatte, fiel über Nacht in sich zusammen.

Das bedauernswerte Volk ahnte nicht, wie tief, fast selbstmörderisch seine Führer zerstritten und wie sehr sie von kleinlichen Interessen und Eitelkeiten geradezu besessen waren. Aufgrund von Auseinandersetzungen zwischen Drašković und Đinđić beendete die Koalition Zajedno ihre Existenz gleich am ersten Tag nach ihrem Sieg. Und alles, was danach kam, war nur noch eine trostlose Story von Vertrauensbruch, niedrigen Unterstellungen und der verlorenen Hoffnung, dass sich etwas zum Besseren würde wenden können.

In Serbien gab es 1997 eine zweifache Macht: die eigentliche Macht an der Spitze der Republik unter der Leitung der Sozialisten und der JUL, die Gesetzgebung und Finanzen kontrollierte, und die Macht der Opposition in den Großstädten, welche der sozialen und wirtschaftlichen Armut preisgegeben waren. Alle Misserfolge der oppositionellen Macht nahmen die Sozialisten mit Freude zu Kenntnis und trugen ihrerseits alles dazu dabei, sie noch zu verschlimmern.

Als in Belgrad Wassermangel herrschte, warf Professorin Marković den Wählern ihre Leichtgläubigkeit vor, denn Wassermangel ist "die erste sichtbare Errungenschaft der rechtsgerichteten Macht in der Hauptstadt Jugoslawiens". Belgrad habe noch nie unter Wassermangel gelitten, sagte Professorin Marković in ihren Meditationen für die Zeitschrift "Bazar", weder unter der deutschen Besatzung, nicht in den Tagen des Wiederaufbaus nach dem Krieg, auch nicht bei Trockenheit und nach Erdbeben noch während der Tschetnik-Demonstrationen des letzten Winters (ich zitiere sinngemäß), aber nun seht her, was passiert, wenn die Opposition die Macht übernimmt, die "sich gleich zum Start destruktiver erwiesen hat als alle gesellschaftlichen Missstände zusammengenommen, die Belgrad in diesem Jahrhundert erlebt hat". Vor der Opposition hat "auch das Wasser seine Waffen gestreckt", oder es hat zum Zeichen des Protests "vielleicht, vielleicht auch ganz von allein beschlossen zu versiegen", sagte Professorin Marković, genüßlich in ihren psychosoziologischen Einfällen schwelgend.

Das Regime betrachtete die Opposition als seinen Todfeind, aber im gleichen Verhältnis zueinander standen auch die Oppositionsparteien, die ebenso wie Milošević Schuld an der Fortsetzung des serbischen Unglück tragen. Zwischen den einzelnen Parteien herrschte blanker Hass. Die bedauernswerte Lage der Wählerinnen und Wähler verglich der Dichter Brana Petrović mit dem Helden eines Beckett'schen Dramas, in dem der schon befreite Sklave seinen Herren auf den Knien anfleht, ihn wieder unter seine Herrschaft zu nehmen. Denn auch diese Herrschaft war besser als die mögliche Herrschaft einer solchen Opposition!

Die vereinigte Koalition Zajedno hatte die Mehrheit im Parlament der Republik Serbien erobern können; durch einen gemeinsamen Boykott war es ihr außerdem gelungen, die Legitimität des Regimes in Frage zu stellen. Etwas anderes hatte man nicht erreicht. Drašković hatte unter der Bedingung in das Bündnis eingewilligt, dass er die Führung übernehmen würde. Davon überzeugt, dass Hunderttausende von Protestlern hinter ihm stünden, behauptete er, die Mutter Theresa der serbischen Opposition zu sein, alles andere sei "ein riesiger Turban, unter dem es keinen Hodscha gibt". Zoran Đinđić gab sich nicht mit einer untergeordneten Rolle zufrieden und war sicher, dass Drašković bei den Präsidentschaftswahlen keine Chance besaß: "Ich akzeptiere diese Logik nicht, einen Frosch zu beschlagen und ihn dann ins Pferderennen zu schicken. Ich will meine Zukunft nicht an etwas knüpfen, das keine Aussicht auf Erfolg hat, nur damit wir morgen gemeinsam Grund zum Weinen haben."

Đinđić war mit der Unterstützung Draškovićs Oberbürgermeister von Belgrad geworden, der hatte ihm jedoch die Hände gebunden, indem er seine Leute an die Spitze der wichtigsten Ressorts gesetzt hatte, da wo die Macht über die Finanzen lag. Daraufhin nahm Đinđić sein Versprechen zurück, Draškovićs Kandidatur für das Präsidentenamt der Republik Serbien zu unterstützen.

Und während eine Million Protestler ihre Hoffnungen für immer begruben, fischten die Sozialistische und die Radikale Partei im Trüben, bald gemeinsam, bald getrennt, in kritischen Momenten jedoch immer als Partner. Šešelj zeigte sich überall und füllte die Seiten der Presse mit Skandalen. "Sie sind ein schamloser Dummkopf und ein Scharlatan", erklärte ihm in einer Fernsehdiskussion Professor Vladeta Janković, nachdem der Wojwode wieder einmal Gift gespritzt hatte. Und Rechtsanwalt Nikola Barović, den Šešelj mit einer beleidigenden Bemerkung über seinen Vater, der während des Tito-Regimes Dissident gewesen war, aufs äußerste gereizt hatte, schüttete ihm vor den Augen der Zuschauer ein Glas Wasser ins Gesicht. Ein paar Minuten später, während Barović noch in der Redaktion saß, stürzte sich Šešeljs Leibwächter auf ihn, trat ihn mit Füßen, schlug ihn mit der Faust zu Boden und fügte ihm schwere Verletzungen zu. Der Auftraggeber des Racheaktes Vojislav Šešelj schaute zu und erklärte anschließend den Journalisten spöttisch, "Barović ist auf einer Bananenschale ausgerutscht, dann die Treppe heruntergefallen und hat sich dabei verletzt."

Šešelj konnte sich als Helfershelfer des Regimes alles erlauben. Als er zu dem Vorfall vom Untersuchungsrichter vernommen wurde, brachte er zum Beweis für Barovićs "unglücklichen Ausrutscher" dreist eine verfaulte Bananenschale mit.

Die regimetreue Presse befand sich in einer beneidenswerten Position: Skandale gab es bei den Oppositionsparteien im Überfluss, sie mussten nur aufgegriffen und die Wähler daran erinnert werden, mit wem sie es zu tun hatten. Bei der Nachrichtenagentur Tanjug war unter der Leitung von Direktor Zoran Jevđević ein Stab mit der Aufgabe betraut, belastende Informationen zu sammeln und darauf aufbauend die Oppositionsparteien als einen Haufen Verrückter und politischer Abenteurer darzustellen, die unfähig waren, etwas Gutes zustande zu bringen.

Jevđević war Miloševićs erste Wahl und der einzige Journalist, der das Privileg genoss, ihn nach Dayton begleiten zu dürfen. Der Präsident hatte ihn persönlich zum Direktor von Tanjug ernannt und es ihm auch selbst als erster mitgeteilt, damit er es zu würdigen wusste und sich immer daran erinnerte. Als erste Amtshandlung hängte Jevđević über seinem Arbeitsplatz ein Milošević-Porträt an die Wand, dann führte er die polizeiliche Folter ein. Als er in seiner Rolle ausgedient hatte und man ihn – bei Diebereien auf frischer Tat ertappt – festnahm, war er als überführter Krimineller untragbar geworden und man entfernte ihn von seinem Posten, gestand ihm dennoch das Privileg zu, sich nicht vor Gericht verantworten zu müssen.

Der serbische Präsident saß wieder fest im Sattel, und alles, was er sich gewünscht hatte, war jetzt zum Greifen nahe. Er wollte eine neue Position in der staatlichen Hierarchie erobern. Da ihm die Verfassung eine dritte Amtszeit als Präsident Serbiens nicht erlaubte, kandidierte er für das Präsidentenamt Jugoslawiens. Damit sollte sich zwar sein Titel ändern, alles andere aber sollte beim Alten bleiben, denn er regierte wie bisher von Serbien aus ganz Jugoslawien. Die Macht war da, wo sich Milošević befand: nur das Kräfteverhältnis veränderte sich. Die internationalen Unterhändler würden nicht mehr im Palast des serbischen Präsidenten vorsprechen, sondern nunmehr im Belgrader "Weißen Hof".

Alles stand im Zeichen der euphorischen Unterstützung von Miloševićs Kandidatur. Aus den eingetroffenen Telegrammen erfuhren wir, dass er bescheiden, ehrlich, kreativ, kompetent, gebildet, mutig, unerschütterlich, standhaft, moralisch, ausdauernd und konsequent war. Er war diplomatisch geschickt und fand breites politisches Gehör; er hatte ungeheure Erfolge vorzuweisen, trotz des schändlichen Drucks durch die ausländischen Großmächte und einheimischen Verräter; er hatte die Kapazität der Wirtschaft erhalten und deren Umstrukturierung ermöglicht; sein visionäres Wesen, sein Patriotismus, seine Konsequenz bei der Verteidigung vitaler Interessen würde unseren Kindern einen ruhigen Schlaf und eine glückliche Kindheit bescheren.

"Eine Persönlichkeit mit diesen staatsmännischen Eigenschaften gibt es kein zweites Mal in unseren Breiten!"

"Danke für alles, was Sie für uns getan haben!"

"Mit Ihnen am Steuer gehen wir einer glücklichen Zukunft entgegen!"

Alles nahm seinen Lauf, es gab nur noch ein kleines Problem: würde Montenegro, das doch sein Mutter- und sein Vaterland war, den Präsidenten unterstützten? Die Zeiten waren jedenfalls vorbei, als Miloševićs Ruhm so groß gewesen war, dass man sang "Ständig fragt sich Montenegro, wann kommt Slobodan statt Tito!". Jetzt hieß es etwa in Podgorica: "Auch wir sind für Jugoslavija, nur nicht nach Geschmack von Mirjana". Die Umstände arbeiteten jedoch dem serbischen Präsidenten in die Hände. Die Auseinandersetzungen in der montenegrinischen Führung, von denen später die Rede sein wird, schienen wichtiger als die Wahlen für das Amt des jugoslawischen Präsidenten, so dass die gespaltene Sozialistische Partei Montenegros – um sich nicht mit weiteren Problemen zu belasten – die Kandidatur Miloševićs solidarisch akzeptierte.

Der Parteiapparat der Sozialisten hatte für alles gesorgt. In der Befürchtung, die Montenegriner könnten es sich noch kurzfristig anders überlegen, wurde ohne Vorankündigung die

Kandidatur und die Wahl Miloševićs am gleichen Tag durchgezogen. Dass es so kommen könnte, erfuhren die Journalisten von den Kellnern, die den anschließenden Cocktailempfang vorzubereiten hatten. Um Überraschungen zu vermeiden, kreuzten die sozialistischen Abgeordneten den Namen Miloševićs auf ihrem Stimmzettel unter der Aufsicht von Fraktionschef Milutin Stojković an. Das gleiche taten die Abgeordneten der JUL in Anwesenheit ihres Vorsitzenden Ljubiša Ristić. "Mit dieser Wahl wird die Bundesrepublik Jugoslawien als freier und unabhängiger Staat bestätigt", vermeldete der Präsident der Abgeordnetenkammer des jugoslawischen Parlaments, Milomir Minić, ein dressierter Laufbursche der Partei, dem absolut niemand Respekt entgegenbrachte; auch er selbst lebte in beständiger Existenzangst, dabei hielt er sich von allen am längsten an der Spitze der Sozialistischen Partei.

Das Fest schwappte auch ins serbische Parlament über, wo Raka Radović und Dobrivoje Budimirović Bidža bei den Feierlichkeiten tonangebend waren. Einträchtig begannen sie zu singen: "Slobodan, Slobodan, du Kommunist / wir lieben dich, wir lieben dich wie Jesu Christ!"

Mittwoch, 23. Juli 1997

So hastig und überstürzt, wie Milošević gewählt wurde, verlief auch seine Amtseinführung. Missmutig leierte er den Amtseid herunter und verließ das Parlamentsgebäude, nicht ohne vorher kurz an einem Cocktailempfang teilgenommen zu haben. Während der Einführungszeremonie im Parlament waren von außen die Pfiffe der Studenten und der Belgrader zu hören, die diesen Tag mit der Protestaktion "Einen Schuh für einen verlorenen Kopf" beginnen. Hunderte alter Schuhe lagen auf der Straße, als Symbol der allgemeinen Armut und zum Gedenken an die jungen Leute, die ins Ausland geflüchtet waren.

Das Protokoll bemühte sich jedoch zu beweisen, dass jetzt in Jugoslawien ein neues Zeitalter begonnen habe, dass Milošević nun auch offiziell zum Staatschef eingesetzt sei, im Gegensatz zu Ćosić, der die Rolle eines Präsidenten ohne Macht gespielt, und zu Lilić, der mit faszinierender Leichtigkeit in diesem Amt bloß figuriert hatte. An den Feierlichkeiten im Parlament nahm auch Miloševićs Familie teil, Gattin Mirjana, Tochter Marija und Sohn Marko, der mit seinem aschblond gefärbten Haar Aufsehen erregte. Wieder wurde Titos sechstürige Mercedes-Limousine VJ 13-17 aus der Garage geholt; auch der "Weiße Hof" und die Gardeeinheiten wurden wiederbelebt.

Nach Titos Tod hatte das kollektive Staatspräsidium den "Weißen Hof" wie eine Reliquie gehütet; Ćosić hatte wahrscheinlich nicht einmal von der Existenz der Garde gewusst und vorgeschlagen, den "Weißen Hof" in ein Kulturdenkmal umzuwandeln; Lilić schließlich hatte das Anwesen der Dynastie Karađođević bewahrt für den "Mann, dem allein es zusteht", für den nationalen Führer "aller Serben". Jugoslawien war erst dann wieder zum Staat geworden, als Milošević an seine Spitze getreten war, wollte man damit ausdrücken: so, wie es mit Titos Tod aufgehört hatte, der gemeinsame Staat zu sein.

Milošević hatte sich gewandelt: die neue Regierungsmacht hatte in ihm ein starkes Verlangen nach äußerlichen Machtsymbolen geweckt. Alles musste so sein wie damals: der "Weiße Hof", Titos Limousine, die himmelblauen Uniformen der Gardesoldaten, die Wache, das Ehrengeleit, die Gardeschau, die auf das Gewehr aufgepflanzten Bajonette, die Ehrenbezeugungen. Es war jedoch nur eine schlechte Kopie. Marschall Tito hatte das Bad in der Menge nicht gescheut, und die einzige Gefahr, die ihm dabei gedroht hatte, war, dass ihn jemand aus übergroßer Liebe oder Neugierde hätte verletzen können; Milošević saß bei der Fahrt vom Parlament zum "Weißen Hof", von der Garde geschützt, zusammen mit seiner Familie blass in dem sechstürigen "Mercedes" und schaute zu, wie alte Schuhe nach ihm flogen.

Dieser unangenehme Zwischenfall wurde jedoch von den Bildern überlagert, die von den Fernsehkameras verewigt wurden:

durch das Gardespalier betrat Milošević zusammen mit seiner Familie den "Weißen Hof". Ein Offizier mit Säbel rapportierte im Paradeschritt: "Herr Präsident, das Ehrenbataillon der Garde ist Ihnen zur Ehre angetreten!" Das, was sich Mira Marković vor dreißig Jahren in Zadar erträumt hatte, war Wirklichkeit geworden.

Auf dieses Ereignis hatte sich das Ehepaar Milošević lange vorbereitet. Ein Jahr zuvor schon hatte die Generalüberholung der Villa in der Užička-Straße 15 begonnen, die ihr Besitzer, der Ingenieur Aleksandar Acović, im Jahre 1933 erbaut hatte. In diesem berühmten Haus hatten während der deutschen Besatzung der deutsche Militärkommandant Serbiens, Franz Neuhauser, und später Feldmarschall Alexander Lehr gewohnt. Im Bunker des Gebäudes wurden nach der Bombardierung Belgrads durch die Deutschen die Sitzungen der Jugoslawischen Regierung unter General Dušan Simović abgehalten. Tito hielt Mitte 1945 Einzug in die Villa, und hier wohnte er zuerst unverheiratet zusammen mit Davorjanka Paunović, der Tante Mira Markovićs, später dann mit seiner Ehefrau Jovanka.

Noch vor dem Einzug des Ehepaars Milošević wurde eine Teilung des Eigentums zwischen den früheren und den neuen Besitzern vorgenommen. Da der Marschall in der unmittelbaren Nähe seine ewige Ruhestätte gefunden hatte, veränderte dieser Umstand bis zu einem gewissen Maße das Aussehen dieses Viertels von Dedinje. Zwischen dem Revolutionsmuseum und der Cvećara, in der Tito begraben liegt, und den Gebäuden, in denen der neue Präsident Jugoslawiens residiert, wurde eine Mauer gezogen. Sogar die gemeinsame Verwaltung für das gesamte Anwesen wurde geteilt. Den Miloševićs standen nun drei Gebäude zur Verfügung: das Haus, in dem sie wohnten, die Jägerhütte, die die Slowenen dem Marschall als Geburtstagsgeschenk hatten errichten lassen, und ein neues Gästehaus, das zur Zeit von Titos Krankheit und Tod gebaut worden war. Dieses Gebäude war auf Initiative von Nikola Ljubičić entstanden, die Baukosten von der Republik Serbien und der Stadt Belgrad aufgebracht worden.

So hatte man im Belgrader Stadtteil Dedinje eine neue Seite

der Geschichte aufgeschlagen, die jetzt ihrer Fortsetzung harrte. Zu Ehren des Ereignisses richtete Präsidentensohn Marko in seiner Diskothek in Požarevac einen kostenlosen Empfang für über tausend geladene Gäste aus, und seine Schwester Marija lud zu einem festlichen Abendessen in ihren Belgrader Disco-Club ein. Obwohl Mirjana Marković ihren Gatten mit Sätzen wie "Mein Lieber, das Volk mag das!" zu staatsmännischer Größe ermunterte, wollte sie gleichzeitig in der Öffentlichkeit den Eindruck erwecken, als stehe sie all dem recht gleichgültig gegenüber. Während die beiden ihr neues Domizil in der Užička 15 bezogen, erinnerte sie sich in ihren Tagebuchnotizen melancholisch an die "vergangenen schönen Tage", als sie mit Slobodan und den Kindern in einer bescheidenen Wohnung in Neu-Belgrad gewohnt hatte: "Ich weiß gar nicht, warum ich im Frühjahr des Jahres 1980 von Neu-Belgrad fortgezogen bin. Ich weiß nur, dass ich dieses Wegziehen als gewaltsam, schmerzhaft und unnötig erlebt habe."

In Serbien ging währenddessen der Alltag weiter. Die Angestellten im Bildungswesen, die Ärzte, die Metall- und die Textilarbeiter streikten: "Brot, Brot, mein Herr!"; die Rentner, die um ihr Geld betrogenen Sparer, die Flüchtlinge und die Kriegsverletzten demonstrierten. Einzig und allein das Leichenbestattergewerbe blühte. In Jugoslawien starben jede Woche etwa fünfzig Flüchtlinge an Hunger, und fünf begingen Selbstmord. Die alte Jagoda Krajinović aus Benkovac verfluchte in ihrer Ohnmacht und Verzweiflung die Urheber dieses Unglücks: "Wer daran schuld ist, dem sollen mit Gottes Hilfe die Schlangen die Augen ausbeißen!". Nichts war ihr geblieben außer diesem Fluch.

Das Fernsehen zeigte Bilder von der Suppenküche des Belgrader Roten Kreuzes, wie Menschen unterschiedlichen Alters mit ihren Tellern in der Hand in einer langen Schlange nach Essen anstehen, mit gequälten Gesichtern, einsam, bedrückt und mit leerem Blick. Viele drehten der Kamera den Rücken, damit Verwandte oder Nachbarn sie nicht erkennen sollten. Über ihren Köpfen, an der Wand, das Porträt Slobodan Miloševićs. Hing es dort, damit sie ihm für ihre Essensration danken oder ihn für ihre Armut verfluchen konnten?

In der Zwischenzeit fand in einer Atmosphäre wie zu friedlichen Zeiten und ohne jeglichen Zwischenfall ein Fußballspiel zwischen den zwei Vereinen Partisan Belgrad und Croatia Zagreb statt, die jetzt die beiden neuen Staaten repräsentierten. Nach der katastrophalen 5:0-Niederlage des serbischen Fußballklubs in Zagreb meinte der Reporter des Belgrader Fernsehens, seine Zuschauer mit den Worten trösten zu können: "Das Ende des Fußballspiels in Zagreb bezeichnet gleichzeitig den Beginn den Friedens und der Zusammenarbeit zwischen dem serbischen und dem kroatischen Volk". Heimatlose und verzweifelte, aus Kroatien vertriebene Serben hörten ihm zu.

So verging die Zeit nach dem Krieg. "Wehe mir, der ich nicht vergessen kann / wehe dir, der du es konntest", schrieb Henrik Vergeland.

O Gott, hals uns nicht soviel auf, wieviel wir tragen können

Von den seltsamen Rivalitäten der Gevatter Šešelj und Drašković, von der rot-schwarzen Koalition, der Absetzung Đinđićs und der Wahl von Milutinović zum Präsidenten Serbiens, und nebenbei die Episode, wie der angesehene Kardiologe B. das Vertrauen Miloševićs verlor

Slobodan Milošević hatte die Sicherheit des Herrschers verloren, nicht jedoch den Willen zur Macht. Erleichterung verschaffte ihm in dieser Situation niemand anders als die sogenannte Opposition mit den Wahlen ohne Ende[28] vom Herbst 1997, bei denen Vuk Drašković und Vojislav Šešelj die Hauptrolle spielten.

Während Zoran Djindjić, Vesna Pešić und Vojislav Koštunica nicht an den Wahlen teilnahmen ("Wir boykottieren diese Wahlen, damit wir ehrliche Wahlen gewinnen können!"), ging Drašković selbstbewusst ins Rennen in der Überzeugung, dass ihm der Weg in den Präsidentenpalast offen stünde; gleichzeitig machte er Versprechungen, wie man sie sich im Traum nicht hätte ausdenken können. Wenn sie ihn wählten, versprach er, würde er die Sanktionen aufheben und den größten Teil der serbischen Auslandsschulden in Höhe von neun Milliarden Dollar abschreiben lassen, denn ihm stünden, so meinte er, "von Moskau über Rom, London und Paris bis New York alle Türen offen". Er werde "an die Spitze des geflüchteten und vertriebenen Volkes treten und es nach Knin, Obrovac, Vojnić, Topusko, Drvar, Grahovo, Mostar und Sarajevo führen, überall dahin, wo die Serben Jahrhunderte lang lebten." Sich selbst verglich er mit dem unbesiegbaren amerikanischen Boxer Mark Tyson, und als Tyson sein Knock-out erlebt hatte, suchte er sich ein neues Symbol: "Ich bin der serbische Peter der Große!" Zum Zeichen der Dankbarkeit ließen Draškovićs Anhänger aus Zaječar Gold- und

Silbermünzen mit seinem Konterfei prägen.

Vojislav Šešelj war besser mit der Psychologie der Wählerschaft vertraut, die verarmt, durch die Niederlage im Krieg entwürdigt und wegen der korrupten Gesellschaft verbittert war. Er versprach, dass er Verbrecher unbarmherzig verfolgen und der Nation den Ruhm zurückgeben werde. "Wer das sagt, der lügt, dass Serbien klein ist, nein, es ist nicht klein, solange es die Radikalen gibt!"

Das Ergebnis: Vuk Drašković unterlag, und Vojislav Šešelj triumphierte.

30. September 1997

Geschockt von seiner Niederlage – war es denn möglich, dass ihm, dem Volkstribun, so etwas zustieß! – fand sich Vuk Drašković nicht mit dem Verlust ab. Jemand musste den Preis bezahlen, und das sollte sein Koalitionspartner von gestern, Zoran Đinđić, sein, der den Feldzug gegen die Wahlen geführt hatte. Aus allen Geschützen dröhnte nun die Wortkampagne gegen Belgrads Bürgermeister. Er war ein Verräter und Betrüger, "ein Freund von Radovan Karadžić und Gegner des Dayton-Abkommens", wie es Drašković ausländischen Journalisten gegenüber ausdrückte. Und Danica Drašković, die ihren Gatten schon im Palast des Präsidenten hatte residieren sehen, sollte in ihrem Zorn erklären, dass Đinđić schon durch sein Aussehen für den Posten eines Bürgermeisters nicht in Frage käme. Denn er sei "zu kurz geraten, krummbeinig, und hat eine Schweinefrisur, die zu seinem kurzen Körper und der niedrigen Stirn passt".[29]

Die Freunde von gestern sind die Widersacher von heute, die Freunde von heute waren gestern noch Gegner: so lässt sich die serbische Opposition treffend beschreiben. Durch gemeinsame Interessen vereint, näherten sich die gestern noch tödlich verfeindeten Gevatter Drašković und Šešelj einander wieder an. Sie zeigen sich freundschaftlich, sprechen sich ab, posieren vor den Fotojournalisten und treten zusammen in Belgrader Restaurants in

Erscheinung, ihr gemeinsamer Gegner heißt Zoran Đinđić. Voller Wärme wendet sich auch Danica Drašković an ihren Gevatter Šešelj, von dem sie seinerzeit behauptet hatte, er "werbe den serbischen Abschaum, die Faulenzer und Taugenichtse an", er sei "eine Laus, ein Feigling und ein politischer Denunziant"; sogar zum Zweikampf hatte sie ihn aufgerufen.

Mit Unterstützung der Radikalen und der Sozialisten gelang es der Serbischen Erneuerungsbewegung in wenigen Minuten, denn nur solange dauerte die Debatte im Belgrader Stadtparlament, Bürgermeister Djindjić aus dem Amt zu werfen. Im gleichen Atemzug wurde auch der Belgrader Fernsehsender Studio B, das einflussreichste freie Medium in Serbien, übernommen.

Die Rolle des unmittelbar ausführenden Organs bei der Absetzung des Bürgermeisters spielte schwungvoll dessen Stellvertreter Milan Božić, Jahrgang 1952, ein vielseitig talentierter Universitätsprofessor mit windigen Manieren. Vom Fach her Mathematiker, gebildet, von glatter Wendigkeit und äußerst geschickt im Erfinden leerer Worthülsen, war Božić in der Lage, die verschiedensten Rollen auszufüllen. Aber er schlug die politische Laufbahn ein und war damit ein typischer Vertreter des größeren Teils der serbischen Intelligenz, die an Karrieresucht litt und beim Untergang der serbischen Gesellschaft eine wichtige Rolle spielte. Der Dichter Brana Petrović hätte auch an Božić denken können, als er äußerte: "Wären wir [Serben] unter der Osmanenherrschaft zufällig alphabetisiert gewesen, wären wir höchstwahrscheinlich als Volk von der Landkarte verschwunden."

Božić war etwas gelungen, was im politisch gespaltenen Serbien fast unmöglich erschien, nämlich sowohl Vertrauter von Danica Drašković als auch von Mira Marković zu sein, für deren Buch er Reklame machte. In seiner Familie waren die Rollen ebenfalls gut verteilt: er selbst war einer der Spitzenmänner der Serbischen Erneuerungsbewegung, seine Ehefrau sympathisierte mit der JUL-Partei, und der Schwiegervater, Dr. Jagoš Purić, war einer der Organisatoren des Putsches auf dem 8. ZK-Plenum gewesen.

Vuk Drašković übernahm nun die gesamte Macht in Belgrad, der Preis dafür war jedoch hoch. Am gleichen Abend noch skandierten Zehntausende in der Hauptstadt, auf dem Platz der Republik, wo er zuvor gekürt worden war: "Vuk und Slobodan, gemeinsam bis zum Grab, geht's an!" und "Danica ist der Federbusch, mit dem sich Slobodan schmückt!"

Die Sozialisten unterstützten Drašković bei seiner Abrechnung mit Đinđić, danach aber schlugen sie ihn mit seinen eigenen Waffen. Als die Demonstranten angeführt von Djindjić und Vesna Pešić vom Platz der Republik aus friedlich durch die Stadt ziehen wollten, stürzte sich die Polizei mit einer Gewalt auf sie, die sogar während des Winteraufstands unvorstellbar gewesen war. Ohne jegliche Vorwarnung prügelten die Polizisten auf jeden ein, der ihnen in die Nähe kam, sogar auf Passanten, die wartend an der Bushaltestelle standen. Da die Demonstrationen gegen Drašković gerichtet waren, musste der Volkstribun jetzt offenbar von der Polizei "vor dem Volk in Schutz genommen" werden.

Das Spiel ging unter der Regie Miloševićs mit neuen Opfern weiter, während dieser ganz unbeschwert, mitten im Wahlkampf, mit seiner Gattin zweimal nach Griechenland flog. Er ließ verlauten, dass das Schwimmen im Meer seiner Entspannung diene. Er kreuzte mit seiner Jacht im Ägäischen Meer und erholte sich auf der Insel Hydra im Hause seiner Freundin Isabelle Avanti, die in Athen eine angesehene Privatklinik besaß. Weder die Niederlage Lilićs noch Šešeljs Erfolg konnten ihn beunruhigen. Alles würde sich finden. Was Lilić nicht erreicht hatte, würde sicher dem neuen Präsidentschaftskandidaten der Sozialisten, Außenminister Milan Milutinović, gelingen. Zumindest in Serbien konnte man Stimmen in die eine oder andere Richtung hin verschieben. Und da waren noch die Gegner, mit denen Milošević immer schon leichtes Spiel hatte, die Gevatter Šešelj und Drašković, die sich nach einem nur kurz währenden Bündnis zum Sturz von Lilić wieder bis aufs Blut zerstritten und dabei den Wählern eine Unterhaltung geboten hatten, wie sie nicht einmal in alkoholgeschwängerten Vorstadtkneipen zu finden war.

Der Höhepunkt des Konflikts zwischen den beiden spielte sich vor einem Millionenpublikum im Belgrader Fernsehen ab, als die rivalisierenden Gevatter darum stritten, wer von beiden der größere, der bessere Serbe sei. Auf dieses Ereignis hatten sich beide offensichtlich gut vorbereitet. Vor ihnen lagen beschriebene Seiten und Zeitungsausschnitte, ein ganzer Stab von Mitarbeitern hatten im Vorfeld an der Beschaffung von Beweismaterial gearbeitet. Drašković behauptete, Šešelj sei katholisch[30] "wie alle Šešeljs", erst von ihm selbst habe Šešelj im Kloster Ljubostinja gelernt, sich nach orthodoxem Brauch zu bekreuzigen. Zum Beweis führte der Führer der Serbischen Erneuerungsbewegung das Zagreber Telefonbuch an, "in dem man sehr schön sieht", dass alle Šešeljs in Wirklichkeit Kroaten seien: Stanislav Šešelj, Josipa-Pančića-Str. 9, Stjepan Šešelj, Lea-Rukavine-Str. 4, Zlatko Šešelj, Šjubašićeva-Str. 62...[31] Der Wojwode zählte dagegen, wiederum unter Zuhilfenahme eines Telefonbuchs, drei Dutzend kroatischer Draškovićs auf. Dazu gehörten Ivan Drašković, der frühere kroatische Banus, sodann General Janko Drašković sowie der kroatische Bischof Drašković. Außerdem hatte der Wojwode ein *corpus delicti* aus der Serbischen Akademie der Wissenschaften bei sich zum Beweis, dass er selbst, Vojislav, ein echter Serbe sei! Die beiden Präsidentschaftskandidaten krönten ihr zweistündiges Rededuell mit einer Erörterung darüber, ob Šešelj mitten auf der Knez-Mihailova-Straße die Hose geöffnet oder sie heruntergelassen habe oder dies nur eines von Vuk Draškovićs Hirngespinsten sei.

Oh Gott, hals mir nicht alles auf, wieviel ich tragen könnte!

Was Milan Milutinović in seinem sprachlosen Wahlkampf nicht geschafft hatte, erledigten an seiner Stelle die Führer der beiden größten Oppositionsparteien. So bekam Serbien nach Slobodan Miloševićs siebenjähriger Herrschaft einen neuen Staatspräsidenten.

Milutinović, Jahrgang 1942, gehörte der jüngeren Generation

von Kommunisten an, die in der Titozeit aufgrund ihrer Parteizugehörigkeit aufgestiegen war. Er hielt sich soweit zurück, wie er seine Umgebung nicht verunsicherte, und strebte mit berechnendem Ehrgeiz seinem Ziel zu, das er schon zu Beginn seiner Karriere festgelegt hatte: er wollte in die Diplomatie. Schon als Student träumte er von einem Botschafterposten: "Das wäre etwas für mich", meinte er. Da das diplomatische Parkett höfischen Schliff verlangte, empfahl er sich durch seine gepflegte Ernsthaftigkeit und sein Äußeres, das sich entsprechend von den Partisanenmanieren abhob. Seine Genossen haben ihn als pedantischen Hygienefanatiker und Beamten par excellance in Erinnerung: in grauem Flanellanzug und weißem Hemd, mit Krawatte, Federhalter und bis ins kleinste Detail korrekt geordneten Notizen und Dokumenten. Als er mit einer Jugenddelegationen eine 29-tägige Reise durch die Hauptstädte unternahm, führte er 29 weiße Hemden und so viele Medikamente mit sich, dass es einer gut ausgestatteten Apotheke zur Ehre gereicht hätte, wie seine Genossen – vielleicht etwas zugespitzt – bezeugen. Nichts überließ er dem Zufall, und da er nach Aussage seiner Freunde seit je um seine Gesundheit besorgt war, bewahrte er in seiner Pedanterie seit seiner Jugendzeit alle ärztlichen Befunde auf. Obwohl Jurist, wusste er so viel über die Wirkung von Arzneimitteln, dass er seine Diplomprüfung leicht auch in Pharmazie hätte ablegen können.

Der neue Präsident war einer der seltenen Spitzenfunktionäre aus dem alteingesessenen Belgrader Bürgertum: sein Vater war Ingenieur, die Mutter Kunsthistorikerin. Nach der Scheidung der Eltern wuchs er bei der Mutter auf, die sich wegen seines mangelnden schulischen Interesses Sorgen machte. Politische Aktivitäten waren attraktiver für ihn, und er entwickelte sich schon während seiner Gymnasialzeit zu einem verlässlichen und disziplinierten Kader der Partei. Ausgestattet mit diesen Eigenschaften geriet er auch in Situationen, in denen er zu einem Vorgehen gezwungen war, das für immer ein schwarzer Fleck in seiner Biographie als Politiker bleiben sollte, wie es in den siebziger Jahren der Fall der acht

Philosophieprofessoren war, die damals aus der Belgrader Universität ausgeschlossen wurden. Obwohl die Entscheidung zum Ausschluss der Professoren auf Titos Wunsch hin gefällt wurde, wälzte man die Durchführung des Beschlusses auf die serbische Führung ab, wobei durch das Zusammentreffen verschiedener Umstände Milan Milutinović derjenige war, der die Anweisung unmittelbar ausführte. Als Bildungsminister musste er die Professoren zu Vorgesprächen einladen, wo sie verwarnt wurden und er war es, der den Ukas über ihren Ausschluss aus der Universität unterzeichnete.

Milutinović führte Anweisungen der Machthabenden aus, er wurde aber auch selbst zum Opfer: man versetzte ihn auf den Posten des Administrators der Nationalbibliothek, was für einen angesehenen Kulturschaffenden ehrenvoll gewesen wäre oder für einen Politiker am Ende seiner Karriere, aber nicht für einen ambitionierten, aktiven Funktionär, wie es es war. Aus dieser Erfahrung zog er gewisse Lehren, er benötigte jedoch ganze zehn Jahre, um mit viel Geduld und Erniedrigung seinen früheren Rang wieder zu erreichen. Obwohl er nicht am 8. ZK-Plenum teilgenommen hatte, verhalfen ihm die damaligen Ereignisse, auf die eine Massensäuberung folgte, dazu, sich auf der Kaderliste Slobodan Miloševićs wiederzufinden.

Die beiden hatten sich beim Jurastudium kennen gelernt, ihre Freundschaft festigte sich jedoch 1989 während Milutinovićs Amtszeit als jugoslawischer Botschafter in Athen. Griechenland war damals Serbiens einzige Stütze, und Milošević fühlte sich in dem Land wie zu Hause. Er hielt sich oft dort auf, verbrachte häufig mit seiner Familie den Sommerurlaub da und schloss Bekanntschaft mit angesehenen Griechen. Die Opposition behauptete, der serbische Präsident verfolge dabei auch geschäftliche Interessen und wickle sie unter Vermittlung seines Botschafters ab. Damit ließe sich die Tatsache erklären, dass Milutinović, als er 1995 Außenminister wurde, gleichzeitig noch zwei Jahre lang die Funktion des Botschafters in Griechenland innehatte.

Mit diesen Eigenschaften ist Milutinović ein typischer politischer Schreibtischtäter und auf jeden Fall einer der fähigsten Männer in Miloševićs Team. Während er sich Rangniedrigeren gegenüber zynisch und überheblich verhielt, den verstorbenen Nikola Koljević nannte er einen "kleinen bosnischen Serben", war er Stärkeren gegenüber liebenswürdig und unterwürfig. Im Umgang mit Ausländern sprach er von Milošević immer als von "meinem Chef", "wie mein Vorgesetzter sagt", und "das kann nur der Chef".

Obwohl Milošević ihm wohlgesonnen war, genoss niemand außer seiner eigenen Familie sein völliges Vertrauen. Eine kleine Unachtsamkeit eines seiner Mitarbeiter, und schon hatte dieser das Vertrauen verscherzt. Das bekam auch Milutinović zu spüren, als er in guter Absicht eine unglückliche Rolle spielte.

Milošević fürchtete sich vor Krankheiten und mochte keinen, der ihm durch seine Diagnosen die Laune verdarb. Nach einem unangenehmen Drücken in der Herzgegend empfahl ihm Milutinović einen Freund, den bekannten, mittlerweile verstorbenen, Belgrader Kardiologen Professor B., der auch ihn selbst behandelt hatte. Milutinović hatte nämlich in Griechenland einen leichteren Herzinfarkt erlitten, worüber die Öffentlichkeit jedoch nicht informiert worden war.

Professor B. stellte fest, Milošević habe eine Angina pectoris, und er riet ihm, sich einer Behandlung und ärztlichen Untersuchungen zu unterziehen. Das löste in der Tolstojstr. 33 Panik aus. Gleichzeitig aber wurden auch Zweifel an den guten Absichten des Herrn Doktor laut, denn Miloševićs Tochter Marija fand heraus, Professor B. sei "politisch ungeeignet und ein Anhänger Vuk Draškovićs", was nicht der Wahrheit entsprach. Aber es führte dazu, dass der Präsident auf die Dienste des angesehenen Herzspezialisten B. verzichtete und sich an die Ärzte der Militärmedizinischen Akademie wandte, die sich zu einer tröstlicheren Diagnose durchrangen.

Montag, 29. Dezember 1997

Milan Milutinović betritt, umgeben von Sicherheitskräften, das Gebäude des serbischen Parlaments. Journalisten ist es auch von Weitem nicht gestattet, das Ereignis zu verfolgen: sie müssen sich während der Amtseinführung wie Gefangene im Pressezentrum aufhalten.

Der neue Staatspräsident Serbiens wurde im Saal von Pfiffen und den stürmischen Reaktionen der Radikalen empfangen: "Uahh, diese Gauner!" Šešelj wollte seine Niederlage nicht wahrhaben. Seine Anhänger wie auch die Wahlforscher behaupteten, die Sozialisten hätten zu ihren Gunsten 700.000 Stimmen geklaut. Zudem zeigten die Ergebnisse der Wahlforschung, dass das Quorum einer mindestens 50%igen Wahlbeteiligung nicht erreicht worden war. Stimmenklau hatte es auf jeden Fall gegeben, denn in Serbien sind ehrliche Wahlen ein Ding der Unmöglichkeit. Weil aber dieses Mal Šešelj betroffen war, wurde um die Sache nicht viel Aufhebens gemacht. Es war besser, mit den Sozialisten die Macht zu teilen als mit den Radikalen.

Nachdem er seinen Amtseid abgelegt hat, begleiten die Fernsehkameras Milutinović in sein Präsidentenarbeitszimmer. Er sortiert ordentlich die herumliegenden Zeitungen und setzt sich in den Sessel, den sein Vorgänger sieben Jahre lang gedrückt hat. Das Arbeitszimmer hat sein früheres Aussehen bewahrt; einzig und allein das Foto der Marković fehlt.

Die vereinte Koalition "Zajedno" war imstande, Miloševićs Regime zu bedrohen; die Radikalen und die Serbische Erneuerungsbewegung waren in der Lage, mit der Mehrheit ihrer Abgeordneten die Macht zu übernehmen. Aber das waren alles nur reine Zahlen. Seit 1992 besaßen die Sozialisten im serbischen Parlament nicht mehr die Mehrheit, regierten aber souverän. Stets hatte ihnen jemand aus der sogenannten Opposition einen Rettungsgürtel zugeworfen. Wem war diese Rolle für das Jahr 1998 zugedacht?

Alle waren davon überzeugt, dass als nächstes eine Koalition der Linksparteien mit der Serbischen Erneuerungsbewegung an der Reihe war. Milošević würde es nicht wagen, ein Bündnis mit dem belasteten Šešelj einzugehen, denn das würde Serbien in den Augen der internationalen Öffentlichkeit in einen wirklichen Abgrund führen. Vuk Drašković hatte seine gute Position bei der Wählerschaft verloren, aber der Duft der Macht, den er bei der Eroberung Belgrads und neuer Privilegien geschnuppert hatte, trieb ihn mit seiner Partei in die Arme der Sozialisten. Alle Vorteile sind auf seiner Seite, denkt er, und dass der Tag gekommen ist, seine Forderungen auf den Tisch zu legen. Er verlangt die Hälfte der Ministersessel, er fordert eine Erklärung zur Aussöhnung von Tschetniks und Partisanen, und er besteht auf der Neugestaltung der nationalen Feiertage und der Staatssymbole. Er beansprucht auch die Chefredakteursposten in den zwei einflussreichsten Medien Serbiens – dem Fernsehen und der "Politika".

Die Sozialisten sind überaus entgegenkommend, so sieht es jedenfalls in den Augen der Öffentlichkeit aus, und Drašković glaubt, dass ihm alles in die Hände fallen wird, wie eine reife Birne. Seinen Wählern kündigt er ein "historisches Abkommen" an, "in dem die Sozialisten die linke Hand Serbiens und die Serbische Erneuerungsbewegung seine rechte Hand bilden werden".

Es vergehen Tage, Wochen, Monate; das Mandat der Regierung Marjanović ist seit sieben Monaten abgelaufen. Milošević zeigt keine Eile, gibt keinerlei Erklärungen in der Öffentlichkeit ab, er konzentriert die Hoffnungen Draškovićs auf sich, lässt sie abflauen und heizt sie wieder an.

Es ist der 23. März 1998, am Tag vor der Parlamentssitzung, in der die neue serbische Regierung gewählt werden soll. Noch gibt es keine Informationen über den zukünftigen Koalitionspartner der Sozialisten, aber allerseits wird erwartet, dass es die Serbische Erneuerungsbewegung sein wird. Auch Drašković ist davon überzeugt. Er kommt früher als gewöhnlich in die Arbeitsräume seiner Partei und wartet auf einen Anruf Milutinovićs und Marjanovićs. Er wartet, doch der Anruf kommt nicht. In der gleichen Lage befindet sich auch der Vorsitzende der Neuen Demokratie, Dušan Mihajlović, seit mehreren Jahren Bündnispartner der Sozialisten. Zur selben Zeit schließen in der Nemanjina-Straße Vojislav Šešelj, Mirko Marjanović, Milomir Minić und Gorica Gajević ein Abkommen ab. Während Drašković nichtsahnend spät abends nach Hause fährt, feiert Vojislav Šešelj mit seinen Mitarbeitern in der Lieblingskneipe der Radikalen in Zemun seinen Einzug in die Regierung und die entwürdigende Niederlage seines Gevatters Vuk Drašković.

Epilog:

Die Radikalen errangen dreizehn Ministersessel; Šešelj und Tomislav Nikolić wurden zu Vizepräsidenten der Regie- rung gewählt; Dušan Mihajlovićs "Neue Demokratie" wurde aus dem Spiel geworfen, sie hatte durch einen Boykott der Radikalen die Koalition ermöglicht, was die Sozialisten freudig zur Kenntnis nahmen, um damit einen Mitspieler loszuwerden, der sowohl mit dem Regime als auch mit Drašković hatte gute Beziehungen pflegen wollen.

Vorsätzlicher Mord

Von unaufgeklärten Attentaten, der Angst des Ehepaars Milošević vor Verschwörungen, von Mitevićs und Karićs Schicksal, Mirjana Markovićs Erinnerung an den Genossen, der ihr prophezeite: "Du wirst enden wie Allende!" und die politische Verurteilung des Buches "Er, Sie und wir".

Hatte das Ehepaar Milošević Angst vor Verschwörungen? Die Serben beherrschen die Kunst des Leidens und der Rache. Das Leiden dauert lange, und die Racheakte sind oft grausam. Karađorđe wurde von seinem eigenen Trauzeugen umgebracht; Mihailo Obrenović wurde bei einem Spaziergang auf dem Košutnjak ermordet; Milan Obrenović, der vor der Rache geflohen war, starb im Exil; der Herrschaft von Aleksandar Obrenović und seiner Gattin Draga Mašin setzten die Bajonette eines Militärputsches ein Ende. Aleksandar Karađorđević wurde in Marseille ermordet.

Ausgerechnet in dem Jahr, als die Serben ihre größte Niederlage, die Isolation und die Massenflucht aus Kroatien erlebt hatten, strahlte das staatliche Fernsehen eine Serie über die Tragödie des serbischen Königs Aleksandar und seiner Ehefrau Draga Mašin aus. Der König wurde als wirrer Schwächling dargestellt, der Thronfolge nicht gewachsen, bis über beide Ohren verliebt in seine Frau, eine ehemalige Hofdame und Witwe mit zweifelhafter Vergangenheit, die ihren zehn Jahre jüngeren Mann behext hatte und ihn nun dem Spott der Untertanen aussetzte. Alles hatte Aleksandar geopfert, um diese Ehe zu schließen und aufrechtzuerhalten: er hatte sich mit seinem Vater, seiner Mutter, dem Militär und dem Volk entzweit und erlebte ein blutiges Ende. Erboste Offiziere töteten das Königspaar grausam: den König mit dreißig, die Königin mit achtzehn Kugeln, und warfen sie dann nackt, wie Säcke, in den Hof des Palastes. Auch zwei Brüder der Draga Mašin, Nikola und Nikodije, ermordeten sie.

Der spannende Inhalt dieser romanartig aufgezogenen Biographie fesselte die Zuschauer, und im Lebensweg des letzten Obrenović und seiner Gattin wollten radikale Regimegegner das Schicksal des Ehepaars Milošević erkennen. Mira Marković gefiel die Serie nicht. Sie sah darin eine Unterstellung von unbekannter Seite sowie eine hämische Warnung. Auch an den Motiven des Autors zweifelte sie: "Ich weiß nicht, mit welcher Absicht diese Serie produziert wurde", schrieb sie in der "Duga".

Wie sah die Marković den unglücklichen Aleksandar und seine Gattin Draga? "Sie sind sympathisch, weil sie schön und jung sind, weil sie ordentlich und rein sind, weil sie sich lieben, weil zu ihnen vielleicht eine andere Rolle im Leben besser gepasst hätte als die Rolle eines Königspaars auf dem Balkan am Ende des 19. Jahrhunderts, und weil sie von agressivem Hass verfolgt Opfer eines Verbrechens von Verschwörern geworden sind, von denen die meisten älter und hässlicher sind als sie." Als setze sie sich mit boshaften, allgegenwärtigen Gegnern auseinander, als denke sie an sich und Milošević, denn auch sie beide waren "jung, schön, ordentlich, rein, einsam und von der Liebe ergriffen gewesen," sprach sie mit Wohlwollen von Aleksandar und Draga Mašin, über deren schweres Leben, das ein wahrer Albtraum gewesen sein muss für diese Einsamen, die von gewinnsüchtigen Menschen und Rachegedanken umgeben waren: "Die so hassten, waren überzeugt, mit der Vernichtung des jungen Königs und seiner Frau als Ursache allen Übels die Probleme Serbiens lösen zu können. Die Fixierung auf den jungen König und seine Frau als Grund allen Übels nahm zwangsläufig und schnell perverse, pathologische Züge an."

Verrat, politische und eheliche Treue und Untreue sind das Lieblingsthema von Professorin Marković, als wollte sie ihren Gatten daran erinnern, in welcher Welt er lebte. Indem sie über die Liebe einer Kommunistin zu einem Nationalisten, einem damaligen Helden, schrieb, wobei man sagt, sie habe dabei an Snežana Aleksić und Milan Martić gedacht, offenbarte sie die Ängste der Machthaber, denen sie, sofern sie ihre Macht erhalten wollten, davon abriet, sich zu sehr auf ihre Verehrer zu verlassen. Wem sollte man glauben, auf wen sollte man sich verlassen? Die Antwort der Marković: "Die Verehrer lassen ihren Helden als erste im Stich, danach gehen auch alle anderen: jene, die ihn aufgebaut, unterstützt, nationale und politische Überzeugungen mit ihm geteilt haben. Auch jene, die ihn moralisch und menschlich nicht hätten im Stich lassen dürfen. Sozusagen alle. Alle außer ihr."

In der Zeit der zehnjährigen Herrschaft Miloševićs gab es keine organisierten Verschwörungen, nicht einmal Anzeichen dafür. Aber das, was nach einer Konspiration aussehen könnte, hat einen ungeklärten Hintergrund. Bei der Heimfahrt von einem Neujahrsempfang in einer Villa bei Sremska Mitrovica am 2. Januar 1988 explodierten die neuen Reifen des Audi, in dem das Ehepaar Milošević saß. Wochenlang untersuchten eine Staats- und eine Partei-Kommission parallel diesen Fall und verdächtigten ohne Angabe von Gründen "bezwungene Kräfte" des 8. ZK-Plenums. Der Fall wurde ungelöst ad acta gelegt. Auch der Umzug der Präsidentenfamilie innerhalb Belgrads von Vračar nach Dedinje wurde mit Sicherheitsgründen erklärt. Zu dieser Zeit hatte eine Gruppe albanischer Separatisten mit Sitz in Zürich eine Million Schweizer Franken für Miloševićs Kopf ausgeschrieben.

Mehr als um seine eigene Sicherheit kümmerte sich Milošević um die Polizei als Hüterin der öffentlichen Ordnung. Sie war die Stütze des Regimes, eine mächtige Parallele zur Armee und besser organisiert als viele anderen staatlichen Dienste. Wie der ehemalige Sicherheitsinspektor Božo Spasić behauptet, kann man in Serbien hundertfünfzigtausend Menschen abhören. Die Opposition geht von der doppelten Anzahl aus: auf jeden Fall ist alles unter totaler Kontrolle.

Die wichtigsten Stützen Miloševićs im Nachrichtendienst waren Zoran Sokolović, Jovica Stanišić, Radovan Stojičić Badža, Mihalj Kertes, Nikola Šainović und später Vlajko Stoiljković. Es fällt auf, dass auch der erste Mann der Staatssicherheit und langjährige ständige Begleiter des serbischen Präsidenten, Senta Milenković, als Gegenleistung für seine Treue zum Generalmajor befördert wurde. Aber seine Rolle beschränkte sich meist auf das Zeremonielle, und so wurde er in der Öffentlichkeit als Sicherheitschef dargestellt, der seinen Präsidenten vor Regen schützt. Während Milošević an einem Regentag auf einem Meeting in Feketić redete, hielt Senta die ganze Zeit über würdevoll einen Regenschirm über seinen Kopf.

Eine mysteriöse Persönlichkeit war der 1948 geborene Nikola Šainović, ein Mann hinter den Kulissen, unsichtbar, aber allgegenwärtig als staatlich-politischer Emissär in Angelegenheiten, die Geheimhaltung und politische Vollmachten erforderten. Wo immer sich ein Brennpunkt auftat, war er zur Stelle, in der Krajina, in Pale, in Banja Luka, oder an Orten, wo Konflikte unter den Sozialisten ausbrachen. Über ihn wusste man so gut wie nichts. Als er ein Porträt von Šainovićs Persönlichkeit zeichnete, meinte der Dichter Petar Pajić, man könne über ihn mit Sicherheit nur sagen, dass er "als Kind seiner Eltern und als Enkel seines Großvaters geboren" sei.

Serbien glich in den neunziger Jahren einer mafiosen Gesellschaft, in der es ein Machtgeflecht aus Politik, Polizei und Regierungsinstitutionen gab. Die politische Übergangszeit begünstigte die schnelle Bereicherung und erleichterte den Diebstahl am gesellschaftlichen Eigentum, "und wenn schon einer stiehlt, dann besser die unsrigen als die anderen." An der Grenze wurden armselige Wiederverkäufer, denen es beim Handel im Kleinen ums reine Überleben ging, bis auf die nackte Haut gefilzt, während zur gleichen Zeit, mit den Namenszügen einflussreicher Ministerien oder führender Zollbeamter versehen, ungehindert ganze Bestände gängiger Waren den Zoll passierten, deren Besitzer Millionenprofite einsteckten.

20. Februar 1997

Vor dem Belgrader Save-Center wurde Vladan Kovačević, genannt Treff, 39, ermordet. Ein weiterer Mord am helllichten Tage in einer Reihe unaufgeklärter Morde, das Opfer ein Geschäftsmann und ehemaliger Rennfahrer, der sich durch einträgliche Geschäfte großen Reichtum erworben hatte.

Dieses Mal handelte es sich nicht um eine Auseinander- setzung konkurrierender Mafia-Banden, an die sich die Öffentlichkeit schon gewöhnt hatte. Vlada Treff war ein enger Freund und Geschäftspartner des Präsidentensohns Marko Milošević. Ihre Freundschaft hatte auf der Motorrennbahn begonnen und entwickelte sich später zu einer einträglichen Zusammenarbeit im Handel mit verteilten Rollen. Treff besaß eine legale Firma und stand im Ruf eines Gewalttäters, mit dem man sich gut stellen musste. Seine Ehefrau Bojana war die Leitzentrale des Geschäfts, und Marko diente dank seines Ansehens als Spross der Präsidentenfamilie als Leim für die Sponsoren, wie man starke Beziehungen zur Macht auch nannte.

Die wichtigste Beziehung dieses geschäftlichen Tandems stellte Zollchef Mihalj Kertes Braca dar, der, Jahrgang 1947, im Kreise der Miloševićs großes Vertrauen genoss. Kertes war einer der führenden Persönlichkeiten der populistischen "Joghurt-Revolution" in der Vojvodina, ein Sozialarbeiter, "ehrlicher Ungar", wie ihn die serbischen Nationalisten nannten, Organisator paramilitärischer Formationen, ein Schwarzhändler und ein Verfolger anderer, unerwünschter Schwarzhändler, ein wichtiger Mittler im illegalen Handel während der Wirtschaftssanktionen und authentischer Vertreter der staatlichen Mafia. Ausgestattet mit der Mentalität eines Straßenräubers, aber nicht geistlos, erlaubte sich Kertes alles, er beherrsche die ganze Skala, konnte sowohl den Naiven, Dummen spielen als auch gewalttätig werden und machte vor keiner öffentlichen Funktion Halt. Oft betonte er seine ungarische Herkunft, ohne dass man ihn je hätte ungarisch sprechen hören. Er war ein größerer Serbe als jeder Serbe. Seine Rede war: "Wenn Milošević entmachtet wird, gehe ich in den Wald zu den Haiducken. Solange ich einen Tropfen ungarischen Blutes in mir habe, bin ich für ihn, den Serben, denn das, was er tut, ist gut für ihn, und, bei Gott, auch gut für mich." Er agierte außerhalb der Gesetze und war ein Beispiel unverhüllter, persönlicher Macht. In Novi Pazar war zu hören, bei einer Wahl zwischen Kertes und der Pest werde man sich lieber für die Pest entscheiden. Man verglich ihn mit dem ehemaligen Haiducken Čaruga, und er selbst bekannte, er werde "von diesem Sessel aus ins Gefängnis oder ins Irrenhaus gehen". Milošević ließ ihn mehrmals seiner Posten entheben, vertraute ihm dann aber immer wieder neue Funktionen an. Immer blieb er für ihn sein lieber, treuer "Braca".

Eine Goldgrube für die Busenfreunde Treff und Marko Milošević waren die Duty-Free-Läden an den Grenzübergängen, der Import von Zigaretten und der Großhandel mit Luxuswaren. Treff besaß die Papiere für das Unternehmen, und der Präsidentensohn hielt ihm den Rücken frei. So entwickelte sich die Zusammenarbeit, und die Geschäfte florierten. Was man mit privilegierten Einfuhrgenehmigungen und mit dem Wohlwollen des Zolls erzielen konnte, war ein ganzes Vermögen wert. Der monatliche Umsatz in den Duty-Free-Geschäften bewegte sich zwischen sechs und neun Millionen Deutschmark.

Sohn Marko war das geschäftstüchtigste Mitglied der Milošević-Familie, und Mutter Mirjana förderte und deckte sein kaufmännisches Geschick. Sogar im Kreise ihrer Freunde lobte sie sein Geschäftstalent.

Der Mord an Treff beunruhigte das Ehepaar Milošević. Einen Tag nach der Beerdigung reiste Marko nach Griechenland, damit sich die frischen Erinnerungen etwas beruhigen konnten, die Milošević-Tochter Marija siedelte aus dem Belgrader Stadtzentrum in die Tolstoj-Straße 33 über, und Treffs Firma wurde von seiner Witwe Bojana übernommen, die weiterhin mit Marko Milošević zusammenarbeitete. Zwei Jahre darauf raubte Treffs minderjähriger

Sohn aus erster Ehe zusammen mit zwei Ganoven die Firma seines Vaters im Save-Center aus und ließ aus dem Safe sieben Millionen Deutschmark mitgehen. Die Banditen ermordeten den Wächter und die Kassiererin.

11. April 1997

Eine halbe Stunde nach Mitternacht sitzen im Séparée des Belgrader Lokals "Mama Mia" der stellvertretende serbische Polizeiminister Radovan Stojičić Badža, 46, sein Sohn Vojislav, 19, und der Zollbeamte Miloš Kurdulija. Das "Mama Mia" ist ein beliebter Treffpunkt der Polizisten. Hier verkehrt auch Badža, der wie gewöhnlich ganz locker, ohne Sicherheitsvorkehrungen, auf einen Anruf seines Sohnes hin gekommen ist. Er wähnt sich völlig sicher und richtet seine Aufmerksamkeit nicht auf Kleinigkeiten, wie das Leute in Risikoberufen üblicherweise tun: er setzt sich mit dem Rücken zur Eingangstür.

Da tritt mit dynamischem Schritt ein stämmiger Mann in das Restaurant, gekleidet in eine dunkelblaue Jacke, Jeans und mit einer dunklen Kapuze. "Hinlegen, alle auf den Boden!" ruft er mit einer "Heckler" in der Hand. Und während die Gäste, darunter auch die Polizisten, gehorsam den Befehl ausführen, ist der Attentäter mit einigen Sätzen am Ziel, hält die "Heckler" Badžas Sohn an die Schläfe und tötet sofort darauf aus einer schallgedämpften Maschinenpistole mit sieben Schüssen Radovan Stojičić, der kaum dazu gekommen ist, zum Zeichen des Ergebens seine Hände zu heben. Blutüberströmt sinkt der stellvertretende Minister auf den Tisch, sein Sohn und der Beamte vom Zoll flüchten in Panik in die Küche. Der verängstigte Zollbeamte ruft hilfesuchend nach dem Kellner und kann dabei kaum das Wort Kognak aussprechen: "Geben Sie mir ei-nen Kog-nak!"

Radovan Stojičić, der Sohn eines armen Bergmannes aus Sokobanja, hatte zu denjenigen Polizisten gehört, die eine Blitzkarriere machten. Ein geschickter Revolverheld, Judoka und

Träger des schwarzen Gürtels hatte er als Streifenpolizist auf dem Belgrader Tašmajdan begonnen, wo er wegen seiner Neigung zu Prügeleien den Spitznamen Badža, zu deutsch Schläger, bekommen hatte, um bald darauf mit der Gründung einer Antiterror-Einheit betraut zu werden. Er führte die Spezialeinheiten beim Streik der albanischen Bergleute in Stari Trg und kommandierte die "Roten Barette" auf den Kriegsschauplätzen bei Vukovar, worauf er zum Ressortchef für öffentliche Sicherheit, stellvertretenden Polizeiminister Serbiens und ersten Generalleutnant der Miliz befördert wurde. Ausgerechnet dann, auf dem Höhepunkt seines erfolgreichen Lebens, erschien ein Lumpenkerl, ein Abenteurer, wahrscheinlich ein Söldner, spazierte kaltblütig in das Restaurant hinein, erledigte seine Arbeit und ging in aller Ruhe seiner Wege. Ende.

Diese Nachricht, die unmittelbar nach dem Mord bei ihm eintraf, ließ den serbischen Präsidenten erschauern: in dieser Nacht schlief er nicht. Badža war einer seiner zuverlässigen Häuptlinge gewesen, einer der wenigen, denen er glauben konnte, ein Mann, der sich auch um seine Sicherheit gekümmert hatte. Wenn trotz ihrer ungeheuren Kraft als Stütze des Regimes diese Kraft nicht fähig ist, sich selbst und ihren Chef zu schützen, wer in Serbien kann dann seines Lebens sicher sein? Bleich und bedrückt folgte Präsident Milošević zusammen mit seinen Kindern Marija und Marko dem Trauerzug. Nach dem Mord an Treff war es das erste Mal, dass Marko öffentlich in Erscheinung trat.

Wer hatte Radovan Stojičić getötet? Aus Mangel an Beweisen blieb den Journalisten nichts anderes übrig, als sich an Vermutungen zu halten: dass Badža bei der Polizei zwar Anhänger, aber auch mächtige Gegner gehabt habe, dass er vieles wusste, insbesondere über den Krieg in Kroatien und Bosnien, dass er Verbrecher gejagt habe, aber auch selbst an illegalen Geschäften beteiligt gewesen sei. Alles ist möglich in einem Land, in dem es keine Grenze zwischen Verbrechen und Politik, zwischen Kriminellen und ihren Verfolgern gibt, wo das Verbrechen sich anschickt, auch seine Kinder aufzufressen.

Panik ergriff die Mächtigen und die neugebackenen Reichen; viele spürten den Tod vor ihrer Haustür und forderten Leibwächter zu ihrem Schutz. Begleiter beaufsichtigten den Eingang und die Umgebung des Hauses von Mihalj Kertes, und der Direktor der "Politika" Hadži Dragan Antić, von dessen Seite die bewaffnete Begleitung nicht wich, war so von der Idee einer Verschwörung besessen, dass einer seiner Mitarbeiter, ansonsten Hobbykoch, in der Küche des Restaurants "Šumatovac" die Zubereitung eines Fischgerichts überwachen musste, damit es nicht durch einen Zufall vergiftet würde.

Professorin Marković glaubte der Polizei nicht und hatte Angst um sich und ihre Familie. In ihren Tagebuchaufzeichnungen erinnerte sie sich an einen Genossen, der ihr seinerzeit prophezeit hatte: "Du wirst enden wie Allende...". Und konfrontiert mit der neuen Wirklichkeit schrieb sie über die "bärtige, zottige, halbverrückte Vogelscheuche", damit meinte sie Vuk Drašković, die "mitten in der Hauptstadt herumbrüllt" und dazu aufruft, die Führung der Linkspartei zu verhaften. "Warum muss alle fünfzig Jahre jemand aus meiner Familie verhaftet und dann auch noch erschossen werden?" fragte die Marković, indem sie sich an die Tragödie ihrer Mutter erinnerte, und schloss daraus, man könne dem "anscheinend nicht entrinnen". Im gleichen Jahr, 1997, äußerte sie: "Dasselbe Ungetüm will mein Leben: ist das das Ende, und werden meine Kinder von dem Ungetüm verschont bleiben?" Und auf alle Fragen, mit denen sie konfrontiert wurde, antwortete sie: "Ich bleibe bei meiner Wahl."

Wohin führt diese Wahl Serbien und das Ehepaar Milošević? Ist der Mord an General Badža ein Hinweis auf neues Blutvergießen, den einzigen Weg, eine Gewalt-Herrschaft zu beenden? In Serbien gibt es keine organisierte Gruppe, die es wagen würde, sich auf das Abenteuer eines Putsches und eines gewaltsamen Umsturzes einzulassen. Aber die Geister verstorbener und unglücklicher Menschen lechzen nach Rache, verlangen eine Begleichung der Schulden, und in diesem Fall sind weder Polizei,

Armee noch Fernsehen von irgendeiner Bedeutung.

Professor Kosta Čavoški, ein stiller Mann, seinen eigenen Überzeugungen ergeben, aber unangenehm in seiner Offenheit, sollte mit deutlichen Anspielungen vor Studenten aus Novi Sad einen Gedanken aussprechen, der wie ein Schatten alle Herrscher beharrlich begleitet: "Xenophon hat gesagt, dass ein Tyrann nicht die Macht verlieren und am Leben bleiben kann. Das Volk sagt, um eine Schlange zu töten, fasst man sie nicht am Schwanz, sondern schlägt sie auf den Kopf. Um dies zu tun, ist nur ein Mann, ein scharfes Auge und eine ruhige Hand vonnöten..."

Nach der Beerdigung von General Badža waren in der Nähe seines Grabmals tagelang Polizeiwagen im Einsatz. Sein Leben hatten sie nicht zu schützen vermocht, nun schützten sie den Toten. Als Reaktion auf die unaufgeklärten Morde tauchte mitten in der Stadt ein Graffito auf: "Ich weiß nicht, was ihr getan habt, aber ich weiß, ihr habt es verdient!"

Immer weniger Vertraute waren dem Ehepaar Milošević geblieben: es gingen auch einige, die ihnen sehr nahe standen, wie Dušan Mitević und Bogoljub Karić. Der eine war ein Meister des politischen Drahtziehens, der andere Serbiens reichster Privatmann. Diese beiden hatten keinen Platz in der Hierarchie der Macht, obwohl beide, jeder auf seine Art, unersetzlich waren, der eine durch Ratschläge und politische Beziehungen, der andere durch Reichtum und einträgliche Geschäfte, stand er doch im Ruf eines Mannes, der "ein Geschäft abschließen" kann.

Aufgrund ihrer unglaublichen Karriere sind die Gebrüder Karić so etwas wie Serbien im Kleinen. Es gibt wenig Menschen auf der Welt, die in so kurzer Zeit aus dem Nichts ein Vermögen geschaffen haben wie Bogoljub Karić, Jahrgang 1954, und seine drei Brüder Sreten, Zoran und Dragan. Sie wuchsen in völliger Armut auf. Die Eltern waren kaum in der Lage, ihre fünf Kinder, vier Söhne und eine Tochter, zu ernähren. Zum Frühstück gab es billigstes Scherbett und Brot, weder vom einen noch vom anderen genug.

Um sich den Unterhalt zu sichern, verkauften die Brüder Kracherl und musizierten auf Hochzeiten und in Kneipen. Und dann bauten sie Schritt für Schritt ein Geschäft auf. Der jüngste der vier, der sechzehnjährige Bogoljub, übernahm im heimatlichen Peć die Rolle des Managers. Er hatte die Idee, dass die Brüder eine "Gesellschaft" bilden sollten, wie sie ihre Werkstatt zuhause nannten, in der sie Hacken, Spaten und Pflüge fabrizierten. Mit Sinn fürs Geschäft und Mechaniker von Beruf, Bogoljub reparierte nämlich Schreibmaschinen, setzte er sich zum "Präsidenten der Gesellschaft" ein. Nach diesem geglückten Start stiegen die Gebrüder Karić bis zur politischen Spitze des Kosovo auf, die es ihnen ermöglichte, Stein um Stein ihren Wohlstand zu mehren.

Die Freundschaft des Geschäftsmannes Karić mit der Familie Milošević basierte auf einer solide Grundlage, ineinander verflochtenen Interessen. Mit Karićs Goldener Kreditkarte wurden viele Gefälligkeiten beglichen, wie zum Beispiel Sommerurlaube auf Kreta und Mira Markovićs Auslandsflüge. Er unterstützte auch ihre Kinder: für Marija richtete er eine Wohnung im Stadtteil Dorćol ein und spendierte die technische Ausrüstung für den Fernsehsender "Košava", der sich im Besitz der Milošević-Tochter befindet. Und Sohn Marko, der die Schule verachtete, kam an Karićs Universität zu einem Diplom.
Bogoljub stand der Marković von den Karićs am nächsten. Er sponserte die Übersetzung ihrer Bücher und ihre Reisen, und ihm verdankt sie ihren Titel als russisches Akademiemitglied.
Natürlich wäscht eine Hand die andere, und der gute Kontakt zur Macht zahlte sich für die Karićs aus. Kleine Geschäfte kann man selbständig abwickeln, aber für das große Business kommt man auch in wohlhabenden Ländern nicht ohne staatliche Unterstützung aus, insbesondere in einem Staat wie Serbien, wo ein Mann alle Fäden in seinen Händen hält.
Milošević passte die Freundschaft mit Karić solange, bis dieser an ein Tabu rührte. Dies geschah im Winter 1997 zur Zeit des

allgemeinen Volksaufstands, als viele dachten, das Ende des sozialistischen Regimes sei gekommen, und Bogoljub glaubte, nun sei die Gelegenheit für seine politische Karriere gekommen. Er traf sich öfters mit Šešelj und Drašković, auf deren Unterstützung er zählte, nahm Kontakt zu Leuten in der Vojvodina und zu Studenten auf, sammelte Stimmen und arbeitete eng mit Milan Panić und Mitević zusammen.

Bogoljub Karić ist ein herzlicher, einfacher Mann und, was seine Angelegenheiten angeht, erstaunlich offen. Nach der Devise: "Geb' ich viel Geld, bekomm' ich viel Musik" ist bei ihm alles möglich. So verhielt er sich auch gegenüber Milošević, dem er seine Absichten nicht verheimlichte.

Die folgende Szene spielte sich in der Residenz des Präsidenten ab, wo Karić, harmlos bis zur Naivität, seine Karten auf den Tisch legte. Da ausführlich über die Unfähigkeit der serbischen Regierung und die Absetzung von Premier Mirko Marjanović geredet wurde, empfahl sich Karić als Ersatz, um später für das Amt des Präsidenten der Republik zu kandidieren, zumal Milošević nach der Verfassung nicht mehr das Recht dazu habe, eine dritte Amtszeit anzutreten.

Mit Milošević lässt sich gut reden, unter der Voraussetzung, dass man seine Position als Herrscher nicht in Frage stellt. Aber Karić hatte einen zweifachen Fehler gemacht. Der erste war, dass er deutlich sein Interesse an der Macht gezeigt hatte, und der zweite, dass er es gewagt hatte zu bestimmen, ob Milošević das Recht habe, ein drittes Mal zu kandidieren. So etwas geht dem serbischen Präsidenten zu weit. Er allein ist es, der belohnt und bestraft, und nur, wer dieses Verhältnis akzeptiert, genießt sein Vertrauen.

In solchen Situationen reagiert Milošević manchmal nervös und grob, doch häufiger genießt er sie als verfeinerte Art der Unterhaltung. Karić gegenüber verhielt er sich wohlwollend: "Weißt du, Bogi, lass uns doch so verbleiben: Mara (Karićs Ehefrau) ist ja nicht in Belgrad, da komm doch dieser Tage zu uns zum Mittagessen, dann unterhalten wir uns". Bogoljub verabschiedete sich zufrieden und wartete. Es vergingen ein, zwei, fünf, zehn Tage, Milošević meldete sich nicht. Das war das Ende ihrer Freundschaft, und die Marković hielt zu ihrem Gatten, ohne Karićs enormen Dienstleistungen eine Träne nachzuweinen, den hohen Titeln, dem Sponsoring für Druckkosten, den gemeinsamen Reisen und Sommerferien auf seine Goldene Karte.

Öffentlich ließ das Ehepaar Milošević nichts verlauten: das war nicht nötig. Auf einen Wink hin setzten "Ekspres" und "Politika" eine brutale Hetzkampagne in Gang, in der die Gebrüder Karić all dessen beschuldigt wurden, was bis gestern noch als unternehmerischer Geschäftsgeist "vorbildlicher serbischer Geschäftsleute" gepriesen worden war. Dann stürzte sich das Regime auch auf Karićs Fernsehsender und verhinderte die Ausstrahlung des Programms. Sogar Karićs Nachbarschaft duldeten die Miloševićs nicht mehr, indem sie sein Eigentum an der Villa in der Tolstoj-Straße in Frage stellten, die er auf Zureden von Slobodan gekauft hatte.

Bogoljub Karić begriff erst sehr spät, dass die Mauer vor ihm zu hoch war, um über sie hinwegspringen zu können. Ausgetrickst, erniedrigt und verängstigt verzichtete er auf seine Kandidatur. Vor die Wahl gestellt zwischen seinem gefährdeten Geschäft und einer ungewissen politischen Zukunft, beschloss er, das zu bewahren, was er bereits erworben hatte.

Epilog:

Es war traurig anzusehen, auf welche Erniedrigungen sich dieser ungeheuer reiche Mann einließ, um das Vertrauen des Ehepaars Milošević zurückzugewinnen. Sein Fernsehsender wurde zum Propaganda-Arm des Regimes. Und er selbst, der sozusagen Serbiens Wirtschaft in die Tasche hätte stecken können, ließ sich darauf ein, ein anonymer Minister in der serbischen Regierung zu werden. Anlässlich des ersten Kongresses der JUL im Juli 1998 schrieb er in einem Glückwunschtelegramm an Mira Marković, "der Politik und den Prinzipien, für die Du Dich persönlich und die JUL sich als Ganzes einsetzt, gehört die Zukunft".

Das Ehepaar Milošević vergab ihm seine Sünden, und Karić nahm dies mit der Dankbarkeit eines Kaufmanns auf, für den das geschäftliche Interesse das wichtigste ist. Die Brüder hatten manches durchzustehen, sie nahmen es aber hin, um den Fortschritt ihrer Geschäfte nicht zu gefährden. Sie kapitulierten nicht. Und sie hatten Erfolg, mal mehr mal weniger, aber Erfolg: ihr ökonomisches Reich hatte Bestand, und das war die Hauptsache. Ihre Devise lautete: Die Regime vergehen, die Karićs aber bleiben. Im übrigen war doch alles nur Business! Nach der Bombardierung Serbiens kehrte Bogoljub Karić Milošević erneut den Rücken und trat "aus gesundheitlichen Gründen" von seinem Amt in der serbischen Regierung zurück.

Der Fall von Dušan Mitević lag etwas anders. 1938 in Plevlje geboren und im Kosovo aufgewachsen, war Mitević einer der ersten jungen Kommunisten, die zu hohen Würden kamen, ohne am Krieg teilgenommen zu haben. Als er Anfang der sechziger Jahre Vorsitzender der Kommunistischen Jugend Serbiens wurde, sahen viele in ihm den zukünftigen serbischen Führungspolitiker. Aber er machte oft Winkelzüge, die schwer nachvollziehbar waren. Auf dem Höhepunkt seines Ansehens in der Partei packte er unerwartet seine Siebensachen, klopfte beim Fernsehen an und begann dort ganz von vorn.

Der Journalismus wurde sein Beruf, aber er blieb von der Politik gefangen und unheilbar abhängig, wie nur die Politik Menschen zu fesseln vermag. Er betrieb sie oft irrational, provokativ und reizte damit seine Umwelt. Unternehmungslustig, neugierig, mit großer Erfahrung und bestimmten, selbstmörderischen politischen Eigenschaften stürzte sich dieser ansonsten fähige Mann in Konflikte, scheiterte und richtete sich wieder auf, erlitt und verteilte Schläge, gab aber niemals auf. Viele sahen in ihm ein nützliches Instrument in ihren Händen, aber es gelang ihm oft, seinen Willen zu ihrem Willen zu machen, dem er dann auch "treu diente".

Obwohl Mitević zum engsten Kreis der Organisatoren des 8.

ZK-Plenums gehörte, verzichtete Milošević 1991 auf seine Dienste und rettete dadurch seine Macht. Danach trafen sich die beiden fast ein Jahr lang nicht, und die erneute Annäherung kam durch die Vermittlung von Mira Marković zustande, der Mitević viel stärker verbunden war. Milošević hatte ihn gern neben sich und beriet sich gern mit ihm, glaubte ihm aber nie vorbehaltlos.

Für die Unzufriedenheit der Opposition zahlte Mitević Anfang der neunziger Jahre: er musste seinen Posten als Direktor des Staatlichen Fernsehens räumen. Ein Jahr später jammerten sowohl Opposition als auch Fernsehjournalisten: "Gebt uns Mitević zurück!" Als schon alle dachten, der alte Fuchs habe ausgedient, feierte er noch einmal Auferstehung, dieses Mal in der Rolle eines unersetzlichen Partners, als Selbständiger und in einem Beruf außerhalb der Politik, als Belgrader Repräsentant der Firma Panić, ausgestattet mit großen Vollmachten. Dank seiner Vermittlung lernten sich Milošević und Panić kennen, er war Zeuge ihrer Übereinkünfte und Konflikte und pflegte zu beiden ein enges Verhältnis.

Mitević zeigt durch sein Beispiel, wie leicht Politiker straucheln können, aber er bewies ebenso, dass sie sich durch Geschicklichkeit erfolgreich auf den Beinen halten können. Er wurde zum Bindeglied zwischen verschiedenen Interessensgruppen, zum politischen Lobbyisten mit Beziehungen nach allen Seiten, jemand, der seine "Arbeit erledigen" kann. An ihn wandte sich Verteidigungsminister Pavle Bulatović mit der Bitte um Vermittlung, als es darum ging, seinen nahen Verwandten Darko Ašanin aus einem griechischen Gefängnis freizubekommen. Belgien hatte dessen Auslieferung gefordert, weil er des Mordes an dem Albaner Enver Hardi angeklagt war. Auch diese Aufgabe erledigte Mitević erfolgreich. Ašanin kehrte nach Belgrad zurück und setzte dort seine Karriere als Geschäftsmann fort. Er wurde 1998 durch Schüsse aus einer Kalaschnikoff ermordet, als er mit einem Leibwächter in seinem Lokal in Dedinje ein Fußballspiel anschaute. Seine Beisetzung fand zur jugoslawischen Nationalhymne "Hej Sloveni" in Anwesenheit von Funktionären der JUL statt, deren

Anhänger Ašanin gewesen war.

Mit der Zeit ließen die Beziehungen zwischen Mitević und dem Ehepaar Milošević sehr nach. Mitević sah, dass Serbien ins Verderben stürzte und distanzierte sich immer mehr von der Politik der Sozialisten und der JUL. Milošević wollte sich keineswegs mit Mitevićs enger Beziehung zu dem amerikanischen Geschäftsmann serbischer Abstammung, Milan Panić, abfinden, dessen politischer Berater er war und dessen Unternehmen er leitete. Zum Anlass für den entgültigen Bruch der beiden wurde der Fall des Autors dieser Zeilen. Damals schrieben Slobodan und Mirjana M. ihren Freund aus Studienzeiten ein für allemal ab, einen Freund, der eine Schlüsselrolle bei der Organisation des 8. ZK-Plenums und für Miloševićs politisches Weiterkommen gespielt hatte.

Mein früheres Buch "Er, Sie und wir" über das Ehepaar Milošević wurde von einem breiten Lesepublikum angenommen. Slobodan und Mirjana waren über die Details, die ich über ihre Familie und ihr politisches Engagement herausbekommen hatte, überrascht und beleidigt. Sie fragten sich, wer als Informationsquelle dieses Autors in Frage kam und schlossen, dass es nur jemand gewesen sein konnte, dem die Tür zu Miloševićs Haus offen stand und der die vergangenen Ereignisse unmittelbar mit beobachtet hatte. Der Verdacht fiel auf Dušan Mitević, der sich als alter Bekannter und Kollege mit dem Autor dieser Zeilen getroffen hatte, was der Aufmerksamkeit der Geheimpolizei und der Informanten der Eheleute Milošević keinesfalls nicht entgangen war.

Epilog:
Eine in Jahrzehnten aufgebaute Freundschaft war zerbrochen, als hätte es sie nie gegeben. Man telefonierte nicht einmal mehr miteinander. Zwei Jahre danach kam dann auch die späte Rache: die Regierung nationalisierte die Arzneimittelfabrik in Zemun, deren Direktor Mitević und deren größter Anteilseigner mit 65 Prozent des Kapitals das Unternehmen Milan Panićs war. Mitević wurde mit

Hilfe der Polizei aus seinem Büro geworfen. Er wurde als "Verräter und Diener der Neuen Weltordnung" bezeichnet.

Mitević traf ich unmittelbar nach diesem Ereignis. Er wirkte gefasst, wie ein Mann, der sich von einer schweren Last befreit hatte. Er sagte mir eher spöttisch als mit Bedauern: "Ich wurde politisch verfolgt, während fünf meiner Freunde an der Macht waren: Slobodan und Mirjana M., Dragan Tomić, Milan Milutinović und Vlajko Stoiljković. Sie sind jetzt nur noch traurige Erinnerung für mich."

Im Kreis der Vertrauten war nur ein Mann übriggeblieben, auf den sich die Marković voll und ganz verlassen konnte, Zoran Todorović Kundak. Jung, reich, und auch körperlich voller Kraft war er noch immer an der Seite seiner Freundin präsent, an der Spitze der Macht in Politik und Geschäft. Vor ihm lag die Zukunft, dachten viele, ohne zu ahnen, was die bevorstehenden Tage bringen sollten.

24. Oktober 1997

Gegen acht Uhr morgens fährt Zoran Todorović Kundak im schwarzen Mercedes am Dienstgebäude seiner Firma "Beopetrol" in Neu-Belgrad vor. Auf dem Weg trifft er seinen Bekannten Siniša Stanković, gibt ihm die Hand und wechselt ein paar Worte mit ihm. In diesem Augenblick kommt ein junger, schmächtiger Mann von mittlerer Größe, mit einer Strickmütze auf dem Kopf und in eine blaue Jacke gekleidet, wie ein zufälliger Passant lautlos auf ihn zu, holt eine Maschinenpistole mit Schalldämpfer hervor, feuert das ganze Magazin auf sein Opfer ab und verschwindet in leichtem Laufschritt und ohne Aufregung zu zeigen zwischen den umliegenden Gebäuden.

Todorović blieb unbeweglich in einer Blutlache liegen. Er war 38 Jahre alt und hinterließ zwei minderjährige Kinder. Sein unglücklicher Gesprächspartner wurde unbeabsichtigt schwer verletzt, aber überlebte.

In der serbischen Gesellschaft der neunziger Jahre brachten

allein Geschäfte in Verbindung mit der Politik persönlichen Wohlstand. Zu dieser Schicht gehörte Todorović, ein studierter Politologe und armes Kind einer Arbeiterfamilie aus Šabac, der am eigenen Leib gespürt hatte, wie bitter es ist, nichts zu haben, und der sich mit der Energie eines Bulldozers ans Leben machte. Aus dem Hörsaal gelangte er im Flug in die hohe Politik, und die Bekanntschaft, Partnerschaft und mehrjährige, enge Freundschaft mit Mira Marković brachten ihn direkt an die Spitze der Macht und des Geschäfts. Die Politik ermöglichte es ihm, ein großes Vermögen zu erwerben, und seine Finanzkraft stärkte seine Position in der Politik. Er wurde über Nacht zum Symbol des Regimes, zu einem der reichsten Männer und neben Professorin Marković zum ersten Mann in der JUL, er war Generalsekretär und Hauptorganisator der Partei, wählte die Kader aus und war, was seine Macht anbetraf, der dritte Mann in Serbien, gleich nach dem Ehepaar Milošević. Sich selbst sah er als zukünftigen leader, worüber er auch in seinem Bekanntenkreis sprach.

Wer hatte Todorović ermordet, und wem erleichterte sein Tod das Leben? Er hatte alles gewollt, sofort und in einem Atemzug. Er ging seinen Weg mit Leichtigkeit und in der Überzeugung, dass ihm alles erlaubt war, und ohne zu zeigen, dass ihm an einem guten Eindruck auf seine Umwelt gelegen war. Um sich herum verbreitete er Angst und Hass: so bekam er den Spitznamen Kundak, zu deutsch Gewehrkolben. "Wir hatten schon Angst, wenn er uns nur ansah", sagte einer seiner politischen Genossen. Ihm wird die Äußerung zugeschrieben, dass es "kein großes Ziel ohne große Opfer gibt". Und Opfer gab es neben ihm durchaus. Als die Firma, in der Todorović sein Geschäft begonnen hatte, Bankrott machte, verübten nach der offiziellen Version zwei der Direktoren Selbstmord. Danach wechselte Todorović zu einträglicheren Geschäften mit Erdöl und Immobilien, und stieg damit in die serbische Elite der Reichen auf.

Von der gesamten Partei stand Todorović der Professorin Marković am nächsten, näher als alle anderen, die sie nach

Milošević getroffen hatte. Nur ihm hatte sie das Recht eingeräumt, ihr alles zu sagen, und nur ihm gestattete sie, mehr noch als ihrem Gatten, allerhand Annehmlichkeiten und förderte seine hemmungslosen Ambitionen. Ähnlich stellte sich auch Todorovićs Verhältnis zu Mirjana dar. In seinem Nachlass wurden Gedichte gefunden, die er der Professorin gewidmet hatte; die Nähe, das Verständnis und die Partnerschaft der beiden blieb jedoch für alle ein Geheimnis.

Nur der Tod eines Familienmitglieds wäre imstande gewesen, eine solche Trauer in Mirjanas Seele hervorzurufen. Das war in den politischen Kreisen bekannt, und es stellte sich die peinliche Frage, wer und wie man ihr diese Nachricht mitteilen sollte. Sie hielt sich zu dieser Zeit gerade in Madras auf, der Hauptstadt des indischen Staates Tamil Nadu, wo sie ihr Lehrbuch der Soziologie präsentierte, das gerade auf Tamilisch, einer der zweihundert Sprachen des indischen Volkes, erschienen war. Wie ihr vorhergehendes Buch "Nacht und Tag" wurde auch dieses Lehrbuch von einem jugoslawisch-indischen Jointventure finanziert, das sich auf den Belgrader "Torlak" stützte.

Die Nachricht von Todorovićs Tod erschütterte und schockierte Mirjana Marković. "Das ist nicht möglich, das ist nicht möglich!" wiederholte sie mehrmals unter Tränen. In dieser Nacht und am folgenden Tag verließ sie ihr Hotelzimmer nicht, schickte aber über die Botschaft in Neu-Delhi einen Nachruf, der in Anwesenheit von Slobodan Milošević von Ljubiša Ristić am Grab verlesen wurde. Da vergoss Milošević zum ersten Mal in der Öffentlichkeit eine Träne, was weder seiner Natur noch seinen Gefühlen dem Verstorbenen gegenüber entsprach. Er hatte Todorović mehr akzeptiert, um seine Gattin zufrieden zu stellen, denn aus eigener, persönlicher Neigung. Freche, streitsüchtige, in ihrer Gesprächigkeit sorglose Menschen, wie es auch Todorović war, gingen ihm auf die Nerven.

Nach ihrer Rückkehr aus Indien ging Mirjana vom Flughafen aus zusammen mit ihrem Gatten, der sie dort in Empfang genommen hatte, geradewegs zum Grab ihres Freundes. Während die breite Öffentlichkeit den Mord an Todorović als Abrechnung der Mafia aufgefasst hatte, war er für die JUL ein politisches Verbrechen: "Der Schuss auf unseren Genossen ist ein Schuss auf unser Land, auf die Republik Serbien, auf die Bundesrepublik Jugoslawien, auf Frieden, Freiheit und Würde", hieß es in einer Pressemitteilung. Ljubiša Ristić schwor "bei Blut und Leben", dass die JUL vollenden werde, was Zoran Todorović begonnen habe. Was erwartet uns da, und wie wird die Vollendung seines Werkes aussehen?

Die Reihen der Sozialisten bröckelten, aber die Pfeiler der Macht blieben stehen. Am nächsten standen dem Ehepaar Milošević die beiden Veteranen Dragan Tomić, der Präsident des serbischen Parlaments war, und Mirko Marjanović, der serbische Regierungschef. Die zwei behielten ihre Positionen, und niemandem gelang es, sie in ihrer Servilität gegenüber ihrem Herrn zu überbieten.

Dragan Tomić, Jahrgang 1936, hatte seine politischen Privilegien zu Zeiten Ivan Stambolićs verliehen bekommen, von dem er sich auch nicht auf dem 8. ZK-Plenum lossagte. Es kostete ihn viel Mühe, diesen Fehler zu korrigieren. Er näherte sich dem neuen Herrscher langsam, aber sicher, um auch privat ein Freund des Ehepaars Milošević zu werden. So diente meist das Restaurant der "Jugopetrol", dessen Direktor Tomić ist, der serbischen Führungsclique als Treffpunkt. Der in Serbien geborene Montenegriner, der in Podgorica von seinen montenegrinischen Landsleuten schon einmal mit Eiern empfangen wurde, hatte ein gutmütiges Aussehen und immer ein Lächeln auf dem Gesicht: schon als junger Mann fand er sich gut zurecht. Als Sohn eines Tschetnik-Kommandanten, der in der Emigration lebte und starb, wurde er Anhänger der Kommunisten. Der Kommunismus half ihm, gesellschaftliche Positionen zu erreichen, und die Sozialisten brachten ihn an die Spitze der Macht.

Eine noch stärkere Position hatte Mirko Marjanović, Jahrgang 1937, inne. Nach seinem Geburtsort Knin wurde er auch Knindža genannt, er saß als serbischer Regierungschef die längste Amtszeit ab. Bevor er Premier wurde, wusste man in der breiten Öffentlichkeit wenig über ihn. Mehrere Jahre war er als Direktor des Außenhandelsunternehmens "Progress" in der Welt des Business tätig, wo er sich ein großes Vermögen erwarb, das ihn zu einem der reichsten Leute Serbiens machte.

Marjanović gefiel die Position eines Premiers, die in der serbischen Gesellschaft die Möglichkeit zur Vermehrung des eigenen Reichtums bietet. Wie sehr auch Serbien zu seiner Zeit ökonomisch kollabierte, Milošević schätzte den Premier: "Mirko ist unser bester Nachkriegspräsident!" Im Vorwort zu Marjanovićs Ausgabe seiner Reden nannte Milošević ihn einen "Helden des Kampfes für die ökonomische Gesundung".

Schweigsam, von willenlosem und kränklichem Äußerem, er war von Herpes geplagt, lebte Marjanović nur nach einem üppigen Mahl auf: "Ah, das hat mir jetzt aber gut getan!"

Das Wohlwollen der Mira Marković eroberte der Premier durch seine Verachtung für die Opposition, von der er wie über das allergrößte gesellschaftliche Übel sprach: "Genossin Mira, wenn man mich fragte, ich würde diese Opposition erwürgen!" Die Marković versetzte darauf voller Aufmerksamkeit und Entzücken: "Mirko ist so ehrlich und klug!"

Präsident Milošević mochte den Premier auch wegen seines Talents zu singen. Gelegentliche Geselligkeiten, insbesondere Mittagessen, die sich bis in die Abendstunden hinzogen, bereiteten Slobodan Freude. Wenn er fröhlich und gutgelaunt war, mochte er Lieder und musikalische Menschen, unter denen sich auch Marjanović hervortat, der als Student im Krsmanović-Chor gesungen hatte, allerdings ohne größeren Erfolg: als es nach Amerika gehen sollte, ließ Dirigent Bogdan Babić ihn zuhause.

"Micki, wie ging das noch mit Wolga, Wolga?", wandte sich Milošević dann an ihn. Da pflegte sich der Premier aus seiner gewohnten Schweigsamkeit zu reißen, er schloss die Augen, hielt den Kopf ein wenig schräg und falsettierte mit seinem matten Tenor: "Volga, Volga, mat' rodnaja! Volga, russkaja reka!"[32]

Nur weiter weg von Belgrad!

Vom Schicksal des Flüchtlings Radovan Karadžić, von der Absicht, Biljana Plavšić in die Psychiatrie einzuweisen, und von der Rolle des Ehepaars Milošević im politischen Krieg mit Montenegro

Pale, im Frühjahr 1996

Das in Dayton nach dem Diktat Amerikas begonnene Werk musste zu seinem logischen Ende kommen, was bedeutete, dass jemand den Preis für den Krieg bezahlen musste. Da gab es keinen Zweifel. Die Welt hatte den Schuldigen längst bestimmt: es waren die Serben. Welche Serben? Da Milošević im letzten Moment politisch auf eine andere Karte setzte, wurde die Hauptschuld der Führung in Pale zugeschoben. In den Augen des Auslands waren diese Männer Monster, menschliche Scheusale, Psychopathen, Ungeheuer. Das wurde sogar durch ihr physisches Äußeres und ihre mentale Verfassung belegt. Mladić war "klinisch verrückt", Krajišnik sah einer Vogelscheuche "mit zusammengewachsenen Augenbrauen" ähnlich, an Radovan Karadžić wiederum stellte man "Schweinsaugen" fest. Auch der gewöhnlich zurückhaltende Nikola Koljević blieb nicht verschont, der "betrunkene Shakespeareologe" und "Hornbrillenträger". Ein Jahr nach Dayton setzte er in nervlicher Zerrüttung seinem Leben ein Ende. Kurz, "in Pale herrschte ein Haufen Banditen", wie der amerikanische Botschafter der Vereinten Nationen Bill Richardson konstatierte. Und man wusste, wie man mit "Banditen" verfuhr.

Schon vor Dayton war Radovan Karadžić isoliert. Am Verhandlungstisch war für ihn kein Platz. Unter Druck zog er sich von seinem Parteivorsitz zurück, er war als führender Kriegsverbrecher gebrandmarkt. Ihn aus dem öffentlichen Leben zu entfernen und in den Augen des Volkes zu kompromittieren, wurde zur strategischen

Aufgabe von Dayton. Indem man ihn als höchste Autorität unter den bosnischen Serben stürzte, wurde die staatliche, nationale und politische Macht der *Republika Srpska* geschwächt. Und nicht nur das. Karadžić wurde zu einem wichtigen Druckmittel der internationalen Gemeinschaft, die durch seine Verfolgung politisches Prestige erlangte. Davon, ob er sich in Den Haag stellen würde, hing angeblich der Bestand des Friedensvertrags von Dayton, die Zukunft von Bosnien und Herzegowina und vor allem das Ansehen der Großmächte ab. Die von Anfang an gegen die Serben eingestimmte amerikanische Öffentlichkeit war so sehr von dem Führer in Pale beeindruckt, dass er einen hohen Stellenwert für das Marketing des Weißen Hauses bekam. Senator Warren schlug vor, auf Karadžićs und Mladićs Kopf eine halbe Million Dollar auszusetzen.

Die Presse schrieb über Karadžićs Flucht aus Pale nach Russland, Griechenland, Hilandar und sogar Tschechien. Zu dieser Zeit, 1996, hielt er sich in seinem Haus in Pale auf, einem ehemaligen Wochenendhaus, das er vor dem Zerfall Jugoslawiens ausgebaut hatte. Er verließ es selten, und wenn, dann illegal, um an einer wichtigeren Sitzung teilzunehmen. Seine Aktivitäten begannen bei Einbruch der Dunkelheit, und viele Freunde und Mitarbeiter kamen zu Besuch. Er ging im Morgengrauen zu Bett und schlief bis Mittag. Als Mann, der etwas für seine Kondition tat, trainierte er auf Anraten seines Arztes nach einer Knieoperation auf dem Heimtrainer, den ihm der Schriftsteller Brana Crnčević aus Belgrad mitgebracht hatte. Alle Arbeiten im Hause erledigte seine Frau Ljiljana, ebenfalls Psychiaterin, die sich frei bewegte und einkaufen ging.

Er vermied es, über seine Zukunft zu sprechen, erweckte aber, wie seine Freunde versicherten, den Eindruck eines Mannes, der nicht um Gnade bat und lieber seinen Kopf aufs Spiel setzte, "als sich auf einen feigen Verrat einzulassen". In dieser Hinsicht hatte er auch die Unterstützung seiner nächsten Verwandtschaft. "Ich wollte, Radovan verschwände wie Karađorđe und nicht wie Vuk Branković", sagte seine achtzigjährige Mutter Jovanka, die des öfteren aus Montenegro anreiste, um ihren Sohn in Pale zu besuchen.

Trotz all der Hetzkampagnen und kompromittierenden Propaganda verlor der Führer der bosnischen Serben nicht an Popularität. Im allgemeinen Elend und Kummer entwickelte sich der "gesuchteste Verbrecher" zu einer mythischen Persönlichkeit und wurde zum Synonym für das Streben der bosnischen Serben nach einem selbständigen Staat, zu einer "verborgenen Lichtquelle", wie es seine fanatisierten Anhänger ausdrückten, er wurde zur "Legende, zu einem Dichter, der auf goldenen Stufen ins Paradies gelangen wird". Auch die Kirche hielt weiter zu ihm. Bischof Jefrem sagte über Karadžić, er sei "der einzige Führer in den letzten hundert Jahren, der seinen Glauben an Gott vor der ganzen Welt bekannt" habe. Im Volk wurde ein von historischen Konnotationen inspiriertes Lied gesungen: "Sage, Grujo, dem Hause Karadžić, dem Nachfolger von Lazar Nemanjić / geh nicht über die Drina jetzt / in Serbien herrscht Obrenović / vielleicht könnt' es geschehen, dass sie auch den zweiten Führer niedermähen".

Auch Karadžić selbst machte sich mit einer solchen Rolle vertraut. Während er zusammen mit dem Belgrader Schriftsteller Momo Kapor die Begeisterung des Volkes vor den Wahlen im Fernsehen verfolgte, verglich er in dichterischer Euphorie die Natur mit der nationalen Begeisterung seiner Landsleute: "Ich war oft im Wald und habe die Bestäubung der Nadelbäume beobachtet. Es ist eine feine, fast unsichtbare gelbliche Wolke, die den Baum befruchtet. Auch ohne den leisesten Wind steigt diese Wolke auf, hüllt die Tanne ein und senkt sich herab. Ein, zwei Augenblicke später hebt sie sich wieder, anscheinend ohne jeglichen Grund, und bestäubt das andere Ende des Waldes. Und so fort...".

Im Gegensatz zu Karadžić verhielt sich der zweite Beschuldigte, General Ratko Mladić, so, als drohe ihm keinerlei Gefahr. Er hatte den politischen und militärischen Einfluss verloren, aber sein Ruhm war nicht verblichen. Obwohl er zwei Gehirnschläge erlitten hatte, ergab er sich nicht und lief frei herum, ohne sich um die Drohungen aus Den Haag zu kümmern. Trotzig nahm er in

Belgrad an der Beerdigung seines Vorgesetzten, des Generals Đorđe Đukić teil, der ebenfalls in Den Haag unter Anklage stand. Im exklusiven Belgrader Hotel "Intercontinental" veranstaltete er eine Hochzeitsfeier für seinen Sohn Darko mit dreihundert geladenen Gästen, und in der Zwischenzeit verbrachte er seine Sommerferien an der montenegrinischen Küste, im Dorf Režević in unmittelbarer Nähe des Hauses von Slobodan Miloševićs Bruder Bora.

Vom größten Teil der serbischen Öffentlichkeit wurde die Anklage in Den Haag als politisches Mittel zur Verurteilung eines ganzen Volkes, nur einer einzigen, der serbischen Seite aufgenommen. An die hundert Belgrader Intellektuelle, Akademiemitglieder, Literaten, Künstler und Universitätsprofessoren unterschrieben eine Deklaration, in der die Einstellung der Anklage gegen Karadžić und Mladić gefordert wurde, weil diese ihre "legitimen staatlichen Ämter ausgeübt haben, die sie nach dem Willen des Volkes innehatten". Auch Patriarch Pavle setzte seine Unterschrift darunter.

Das Schicksal der Führung in Pale hatte gewisse Auswirkungen auch auf Miloševićs Schicksal. Er wusste, dass ihn die internationale Gemeinschaft jederzeit beim Wickel kriegen konnte, und ihm blieb nur die Hoffnung, durch kooperatives Verhalten deren Gnade zu erringen. Professor Kosta Čavoški verglich Miloševićs Lage mit der Abhängigkeit eines Hundegespanns bei den Eskimos, dem man ein blutiges Stück Fleisch vor die Schnauzen hält, so dass es den Schlitten zieht und zieht, ohne je an das Fleisch heranzukommen.

Der serbische Führer konnte nicht anbeißen, als es darum ging, an Karadžićs und Mladićs Auslieferung mitzuwirken. Nicht nur aus Mitgefühl und aufgrund seiner Reputation im Volk, sondern auch seiner eigenen Sicherheit wegen. Die Führer der bosnischen Serben konnten vor dem Tribunal zu unangenehmen Zeugen werden und den Weg freimachen für das, was viele wünschten, nämlich Miloševićs Erscheinen in Den Haag.

Milošević hätte nach Dayton eine bequeme Position als

Beobachter der weiteren Zukunft Bosniens und der Herzegowina einnehmen können. Doch das entsprach ihm nicht. Mit seinem Einfluss auf Pale und Banja Luka stärkte er seine eigene Position gegenüber der internationalen Gemeinschaft. Und alles, was unter den führenden Männern der bosnischen Serben geschah, hatte in hohem Maße mit Slobodan Milošević zu tun.

Um seinen Willen durchzusetzen, griff der serbische Präsident zu seiner Lieblingswaffe: "Teile und herrsche!". Schon während des Krieges hatte er mehrmals versucht, die führenden Persönlichkeiten zu entzweien und für Rivalität unter ihnen zu sorgen. Das gelang erst nach Dayton, das Pales politische Stabilität bis auf die Grundmauern erschütterte. Mit dem Abgang von Radovan Karadžić als der höchsten Autorität wurde die Hierarchie der Macht gestört, und mit der Zeit kam es zu einer verworrenen Situation, in der verschiedene Meinungen über die Zukunft der bosnischen Serben, aber auch persönliche Ambitionen, Eitelkeiten und Rivalitäten der Führer zur Geltung kamen. Schon bei der Gründung der *Republika Srpska* hatte die Frage nach der Hauptstadt des neuen Staates zu Spannungen geführt. Der Konflikt zwischen Pale und Banja Luka verwandelte sich in einen offenen politischen Krieg, der Volk, Polizei, Medien, Militär, Politiker und Regionen spaltete. Der ohnehin zerbrechliche neue Staat zerfiel in zwei unvereinbare Teile: in die westliche und die östliche *Republika Srpska*. Biljana Plavšić führte die eine, Momčilo Krajišnik die andere, und es gab keinerlei Kontakt zwischen beiden. Wären nicht zufällig die internationalen Friedensmächte in Bosnien präsent gewesen, hätten Muslime und Kroaten ein leichtes Spiel gehabt und die *Republika Srpska* das Schicksal der Krajina ereilt. Diese fatale Doppelherrschaft wurde auch formell vor der Öffentlichkeit zelebriert: Krajišnik saß in Pale in Karadžićs Nähe, und Biljana Plavšić residierte in Banja Luka in den Banus-Höfen. Zwischen ihnen stand als Schiedsrichter Milošević, "der Garant von Dayton", dessen einziges Ziel es war, die Macht seiner Anhänger aufzubauen. So wurden die bosnischen Serben zu Geiseln des serbischen Präsidenten: sie konnten nicht mit ihm, aber auch nicht ohne ihn agieren.

Plavšić genoss während des Krieges unter ihren Landsleuten das Ansehen einer großserbischen Monarchistin, Antikommunistin und Orthodoxen, die unerschütterlich zu ihren Überzeugungen stand. Sie wurde "eiserne Biljana" und "Zarin Biljana" genannt. Diese vornehm wirkende Frau, eine promovierte Biologin und Universitätsprofessorin aus Sarajevo, 1930 in Tuzla geboren, erlebte den Zerfall Jugoslawiens als Existenzkampf der bosnischen Serben, als Kampf auf Leben und Tod. Nach und nach veränderte sie sich jedoch. Sie gehörte zwar nicht zu den Unterzeichnern von Dayton, begriff aber, dass man im Interesse der Serben umdenken musste, und legte die Flexibilität einer gemäßigten, diplomatisch beweglichen Persönlichkeit an den Tag. Ihr früheres Verhalten kommentierte sie wie folgt: "Ich war radikal, äußerst radikal, weil das ein Krieg war, in dem jede laue Lösung mehr Menschenleben gekostet hätte."

Zwar stand auch aus der Führung in Pale niemand Milošević nahe, dennoch störte ihn Biljana Plavšić am meisten, da sie ihre Abneigung gegenüber dem serbischen Präsidenten und seiner Gattin öffentlich demonstrierte. Von Milošević sprach sie verächtlich als einem "Symbol des Verrats, der Agonie und der Schande" und forderte ihn auf, "vor das serbische Volk zu treten, sich öffentlich vom Kommunismus loszusagen und das Volk um Vergebung zu bitten". Mira Marković war in ihren Augen eine "böse und machthungrige, zu Manipulationen, Intrigen und Lügen neigende Frau".

Als es Milošević nicht gelingen wollte, die gesamte Führungsriege aus Pale zu beseitigen, suchte er einen zeitweiligen Verbündeten, und seine Wahl fiel auf den anpassungsfähigen Momčilo Krajišnik, den ersten Mann nach Karadžić. Krajišnik stammte aus Sarajevo, war 1944 im nahegelegenen Zabraća geboren, und der studierte Wirtschaftswissenschaftler und erfahrene Politiker war einer der Gründer der Serbischen Demokratischen Partei. Man achtete immer auf das, was er sagte, denn sein "Ja" oder "Nein" waren in Pale oft ausschlaggebend. Aufgrund der für Leute seines

Schlages sonst eher seltenen, ruhigen Art, seiner Schlauheit und seiner vielfältigen Beziehungen rechnete man ihn zu den serbischen Falken und harten Unterhändlern, obwohl er sich kaum je der Kriegsrhetorik bediente. Nachdem er die Ehefrau und Mutter seiner drei Kinder verloren hatte, die, von einem Granatsplitter ins Bein getroffen, auf dem Weg ins Krankenhaus verblutete, hatte auch er seelische Wunden zu verarbeiten.

Surčin, 29. Juni 1997

Biljana Plavšić, auf dem Rückweg aus London, hat es eilig, zu einer Versammlung der Serbischen Demokratischen Partei nach Pale zu kommen, wo sie auf der Rednerliste gemeldet ist. Ohne die üblichen Sonderrechte zu nutzen, steht sie auf dem Flughafen Surčin vor dem Schalter an, händigt ihren Pass aus und wartet auf die formale Abfertigung. "Sie entschuldigen, aber Sie müssen warten", sagt der Beamte zu ihr, und gleich darauf wird sie von Männern, die offensichtlich polizeiliche Vollmacht besitzen, ergriffen und in einen Raum geführt, in dem sie ohne jegliche Erklärung fast zwei Stunden zubringt. Was ist geschehen? Hat man sie verhaftet, und wer hat dies angeordnet? Angesichts ihrer Position ist kaum anzunehmen, dass sich ein Polizeibeamter, und wäre es auch einer der ranghöchsten, ohne Genehmigung der Führung in Serbien dergleichen herausgenommen hätte.

Ebenfalls ohne Erklärung, doch unter demütigenden Drohungen wurde die Präsidentin der *Republika Srpska* anschließend mit dem Wagen zum Grenzübergang Rača gebracht und "in die Freiheit entlassen." Einer ihrer Belgrader Begleiter sagte dabei voller Verachtung zu seinem Landsmann aus Bosnien: "Bringt sie zur Kur nach Pale!" Biljana Plavšić erklärte später, man habe beabsichtigt, sie in die Psychiatrische Anstalt Lukavac einzuweisen, dann jedoch davon abgesehen, weil man die Reaktionen aus dem Ausland und auch aus Banja Luka gefürchtet habe.

Wer würde siegen? Es siegten diejenigen, die von den

Amerikanern unterstützt wurden, und das waren Biljana Plavšić und Premier Milorad Dodik, ein geschickter Geschäftsmann und Politiker, der begriffen hatte, dass der einzige Ausweg darin besteht, den Wünschen des Westens entgegenzukommen. Nach sechs Jahren hatten die Serben erstmals wesentliche Vorteile erlangt und damit die Hoffnung, dass das Schlimmste vorbei war. Der Machtkampf ging weiter. Bei den Wahlen 1997 verloren sowohl Biljana Plavšić als auch Momčilo Krajišnik Mandate, aber gemeinsam hatten sie sich vom Ballast des Slobodan Milošević befreit. Ihr Schicksal bestimmte nun der hohe Repräsentant der Vereinten Nationen in Bosnien und Herzegowina, Carlos Westendorp.

Und während all dies geschah, war Radovan Karadžić spurlos verschwunden. Zusammen mit seinen Leibwächtern hatte er Pale verlassen, während die Familie in seinem Haus zurückblieb. Nicht einmal seine engsten Freunde wussten, wo er Zuflucht gefunden hatte. "Es ist sehr anstrengend, zu Radovan vorzudringen, selbst für jemanden mit guten Absichten, geschweige für jene, die Böses im Schilde führen", erklärte Gattin Ljiljana, die im Gesundheitszentrum von Pale als Psychiaterin arbeitete, den Journalisten.

Mir ist ein an Desimir Tošić gerichteter ungewöhnlicher Brief Radovan Karadžićs vom 7. Juni 1998 in die Hände gefallen, der überraschend und wer weiß woher bei mir angekommen ist. Sein Anlass klingt recht harmlos. Tošić hatte in "NIN" einen Text publiziert, in dem er Zulfikarpašić als Demokraten und äußerst liberalen Moslem darstellte. Karadžić indes hatte Zulfikarpašić in einem anderen Licht erlebt und das Bedürfnis verspürt, seine Erfahrungen an Tošić weiterzugeben. Nichts Besonderes, eine gewöhnliche Auseinandersetzung über die unterschiedliche Sicht auf eine Persönlichkeit. Etwas Anderes aber fiel ins Auge. Der Text war auf feinem Papier geschrieben, mit einer kyrillischen Schreibmaschine, pedantisch, ohne jeden Tippfehler. Daraus konnte man schließen, dass Karadžić nicht nur lebte, sondern auch aktiv war. Er war mit Presseerzeugnissen versorgt, hatte Kanäle, durch die er mit der

Außenwelt kommunizierte, und offensichtlich arbeitete er unter für einen Gefangenen erträglichen Bedingungen. Seinen Brief schloss er mit den folgenden Worten: "Bitte nehmen Sie den Ausdruck meiner Achtung entgegen, und nehmen Sie es mir nicht übel, dass ich Ihnen aus meiner Stille und Abgeschiedenheit schreibe. Das kann nicht von Schaden sein." Ich war verwundert über diese Korrespondenz und überrascht, dass ich zu einem der Öffentlichkeit nicht zugänglichen Brief gekommen war. Tošić sagte mir nur, er bleibe weiterhin bei den Ansichten, die er über Zulfikarpašić in der Wochenzeitung "NIN" zum Ausdruck gebracht habe.

Im Sommer 1999 meldete sich Karadžić, schon fast vergessen, aus dem Versteck und bat seine Belgrader Freunde, ihm zu schreiben. Wo hielt er sich verborgen? Der Westen hatte aufgehört, sich für ihn zu interessieren: auf dem Balkan gab es andere Prioritäten.

Wo immer Slobodan Milošević nicht die volle Macht etablieren konnte, kam es zu Erschütterungen mit verhängnisvollen Folgen. Das passierte auch dort, wo man es am wenigsten erwartet hatte, in seinem Vater- und Mutterland Montenegro.

Die neue montenegrinische Führung war Anfang 1989, zur Zeit des Populismus an die Macht gelangt, und zwar mit der Parole: "Montenegro und Serbien – eine Familie!" Beflügelt von Miloševićs Ruhm und der nationalen Euphorie, fegte man die gesamte alte kommunistische Garde hinweg, und die Führungspositionen besetzten Momir Bulatović, Jahrgang 1956, Milo Đukanović, Jahrgang 1962, und Svetozar Marović, Jahrgang 1955, drei gebildete und fähige Männer der jüngeren Generation, die die Kunst des Regierens schnell erlernten. Alles geschah damals im Zeichen der Liebe, Brüderlichkeit und gegenseitigen Solidarität. Mag auch alles vergehen, die Gemeinschaft Serbiens und Montenegros würde ewig halten, so sah es wenigstens aus.

Aber das dauerte nicht lange. Nach den niederschmetternden Kriegserfahrungen fand sich Podgorica immer weniger mit seiner untergeordneten Rolle und der Isolation vom Ausland ab. Anfangs vermied die montenegrinische Führung Konflikte, und durch geschicktes Manövrieren gelang es ihr, zwischen der Loyalität gegenüber Milošević und einer Selbständigkeit, die es erlaubte, sich im Verhältnis zu Serbien anders darzustellen, das Gleichgewicht zu halten. Indem man den serbischen Präsidenten unterstützte, tat man etwas für die eigene Sicherheit, und indem man sich mit dem bestehenden Zustand nicht abfand, gewann man die Sympathien der montenegrinischen Mitbürger und der internationalen Gemeinschaft. Die Führungsriege tat dies geschickt und zog ihren politischen und ökonomischen Nutzen daraus, kehrte ihrem einstigen Schutzherren jedoch Mitte der neunziger Jahre den Rücken und geriet damit in einen offenen Konflikt mit Belgrad.

15. September 1995

Die Grenze der erträglichen Zusammenarbeit überschritt Mira Marković, als sie sich in der arroganten Überzeugung, es sei möglich, mit ihrer Partei JUL Montenegro zu erobern, anschickte, dies tatsächlich zu versuchen. Damit war das Maß voll. In der regierenden montenegrinischen Partei machte sich Missmut breit. Als erster erhob der junge Premier Milo Đukanovic die Stimme, ein Politiker, der sich durch Gewandtheit und Kühnheit auszeichnete, weshalb er den Spitznamen "Milo, die Rasierklinge" bekommen hatte.

Đukanović erklärte, die JUL habe in Montenegro nichts zu suchen, weil diese Partei "Anhänger einer rückschrittlichen und abstrakten Gesellschaft" sei, ein Nichts, das von der Zeit überholt sei. Dies war eine öffentliche Ohrfeige für Mira Marković, und damit zugleich für Slobodan Milošević, der blind hinter seiner Gattin stand. Der Vorfall trug sich einen Monat vor Dayton zu, als Miloševićs Stern gerade erneut zu leuchten begann. Eitel und von sich selbst überzeugt, wie sie war, nahm Professorin Marković eine solche Kränkung nicht hin. Sie antwortete, wie immer, wenn man sie beleidigt hatte, wütend und mit einer Flut schlimmster Anschuldigungen. Wer war schon Milo Đukanović? In den Augen des Belgrader Regimes ein Abenteurer, ein Kriegsgewinnler, ein montenegrinischer Separatist bzw. "ein verdeckter Schwarzhändler, angestellt als Spitzenpolitiker", wie es Mira Marković formulierte.

Für jeden, der ihre Macht kannte, war vorauszusehen, dass Milo Đukanović nun definitiv abgeschrieben war, denn wen sie brandmarkte, wurde auch zum Feind ihres Gatten. So entstand ein neuer politischer Krisenherd, der mit der Zeit die Existenz des neu entstandenen gemeinsamen Staates Jugoslawien in Frage stellte, was bis gestern noch unvorstellbar war.

Milošević wandte die Taktik an, die ihm die Überlegenheit des Herrschers in einem zu Konflikten neigenden Volk sicherte: Korrumpiere die Unzufriedenen, nutze die Ambitionierten aus und sorge für Rivalitäten. Der Rest erledigt sich von selbst. In Montenegro spaltete sich bald darauf die Führung, es spaltete sich die Wählerschaft, die Opposition, es zerfiel auch die gemeinsame starke Partei an der Macht, die Demokratische Partei der Sozialisten. Auf der Seite Đukanovićs standen die Reformisten, die nationalen Minderheiten, die orthodoxe Kirche und die demokratische Opposition Serbiens. Auch der Westen nahm ihn mit offenen Armen auf, denn er sah in Montenegro die Möglichkeit, das Belgrader Regime zu untergraben. Unterstützt wurde Đukanović auch von Svetozar Marović, einem Juristen von vollendeter Gesetztheit, der Momir Bulatovićs Trauzeuge war und zugleich ein maßvoller Politiker, so nachdenklich wie offen bei seinen Auftritten und mit einem Gefühl für Diplomatie, das von der gewalttätigen und marktschreierischen Politik abstach. Die Serben brachte er auf seine Seite, indem er erklärte, das Montenegrinertum sei ein Ausdruck des Serbentums: "Ich achte und würdige das eine wie auch das andere sehr." Er lehnte es ab, selbst ein Führer zu sein, nahm jedoch immer wieder großen Einfluss auf das Schicksal der Führer, und das verlieh seiner Unterstützung für Đukanović Gewicht.

Anführer unter den Milošević-Anhängern war der wortreiche

Momir Bulatović, Sohn eines Offiziers, in Belgrad geboren, Ökonom von Beruf, der geschickt zu formulieren und schlau zu taktieren verstand. In wirtschaftliche Machenschaften war er nicht verwickelt, was in der moralisch zerrütteten serbischen Gesellschaft von Vorteil für ihn war. Von ihm stammt die Erklärung, in Montenegro lebe ein Volk mit montenegrinischen Vornamen und serbischen Nachnamen. Solange er sich seiner Macht sicher war, vermittelte er den Eindruck eines Mannes von sanftem Wesen und gemessenen Worten. Aber das wahre Wesen eines Politikers erkennt man erst, wenn er die Macht verliert. Obwohl er bei der Aufteilung Jugoslawiens den Vorschlag der internationalen Gemeinschaft unterstützt hatte, Montenegro in die Selbständigkeit zu entlassen, und erst unter dem Druck Belgrads davon Abstand nahm, entwickelte er sich später zum wichtigsten Befürworter eines gemeinsamen Staates.

Bulatović besaß eine beneidenswerte Zahl von Anhängern. Es handelte sich hierbei größtenteils um kommunismustreue Partisanen, pro-serbisch orientierte Montenegriner, sozial bedrohte Bevölkerungsschichten sowie die montenegrinische Lobby in Belgrad. Und da viele Vorkämpfer des serbischen Regimes ausgerechnet aus Montenegro stammen, sah das alles ziemlich nach einem Konflikt zwischen den Belgrader und den in ihrer Heimat ansässigen Montenegrinern aus.

Das Belgrader Regime scheute keine Mittel, um das Đukanović'sche Lager zu zersetzen. Vor den Wahlen schickte Milošević ein Wahlkampfteam aus führenden Funktionären wie Zoran Lilić, Dragan Tomić, Živadin Jovanović und Gorica Gajević in dem Glauben nach Podgorica, sie würden dort mit offenen Armen empfangen. Die Stimmung in seiner Heimat war ihm fremd. Ein paar Tausend Bewohner Podgoricas bereiteten den Abgesandten Belgrads einen solchen Empfang, dass sie sich nur mit Hilfe der Polizei in Sicherheit bringen konnten. Eier, Tomaten und Steine flogen auf die Limousinen der ungebetenen Gäste, und während Scheiben zu Bruch gingen, kauerten die Verängstigten am Boden ihres Wagens. Der serbische Parlamentspräsident Dragan Tomić schrie laut um Hilfe, als eine Gruppe aufgebrachter junger Männer versuchte, ihn aus dem Wagen zu zerren.

Montenegro ist traditionell gespalten: in ein so genanntes proserbisches Lager mit der Überzeugung, Montenegriner und Serben seien in Wirklichkeit eins, ein kleineres Lager von Bürgern, die Montenegro als selbständigen Staat und gesonderte Nation betrachten, und dann der zahlenmäßig größte Teil mit der Ansicht, die Montenegriner seien der gesonderte nationale Zweig eines einzigen Stammes. Đukanović hatte das im Hinterkopf und richtete sein politisches Programm danach aus. Die wichtigsten Parolen seiner Anhänger waren nicht gegen Jugoslawien gerichtet, sondern gegen ein Jugoslawien nach dem Modell Milošević: "Unter Serbien - nein, mit Serbien - ja!", hieß es, und: "Wir verteidigen Montenegro nicht vor Serbien, sondern vor dem faschistischen Regime Slobodan Miloševićs und seiner Kotula[33] Mira Marković!"

Diese Haltung der reformistischen Strömung, die bald zu einer neuen, bedeutenden Bewegung anwuchs, wurde auch in der demokratischen Opposition Serbiens ausgesprochen positiv aufgenommen. Milošević bekam zum ersten Mal in seiner zehnjährigen Herrschaft einen authentischen Gegner, der das Fundament des dritten Jugoslawien erschütterte.

In dieser Atmosphäre wurden in der Republik Montenegro Präsidentschaftswahlen abgehalten, wobei die Propaganda den Wählern die Qual der Wahl für oder gegen Jugoslawien, für oder gegen Bulatović und Đukanović aufzwang. Mit nur 5.488 Stimmen Mehrheit siegte Đukanović, und die Wählerschaft spaltete sich in zwei kampfbereite, unversöhnliche Strömungen auf, was nicht ohne Folgen bleiben konnte. Denn während es in Serbien so ist, dass bei Stammtischfehden heute das hitzige Zerwürfnis und morgen schon das neue Bündnis angesagt ist, sind die Montenegriner Heißsporne, sie neigen weniger zur Versöhnlichkeit und sind außerdem politisch nach Sippen und Stämmen gespalten.

Montenegro bekam seinen neuen Präsidenten, aber Bulatović und seine Belgrader Mentoren fanden sich mit der Niederlage nicht ab und behaupteten, Đukanović habe aufgrund von Wahlmanipulation gewonnen. Alles brodelte, und einen Augenblick lang sah es so aus, als könnte es statt zu einer friedlichen Machtübergabe zu einem Bürgerkrieg kommen.

Unmittelbar vor der Amtseinführung des neuen Präsidenten demonstrierten in Podgorica drei Tage lang etwa zehntausend Bulatović-Anhänger, viele bewaffnet und alle dazu bereit, ihren Führer unter Einsatz ihres Lebens zu verteidigen. Neben dem historischen Heldenlied "Es grünt der Wald, die Blumen blühen / Montenegro in den Kampf wird ziehen!" hatte die Versammlung die rote Fahne mit Hammer und Sichel, ein Lenin-Porträt und die Parole "Milo, du Türke!" zu ihren Wahrzeichen ernannt. Auf dem Höhepunkt der Abrechnung, als man die Demonstranten daran hinderte, die Regierungsgebäude zu stürmen, warf jemand eine Granate in die Polizeitruppe, was den Zorn explodieren und in einer allgemeinen Schlägerei enden ließ, bei der 83 Polizisten und elf Bürger verletzt wurden.

Zwar steckte Đukanović ziemlich in der Klemme, doch er bewies politische Besonnenheit. Wo es sein musste, gab er nach und schloss ein Bündnis mit den Oppositionsparteien, wo man Durchsetzungsvermögen von ihm erwartete, machte er keine Zugeständnisse. Unter dem ständigen Druck Belgrads ließ er Milošević wissen, dieser sei "ein politischer Dinosaurier, dessen Zeit abgelaufen ist", und Serbien mit ihm an der Spitze gleiche einem "entkräfteten, einäugigen Kyklopen", was eine Anspielung auf die seinerzeit von Milošević abgegebene Erklärung darstellte, Serbien und Montenegro seien wie "zwei Augen in einem Kopf". Und was das Wichtigste war, der junge montenegrinische Führer stellte den gemeinsamen Staat der Serben und Montenegriner nicht öffentlich in Frage. "In der gesamten Geschichte bis zum heutigen Tage haben Serbien und das serbische Volk keinen aufrichtigeren und zuverlässigeren Freund als Montenegro gehabt. So war es, so ist es, so wird es auch während meines Mandates als Präsident sein", sagte Đukanović in seiner Antrittsrede.

Obwohl Milošević sich gewöhnlich zurückzog, wenn er auf ernstliche Hindernisse stieß, ging er diesmal bis zum Äußersten: sieben Monate lang berief er keine Sitzung der Staatsspitze oder des Militärrats an, dem auch Đukanović angehörte, während ein wahrer Krieg im Kosovo tobte. Noch nicht einmal ein Glückwunschtelegramm erhielt der neue Präsident aus Belgrad.

In der Zwischenzeit wurde der jugoslawische Regierungschef Radoje Kontić, Jahrgang 1937, abgelöst. Seines Faches Technologe, war er der am längsten amtierende Politiker an der jugoslawischen Staatsspitze. Kontić hatte sowohl unter als auch nach Tito, im alten wie im neuen Jugoslawien der Bundesregierung angehört. Viele kamen und gingen, er blieb und arbeitete mit Ćosić, Milan Panić, Milošević, Bulatović und Đukanović zusammen. Er behinderte niemanden, war aber auch nicht bereit, für irgendjemanden die Hand ins Feuer zu legen. Seine Hausmacht hatte er in Montenegro, in Belgrad dagegen seinen ständigen Aufenthaltsort, was typisch für viele Montenegriner ist. Niemand trauerte ihm nach, aber es freute sich auch niemand über seinen Abgang.

Nachfolger Kontićs wurde der Verlierer der montenegrinischen Wahlen und Favorit Miloševićs Momir Bulatović, der, wie im Übrigen schon Kontić, nur als Marionette figurierte. Seine Regierung wurde "Flüchtlingsregierung" genannt, denn er engagierte sich in seiner Position als Premier am meisten im Krieg gegen Đukanović und seine Anhänger. Gegen den Willen der montenegrinischen Führung war er mit den Stimmen der Sozialisten, der JUL, der Radikalen und der Serbischen Erneuerungsbewegung in sein neues Amt gewählt worden.

Der verbale Krieg zwischen Podgorica und Belgrad nahm an Heftigkeit noch zu. Weder akzeptierte Milošević die neue Regierung in Montenegro noch arbeitete er mit ihr zusammen. Er benahm sich, als wäre diese Republik kein gleichberechtigter Teil des Bundesstaates und ausgestattet mit vielen Vollmachten. Đukanović und sein

Anhang bestritten ihrerseits die Legalität der jugoslawischen Bundesregierung, des Parlaments sowie der führenden Institutionen und ignorierten die Beschlüsse der Bundesspitze, die ihnen nicht ins Konzept passten.

Auch das dritte Jugoslawien existierte mehr denn je nur auf dem Papier. Im internationalen Zusammenhang trat Podgorica als selbständiger Staat auf, baute sein eigenes System auf, eröffnete Konsulate und Handelsvertretungen, es dachte nicht an Einmischung in das Drama, das derweil im Kosovo ablief, und spielte sogar mit dem Gedanken, eine eigene Währung einzuführen. Sollte sich die Geschichte vom Zerfall des ehemaligen Jugoslawien noch einmal wiederholen?

Milošević hatte mit seiner unglücklichen Politik den Slowenen und Kroaten dazu verholfen, ihre jahrhundertealten Bestrebungen nach Unabhängigkeit zu verwirklichen. Die große Mehrheit der Montenegriner hatte das nicht im Sinn, aber die Position Jugoslawiens in der Welt machte sie glauben, dass der Weg der Selbständigkeit für sie der beste Ausweg war. In ihrer Seele reifte diese verführerische Idee heran, und es gab immer mehr Fürsprecher eines unabhängigen Montenegros, die auf den Unterschieden zwischen Serbien und Montenegro sowie auf der "Entserbisierung der Heimat" insistierten. Die Montenegriner haben sich in aller Stille gelöst und einen Weg eingeschlagen, dessen Ende und dessen historische Folgen noch nicht absehbar sind. Auf jeden Fall ist nichts mehr wie früher, auch in der Zukunft nicht.

Ähnlich ist es in der *Republika Srpska*, die lange unter Belgrads Aufsicht stand. Erst nachdem sich die Serben in Bosnien von ihrem Schutzherren befreit hatten, machten sie sich auf den mühsamen Weg der Selbstfindung. Wo sie ankommen oder stranden werden, wird man noch sehen, aber sie haben begriffen, dass ihnen im Bündnis mit dem Milošević-Regime nichts Gutes blüht.

Das Kosovo der serbischen Irrtümer

Von der Atmosphäre vor einer blutigen Lösung, von der politischen Liquidierung Momčilo Perišićs und Jovica Stanišićs, vom Mord an Slavko Ćuruvija und von Miloševićs Erklärung: "Das Kosovo ist mir wichtiger als mein eigener Kopf"

Der Kreis schloss sich dort, wo er begonnen hatte, im Kosovo, dort hatten Slobodan Miloševićs Ruhm, Macht und Herrschaft ihren Ausgang genommen.

Nato-Kommandant Wesley Clark hatte mit der Überlegenheit eines Mannes, der die größte Weltmacht hinter sich weiß, Milošević gewarnt, dass man Serbien bombardieren würde, falls das internationale Ultimatum zum Kosovo nicht angenommen würde. Im Glauben, dies seien leere Drohungen, gab der serbische Führer mit finsterer Miene eine entschiedene Antwort: "Das Kosovo ist mir wichtiger als mein eigener Kopf!" Dies war Ende Januar 1999, im Schlussakt eines Dramas, dem eine lange, unglückliche Geschichte vorausging.

Das Kosovo war für die Serben Jahrhunderte lang die Wiege, das Vermächtnis, der heimische Herd, Wurzel der Spiritualität und ein heiliges Land, wie sie es nannten, und doch konnten sie es sich nicht bewahren. Sie arbeiteten mehr gegen sich selbst als gegen die Albaner, die einfach praktischer waren. Schon zur Tito-Zeit wie auch danach verfolgten die Albaner planmäßig ihr Ziel, die Schaffung eines selbständigen Staates, bzw. Großalbaniens. Aber ihren größten Sieg errangen sie ausgerechnet gegen ihren größten Gegner, Slobodan Milošević.

Dem serbischen Regime sagte der zehnjährige, durch die gewaltsame Aufhebung der Provinzautonomie geschaffene Scheinfrieden zu. Die Albaner hatten keine Eile. Sie traten als unterdrückte Gruppe auf und warteten auf ihren Augenblick. In dem von ihnen nicht anerkannten Staat schufen sie sich eine parallele Macht mit Präsident, Parlament, Regierung, Diplomatie, Gesundheitswesen, Schulwesen und Wirtschaft. Sie hatten auch eine freie Presse, die offen separatistische Ideen vertrat. Die Gefängnisse waren, um die Wahrheit zu sagen, voll von Aktivisten illegaler albanischer Gruppen, aus denen sich dann die Armee der Aufständischen speiste, aber die Parteiführer der Albaner wurden nicht verfolgt.

Zur Zeit des "Meetings der Wahrheit", 1988, ließ Milošević brutal die gesamte frühere albanische Führung säubern, mit der man reden und ein Gleichgewicht der Intoleranz hatte aufrechterhalten können. Eine extreme Generation löste sie ab, angeführt von dem anpassungsfähigen Ibrahim Rugova, der erst in den neunziger Jahren von sich reden machte.

Rugova wurde 1944 im Dorf Crnce in der Nähe von Peć geboren. Für die Politik interessierte er sich als Student der Universität Priština, allerdings ohne revolutionäre Begeisterung. Von zerbrechlichem Aussehen, mit Brille und Halstuch anstelle einer Krawatte, wortkarg und unaufdringlich, glich er nicht gerade einem Mann, der aufregenden Beschäftigungen nachgeht. Bei den Demonstrationen der Kosovaren im Jahr 1968 war er unter den rebellierenden Studenten, hatte aber keine Führungsambitionen. Er war noch immer Mitglied der jugoslawischen KP. Auch 1981 gehörte er nicht zu den extremen Aufrührern. Er war Essayist, Kritiker, Übersetzer aus dem Französischen. Während in mehreren Städten des Kosovo richtiggehend Krieg geführt wurde, saß er in seinem Haus und schrieb an einer Studie über Pjetër Bogdani, einen Bischof, Schriftsteller und Mitbegründer der albanischen Literatursprache des 17. Jahrhunderts. Rugovas Aktivismus entwickelte sich zeitgleich mit der Herrschaft Slobodan Miloševićs. Ebenso wie der serbische Führer durch seine Politik den Aufstieg eines Tuđman, Kučan und Izetbegović beförderte, sollte er Rugova und seinen Mitstreitern dazu verhelfen, Führungspersönlichkeiten für ihre Landsleute zu werden.

Nach Dayton, als Milošević seine internationale Position

gestärkt sah, hätte sich ihm eine gute Gelegenheit geboten, ein Paket von Absprachen zur Kosovo-Frage auf den Weg zu bringen. Er hätte den Albanern im Kosovo eine weitergehende Autonomie anbieten, er hätte den albanischen Parteiführern die Hand zur Versöhnung reichen und so Vorteile erzielen können. Aber er hatte noch nie einen Ausweg in politischen Lösungen gesucht und kam zu spät, fixiert auf kleinliche Krämerei zum eigenen Machterhalt. Mit brennenden Problemen befasste er sich dann, wenn sie unlösbar oder nur auf Kosten der Serben lösbar geworden waren. Er glaubte, dass er mit Hilfe der Polizei und seiner Gefolgsleute für immer an der Macht bleiben könne, und Rugovas Wahlboykott kam ihm da gerade recht. Dieser Boykott brachte Milošević an die dreißig Abgeordnetensitze ein. Obwohl sie unerbittliche Gegner waren, arbeiteten die albanischen Separatisten und Miloševićs Sozialisten eigentlich gut zusammen. Mit ihrem Wahlboykott verhalfen die Albaner den Sozialisten zur Mehrheit im Parlament, andererseits lieferte die Ignoranz von achthunderttausend albanischen Wählern im Kosovo zusätzliche Beweise für deren unerträgliche Situation. Allerdings befanden sich die dortigen Serben keineswegs in einer besseren Lage. Die privilegierte Kaste ihrer serbischen Landsleute, die Gefolgschaft Miloševićs, hielt Macht und Geld in Händen, erwarb sich ein Vermögen und herrschte über die Provinz.

Alles lief auf eine blutige Lösung des Kosovo-Dramas zu. Die Serben konnten sich ihren Staat nicht ohne die Provinz im Süden vorstellen, während für die Albaner ein Leben mit Serbien nicht in Betracht kam. Die einen wie die anderen riefen: "Wir geben unser Leben, aber das Kosovo geben wir nicht her!" Während die Serben auch unter der Regierung Milošević ihre Abwanderung aus dem Kosovo fortsetzten, wurde die internationale Öffentlichkeit mit dem Wehgeschrei der Albaner konfrontiert: "Freiheit, Freiheit!", "Das Kosovo ist das letzte Gefängnis in Europa". Es war nicht schwer, das Ausland davon zu überzeugen, dass in diesem Streit die Serben die einzig Schuldigen seien, denn in ihnen sahen die westlichen Medien einseitig "die Pest, die Jugoslawien auseinandergerissen hat". Rugova standen in den europäischen Hauptstädten die Türen offen. Auch Bill Clinton empfing ihn. Er wurde mit den höchsten Friedenspreisen überhäuft: man verlieh ihm den französischen Preis für die Förderung der Menschenrechte, den Sacharow-Preis, eine Auszeichnung des Europäischen Parlaments, und den Preis "Homo homini" der tschechischen humanitären Organisation "Mensch in Not".

Der Aufstand wurde durch friedliche Demonstrationen in den größeren Städten des Kosovo angekündigt, um im Frühjahr 1998 zu einer bewaffneten Erhebung zu eskalieren, die das Ausland durch ihre Organisiertheit und militärische Schlagkraft überraschte. Die Befreiungsarmee des Kosovo UÇK, wie sich diese Bewegung nationaler Fanatiker und Söldner nannte, wurde zum Sammelbecken für rund dreißigtausend Kämpfer. Waffen trafen von allen Seiten ein, die meisten aus Nordalbanien, wo zur Zeit der allgemeinen Unruhen aus Lagern der Armee eine Million "Kalaschnikows" herausgeholt worden waren. Es kamen professionelle Krieger aus Deutschland, Slowenien, Kroatien... und die bewaffneten Gruppen wurden von britischen, amerikanischen und deutschen Instrukteuren geschult. Die führenden Kommandanten der UÇK konnten über ihre Mobiltelefone jederzeit Wesley Clark anrufen.

Für alle, die nicht auf der Seite der Irredentisten standen, einschließlich der Albaner, die an diesem Krieg nicht teilnehmen wollten, wurde das Leben unerträglich. Innerhalb von fünf Monaten töteten die Aufständischen 33 Grenzposten und verletzten 96, außerdem töteten sie 62 Polizisten und verletzten 197. In ihren Lagern hielten sie 262 Angehörige nichtalbanischer Nationalität als Geiseln fest. "Einer heute, sieben morgen, alle übermorgen!" war die Botschaft des Emigrantenblatts "Celini" ("Befreiung").

Auf die Erhebung antwortete die serbische Macht mit Waffengewalt. Es war dies ein richtiger Krieg mit Opfern auf beiden Seiten, verwüsteten Siedlungen und Flüchtlingskolonnen. Jede Seite verheimlichte ihre Verbrechen, und man wird niemals feststellen, wie viele unschuldige Menschen umgekommen sind. Durch die

Regie der Medien wurde das Ausland ausschließlich mit Informationen über die ethnische Säuberung der Albaner eingedeckt, die "Pol Pots Kambodscha gleicht". Und es war nicht schwer, es auch davon zu überzeugen, zumal auf dem serbischen Regime die Hypothek vom blutigen Zerfall Jugoslawiens lastete.

Die Stationierung von Truppen im Kosovo war das strategische Ziel der Amerikaner. Milošević ließ sich darauf nicht ein, denn er wusste, welche Gefahr seinem Regime drohte. Und um das Ausland davon zu überzeugen, dass Serbien "das Kosovo bis auf den letzten Mann" verteidigen werde, organisierte man ein Referendum mit der Suggestivfrage: Akzeptieren die Bürger die Beteiligung ausländischer Unterhändler bei der Lösung des Kosovo-Problems?

Was immer auch Milošević forderte, das Resultat fiel dank der regimetreuen Medien, der Manipulation von Wählerstimmen und der Desinformiertheit der Bürger stets zu seinen Gunsten aus. Die Öffentlichkeit wurde mit patriotischen Botschaften übersät: "Ein Nein beim Referendum bestätigt, dass das Kosovo ein unteilbarer Bestandteil Serbiens ist!", "Ein Kreis um Nein bedeutet die Bestätigung einer Politik zum Erhalt unseres Landes!" und schließlich "Wir werden das Kosovo verteidigen, weil Serbien Slobodan Milošević hat!". Ein Dilemma bei der Auszählung gab es nicht: mit "Nein" stimmten 5.017.383 Wählerinnen und Wähler oder 94,73 Prozent. Alle, alle, alle!

Das Referendum war eigentlich nur ein weiteres politisches Manöver, mit dem Milošević gewisse Zugeständnisse erwirken wollte. Er dachte, er könne sich mit den Amerikanern einigen, so wie schon mehrere Male zuvor. Und unter dem Druck Washingtons, das erneut von Richard Holbrooke vertreten wurde, willigte er erstmals in seiner zehnjährigen Regierungszeit ein, sich mit den führenden Albanern zu treffen.

Freitag, 15. Mai 1998

Begleitet von einer Polizeieskorte, treffen in drei Wagen mit dem Autokennzeichen von Priština Ibrahim Rugova und seine Genossen im Belgrader Weißen Hof ein. Sie werden von Milošević mit einem herzlichen Lächeln wie willkommene Gäste empfangen. In solchen Situationen findet er sich gut zurecht. Es gelingt ihm, das innere Gleichgewicht aufrecht zu halten, und sein Geist lässt ihn nicht im Stich.

Der Delegation gehört auch Mahmut Bakali an, der ehemalige Vorsitzende der kosovoalbanischen Kommunisten, der 1981, nach den dortigen Unruhen, der politischen Säuberung zum Opfer gefallen war. "Grüß dich, Mahmut, wie geht's?" begrüßt ihn Milošević und erinnert ihn mit einem Scherz daran, dass er hier, im Weißen Hof, ein alter Bekannter ist: "Du kennst dieses Haus ja besser als ich."

Milošević wußte über alle Teilnehmer einigermaßen Bescheid und plauderte mit jedem. Zu Veton Surroi meinte er, dessen Zeitung habe keinerlei Probleme mit der Obrigkeit. "Im Gegenteil" antwortete Surroi, "die Zeitung ist verboten". Milošević sagte: "Ist nicht möglich! Wann?" Da gab Surroi das genaue Datum an, fügte aber hinzu, das Problem liege nicht darin, dass diese oder eine andere Zeitung verboten sei, sondern dass es viel schlimmere Dinge gebe, für die Milošević́s Regierung verantwortlich sei, wie etwa das Massaker in Prekaz.

Das Szenario des Treffens war schon im voraus festgelegt, und alles lief auf die Vereinbarung offizieller Verhandlungen hinaus. Das Gespräch dauerte von 12.00 bis 13.30 Uhr. Anstatt mit ihrem Gastgeber zum Mittagessen zu gehen, begaben sich die Albaner in die Residenz des amerikanischen Botschafters Richard Miles, wo man ihr Schicksal bestimmte. Neue Verhandlungen sollte es nicht geben. Noch war nicht genug Blut vergossen worden. Nach dem Treffen im Weißen Hof entbrannte der Krieg im Kosovo mit noch größerer Heftigkeit.

Wo war zu diesem Zeitpunkt die serbische Opposition, oder was von ihr übrig geblieben war? Sie war tot, verloren, und auch wenn sie etwas verlautbarte, interessierte sich niemand für ihre

Meinung. Nach dem Zerfall des Zajedno-Bündnisses konnte diese Leiche keiner mehr zum Leben erwecken. Im Mittelpunkt der Aufmerksamkeit standen Vojislav Šešelj und sein Trauzeuge Drašković. Das Kosovo war für beide eine gute Gelegenheit, sich mächtig ins Zeug zu legen.

Šešelj trat in seiner Lieblingsrolle als Hetzer auf. Er drohte, griff zu aufpeitschenden unsinnigen Äußerungen und ermöglichte es Milošević, sich als vernünftigen Politiker darzustellen: "Wenn es zu einer Aggression kommt, wird es im Kosovo keine Albaner mehr geben." Er hatte auch keine Angst vor der Nato: "Wenn wir schon nicht jedes Flugzeug abfangen können, greifen wir uns die, die bei der Hand sind!"

Die neuen Ereignisse erweckten in Vuk Drašković wieder die Lebensgeister, nachdem er bei den Wahlen und seinen Vereinbarungen mit den Sozialisten gescheitert war. Er preschte zur Verteidigung des Kosovo vor, unterstützte das Referendum, forderte die Einführung des Ausnahmezustandes, ein größeres Engagement von Militär und Polizei und rief dazu auf, "das heilige serbische Land Strauch für Strauch, Busch für Busch" zu durchkämmen. Auch er selbst schaute sich im Kosovo um, es interessierte ihn, wo es noch Terroristen gab, er ermutigte die Polizisten: "Danke, dass ihr Serbien beschützt" und verteilte mit seinem Autogramm versehene Exemplare seines Buchs "Das Messer". Die Kosovo-Serben akzeptierten ihn, da sie nicht wussten, an wen sie sich sonst wenden und wem sie glauben sollten: "Vuk, gib das Kosovo nicht her!" Und er versprach ihnen, dass sie sich auf ihn verlassen könnten. "Mein einziger Albtraum ist das Kosovo. Mit dem Leiden des Kosovo gehe ich zu Bett, vom Kosovo träume ich, und mit dem Kosovo wache ich auf". Als ein Journalist bemerkte, dass er allein dastehe, antwortete Drašković: "Auch Christus war einsam!"

Als Belohnung für seine Loyalität wurde der Serbischen Erneuerungsbewegung die Macht in Belgrad übertragen. Darüber hinaus übergab man Drašković einen mächtigen Propagandaapparat, den einflussreichen Fernsehsender "Studio B". Was das Staatliche

Fernsehen für das Regime der Sozialisten und der JUL bedeutete, das wurde "Studio B" für den Aufstieg von Drašković. Jahrelang hatte Vuk D. gegen "TV Bastille"[34], wie das staatliche Fernsehen genannt wurde, den Kampf für die Freiheit der Medien geführt, nur um jetzt sein eigenes Propagandamedium zu schaffen, das von seinen Gegnern "Vuko-Vision" genannt werden sollte.

Angesichts einer solchen Opposition konnte Milošević ruhig schlafen. Šešelj hatte sich zum zuverlässigsten Anhänger des Regimes entwickelt; Drašković war die Rolle des Reservisten zugedacht, der Šešelj jeden Moment ablösen konnte. Und Milošević ließ zu, dass sie gegenseitig auf sich einschlugen. Während das Kosovo brannte, hatten die Gevatter die Zeit, einen Rechtsstreit auszufechten, in dem Drašković zehn Millionen Dinar[35] Schadensersatz forderte, weil Šešelj behauptet hatte, und eine solche Bemerkung konnte nur von ihm stammen, Drašković sei drogenabhängig! Die Radikalen widmeten sogar eine ganze Nummer ihres Parteiblatts "Velika Srbija"[35] an die hundert Seiten, der Kompromittierung Draškovićs.

Das politische Elend nahm kein Ende. Schließlich tauchte als einsame Reaktion auf den Straßen Belgrads ein Flugblatt der Studentenbewegung "Otpor"* auf: "Dieses Land wird von Idioten beherrscht, die Idioten vertreten, um aus uns Idioten zu machen!"

Herbst 1998 (I)

Der Kriegserfolg wendete sich zu Gunsten der Serben: führende Formationen der kosovoalbanischen Irredenta wurden vernichtet. Aber die Nato rückte nicht von ihrer Absicht ab, ihren Fuß auf den Boden des Kosovo zu setzen, und kündigte zur Verhinderung einer humanitären Katastrophe eine militärische Intervention an. Aus Brüssel trafen Nachrichten ein, dass alles für einen Luftschlag bereit stehe, die Flugzeuge nur auf den Befehl warteten, und "ganz Europa" biete seine Dienste an, einschließlich der Nachbarn, der Kroaten, Ungarn, Rumänen, Albaner und Makedonier. Auch die

Slowenen waren dabei, obwohl sie ein Problem hatten: "Wenn die Nato Jugoslawien bombardiert, wird sie auch unser Eigentum beschädigen", erklärte Miran Mejak, der Chef der slowenischen Unterhändler zur Frage der Nachfolgeregelungen[38] dessen größte Sorge die ökonomische Seite des Problems war.

Die Drohungen der Nato wurden noch nicht ernst genommen. Man dachte sich Scherze auf Kosten der Nato aus: "Bombardiert, oder sollen wir die Mauer tünchen!" lautete ein Graffito an einer Fassade. Auch Milošević glaubte, es handle sich um leeres Geschwätz. An seiner Seite ermutigte Gattin Mirjana pathetisch ihre Landsleute: "Gib nicht auf, Jugoslawien! Wenn du in die Knie gehst, wird unsere Hoffnung auf Freiheit für lange Zeit aus der Geschichte schwinden, werden die Ideen von der Gleichberechtigung geschwächt, werden alle Anstrengungen der kleinen Völker, wie Menschen zu leben, zunichte gemacht, werden die Schwalben den Balkan verlassen, werden die nach Hause kommen, die sich auf einen weiten Weg gemacht haben, wird die Welt ihren Gang zum morgigen Tag verlangsamen".

Tage- und nächtelang tagten Milošević und Holbrooke. Diese beiden kannten einander besser als irgendwer. Sie waren sich ähnlich: Beide aggressiv, eitel, unendlich hartnäckig und Meister darin, Spannung aufzubauen. Unterstützt wurde Holbrooke von Michael Short, einem Veteranen des Vietnamkriegs, der Kommandant der Nato-Luftstreitkräfte für Südeuropa war. Als Holbrooke ihn vorstellte, verbeugte sich Milošević höflich vor Short: "Herr General, Sie sind also der Mann, der uns bombardieren wird!" Und der General, von sich überzeugt und kriegsdurstig, um seinen Rang zu rechtfertigen, sprach einen Satz aus, der sich gut in seinen Memoiren machen würde: "Ja, das bin ich. In einer Hand habe ich die B-52-Bomber, in der anderen die U-2-Aufklärer!" Und um überzeugender zu wirken, forderte Short Milošević dreist dazu auf, falls er nicht auf das Ultimatum eingehen wolle, doch zusammen mit ihm einen Spaziergang durch Belgrad zu unternehmen, weil es "so wie es heute ist, nie wieder sein wird". Im Ergebnis dieses Gesprächs willigte Milošević ein, dass zweitausend OSZE-Beobachter Einzug in das Kosovo halten.

Niemand sprach mehr von dem Referendum, mit dem die Vermittlung der internationalen Gemeinschaft abgelehnt worden war. Milošević war gefeiert worden, als er den Großmächten unverfroren "nein" gesagt hatte; man feierte ihn auch jetzt, als er von seinem "Nein" abgerückt war und "ja" gesagt hatte: "Wir bewundern Ihre Kunst, Verhandlungen zu führen, und Ihre übermenschliche Zähigkeit!", oder: "Milošević wird als Mann in die Weltgeschichte eingehen, der den Beginn des dritten Weltkriegs aufgehalten hat!" So wurde das große Nein zu einem großen Ja, durch das die Nato langsam das Kosovo eroberte.

Herbst 1998 (II)

Die drohende Bombardierung war abgewendet; für den Augenblick zog sich die internationale Gemeinschaft zurück, so sah es zumindest aus, und das war eine Gelegenheit für Milošević, sich um die Risse in seinem Regime zu kümmern. Was beunruhigte den serbischen Herrscher? Es gab noch ein paar unangenehme Krisenherde, darunter die Überreste einer selbständigen Presse, die Universität und einige unzuverlässige Kader.

Das Regime kontrollierte die Massenmedien, aber die Presseorgane mit geringer Reichweite stellten ein nicht zu unterschätzendes Problem dar. Jahrelang war die serbische Macht bestrebt gewesen, die Presse zu disziplinieren, wobei sich Professorin Marković hier besonders hervortat, denn sie sah in einer unabhängigen Presse das größte gesellschaftliche Übel: "Jede Gewaltherrschaft in Serbien hat einmal ein Ende. Gegen die Türken haben sich die Serben erhoben, gegen die Tschetniks die Partisanen, gegen die Nazis die Kommunisten. Auch diese Gewalttäter, die mit ihren Texten in Presse und Fernsehen wie einst mit der Peitsche auf jeden einschlagen, der ihnen nicht gefällt und der ihnen über den Weg läuft, werden einmal aufgehalten werden", schrieb die

Präsidentengattin in der "Duga" vom 14. Dezember 1995. Dieser Augenblick war nun gekommen, und Professorin Markovićs großer Wunsch ging in Erfüllung.

Inmitten des Kosovo-Dramas wurde eine Verordnung erlassen, mit der die Blätter "Dnevni telegraf", "Danas" und "Naša Borba" gezwungen wurden, ihr Erscheinen einzustellen. In dem Beschluss hieß es, dass diese Zeitungen "Angst, Panik und Defätismus verbreiten und die Bereitschaft der Bürger, die territoriale Integrität und Souveränität Jugoslawiens zu bewahren, negativ beeinflussen".

Dieser patriotische Vorwand war nur der Auftakt zur vollständigen Ruinierung der unabhängigen Medien. Dies wurde mit dem neuen Presse- und Informationsgesetz bewerkstelligt, das wohl die produktivste Schweinerei in der Geschichte des Pressewesens darstellt und schlimmer wirkte als jede staatliche Repression. Nach dem Motto: wir werden euch nicht verhaften, wir führen keine Zensur ein, wir verbieten die Medien nicht, es gibt etwas wirkungsvolleres: wir werden euch mit drakonischen Geldstrafen zur Selbstzensur zwingen.

Die angedrohten Strafgelder überstiegen zwei Millionen Dinar, bei einem monatlichen Durchschnittsgehalt von 1.125 Dinar, wohlgemerkt. Während die Besitzer der Blätter ihr Vermögen der Verwandtschaft überschrieben, um sich mit ihren Familien nicht auf der Straße wiederzufinden, stellte die Propaganda des Regimes dieses Gesetz als "die größte zivilisatorische Errungenschaft in Europa" dar. Vojislav Šešelj war einst ein Opfer des Regimes gewesen. Ich erinnere mich, wie er 1980, zu der Zeit, als er verfolgt wurde, zu "NIN" kam und erfolgreich um die Veröffentlichung eines Leserbriefes bat. Aber als er selbst an die Macht kam, wurde er zum Henker: "Das ist ein gutes Gesetz, es wird in die Geschichte des Parlamentarismus eingehen", verkündete der Ex-Wojwode.

Den höchsten Preis sollte der unglückliche Slavko Ćuruvija bezahlen, während der Bombardierung Serbiens an Ostern, am 11.

April 1999.

Auf seinem Heimweg von einem nachmittäglichen Spaziergang lauerten Ćuruvija zwei schwarz gekleidete, junge Männern auf. Sie ließen ihn, wie mir Branka Prpa, eine Augenzeugin des Geschehens, berichtete, an sich vorbei und schossen ihm dann von hinten sechzehn Kugeln in den Rücken. Dann töteten sie ihn mit zwei weiteren Schüssen in den Kopf. Das war der Höhepunkt der Gewalt gegen die Medien, das Opfer war ein hervorragender Journalist und der Eigentümer der unabhängigen Presseorgane "Dnevni telegraf" und "Evropljanin"[39].

Wer Slavko Ćuruvija umgebracht hat, wird wahrscheinlich ein Geheimnis bleiben, das mit dem Sarg dieses ungewöhnlichen Mannes begraben liegt, der sich durch persönlichen Mut, starken Willen und Abenteuergeist auszeichnete. Wie bei jedem unaufgeklärten Mord kursierten alle möglichen Vermutungen, sogar dass es sich um das "Begleichen von Schulden" handle, weil sich der Besitzer von "Dnevni telegraf" und "Evropljanin" aufgrund der vom Regime veranlassten Pfändung seiner Zeitungen in einer schwierigen finanziellen Lage befand. Aber da sich Ćuruvija mutig bis zur Provokation auf den Krieg gegen das Regime eingelassen hatte, schien es das Nächstliegende zu sein, einen Zusammenhang zwischen dem Attentat, der Situation der Presse, der Politik und Ćuruvijas Schicksal zu vermuten. Auf die Frage von Augenzeugin Branka Prpa, ob man Vermutungen zu dem Auftraggeber und Vollstrecker des Verbrechens habe, antwortete der Polizeiinspektor kurz angebunden: "Kriminelle morden niemals an Ostern."

Ćuruvijas Geschichte ist auch eine Geschichte der Kämpfe, die der Journalismus zu seiner Selbstbehauptung führen musste. Als Besitzer und Redakteur auflagenstarker Publikationen machte Ćuruvija exklusive Ausgaben mit riskanten Texten, in denen weder die Machthaber noch ihre Vasallen geschont wurden. Wohl wissend, dass die Medaille zwei Seiten hat, nahm Ćuruvija Zuflucht zu den üblichen Tricks und sorgte für eine starke Rückendeckung. Er hatte Schutz in der Person Mira Markovićs gefunden – zumindest dachte er das.

Slavko Ćuruvija und Mira Marković hatten sich als Jugo-Nostalgiker kennen gelernt und einander angenähert. Obwohl sie sich nur von Zeit zu Zeit begegneten, hielt ihre Beziehung mehrere Jahre lang. Mirjana M. hatte in Slavko Ć. einen interessanten und offenen Mann entdeckt, der gleichzeitig Besitzer einflussreicher, auflagenstarker Zeitungen war. Und Ćuruvija als Geschäftsmann wusste, was ihr Wort in den Kreisen der Macht bedeutete. Daran hielt er sich auch in seinen Blättern. Er sagte mir: "In meinen Zeitungen herrscht unbegrenzte Freiheit. Die Freiheit ist lediglich dann eingeschränkt, wenn es um Mirjana, ihre Kinder oder Ljubo Šiptar[40] geht.".

Der unglückliche Ćuruvija ahnte nicht, wie heikel die Gratwanderung zwischen Leben und Tod und wie unproduktiv das Spiel mit der Macht ist, wenn es nicht auf reinem Gehorsam beruht. Sein Kontakt zur Präsidentengattin brach für immer ab, als er, wie er der Wochenzeitschrift "Vreme" erklärte, mit dem Ehepaar Milošević keine Kompromisse mehr eingehen wollte. Das fiel zeitlich mit der Verkündung des neuen Informationsgesetzes zusammen, das der serbischen Presse den letzten Schlag versetzte. An diesem Tag, dem 20. Oktober 1998, sagte Ćuruvija bei ihrem letzten gemeinsamen Treffen zu Professorin Marković, der Faschismus sei dabei, Serbien zu erobern, und zwar unter der Fahne der JUL und der Radikalen, und die Ereignisse könnten sich innerhalb von sechs, sieben Monaten so dramatisch entwickeln, dass in Serbien "Blut fließt". In einem Wutausbruch brach Mira Marković den Stab über Ćuruvija, ohne auf ihre Wortwahl zu achten. Sie nannte ihn einen Verräter und Söldling, und über sein Blatt sagte sie, es sei eine "perverse Para-Udba-Redaktion[41]."

So trennten sie sich für immer, die Fortsetzung folgte in Gestalt von Verboten, Geldstrafen, der Pfändung einer Auflage des "Dnevni telegraf" und einer Kampagne gegen Ćuruvija. Der untertänige "Ekspres" beschuldigte Ćuruvija in einem Artikel aus der Feder von Miroslav Marković, er rufe die Nato dazu auf, Serbien zu bombardieren. Und um überzeugender zu wirken, stützte sich der Verfasser dieses obskuren Textes auf Mira Marković, die in einer Ansprache an die JUL-Jugend von einem "perfiden Verrat" sprach und öffentlich erklärte, dass ihr der "Besitzer eines Belgrader Blattes" gesagt habe, er unterstütze Amerika bei seinem Wunsch, Serbien zu bombardieren, und dass "diese Bombardierung die Serben zur Vernunft bringen werde".

Der Schlussakt spielte sich auf dem Belgrader Neuen Friedhof ab, wo sich mehrere Tausend Menschen versammelt hatten, die still gegen den monströsen Mord an Ćuruvija demonstrierten. Man ließ auch die letzte Ausgabe des "Evropljanin" ins Grab hinab: zusammen mit ihrem Gründer wurde auch seine Zeitung begraben.

Zwei Monate zuvor hatte Ćuruvija in Washington zu Mitgliedern des amerikanischen Kongresses gesagt, Milošević habe seine Zeitung ruiniert, und er habe keinen anderen Ausweg, als Miloševićs Regime zu ruinieren. Viele, die so dachten, haben das Ende der Milošević-Herrschaft nicht mehr erlebt.

Die Macht fürchtete auch die Universität. Bei allen Aufständen waren die Studenten die Bevölkerungsgruppe, die am ehesten zum Kampf bereit war, und ihnen zur Seite standen viele angesehene Professoren. Fast zur gleichen Zeit, als das Regime die Presse unterwarf, wurde auch ein neues Universitätsgesetz verkündet, womit diese Hochschuleinrichtung praktisch besetzt wurde. Die serbische Regierung ernannte jetzt die Rektoren und Dekane, und sie bestimmte damit das Schicksal des Lehrkörpers. Zum Rektor der Universität wurde Jagoš Purić ernannt, einer der Vorkämpfer des 8. ZK-Plenums, und die Dekane wurden nach ihrer Parteizugehörigkeit ausgewählt: Sozialisten, Mitglieder der JUL und einige Radikale. Auf der Sitzung des serbischen Parlaments verkündete der stellvertretende Vorsitzende der Radikalen, Tomislav Nikolić, er besitze keinen Hochschulabschluss, und zwar deshalb, "weil das Universitätsgesetz nichts taugte". Er wurde mit Applaus belohnt.

Im selben Zug setzte Milošević mit Jovica Stanišić und Momčilo Perišić die führenden Köpfe der zwei mächtigsten Ressorts, der Geheimpolizei und der Armee ab.

Der aus Bačka Palanka stammende Montenegriner Jovica Stanišić, ein diplomierter Politikwissenschaftler und diskreter Polizist, Jahrgang 1947, gehörte zu den seltenen fähigen Kadern Miloševićs, die dem Präsidenten gegenüber loyal waren, aber immer eine gewisse beunruhigende Distanz hielten. Er meldete sich selten in der Öffentlichkeit zu Wort, spielte aber als langjähriger Chef der Geheimpolizei, als Organisator von Aktionen und als Diplomat überall in heiklen Angelegenheiten eine wichtige Rolle, in der Krajina, in Bosnien, im Aushandeln von Absprachen mit der Opposition. Er wurde ohne Geschrei abgesetzt mit der Begründung, sein "Mandat sei abgelaufen".

Obwohl von soldatischem Gehorsam, war auch Momčilo Perišić, Jahrgang 1944, Generalstabschef und diplomierter Psychologe, kein Lakai des Herrschers. Er war zu selbständig für einen führenden General. Während der Demonstrationen des Oppositionsbündnisses "Zajedno" empfing er Studenten und zeigte ihnen sein Wohlwollen, und aus dem Konflikt der montenegrinischen Parteiführer Milo Đukanović und Momir Bulatović hielt er sich heraus, da er die Armee nicht in politische Auseinandersetzungen hineinziehen wollte. In einem seiner Auftritte beschuldigte er die Führung, die Isolation des Landes ("Noch nie waren wir so allein") und die Tragödie im Kosovo bewirkt zu haben: "Wenn jeder seine Arbeit gemacht hätte, wäre es im Kosovo nicht dazu gekommen". Die Armee schätzte Perišićs Bescheidenheit und seine militärischen Tugenden. Als Kommandant der Artillerie in Zadar verteidigte er, vom Nachschub abgeschnitten, ein halbes Jahr lang tapfer die Stellungen. Kroatien erklärte seine Kriegsführung zum Kriegsverbrechen und verurteilte ihn in Abwesenheit zu einer zehnjährigen Freiheitsstrafe.

Der Chef des Generalstabs entsprach nicht dem, was sich Slobodan Milošević unter einem Kader vorstellte. Er verhielt sich ihm gegenüber misstrauisch. In seinen Erinnerungen beschreibt Richard Holbrooke eine Szene im Weißen Hof, wo im Beisein von Perišić ein Gespräch über die Kosovo-Frage geführt wurde. Da rief Milan Milutinović für einen Augenblick Holbrooke leise in die Ecke und flüsterte ihm zu, dass "der Chef über diese Fragen nicht vor General Perišić diskutieren will".

Seine Absetzung nahm der General nicht gehorsam hin, wie das fast alle vor ihm getan hatten. Über die Medien wandte er sich an die Öffentlichkeit: "Den heutigen Machthabern sind Führungspersonen von hoher Integrität, die selbst denken können, nicht genehm. Von meinen Pflichten als Generalstabschef bin ich ohne vorherige Konsultation, auf unangemessene und ungesetzliche Weise entbunden worden... Ich stehe der Armee, dem Staat und dem Volk weiterhin zur Verfügung."

Auch bei diesen Absetzungen spielte Mira Marković eine wichtige Rolle. Schon 1994 hatte sie die Ablösung Jovica Stanišićs gefordert, beunruhigt durch die Informationen ihrer Mitarbeiter, dass sie sich unter der Beobachtung der Geheimpolizei befänden: "Wir werden alle abgehört!" Nach einem dramatischen Gespräch mit Milošević wurde Stanišić vorübergehend amnestiert, er wurde noch gebraucht, genoss aber zu keiner Zeit die Zuneigung des Präsidenten. Nach der Aussage des Journalisten Slavko Ćuruvija in der Wochenzeitschrift "Vreme" behauptete Mira Marković im Kreise ihrer Mitarbeiter, es werde eine Verschwörung vorbereitet, an der auch Jovica Stanišić und Momčilo Perišić beteiligt seien.

Zuguterletzt reichte Milošević, um auch den letzten Irrtum in der Opposition zu beseitigen, schließlich Vuk Drašković die Hand. Nach dem Bruch mit der Koalition "Zajedno" hatte sich Drašković den Sozialisten angenähert, und seine Zusammenarbeit mit dem Eintritt in die jugoslawische Bundesregierung legalisiert, wo man ihm das Amt des Vizepräsidenten und einige Ministerposten zur Verfügung stellte. Milošević arbeitete auf der Ebene der Republik Serbien mit Šešelj zusammen, während er auf Bundesebene eine

Koalition mit Drašković einging. Zum Belgrader Bürgermeister wurde mit den Stimmen der Sozialisten und JUL-Mitglieder der 1951 geborene Vojislav Mihailović, General Draža Mihailovićs Enkel, gewählt.

Es gab keine selbständige Presse, keine rebellierende Universität und keine Opposition mehr. Es waren nur einige mutige, illegale Gruppen wie etwa die Studentenvereinigung "Otpor" übrig geblieben, die zum Ausdruck brachte, welche Bitterkeit in den Seelen der Menschen herrschte. Als Symbol wählte sie eine geballte Faust, mit der sie zeigen wollte, was uns nach allem noch als Letztes geblieben war. Die Faust des Regimes beantwortete sie mit der Faust: "Widerstand ist die Antwort. Anders wird es nicht gehen. Es wird zu spät sein / Wenn einer von den Deinen Hungers stirbt / Wenn sie auf den Straßen zu morden beginnen / Wenn sie alle Lichter löschen / Und die letzte Quelle vergiften... Es wird zu spät sein! Das ist kein System, Das ist eine Krankheit, Beiß das System! Denk nach, lebe, Otpor!", so der Text eines Straßenplakats.

Aber die neuen Ereignisse trieben die Menschen in eine neue Verzweiflung, in der sie das Regime, Slobodan Milošević, die Opposition, den Machtwechsel vergaßen. Man dachte nur noch daran, wie man den heutigen Tag lebendig überstehen sollte.

Die Götter des Krieges

Achtundsiebzig Tage lang Angst, Leid, Zerstörung und Kriegsterror und alles im Zeichen einer "Verteidigung der moralischen Werte, auf denen das Europa des 21. Jahrhunderts basiert".

Frühjahr 1999

Milošević glaubte, durch die Zulassung ausländischer Beobachter im Kosovo die angekündigten Bombardierungen abgewendet zu haben. Für die Amerikaner war das nur der Auftakt zu einer Besatzung, die durch die Friedensverhandlungen in Frankreich sanktioniert werden sollte.

Einen Monat lang, im Februar und im März, tagten nacheinander zwei Delegationen in Frankreich. Zuerst in Rambouillet in einem Schloss, das im 14. Jahrhundert zur Zeit der Schlacht auf dem Amselfeld erbaut worden war, und anschließend in Paris. Es handelte sich hierbei nicht um Gespräche, wie sie bei schwierigen Friedensverhandlungen üblich sind, sondern um ein Diktat der Weltmächte. Von Belgrad wurde der Rückzug von Armee und Polizei sowie die Einrichtung eines internationalen Protektorats verlangt, die Souveränität Jugoslawiens und Serbiens wurde jedoch garantiert. Verwirrung stiftete die Formulierung, dass das endgültige Schicksal des Kosovo drei Jahre darauf durch den "Willen des Volkes" bestimmt werden sollte. Jeder deutete diesen Absatz auf seine Art: für die Albaner war dies die Hoffnung auf die Errichtung eines eigenen Staates; die Serben sahen darin den drohenden Verlust ihrer südlichen Provinz; der Westen wertete diese Bestimmung als demokratisches Instrument, das die bestehenden Grenzen nicht in Frage stellte.

Das Abkommen war im Grunde ein Ultimatum. Entweder – oder, Vogel, friß' oder stirb. Dazu kam die von Madeleine Albright mit Überheblichkeit vorgebrachte Drohung: "Wenn die Serben das Abkommen annehmen, gibt es kein Bombardement; aber lehnen sie es ab, wird bombardiert: I am sorry!"

Ähnliche Situationen hat es in der Welt schon gegeben, in der Türkei, im Nahen Osten, in Nordirland, Mexiko, Aserbeidschan, Burma, Afghanistan, auf Zypern, aber an keines dieser Länder hatte man eine derartige Drohung gerichtet. Miloševićs Abgesandte verhandelten in Rambouillet mit der Gewehrmündung an der Schläfe.

Die Serben wurden auch durch die Zusammensetzung der albanischen Delegation gedemütigt. Die gemäßigteren Politiker mit Ibrahim Rugova an der Spitze passten den Amerikanern nicht ins Konzept. An ihrer Stelle gaben sie der Führung der grausamen UÇK, einer Organisation von Extremisten, nationalen Fanatikern und Söldnern den Vorzug. Während Rugova als bloßer Beobachter in der dritten Reihe im Konferenzsaal saß, wurde die Delegation von dem kaum bekannten Hashim Thaci, Jahrgang 1969, einem Mann mit problematischer Vergangenheit angeführt, der den Spitznamen "die Schlange" trug. Thaci war der Anführer der politischen Leitung der UÇK, ein diplomierter Historiker, Absolvent der Militärschule in Tirana und Mitglied einer terroristischen Emigrantenorganisation, der 1997 in Abwesenheit von den serbischen Machtorganen zu zehn Jahren Gefängnis verurteilt worden war. Ausgerechnet während der Verhandlungen in Frankreich veröffentlichte die "Politika" einen Steckbrief zu Thaci mit seiner Fotografie und einem Aufruf an die Bürger, dass sich "alle, die irgendetwas über ihn wissen oder sein Gesicht auf dem Foto erkennen, sogleich an die nächste Polizeidienststelle wenden". Doch Thaci leitete eine Delegation, mit der die Serben verhandeln sollten, und befand sich in Gesellschaft amerikanischer Berater.

Das serbische Verhandlungsteam wurde von Ratko Marković angeführt, hinter dem aber stand Milan Milutinović. Er sprach mit den Diplomaten und Journalisten, gab Erklärungen ab und verhielt sich wie ein Mann, der das entscheidende Wort hat. Und das hatte er tatsächlich, denn er bekam direkte Order aus Belgrad von

Slobodan Milošević.

Die Verhandlungen scheiterten, sollten aber fortgesetzt werden, wie viele glaubten. Wer konnte ahnen, dass sich dieser Konflikt zu einen Kriegsterror steigern würde, wie man ihn in Europa gar nicht mehr für möglich gehalten hatte. Obgleich die Amerikaner entschlossen waren, mit Bomben ihre militärischen und politischen Ziele zu erreichen, hofften sie immer noch, Milošević werde im letzten Moment in die Knie gehen. Und der serbische Führer hatte lange geglaubt, dass die Nato nur drohte und dass man auch weiterhin mit den Amerikanern sein Spiel treiben könne, um am Ende, wie noch jedes Mal, ein Abkommen zu erreichen. Den Ernst des Ultimatums begriff er erst nach den misslungenen Gesprächen in Paris, und da entschied er sich für den Widerstand.

Richard Holbrooke[42] führte in Belgrad ein letztes Gespräch mit Milošević in dessen Residenz im Weißen Hof, 29 Stunden vor der Bombardierung.

Holbrooke: Ist Ihnen klar, was passiert, falls die Verhandlungen scheitern?

Milošević: Ich weiß, Sie werden uns bombardieren, Sie sind ein mächtiges Land und können machen, was Sie wollen.

Holbrooke: Ich werde es ganz deutlich sagen. Die Aktion wird blitzartig geschehen, sie wird hart und sie wird kompromisslos sein.

Milošević: Die Verhandlungen sind vorbei, Ihr Engagement ist beendet. Sie werden uns bombardieren.

Im Salon herrschte völlige Stille. Beide schwiegen und trennten sich mit Unbehagen.

Holbrooke: Das ist es dann wohl, Herr Präsident, jetzt muss ich gehen.

Milošević: Ich frage mich, ob ich Sie jemals wieder sehen werde.

Holbrooke: Das hängt davon ab, was Sie tun werden, Herr Präsident.

Und dann kam es zum letzten Händedruck zwischen zwei

alten Bekannten, die einander nach mehrjährigem politischen Wettstreit womöglich vermissen würden.

Am Tag nach den gescheiterten Friedensverhandlungen, am 22. März 1999, wurde auf einer außerordentlichen Sitzung des serbischen Parlamentes eine Resolution angenommen, wonach der Stationierung ausländischer Truppen im Kosovo nicht zugestimmt wurde. Um 21 Uhr wiederholte das Fernsehen den Film "Die Schlacht auf dem Amselfeld", in dessen letzten Szenen die serbische Zarin Milica die Tragödie ankündigte, die im ausgehenden 20. Jahrhundert beendet werden sollte: "Das Kosovo ist der Ort, von dem aus Serbien in den Himmel fährt!" Radio B-92 teilte seinen Hörern mit, dass die Militäraktion durch die Nato gebilligt worden sei.

Am 24. März nach Mitternacht besetzte die Polizei die Redaktionsräume von "Radio B-92": Chefredakteur Veran Matić wurde zu einem "Informationsgespräch" abgeführt, ein paar Tage darauf wurde Direktor Saša Mirković abgesetzt. An seine Stelle trat der junge Sozialist und Parteiaktivist Aleksandar Nikačević. Das war das Ende des einflussreichsten unabhängigen Radiosenders. "Sie hörten B-92, Sie werden es aus technischen Gründen nicht mehr hören", waren die letzten Worte des Sprechers. Auf Fragen von Journalisten, wie die neue Politik der Redaktion aussehen werde, antwortete Nikačević: "Den nationalen Interessen angemessen." "Was sind das, nationale Interessen?" "Die Liebe zu Präsident Milošević!" Der serbische Parlamentspräsident Dragan Tomić verkündete: "B-92 wurde abgeschaltet, weil es die größte Funkortungsanlage zur Orientierung der ausländischen Truppen war!" Einige Monate zuvor hatte man schon das Programm von "Radio Index" eingestellt, das zu den führenden Medien des unabhängigen serbischen Journalismus zählte.

Um fünf Uhr morgens verließ auch der amerikanische Botschafter Richard Miles mit 320 Gepäckstücken Belgrad in Richtung Budapest. In der Eile waren viele Diplomaten nur mit einer Reisetasche aufgebrochen: neunzehn amerikanische Wohnungen wurden ohne jegliches Gepäck verlassen.

Der österreichische Botschafter und Sonderbeauftragte für das Kosovo, Wolfgang Petritsch[43], glaubte als letzter, dass es noch Hoffnung gebe. Er rief den Präsidentenberater Bojan Bugarčić an.

Petritsch: Wir sind immer noch da. Können wir etwas machen?

Bugarčić: Ich denke, leider nein.

Der orthodoxe Heilige Synod wandte sich mit einem geistlichen Hirtenbrief an die Öffentlichkeit: "Wir bitten den Herrn der Welt, den lebendigen und wahrhaftigen Gott, in dessen Händen das Gericht und die Gerechtigkeit ist, dass er allen im Kosovo und Metohija und in unserem ganzen Vaterland, wie auch überall in der Welt, Frieden, Gerechtigkeit, Sicherheit und Freiheit und den Mächtigen dieser Welt Vernunft und Weisheit schenkt."

Aber es gab weder Vernunft noch Weisheit. Um 20 Uhr und 14 Minuten hörte man das heimtückische Heulen der Sirenen und danach die ersten Bomben über Serbien, es war die erste Bombardierung eines europäischen Landes nach dem Zweiten Weltkrieg. Es begannen achtundsiebzig Tage der Angst, des Leides, der Zerstörung und des Wahnsinns, in dem sich weder Serbien noch die Außenwelt, in die man so viel Hoffnung gesetzt hatte, wieder erkennen konnten.

Nato-Generalsekretär Javier Solana verkündete: "Der Angriff auf Jugoslawien ist ein Versuch, die moralischen Werte, auf denen das Europa des 21. Jahrhunderts gründet, zu verteidigen."

Der deutsche Außenminister Joschka Fischer erklärte: "Die Nato führt keinen Krieg, sie leistet Widerstand."

Aber einen solchen, für eine Seite gefahrlosen Krieg, in dem der Sieger feststand, und in dem sich die Gegner niemals Auge in Auge begegneten, hat es in der Geschichte der Kriege noch nicht gegeben. Das war kein Krieg, sondern eine Strafexpedition.

Neunzehn Mitgliedsländer der Nato mit zusammen sechshundert Millionen Einwohnern zogen mit der Unterstützung fast aller europäischen Länder gegen das kleine, isolierte, verhasste und fast von der ganzen Welt verlassene Serbien. Mit kaltblütiger Professionalität, modernster Technik und aus unerreichbarer Höhe wurden ausschließlich durch Luftangriffe Brücken und Fabriken zerstört, die Hunderttausende von Arbeitern ernährten, wurden Heizkraftwerke, Landstraßen, Schulen, Raffinerien, Stromleitungen, Krankenhäuser, Wohngebäude, Fernsehstudios in Trümmer gelegt, wurden Autobusse und Züge mit Reisenden zerbombt, und sogar das Gebäude der chinesischen Botschaft in Belgrad beschädigt. Schon innerhalb der ersten zwanzig Tage wurden in Serbien mehr Güter zerstört als während des gesamten Zweiten Weltkriegs.

Der Westen hatte Slobodan Milošević solange toleriert, wie er ihn brauchte, und den Preis dafür musste die unschuldige Bevölkerung bezahlen. Die Nato führte jetzt einen Krieg gegen das Regime, aber Opfer war erneut die Bevölkerung. Das Volk, das den Repressionen von Miloševićs Macht ausgesetzt war, war nun den Repressionen der Nato ausgesetzt. Serbien wurde mit seinem kompromittierten Präsidenten zum Polygon, an dem die Welt ihre Macht erprobte, zum Leidtragenden, zum Objekt der Geschichte und zu einer willkommenen Zielscheibe.

Jeden Tag nahmen an den Angriffen zwischen drei- und achthundert Flugzeuge teil. "Dort geht es ungefähr wie auf den New Yorker Straßen zu!" erklärte ein F-16-Pilot, der sich über den knappen Luftraum beschwerte.

Ein Durchschnittsamerikaner wusste nicht einmal, wo das Kosovo lag. Das wussten auch nicht die Kriegsberichterstatter, die wie ein Orchester die Luftangriffe mit einer antiserbischen Kampagne begleiteten. Das einflussreichste Massenmedium der Welt, der amerikanische Fernsehsender CNN, meldete, die Donaubrücke in Novi Sad[44], "der zweitgrößten Stadt im Kosovo!" sei zerstört. Vor den Bombardierungen erklärte Clinton, er habe "über den Balkan gelesen". Aber Christopher Hill, ein engagierter Washingtoner Diplomat, hatte sich nicht die Mühe gemacht, Schulbücher über die tausendjährige Geschichte dieser Gegend zu lesen. Er behauptete, die Serben hätten den Albanern 1912 das Kosovo abgenommen, und demnach müsse der Gerechtigkeit jetzt Genüge getan werden.

Die Lage eines Regimes bestimmt oft die Lage des Volkes. In Titos Jugoslawien gab es mehrere Aufstände der Kosovo-Albaner, die im Blut erstickt wurden. Der Westen blieb gleichgültig, weil er dieses Jugoslawien brauchte. Mit dem Machtantritt Slobodan Miloševićs änderte sich die Situation vollkommen. Der serbische Führer wurde in den Augen der internationalen Öffentlichkeit zum "größten Übel der Welt", und mit einem solchen Präsidenten hatte der Staat nichts Gutes zu erwarten. Damit war auch das Schicksal des "serbischen Kosovo" besiegelt. Professor Svetozar Stojanović fragte einen amerikanischen Diplomaten, warum man gegenüber den verfolgten Kurden in der Türkei andere Maßstäbe anlegte. Der Diplomat antwortete ihm schlicht und klar: "Die Türkei ist ein wichtiger Bündnispartner von uns, und die Lage der Kurden berührt unsere vitalen Interessen nicht." Der unverfrorene Milošević hatte das nie begriffen, und seine Gewaltpolitik war ein zusätzliches Argument, Serbien auf die Müllhalde Europas zu verweisen.

Die Operationen der Nato-Luftstreitkräfte wurden unter der Devise durchgeführt, eine humanitäre Katastrophe zu verhindern. Aber eigentlich riefen diejenigen eine humanitäre Katastrophe hervor, die mit ihren Bomben angetreten waren, um sie zu verhindern. Das Ziel der Albaner war ein unabhängiges Kosovo außerhalb Serbiens und Jugoslawiens. Das war nur mit einem Krieg zu erreichen, den man Milošević zur Last legen musste, und im Bündnis mit Amerika. In beiden Fällen erzielten die Albaner einen Volltreffer. Bis zum bewaffneten Aufstand hatte es auf dem Kosovo keine dramatischeren Verschiebungen in der Bevölkerung gegeben. In den letzten dreißig Jahren hatten Serben mit ungewisser Zukunft die südliche Provinz verlassen: sie gingen, um niemals wiederzukehren. Mit dem Auflodern des Krieges setzte in großem Ausmaß ein Exodus der Albaner ein, die dabei zum Opfer von Nato-Bomben, räuberischen serbischen paramilitärischen und polizeilichen Formationen und extremer Albaner wurden, die die massenhafte Aussiedlung ihrer Landsleute vorantrieben, um den Luftangriffen Legitimität zu verleihen.

Jede Seite im Kosovo verdeckte die eigenen Grausamkeiten, Racheakte, Massengräber und Verschleppungen. Die Wahrheit, die nicht der Tagespolitik untergeordnet ist, muss erst noch aufgedeckt werden. In Serbien ergriffen als erstes die Kirchenoberhäupter das Wort und verurteilten die Verbrechen der paramilitärischen Gruppen. Patriarch Pavle sagte, dass "die Seele des serbischen Volkes vom Blut der Albaner befleckt" sei.

Die unglücklichen Bewohner der südlichen Provinz jeder Glaubensrichtung und jeglicher Nationalität wurden zu Opfern des politischen Wahnsinns. Die Schuld an der allgemeinen Tragödie wurde indes ausschließlich auf die Serben abgewälzt. Um den Krieg zu rechtfertigen, war es notwendig, die öffentliche Meinung darauf einzuschwören. Das wurde mit einer Medienpropaganda erreicht, die von einer ehrlichen Information weit entfernt war. In eindrucksvollen Fernsehbildern berichtete man fälschlich von achthunderttausend, sogar einer Million Flüchtlingen aus dem Kosovo, von hunderttausend massakrierten Albanern, von einem in ein Konzentrationslager verwandelten Fußballstadion in Priština und ähnlichem.

Robin Cook verglich das Kosovo mit dem Holocaust an den Juden. Spätere Dementis dieser Erfindungen hatten kaum Bedeutung: die erste Information hatte ihr Ziel erreicht. Oder wie James Harf, der Besitzer einer Propagandaagentur erklärte: "Unsere Aufgabe ist es nicht, Informationen zu überprüfen. Unsere Aufgabe ist es, uns genehm erscheinende Nachrichten schnell in Umlauf zu bringen, damit sie das sorgsam ausgewählte Ziel treffen." An diesen Grundsatz hielt sich auch der Nato-Sprecher Jamie Shea, der am meisten zum miserablen Image der Serben beigetragen hatte. Er erklärte später: "Meine Aufgabe war es, die Journalisten mit Munition zu versorgen, um unsere kriegerischen Aktionen und Ziele zu rechtfertigen."

Alles war vorbereitet: die Bomben konnten fallen!

Obwohl der Krieg unter Nato-Hoheit geführt wurde, handelte es sich eigentlich um einen Krieg Amerikas gegen Jugoslawien, bzw. Serbien. Nur jedes fünfte Flugzeug von tausendeinhundert war kein amerikanisches. Mit den Amerikanern arbeiteten am engsten die Briten zusammen, angeführt von ihrem jungen Premier Tony Blair, den das Kriegsfieber in einem Maße ergriffen hatte, dass er persönlich Ziele für die Bomben bestimmte. Ihn, Madeleine Albright und den Nato-Kommandanten Wesley Clark nannten die westlichen Medien "Kriegsgötter".

Fast ganz Europa unterstützte die Aggression. Bürger aus München-Schwabing organisierten die Aktion "Sauberes Schwabing", bei der sie forderten, auch die Läden von "serbischem Ajvar und Sliwowitz" zu säubern. Serbien wurde zum Land für niemanden und jeden. Wie aus den Rohren der Kanalisation ergoss sich das ganze menschliche und politische Elend. Der Vorsitzende der rechtsgerichteten ungarischen Partei für Gerechtigkeit und Leben István Csurka forderte, einen Teil der Vojvodina Ungarn anzugliedern.

Logistische Hilfe leisteten die Slowenen, Kroaten, Bosniaken, Tschechen, Slowaken, Ungarn, Makedonen. Hilfe bot auch das kleine Liechtenstein an. Die Bulgaren hatten 1941 dem Dritten Reich ihr Territorium für einen Angriff auf Jugoslawien zur Verfügung gestellt: jetzt öffneten sie den Luftkorridor für die Angriffe der Nato. Sie alle standen vor dem amerikanischen Schalter und warteten auf eine Belohnung für "gutes Benehmen". Das Sarajevoer Blatt "Dani" setzte sogar Sonja Liht, die Direktorin der Belgrader Soros-Stiftung, mit Šešelj gleich, weil sie sich gegen die Bombardierung Serbiens gewandt hatte. Alija Izetbegović erklärte: "Der Nato-Angriff auf Jugoslawien hätte schon früher durchgeführt werden müssen." Ihm schloss sich der ehemalige Vorsitzende der kroatischen Kommunisten Ivica Račan mit dem Freudenruf: "Endlich!" an. Der ehemalige Offizier der jugoslawischen Armee und spätere General der kroatischen Armee, der Albaner Agim Çeku, dessen Beteiligung bei Massakern an der unschuldigen serbischen Bevölkerung bekannt geworden und der mit zehn Auszeichnungen geehrt worden war, wurde Kommandant der UÇK.

In Kroatien war Franjo Tuđman am zurückhaltendsten. Die Opposition beschuldigte ihn, dass er sich "auf die Seite Serbiens geschlagen" habe, weil er eine politische Lösung und eine Teilung des Kosovo vorgeschlagen hatte. Tuđman ließ Milošević, mit dem er sich in all den Kriegsjahren am leichtesten verständigt hatte, nicht im Stich. Als das in Sofia erscheinende Blatt "Noćni trud" ein erfundenes Interview mit dem kroatischen Präsidenten veröffentlichte, dem man zugeschrieben hatte, er habe Milošević angegriffen, wurde diese Behauptung auf Verlangen von Tuđman energisch dementiert.

Das Gefühl der kollektiven Bedrohung brachte die Menschen in Serbien einander näher: Milošević und sein Regime wurden vorübergehend in den Hintergrund gedrängt. Die Gehälter wurden drastisch gekürzt, aber niemand begehrte auf. Nach dem ersten psychologischen Schock bemühte sich das Volk um Normalität und sah in den ersten Tagen mit Trotz dem Luftalarm entgegen, als sei ihm sein Leben unwichtig. Auf dem Belgrader Platz der Republik und in vielen anderen Städten wurden Konzerte veranstaltet, auf denen die populärsten Sänger auftraten. In den ersten Tagen gab es spontane Versammlungen, die später zur Manipulation und Simulation von Normalität umfunktioniert wurden.

Mehr als ein Jahrzehnt hatte Slobodan Milošević souverän über Serbien geherrscht. Das waren Jahre des Leidens. Viele Serben hassten Ihn, seine Frau und ihre Anhänger. Aber in der kollektiven Tragödie übertrug sich die Unduldsamkeit auf die ehemaligen "traditionellen Verbündeten", Amerika, Großbritannien und Frankreich, auf diejenigen, von denen die demokratische Welt Rettung erwartet hatte und keine Bomben.

Das zur Erinnerung an das Bündnis im Ersten Weltkrieg errichtete Denkmal des Dankes an Frankreich auf dem Belgrader Kalemegdan bedeckten die Bürger mit einem schwarzen Trauerflor.

Predrag Cvetković aus Kragujevac, dessen Haus zerstört wurde, erklärte: "Vor einem halben Jahrhundert war ich an der Rettung amerikanischer und britischer Piloten beteiligt. Hundert Kilometer weit habe ich sie zu Fuß begleitet, während sie im Wagen saßen. Seht, wie sie es mir vergolten haben."

Die Serben setzten die größte Hoffnung auf die orthodoxen russischen Brüder. [...] jugoslawische Parla[...] Weißrussland einzuge[...] als epochales Ereign[...] dieser verrückten Id[...] unserer Seite, keiner [...] bische Parlamentsprä[...] lisiert war, falsche [...] Äußerungen zu erklä[...] Buch der Geschichte [...] zu erwarten war, k[...] Russland. Russland [...] vom Westen. Alles w[...] derne Waffen zu sch[...] Amerika einzutreten. [...] Vernunft und Ruhe herangehen; das ist eine Sache der Zukunft", erklärte Jelzin.

Eine weitere Seifenblase war geplatzt, und die enttäuschten Bürger reagierten mit einem ironischen Transparent: "Russische Brüder, fürchtet euch nicht, die Serben sind mit euch!"

Das Symbol des nicht erklärten Krieges war "der edle Engel", wie man die Luftangriffe der Nato nannte. Aber der edle Engel kannte kein Erbarmen. Das strategische Ziel war, Serbien militärisch und ökonomisch zu zerstören, die Kommunikationsverbindungen zu vernichten, das Land auseinander zu reißen und in eine isolierte Enklave zu verwandeln. Die Verbindungen zwischen der Vojvodina und Serbien, Montenegro und Serbien und später auch zwischen vielen anderen Städten wurden unterbrochen. Um von Podgorica nach Belgrad zu kommen, musste man über Sarajevo reisen. Aber das war nur die erste Phase, die in ein Blutbad für die unglückliche Bevölkerung mündete, was die Nato mit "unvermeidlichen Begleitschäden" erklärte. Es sind "Orientierungsfehler", "Kollateralschäden", "Nebenwirkungen", ja sogar "linguistische Fehler", was bedeutete, dass man die Karten falsch gelesen hatte. Der Oxforder Student Jamie Shea, Sprecher der Nato mit der Erfahrung eines Doktors der Wissenschaften, der sich seinen Titel mit dem Thema "Die Rolle der Intellektuellen bei der Bildung der öffentlichen Meinung während des Ersten Weltkriegs" erworben hatte, erklärte mit eiskalter Gefühllosigkeit: "Wir arbeiten ehrlich für die Sache des Friedens, aber Fehler sind unvermeidlich. Wir werden nicht erlauben, dass uns Nebensachen von der Hauptrichtung abbringen".[45] Das Ziel war es, Serbien zur Kapitulation zu zwingen, um die verfolgten Albaner zu schützen. Aus Brüssel wurde vermeldet, dass die Albaner "die Geräusche der Flugzeuge wie die Geräusche von Engeln erleben." Aber eine Albanerin aus der von Raketen getroffenen Flüchtlingskolonne, Bahrija Ahmetaj, jammerte über ihr Unglück: "Heute morgen habe ich mit bloßen Händen in der Glut gegraben und nach überlebenden Familienmitgliedern gesucht. Ich hatte ein volles Haus: drei Söhne, Schwiegertöchter, elf Enkel. Alle sind sie verbrannt!"[46]

Menschen starben aus Ohnmacht, aber es wurden auch sinnlose Opfer gebracht, wie um die Unbeugsamkeit der Serben zu beweisen. Die Bombardierung des Belgrader Fernsehens war angekündigt. Schon zwei Tage zuvor hatte CNN seine angemieteten Räume in der Takovska-Straße gekündigt. Die Leitung des staatlichen Fernsehens aber nahm darauf keine Rücksicht. Unter Drohungen forderte sie von ihren Mitarbeitern, nachts, wenn gewöhnlich die Bomben fielen, bei der Arbeit zu bleiben, während sie selbst einen anderen Aufenthaltsort vorzog.

Am 23. April, 2.06 Uhr war die Hölle los in der Takovska- und der Abardareva-Straße, wo die Fernsehtechnik untergebracht war. Zu dieser Zeit befanden sich an die hundert Kameraleute, Tontechniker, Cutter und Zeitungsmitarbeiter bei der Arbeit. Die Raketen spalteten eines der Gebäude in zwei Hälften. Sechzehn überwiegend junge, schutzlose Männer kamen ums Leben, Männer, die am Beginn ihrer Karriere gestanden hatten. Der Schlag war so gewaltig, dass danach Überreste des Mobiliars, der Videobänder und der Kabel in den Bäumen des Tašmajdan-Parks hingen. Eine abgerissene Hand wurde in der Nähe der Kirche des Hl. Marko gefunden. Obwohl der Tod der Fernsehmitarbeiter ein Werk der Nato-Gewalt war, ergoss sich der Zorn auch über die Leitung des Senders, die den eigenen Patriotismus auf Kosten des Lebens anderer demonstriert hatte. Während der Direktor des Fernsehens Dragoljub Milanović beim irdischen Abschied von den Märtyrern deren Tapferkeit lobte ("Sie werden zur Legende werden"), schrie man ihm entgegen "Mörder, Mörder!". Man schlug auf seinen Wagen mit den verdunkelten Scheiben ein, während er sich vor den Blicken der wütenden Familien und der Freunde der Opfer versteckte.

Die Nato hatte geglaubt, Milošević werde schon nach den ersten Bomben die weiße Fahne hissen. Man hatte nicht erwartet, dass das durch Kriege, Sanktionen und soziales Elend malträtierte Volk eine solche Gewalt aushalten könne. Man hatte sich auch in der Wehrfähigkeit der Armee getäuscht. Das war nicht mehr dieselbe Armee, die beim Zerfall des ehemaligen Jugoslawien nach nationalen Gesichtspunkten geteilt worden war. Obwohl sie während des Milošević-Regimes der Polizei gegenüber abgewertet worden war, zeigte sie einen hohen Grad an Organisiertheit, und dies trotz der Tatsache, dass sie sich ihrem unsichtbaren Feind nicht gleichberechtigt entgegenstellen konnte. Überhaupt fanden sich die Ableger der Macht entgegen aller Erwartung in der allgemeinen Hoffnungslosigkeit erfolgreich zurecht. Und die größte Anerkennung erhielten die Arbeiter der Stromversorgung, die von der westlichen Presse zu den "einzigen Helden dieses Krieges" proklamiert wurden.

Milošević suchte und fand stets gewisse Verbindungen, mit denen er die Öffentlichkeit täuschte. Dieses Mal war der Strohhalm, an den er sich klammerte, die Armee, zu der er seine Beziehung völlig veränderte. Er hob ihre Verdienste hervor, beförderte sie zur "unbesiegbaren Kraft" und zeigte sich oft in der Gesellschaft der Generäle. Die Armee schützte das Vaterland, und da Milošević ihr Oberkommandierender war, wurde er in den Augen der regimetreuen Propaganda zum "Symbol des Widerstands und des Kampfes". Milošević, dem ehemaligen Jurastudenten, der im Fach "Vormilitärische Ausbildung" die schlechteste Note bekommen hatte und niemals an einer Front gewesen war, weder in Bosnien, Kroatien noch im Kosovo, gefiel es, wenn er mit dem militärischen Titel des Oberkommandierenden angeredet wurde. In gesteuerten Telegrammen feierte man ihn als weisen Heerführer, "wie ihn die serbische Geschichte noch nicht kannte". Der Patriotische Bund, der paranoid Regimegegner verfolgte, schlug dem jugoslawischen Parlament vor, dem serbischen Führer den Orden eines Volkshelden zu verleihen: "Dies ist eine historische und heroische Zeit unserer Völker, die den Helden Slobodan Milošević hervorgebracht hat."

Die Nato suchte auch Milošević mit ihren Bomben, fand ihn aber nicht. Er wechselte immer wieder seinen Aufenthaltsort und verfügte über genügend unterirdische Verstecke, die noch zu Titos Zeiten angelegt worden waren. Zerstört wurde die Residenz des jugoslawischen Präsidenten in der Užička-Straße 15. Eine Rakete traf direkt das Schlafzimmer des Ehepaars Milošević. Dies war eher ein warnender Hinweis der Amerikaner darauf, wie weit sie gehen wollten, als der Versuch, den serbischen Herrscher zu ermorden. Das Präsidentenehepaar hatte sich nach unbestätigten Quellen bereits zu Beginn der Luftangriffe im Tunnel von Dedinje versteckt, der gleich neben der Residenz beginnt und den die Bomben nicht zerstören konnten.

Alles stand unter staatlicher Kontrolle, wie das bei einem Ausnahmezustand eben ist. Schon zuvor waren unabhängige

Presseorgane eingestellt worden, aber während der Luftangriffe wurden die Medien durch eine staatliche Zensur wie auch aus eigener Initiative gleichgeschaltet. Wenn Bomben fallen, gibt es nur einen Feind, denjenigen, der direkt mit dem Tode droht, und das war die Nato. So verhielt sich auch die Mehrheit der Bürger. Mehr als die Hälfte der Wählerinnen und Wähler waren Regimegegner und hatten auf den Westen mit der Hoffnung von Menschen geschaut, die die demokratischen Werte des Auslands anstreben. Aber sie erlebten, dass sie von denjenigen bombardiert wurden, deren Fahnen sie bei mehrmonatigen Protestversammlungen hochgehalten hatten. Am meisten hatten unter den Bomben sogar die Städte zu leiden, in denen die Opposition an der Macht war.

Die Oppositionsparteien sanken zur völligen Bedeutungslosigkeit herab. Obwohl sie durch die Bank alle die Aggression verurteilten, verhielt sich das Regime ihnen gegenüber selektiv. In der schwierigsten Lage befanden sich die Demokraten von Zoran Đinđić, der unter Drohungen und aus Angst um sein Leben Belgrad verließ und nach Montenegro ging. Zusammen mit Milo Đukanović wurde er den "politischen Geiern" zugeordnet, "die ein Messer in den Rücken der Vaterlandsverteidigung stoßen". Vor dem Gebäude der Demokratischen Partei wurden Demonstrationen organisiert, Fenster und Fassade wurden demoliert, und mit roter Farbe schrieb man "Das ist euer Blut!" Unter Rufen wie "Verräter!" und "Faschisten!" bewarf eine Gruppe junger Leute in Lederjacken den Sitz der Partei mit Steinen. Die gewalttätigen Randalierer wurden von einem der am Leben gebliebenen Kriminellen aus der Belgrader Unterwelt angeführt.

Die Kirche erhob ihre Stimme gegen diesen wahnsinnigen Krieg und das Leiden unschuldiger Menschen, aber sie gab der unvernünftigen Politik des Regimes die Schuld am serbischen Unglück und wünschte sich einen Kompromiss, der die Zerstörung des Landes aufhalten sollte.

Patriarch Pavle stellte eine Politik zur Bewahrung von Menschenleben über die nationale Ideologie in der Überzeugung, dass man durch einen Krieg mit den Albanern und der Nato nichts Gutes erreichen könne. Bei einem ihrer häufigen Treffen sagte Dobrica Ćosić zum Patriarchen: "Sie werden uns zur Kapitulation zwingen". Der Patriarch antwortete: "Nennen Sie das nicht so. Sie werden uns zum Nachgeben zwingen. Der Herr hat dem Menschen die Macht gegeben, darüber zu urteilen, wie er weiter existieren kann. Das Leben bestimmt unser Dasein auf der Erde und nicht der Tod. Unser Kampf ist gerecht, aber wir müssen uns verteidigen, um weiterzuleben, nicht um zu sterben."

Es vergingen Tage, Wochen, Monate; die Nato verbrauchte fünfmal so viel Sprengstoff wie in den Kämpfen um Stalingrad zum Einsatz gekommen waren. Das Volk ertrug die Opfer, sprach mit Verbitterung über die ehemaligen Verbündeten, aber die Zeit und das Leiden taten das ihre. Man spürte immer stärker die Nähe des Todes und eine immer größere Ermüdung mit der unvermeidlichen Frage: Wann wird das enden? Schon in der Frage war die Antwort enthalten: Wenn es doch nur zu Ende ginge, egal wie.

Bewegt vom Gefühl der Ungerechtigkeit und des Patriotismus, zogen viele junge Männer die Uniformen an in der Bereitschaft, ihr Leben für das Vaterland zu opfern. Aber das war kein Krieg, der das Volk massenhaft hätte mobilisieren können, weil die Tragödie Serbiens zum allergrößten Teil ein Werk des Regimes war. Das war ein Krieg, an dem überwiegend schutzlose, arme Menschen, Bewohnerinnen und Bewohner von Dörfern und kleinen Orten beteiligt waren. Die lautesten, die Sozialisten, die Radikalen und die JUL-Mitglieder, von denen man ein Beispiel des Patriotismus erwartete, brachten sich und ihre Verwandtschaft in Schutz; sie hielten sich weit weg vom Kosovo irgendwo im Windschatten auf. Der Sohn des serbischen Präsidenten Milan Milutinović befand sich zum Studium in England. Der junge Marko Milošević, der mit 25 für die Armee, in der er nicht gedient hatte, genau im richtigen Alter war, hielt sich in Požarevac auf. Er zeigte sich in Begleitung von seinen mit "Hecklern" bewaffneten Leibwächtern in einem dekorativen Tarnanzug. Inmitten der Luftangriffe baute er mit Unterstützung der

Firma "Bambi" den Freizeitpark "Bambiland" nach dem Muster des amerikanischen Disneyland auf: "Mit der Realisierung dieses Projektes kümmern wir uns auf beste Weise um die Zukunft der Jugend", erklärte Marko Milošević. Das war sein Beitrag zum Krieg.

Während der Luftangriffe wurden Angaben über Opfer unter den Soldaten geheim gehalten: die Veröffentlichung von Totenlisten auf Plätzen und in Zeitungen war nicht gestattet. In Leskovac erlaubten die Behörden, jeweils drei Totenscheine auf einmal drucken zu lassen, und zwar mit einem vom lokalen Militärstab genehmigten Text. Allein sechzig Soldaten aus dieser Stadt fielen nach den von kirchlicher Seite geführten Büchern[47].

Die Eltern waren über das Schicksal ihrer Kinder verzweifelt. Wer seinen Sohn im Kosovo wusste, dem blieb kein Kind mehr übrig, denn die serbischen Familien waren Familien mit Einzelkindern geworden. Pathetische Beschwörungen ("Unser Volk schreibt ein Lehrbuch des Patriotismus") verloren sich im Kampf um das nackte Überleben.[48] Aus der angestauten Unzufriedenheit heraus wurden Protestversammlungen in Kruševac, Čačak, Leskovac und Aleksandrovac organisiert. Ein paar hundert Reservisten aus Leskovac ließen Präsidentensohn Marko ausrichten, er solle nach Kosovo gehen, sie wollten nicht für die Sozialisten Krieg führen. Mehr als fünftausend Bürgerinnen und Bürger von Kruševac, überwiegend Mütter und Kinder, demonstrierten auf dem Hauptplatz der Stadt für die Forderung nach der Rückkehr ihrer Söhne, Männer und Väter mit Transparenten wie "Gebt uns unsere Kinder zurück, wir wollen keine Särge!" und "Die Toten brauchen kein Kosovo!" Im serbischen Požega ermordete ein vom Unglück betroffener Vater in seiner Verzweiflung einen unschuldigen Militärreferenten, überzeugt, dass gerade dieser und nur dieser am Tod seines Sohnes im Kosovo schuld sei.

Die Luftangriffe wurden fortgesetzt, Serbien fiel ökonomisch in die Zeit der Jahrhundertwende zurück. Fast ein ganzes Volk wurde zum Sozialfall. Wir glitten ab bis zur Talsohle – am wichtigsten wurde es, in seinem unzerstörten Haus zu überleben.[49]

Obwohl das Andauern der Luftangriffe und die Grausamkeit der Zerstörungen eine immer größere Missbilligung des Auslands hervorriefen, gab die westliche Allianz nicht nach. Auf die Frage eines Journalisten, wann denn die Bombardierungen ein Ende nähmen, antwortete US-Präsident Bill Clinton: "Wenn wir Krieg führen, führen wir Krieg, um zu gewinnen!"

Donnerstag, 27. Mai 1999.

Als neues Druckmittel wurde in Den Haag Anklage gegen Slobodan Milošević, Milan Milutinović, Nikola Šainović, den Chef des jugoslawischen Generalstabs Dragoljub Ojdanić und den serbischen Polizeiminister Vlajko Stojiljković erhoben. Die Anklage lastete ihnen "Verbrechen gegen die Menschlichkeit und zu Beginn dieses Jahres im Kosovo begangene Kriegsverbrechen" an. Nicht eine einzige Persönlichkeit der albanischen Führung wurde erwähnt. Kein einziger Staatsmann oder Kommandant, unter deren Stäben Serbien zerstört wurde und unschuldige Menschen umkamen, fand Erwähnung.

Dass man Milan Milutinović, der im Amt des serbischen Präsidenten sein Leben fristete, auf die Liste gesetzt hatte, war überraschend. Der Westen hatte in ihm von Anfang an einen unzuverlässigen Gefolgsmann gesehen, der im geeigneten Moment am Stuhl seines Gönners sägen werde. Von mehreren Seiten war ihm signalisiert worden, dass man das von ihm erwarte. Doch so anpassungsfähig er auch war, hatte Milutinović so viel Angst vor seinem Chef, dass er gar nicht daran dachte, sich auf dieses Abenteuer einzulassen.

Schon vor der Anklage in Den Haag hatte der Ministerrat der Europäischen Union ein Einreiseverbot für etwa dreihundert Serben in die Länder der Fünfzehn verfügt. Dazu zählte auch die gesamte Familie Milošević: Slobodan, Mirjana, Sohn Marko, Tochter Marija, Schwiegertochter Milica und Slobodans Bruder Borislav, der Botschafter in Moskau war. Das war das Zeichen, dass es nicht mehr nur um das Kosovo, sondern auch um das serbische Regime ging. Die Nachricht, dass er wegen Kriegsverbrechen angeklagt sei, wurde Milošević von Außenminister Živadin Jovanović mitgeteilt, als gerade Konstantin Mitsotakis bei ihm zu Besuch war. "So haben sie mir auch vor Dayton gedroht, und ich habe ihre Soldaten in Bosnien in Schutz genommen. Jetzt werden sie mich brauchen, damit ich ihre Soldaten im Kosovo schütze", sagte er, locker wie gewöhnlich, und winkte ab. Doch wie sehr es ihm wirklich zusetzte, sollten die kommenden Ereignisse zeigen.

Über Jelzins Abgesandten Viktor Tschernomyrdin, der eine Brücke zwischen Washington und Belgrad war, wurde Druck auf Milošević ausgeübt, die Kapitulation zu akzeptieren. War das jetzt möglich? Was blieb dem wegen Kriegsverbrechen angeklagten Staatschef anderes übrig, als "bis zum Ende zu kämpfen"? Er konnte Jugoslawien nicht mehr verlassen, und in seiner eigenen Umgebung war seine Bewegungsfreiheit durch die Nato-Raketen, die seinen Zufluchtsort suchten, eingeschränkt. Er wäre glücklich gewesen, hätte sich eine Persönlichkeit aus der westlichen Welt mit ihm treffen wollen. Es blieb ihm nur noch die nostalgische Erinnerung an seinen mehrjährigen politischen Partner und Gegner Richard Holbrooke, mit dem er gestritten und gefeilscht, aber immer einen Ausweg gefunden hatte.

Mittwoch, 2. Juni 1999

Mit Sondermaschinen trafen auf dem einzigen unbeschädigt gebliebenen Flughafen Surčin in Belgrad der finnische Friedensunterhändler Martti Ahtisaari und Jelzins Abgesandter Viktor Tschernomyrdin ein. Das dritte und wichtigste Mitglied dieses Teams, der Amerikaner Strobe Talbott, war nicht dabei. Er wollte sich nicht mit Milošević treffen. Und es war auch nicht nötig. Ahtisaari und Tschernomyrdin kamen mit einem Ultimatum nach Belgrad. Sechs Tage vorher, als die drei sich in Stalins ehemaliger Datscha bei Moskau getroffen hatten, hatte Tschernomyrdin vor

Beginn des Gesprächs seine Gäste mit einer Geste überrascht und zum Lachen gebracht. Er brachte zu den drei Stühlen am Tisch einen vierten und sagte: "Der ist für Milošević. Was immer wir auch sagen, wir dürfen nicht vergessen, dass auch er dazugehört."

"Es gibt kein Gespräch mit Milošević. Wir sprechen mit ihm nur die Sprache der Bomben", erwiderte Talbott barsch.

Ahtisaari, der Vertreter eines neutralen Landes mit internationaler Erfahrung, war dieses Mal reiner Übermittler von Botschaften ⬛⬛⬛⬛⬛ressen der Serben ⬛⬛⬛⬛⬛wissen der Russen ⬛⬛⬛⬛⬛ helfen, gleichzeitig ⬛⬛⬛⬛⬛ksichtigen. Serbie⬛⬛⬛⬛⬛rikaner zugedacht ⬛⬛⬛⬛⬛ diesem Moment üb⬛⬛⬛⬛⬛gedroht wurde?

Milo⬛⬛⬛⬛⬛ Mal sicher, dass e⬛⬛⬛⬛⬛och die Gäste brac⬛⬛⬛⬛⬛n dem wegen Krie⬛⬛⬛⬛⬛an, die Kapitulatio⬛⬛⬛⬛⬛e keine Möglichkei⬛⬛⬛⬛⬛rde die Bombardie⬛⬛⬛⬛⬛er oder später müssen Sie machen, was verlangt wird." Um seinen Gesprächspartner zu beeindrucken, schob Ahtisaari mit einer Handbewegung die Blumen vom Tisch und zeigte an der glatten Oberfläche, wie das aussehen würde: "In Belgrad wird *tabula rasa* herrschen!"[50]

Milošević: "Werden die Vereinten Nationen im Kosovo eine größere Autorität haben als die Nato?"

Ahtisaari: "Ja."

Beide wussten, dass es nach dem Willen der Amerikaner gehen würde, aber sie führten das Gespräch wie wichtige Entscheidungsträger bei einer Friedensvereinbarung.

Milošević: "Wir werden Ihre Forderungen prüfen, und ich schlage vor, das Gespräch morgen fortzusetzen, nach der Sitzung des serbischen Parlaments, wo die Entscheidung fallen wird."

Die Unterhändler sahen, dass der Führer gebrochen und zur Unterschrift unter das Ultimatum bereit war, akzeptierten aber auch dieses unbedeutende Zugeständnis. Im übrigen würde geschehen, was der Präsident sagte, weil er mit Unterstützung von Drašković und Šešelj die Mehrheit im Parlament besaß.

Tschernomyrdin übernachtete im "Hyatt", Ahtisaari reiste nach Budapest, um am folgenden Tag den bestätigten Text in Empfang zu nehmen, und Milošević traf sich kurz vor Mitternacht mit den Parteiführern. Unter ihnen war zum ersten Mal auch Mira Marković. Das Gespräch glich eher einer Trauerfeier als einer Unterredung, und Miloševićs Eingeständnis, über das zu diskutieren keinen Sinn hatte, war einprägsam: "Das Ultimatum müssen wir annehmen, einen anderen Ausweg haben wir nicht".

Am folgenden Tag billigte das serbische Parlament in einer Abstimmung das Abkommen: 136 Abgeordnete - dafür, 74 dagegen (die Radikalen), und drei enthielten sich der Stimme.

9. Juni 1999

Nach 77 Tagen wurde um 22.30 Uhr mitgeteilt, dass die Bombardierung durch die Nato beendet sei. Das letzte Sirenengeheul von insgesamt 292 mal Bombenalarm in Belgrad ertönte um 6.29 Uhr. Der Fernsehsprecher meldete: "Ein großer Sieg Jugoslawiens und der Politik Slobodan Miloševićs".

Es herrschte allgemeine Freude, bei den Siegern und Verlierern, nur dass die einen wie die anderen behaupteten, die Sieger zu sein. Slobodan Milošević wandte sich mit dem Gruß eines Siegers an die Nation: "Liebe Bürger, ich wünsche einen glücklichen Frieden!" Die Sozialisten gaben bekannt, dass "die Freiheit, die Würde und Ehre des Volkes verteidigt worden" sei. Washington erlebte das Kriegsende als "Beispiel für die Kombination von nützlicher Diplomatie und Gewaltanwendung", und Javier Solana als einen "großen Tag für die Verbündeten, für die Sache der Gerechtigkeit und des Volkes auf dem Kosovo". In Anerkennung für die erfolgreiche Militäroperation wurde Solana in London zum Ehrenritter des angesehensten britischen Ordens des Heiligen Michael und des Heiligen Georg geschlagen.

Alle waren erleichtert, sowohl Slobodan Milošević, der die Entschlossenheit der Amerikaner fürchtete, bis ans Ende zu gehen, als auch die westlichen Verbündeten, die immer größeren Versuchungen ausgesetzt waren. Strobe Talbott gab später zu, es sei immer schwerer geworden, die Spannungen zwischen der Nato und Russland zu kontrollieren, aber auch unter den Verbündeten, die mit dem Umfang und den Zielen der Angriffe nicht einverstanden waren: "Die Beziehungen in der Nato wurden immer komplizierter, und es wäre schwer gewesen, das Bündnis aufrechtzuerhalten, hätte sich Slobodan Milošević nicht am 3. Juni ergeben."

Auch die serbische Opposition oder das, was von ihr übriggeblieben war, lebte auf. Im Mittelpunkt der Aufmerksamkeit stand Vuk Drašković, der während des Krieges mit dem Regime zusammengearbeitet hatte, aber mit seinem Sinn für die Realität dem Westen die Hand zur Versöhnung gereicht hatte. Er hatte die nationalen Interessen verteidigt und war als Mann des Kompromisses und als Kritiker der Macht aufgetreten, weswegen er von seinem Amt als Vizepräsident der Bundesregierung hatte zurücktreten müssen. Drašković erklärte: "Das ist ein großer Tag für die serbische Nation und alle Bürger Jugoslawiens. Wir stehen nicht mehr in feindlichen Beziehungen zum Nato-Bündnis."

Alle Regime im 20. Jahrhundert hatten zum Unglück der südlichen Provinz beigetragen. Das Regime Miloševićs brachte sie jedoch in eine hoffnungslose Lage. Schon zu einer Zeit, als man sehen konnte, dass das Kosovo der Zusammensetzung seiner Bewohner nach rein albanisch wurde, hatte die serbische Regierung 1958 die Gemeinde Leposavić am Kopaonik mit 28 km Kilometern Territorium und ausschließlich serbischen Einwohnern der Provinz

Kosovo angeschlossen, bzw. sie ihr einfach geschenkt.

Die serbisch-orthodoxe Kirche bemühte sich jahrzehntelang ohne Erfolg um Rückgabe ihrer ungeheuren Reichtümer. Die kommunistische Macht hatte im Kosovo 70.000 Hektar Kirchenland und 1.181 Gebäude enteignet, Privateigentum, das ansonsten überall auf der Welt, unabhängig vom Regime oder von der territorialen Zugehörigkeit, geschützt ist. Mehrmals hatten die orthodoxen Kirchenhäupter ein Gesetz zur Rückgabe ihres Eigentums gefordert. Milošević war überzeugt, dass jede Art der Privatisierung das Regime bedrohe, und obwohl er der Sohn eines Geistlichen war, war er am wenigsten bereit, der Kirche, zu der er kein Vertrauen hatte, Zugeständnisse zu machen.

Es gab auch die in den achtziger Jahren von Dobrica Ćosić lancierte Idee zur Teilung des Kosovo. Überzeugt davon, dass ein gemeinsames Leben in der südlichen Provinz keine Zukunft habe, sah Ćosić den einzigen Ausweg in einer radikalen Abgrenzung, "jeder auf seinem Gebiet". 1992, als jugoslawischer Präsident, sprach er darüber mit Mitsotakis, Colombo, Cyrus Vance und Lord Owen. Bei den Genfer Verhandlungen schlug Ćosić den Friedensvermittlern Vance und Owen vor, im Paket mit den Vereinbarungen über die Beendigung des Krieges in Kroatien und Bosnien auch die Zukunft des Kosovo auf die Tagesordnung zu setzen. Er hatte die Teilung der Provinz nach einer Landkarte des verstorbenen Toma Sekulić vor Augen. Vance hörte sich diesen Vorschlag mit Interesse an, war aber damals auf die Beendigung des Krieges in Kroatien und Bosnien fixiert: "Es ist zu früh für diese Gespräche. Man muss noch fünf Jahre warten."

Eine mögliche Teilung des Kosovo wurde auch in den politischen Optionen Washingtons in Betracht gezogen. Aber alles, was der serbische Führer erreicht hatte, Ruhm und Macht, war mit dem Kosovo verbunden, und so war eine solche Lösung für ihn nicht tragbar. Die Ereignisse entwickelten sich in der Zwischenzeit zu Ungunsten der Serben. Was man zwanzig oder zehn Jahren zuvor hätte erreichen können, war nun zu einem puren Traum geworden.

Die düstere Geschichte des Kosovo brachte die Dichterin Darinka Jevrić, die im Kloster Gračanica einen Zufluchtsort gefunden hatte, auf den Punkt, als sie sagte, dieses jahrhundertealte Heiligtum existiere noch wie eine serbische Titanic vor dem Untergang.

Vor die Wahl gestellt, den demütigenden Vertrag von Rambouillet zu unterzeichnen oder den Konflikt mit der größten Weltmacht zu riskieren, hatte sich Milošević für die Ablehnung des Ultimatums entschieden. Die Kapitulation aber, deren Bedingungen härter waren als das vorher angebotene Abkommen, nahm er, gebrochen und aus Angst vor einer völligen Zerstörung, dann an. Die Amerikaner hatten beschlossen, sich eine Basis im Kosovo zu schaffen. Dabei hatten sie in den Albanern Verbündete und im serbischen Regime einen Gegner. Die Folgen waren katastrophal.

Das serbische Militär und die Polizei verließen die südliche Provinz. Es zogen internationale Truppen und die Armee Thacis ein, die Grenzen zu Albanien und Makedonien wurden geöffnet.

Die Serben hatten 1389 die Schlacht auf dem Amselfeld verloren, und sechshundert Jahre später gehörte das Kosovo nur noch auf der Landkarte zu Serbien. Die Londoner "Times" konstatierte, dass "das Kosovo als erste Kolonie der neuen Weltordnung in die Geschichte eingehen" werde. Es gab keine jugoslawische Armee und Polizei, keine jugoslawischen Grenzer und staatlichen Symbole mehr. Die Häuser, Behörden, Krankenhäuser, Schulen, Unternehmen, Gemeindeverwaltungen, alles, was unter serbischer Hoheit war, wechselte den Besitzer: "Geht, das gehört uns!" Nichts Serbisches durfte bleiben. In den verlassenen serbischen Häusern wurde auch eingefrorenes Fleisch aus den Gefrierschränken geräumt und auf die Straße geworfen. Diese Aktion nannten die Journalisten "Ethnische Säuberung des Fleisches".

Man wusste, dass die serbische Bevölkerung kein Glück haben würde, aber eine Tragödie solchen Ausmaßes hatte man nicht erwartet. Viele hatten geglaubt, ein Bosnien, eine Krajina könne es nicht noch einmal geben: die Ereignisses dort haben sich jedoch in einer noch fataleren Form wiederholt. Das Chaos war allgemein, es ließ sich nicht kontrollieren. Hass, Erpressung, Raub, Mord, Kidnapping von Bürgern, Racheakte für von Serben begangene Untaten waren an der Tagesordnung, und alles eine Auswirkung des jahrhundertealten Antagonismus.[51] Gnade gab es auch nicht für Albaner, die Serben geschützt hatten: "Jeder Albaner, der den Serben hilft, verdient die Todesstrafe", war der Grundsatz von Thacis Armee. Fünfundsechzig dem serbischen Staat gegenüber loyale Albaner wurden ermordet. Ein Berichterstatter der Londoner "Times", ein Augenzeuge, stellte fest: "Hier handelt es sich nicht mehr um Politik, sondern um das Gesetz des Dschungels." Der Kommandeur der Alliierten, Michael Jackson, erklärte: "Was die Albaner tun, ist die Begleichung alter Rechnungen." Und der Sprecher des State Departments James Rubin tröstete die Serben: "Niemand hat gesagt, dass das Kosovo über Nacht zur Schweiz wird. Das hier ist der Balkan!"

Schon in den Jahrzehnten zuvor waren die Serben aus der südlichen Provinz ausgewandert: jetzt wurden die letzten Enklaven von nichtalbanischer Bevölkerung gesäubert. Während aus Albanien und Makedonien mehrere Hunderttausend albanische Flüchtlinge zurückkehrten, floh eine neue, unübersichtliche Flüchtlingskolonne mit Serben, Montenegrinern und Roma, etwa 200.000 Personen, aus dem Kosovo. Sie nahmen mit, was man in einem Traktoranhänger, Auto, Lieferwagen, in Bündeln unterbringen konnte. In Uroševac spritzte man die Straßen ab, "um sie vom serbischen Geruch zu säubern". Die Leidtragenden waren, von rühmlichen Ausnahmen abgesehen, nicht die privilegierten Diener des Regimes, die in der Provinz geherrscht hatten. Diese Leute teilten nicht das Schicksal ihrer Landsleute. Viele hatten, materiell abgesichert, das Kosovo vorher verlassen und sich und ihrer Familie eine Existenz gesichert. Den Preis bezahlten wie immer die Armen, das unschuldige Volk. "Unser Problem lässt sich nur lösen, wenn uns jemand umbringt", erklärte ein Verzweifelter.

Die Aggression gegen Jugoslawien wurde begonnen, um eine

ethnische Säuberung der Albaner zu verhindern, und endete mit der ethnischen Säuberung der Serben. Die Serben wurden des Völkermords angeklagt, aber kein europäisches Volk hatte in der neueren Zeit einen Exodus solchen Ausmaßes erlebt. Gleichzeitig erklärte der amerikanische Senat Serbien zum "terroristischen Land", und in der holländischen Stadt Arnheim verhinderte die Verwaltung der Akademie für Architektur die Ausbildung einer jungen Serbin, weil "sie aus einem Land kommt, das ein anderes Volk brutal unterdrückt".

Im Kosovo blieben etwa hunderttausend Serben. Auf zahlreiche Alteingesessene, die ihre Häuser nicht verlassen hatten, lauerte der Tod, im besseren Fall die Demütigung. Es gibt keinen Frieden auf der Straße, in der Wohnung, auf dem Feld, auf der Landstraße. Sie leben wie im Konzentrationslager. Ihre Lage lässt sich mit der Tragödie der Juden im nationalsozialistischen Deutschland vergleichen. Ein Journalist der "Sunday Times" beschreibt Serbinnen, die in albanische Trachten verkleidet auf die Straßen gehen, und zieht den Schluss, dass man in Priština "nicht serbisch sprechen kann, ohne dass einem jemand die Gurgel durchschneidet".

Zu dieser Zeit erklärte Mira Marković, Jugoslawien genieße ein Prestige in der Welt wie noch nie in seiner Geschichte. Das Belgrader Regime kündigte Reformen und eine Erneuerung des Landes an und feierte euphorisch in Arbeit und Krieg errungene Siege, und der Präsident mochte nicht zugeben, dass ihn Albträume quälten. Im vorangegangenen Jahrzehnt hatte Milošević keine einzige Auszeichnung verliehen, weder sich noch anderen. Doch nach der Bombardierung und der Übergabe des Kosovo wurden über fünftausend Offiziere, Einheiten, Soldaten, Bürger und Institutionen ausgezeichnet, darunter auch alle regimetreuen Presseorgane. Wie auf der Titanic: Das Schiff sinkt, aber das Orchester hört nicht auf, Unterhaltungsmusik zu spielen...

Der Krieg ist beendet, jetzt war es an der Zeit, Rechenschaft abzulegen. Der orthodoxe Heilige Synod rief den Präsidenten und seine Regierung dazu auf, "im Interesse des Volkes und zu seiner Rettung zurückzutreten, damit neue, für die eigene und internationale Öffentlichkeit annehmbarere Leute die Verantwortung für ihr Volk und sein Schicksal übernehmen können." Patriarch Pavle erklärte: "Allein von Milošević hängt es ab, ob der Übergang zu einer neuen Ordnung mit oder ohne Gewalt vollzogen werden kann."

Doch an Rückzug denkt Milošević nicht. Nur auf dem Herrscherthron ist seine Existenz gesichert. Ins Exil kann er nicht, nach Den Haag will er verständlicherweise nicht, und er ist nicht bereit, vor dem eigenen Volk Rechenschaft abzulegen. Um die Präsidentenvilla in der Tolstoj-Straße wurde nachträglich, gerade jetzt, ein riesiger, "himmelhoher" Zaun errichtet. Nachdem er historischen Ruhm und die allgemeine Liebe des Volkes genossen hatte, endete die Geschichte mit der "Berliner Mauer" von Dedinje, die symbolisch die Stimmung des Regimes ausdrückt.

Serbien ist düster, depressiv und abgekämpft, aber bis zur Explosion voll Wut. Alles hat das Volk geschluckt: Lügen, Manipulation, leere Versprechungen, soziales Elend. Nach der Tragödie des Kosovo und dem Ausgang der Bombardements kann nichts mehr die allgemeine Unzufriedenheit besänftigen. Die Macht ist kompromittiert, und die Oppositionsparteien im Kampf um ihre privaten Ziele ausgebrannt. Alle sehen dem Ende des Regimes entgegen, aber niemand zieht den Schlussstrich. Alle beten zu Gott, dass eine blutige Lösung vermieden werden möge, alle haben genug vom Krieg, von vergeblichen Opfern und von Armut, aber viele helfen mit, dass das schwärzeste Szenario, in dem Populismus das Leben der Menschen auf der Straße, die Zukunft des Landes bestimmt, Wirklichkeit wird. Das Chaos ist vorprogrammiert, und als einzige Realität droht der weitere Verfall. Der allgemeinen Stimmung am nächsten kommt ein Graffito auf der Ruine eines von Nato-Bomben zerstörten Gebäudes im Belgrader Stadtteil Čubura: "Leider sind wir am Leben!"

Während das Regime das Volk in Patrioten und Verräter einteilte; wobei zu den Verrätern alle zählten, die Veränderungen forderten, erhoben sich in mehreren Städten Serbiens die Reservisten und forderten die Auszahlung ihrer Tagegelder: für jeden Tag Krieg fünfundvierzig Dinar, das sind vier D-Mark. Die Kriegshelden, wie sie das Regime nannte, verlangten hungrig und entrechtet, enttäuscht, viele ohne Arbeit, die Begleichung der Schulden, da ihre Familien nichts zum Leben hatten. Es war dies ein erschütterndes und groteskes Ende der neueren serbischen Geschichte und der Verteidigung des Kosovo. Und vielleicht auch das Ende des Kosovo-Mythos in der serbischen nationalen Ideologie.

Belgrad, 20. September 1999

Er und Sie. Ein Zusatz zur Biografie

Über die politischen und menschlichen Eigenschaften von Slobodan und Mirjana M., über Ambitionen, Auseinandersetzungen, Privatangelegenheiten und die Rollen, in denen sie getrennt auftreten, um sich stets gemeinsam zu schlagen.

Slobodan und Mirjana M. unterscheiden sich in Naturell, Charakter und Bildung. Sie haben nicht die selben Freunde und handeln nicht nach dem gleichen politischen Muster. In vielen Dingen sind sie wie zwei Welten, die gemeinsam funktionieren.

Slobodan wurde schon als Gymnasiast, am 15. Januar 1959, in die jugoslawische KP aufgenommen. Er machte den Eindruck eines jungen Mannes vom Typ eines kommunismustreuen Politkommissars. In ähnlicher Erinnerung haben ihn auch seine Genossen aus der Zeit, als er KP-Vorsitzender von Belgrad war. "Ein kleiner Lenin!" riefen seine Mitarbeiter begeistert aus, während er mit langen Schritten, die Hände auf dem Rücken verschränkt, in seinem Arbeitszimmer auf und ab ging und Parteibeschlüsse diktierte.

Es stellte sich jedoch heraus, dass er sich, außer zur Macht, zu nichts verpflichtet fühlte, obwohl er die Belastungen der Vergangenheit mit sich trug. So, wie er ein "guter Kommunist" war, war er auch ein "guter Nationalist", ein streitbarer Führer und Pazifist. Keine Idee konnte ihn auf Dauer fesseln. "Für meinen Mann hat die Ideologie nie das bedeutet, was sie für mich war", sah die Marković ein. "Er würde nie sagen 'ich sterbe für den Sozialismus, ich sterbe für den Internationalismus', wozu ich selbst sehr neige."

Milošević hielt die nationale Flagge hoch, obwohl er sich nicht dafür erwärmen konnte. In keiner seiner Reden lässt sich chauvinistische Intoleranz einem anderen Volk gegenüber nachweisen. Niemals hat er sich im Sinne Franjo Tuđmans geäußert, der Gott dafür dankte, "dass seine Mutter weder Serbin noch Jüdin ist", während zwei seiner Enkel aus der Ehe mit einem Serben aus Zemun stammen. Auch als er die Serben populistisch aufwiegelte, sah er darin nur seine eigene persönliche Chance, seine Herrscherposition zu festigen.

Im Gegensatz zu seinen Eltern und zu seinem Bruder, die Montenegriner sind, deklarierte er sich als Serbe, sprach jedoch nie über seine nationale Herkunft. Niemals sagte er "wir Serben" oder "wir Montenegriner". Nur einmal erklärte er bei einem öffentlichen Auftritt, dass Serben und Montenegriner "zwei Augen in einem Gesicht" seien. Nie suchte er das Land seiner Väter auf noch zeigte er Interesse für seine Abstammung. Das ehemalige Jugoslawien war ihm jedoch mehr als jedem anderen nationalen Führer ans Herz gewachsen. Er hielt die Symbole eines Staates aufrecht, den es nicht mehr gibt, seine Nationalhymne, die Staatsfeiertage: "Es ist mir eine Ehre, mich zur Hymne 'Hej Sloveni'[52] zu erheben."

Während sich Franjo Tuđman und Alija Izetbegović sklavisch an ihre politischen Überzeugungen hielten, war er ein leidenschaftlicher Jugoslawe. Den Nationalismus hatte er als todbringende Macht in sich aufgenommen, um seine Herrscherposition zu festigen, und erinnerte immer wieder daran, dass er in der Tito-Zeit "die schönsten Jahre seines Lebens verbracht" habe.

Der Imperativ seines Lebens heißt Herrschen: mit Erpressung, Gewalt, mit Betrug und durch Bestechung, einzig und allein Herrschen. Von dämonischer Intelligenz, besitzt er jene Art von Geist, der mit eiskaltem Herzen die Dinge an eine bestimmte Stelle dirigiert und sich ihrer nach Bedarf bedient.

Er hatte im Leben recht viele Freunde, Verbündete und politisch Gleichgesinnte, war aber, seine Familie ausgenommen, keinem für immer loyal und ließ niemanden näher an sich heran. Die Menschen um sich herum behandelte er wie biologisches Rohmaterial und teilte sie ein in Untergebene und Feinde. Dazwischen gab es nichts. Er benutzte Kommunisten und Antikommunisten, Nationalisten und Jugoslawen, Patrioten, die Tschetnik-Emigration, die Intelligenz, die orthodoxe Kirche und die Serben westlich der Drina.

Und alle ließ er fallen, wenn sie nicht mehr von Nutzen waren. Schriftsteller, Akademiker, Wissenschaftler und viele Menschen von öffentlichem Ansehen dienten ihm in der Zeit der nationalen Euphorie als Stütze. Sie akzeptierten ihn als nationalen Führer, bekränzten ihn mit Ruhm und halfen ihm, sein Regime zu festigen. Viele Intellektuelle glaubten, mit Milošević ein Werkzeug und den gut gewählten Vollstrecker eigener Ideen für die Verwirklichung nationaler Ziele in den Händen zu haben. Doch es war umgekehrt: der Führer benutzte sie und kehrte ihnen den Rücken, sobald es seine existentiellen Interessen verlangten. Im Grunde genommen verachtete er die Intellektuellen. Als er an der Spitze der Belgrader Kommunisten stand, sagte er geringschätzig: "Was sind zwei-, dreihundert Schriftsteller im Verhältnis zu zwanzigtausend Arbeitern!" Er hielt sie für aufgeblasene, eingebildete Leute, die sich selbst überschätzten. Als zwei angesehene Akademiker zu Milošević kamen, um sich zu beklagen, dass "der Zustand dramatisch" sei, da die Serbische Akademie der Wissenschaften sich seit Monaten nicht auf die Wahl eines neuen Vorsitzenden einigen konnte, schaute er sie mitleidig an und fragte: "Denken Sie denn wirklich, dass es so wichtig ist, wer Präsident der Akademie ist? Wen, Genossen, interessiert das, und welche Bedeutung hat er überhaupt?"

Ein ähnliches Verhältnis hatte Milošević zur Kirche, die ihm zur Aureole eines Führers verholfen hatte. Obwohl Sohn eines Theologen, ist er mit den orthodoxen Bräuchen nicht wirklich vertraut, und er zeigte auch nicht den Wunsch, sich den Gläubigen anzunähern. Als es die politischen Bedürfnisse erforderten, machte er der Kirche den Hof. Nach den Straßendemonstrationen von 1991 besuchte er das serbisch-orthodoxe Kloster Hilandar auf Athos; vor Dayton brachte er den orthodoxen Patriarchen Pavle dazu, ein Dokument zu unterzeichnen, das ihn als den serbischen Präsidenten bevollmächtigte, die Interessen der bosnischen Serben zu vertreten. Milošević war sich bewusst, welches Ansehen der Patriarch genoss und wandte sich mit Ehrerbietung an ihn: "Bei Gott, Eure Heiligkeit, das sage ich Euch aufrichtig wie ein Sohn dem Vater!" Als aber die Kirche das Regime verurteilte, ignorierte und demütigte er sie. Er antwortete auch nicht auf die Bitten des Patriarchen, ihn zu empfangen und seine Meinung anzuhören.

Die Serben westlich der Drina stachelte er zum Aufstand an und benutzte sie, um zum "Führer aller Serben" aufzusteigen, hegte jedoch keinerlei Gefühle ihnen gegenüber. Die Führung in Pale verachtete und erniedrigte er. Er nannte sie "bosnische Holzköpfe". "Ich gebe euch einen Klumpen Salz, da könnt ihr dran lecken!" sagte er zu Radovan Karadžić. Häufig reagierte er mit vulgären Ausdrücken, wenn Namen aus der Führung der bosnischen Serben fielen. Auf Holbrookes beiläufige Bemerkung "Ihre Freunde" entgegnete er schroff: "Das sind nicht meine Freunde... Sie sind – *shit*." Während die Luftwaffe der Nato die Stellungen der bosnischen Serben bombardierte, wartete Richard Holbrooke fröstelnd auf das Treffen mit Milošević. Würde er ihn überhaupt empfangen? Milošević hieß ihn herzlich willkommen, mit einer Lieblingszigarre der Marke "Monte Christo", und volle zwei Stunden lang sprach er die Bombardierungen gar nicht an. "Ich war bestürzt über seinen Mangel an Gefühl für Bosnien", bezeugte Holbrooke später in seinen Erinnerungen.

Obwohl seine Herrschaft eine Mischung aus Verschlagenheit und Betrug ist, kann man Milošević das Geschick eines Führers nicht absprechen. Wenn Politik das Talent ist, sich auch unter schwierigsten Bedingungen an der Macht zu halten, dann ist Milošević ein begabter Politiker. Während seiner Karriere wechselten sich Arroganz und Feigheit ab, und jedes Mal zog er seinen Nutzen daraus. Der Verlierer, der er am Ende war, verwandelte seine Politik, die mit Gewalt ihren Anfang nahm und mit Kapitulation endete, in eine politische Philosophie, mit der er sich brüstete. "Ich bin stolz auf meine Rolle beim Schutz und bei der Verteidigung der Interessen meines Landes und meines Volkes", sagte er einer Journalistin der Washington Post. "Ich habe nichts, worüber ich mich besonders beklagen könnte. Ich habe ein reines Gewissen."

Konkurrenz kann er nicht ertragen. Und noch weniger die

Favorisierung eines Stellvertreters. Einzig und allein seine Gattin konnte ihn vertreten. Nur bei den allerersten Wahlen in der eigenen Partei, im Jahre 1990, hatte er formell einen Gegenkandidaten. Auf diese Rolle ließ sich die folgsame Radmila Anđelković ein, die daraufhin mit hohen Privilegien belohnt wurde.

Bei jeder Gelegenheit kehrte Milošević seine Überlegenheit als Herrscher heraus, nur er konnte das, was andere nicht konnten. Niemals verspürte er Gewissensbisse oder verschwendete einen Gedanken daran, dass er sich vielleicht in einer Einschätzung getäuscht haben könnte. Er dachte auch nicht an Rücktritt: solche Gespräche enervierten ihn. Wenn ihn ein etwas freierer Gesprächspartner unschuldig daran erinnerte, dass seine Amtszeit als Präsident bald ablaufe, kommentierte er wütend "diese Frechheit", dass jemand darüber bestimmen wolle, wie lange er regieren werde: "Dass er meine Jahre abzählt! Ich werde solange an der Macht bleiben, wie ich will."

Aber hinter dem Bedürfnis, die Überlegenheit eines Mannes herauszukehren, der alles "mit Links" erledigt, verbirgt sich eine Persönlichkeit mit schwankenden Launen, mit Tiefs, Ängsten und häufig auch Resignation, typisch für depressive Menschen, die davon besessen sind, nicht zu verlieren, was sie erreicht haben.

Im Gegensatz zu den großen Männern der serbischen Geschichte des beginnenden zwanzigsten Jahrhunderts, die sich darum bemühten, "den kleinen serbischen Kahn an das große europäische Schiff anzubinden", wie sich Professor Milovan Milovanović ausdrückte, geht Milošević in die entgegengesetzte Richtung, in die Konfrontation mit den stärksten Gegnern, in den unvermeidlichen Untergang.

In den Staatsgeschäften bemüht er sich nicht, ein Gleichgewicht zwischen der Macht und seinen Möglichkeiten herzustellen. Entscheidungen trifft er oberflächlich und zu plötzlich oder auch mit fataler Verspätung, ohne Gefühl für das Verhältnis von Kraft und Zeit. Nichts plant er langfristig, noch geht er den Ereignissen entgegen, und nie hat er sich ernsthaft mit Staatspolitik auseinandergesetzt. Milošević ist ein Staatsmann ohne Visionen, sein Weg ist unvorhersehbar, Visionen konnte er auch nicht entwickeln, denn er ist ein Staatsmann ohne Ideale. Die Position eines Führers, "um den sich die ganze Welt dreht", lag ihm. Daraus zog er Rückschlüsse auf die eigene Größe.

Er nahm einfache Situationen nicht wahr, etwa, in welche Richtung sich die Welt gerade bewegte, und ging aus aussichtslosesten Situationen gestärkt hervor. Alles, was er tut, tut er in kleinen Schritten und Teilschritten, mit politischen Täuschungsmanövern und unter dem Druck, seine Herrscherposition halten zu müssen. Er ist ein typischer Techniker der Macht, mit dem Geist eines Luzifer und ein Meister des Hinterhalts, unschlagbar in der Nähe, aber ein Verlierer im Großen. Als "ein Genie der kleinen Manöver" bezeichnet ihn der Historiker Milorad Ekmedžić. Das finden auch die internationalen Friedensunterhändler, die ihn gleichzeitig abgeschrieben und als unersetzlichen politischen Partner akzeptiert haben.

Weiche Entscheidungen sind ihm fremd, er kennt kein Maß, weder im Widerstand noch im Nachgeben, wenn er sich hohe Ziele setzt und wenn er zurückweicht, überschreitet er in beiden Fällen die möglichen Grenzen. Er achtet nur die Dinge, vor denen er sich fürchtet, und am meisten kann man bei ihm mit Drohungen und Gewalt erreichen. Von seinem Ruhm beflügelt, stürzt er sich ziellos wie ein Hasardeur in Konflikte und schürt provokativ Feindschaften. So viel er auch hat, immer will er mehr, aber wenn er verliert, gibt er auch das her, was man von ihm gar nicht erwartet. Besiegt und bedroht, lässt er sich auf alles ein, gibt sich aber nie völlig auf. Er provoziert einen Zustand der Agonie, geht bis an unbegreifliche Extreme und schiebt das Ende immer wieder auf. Und seine Zugeständnisse sind nur von kurzer Dauer, solange, bis er wieder Atem und Kraft geschöpft hat. Die Macht erhielt er sich durch Manipulationen und dank einer ihm unterlegenen Opposition, durch Stimmenklau, Korruption und Gewalt. Aber auch mit Unterstützung der internationalen Gemeinschaft, der es wichtiger war, zu erreichen, was sie wollte, als das Regime in Serbien zu stürzen.

Obwohl Milošević Angst vor den Amerikanern hatte, dachte er lange Zeit, dass er mit ihnen auskommen könnte. Die Russen liebte und benutzte er, spielte aber ein doppeltes Spiel mit ihnen. Er suchte die Rückendeckung Jelzins, unterstützte jedoch seine Widersacher, die Kommunisten. Er konnte nie verstehen, wieso sie sich "bei einer solchen Stärke" den Amerikanern unterlegen fühlten. Man kann nur darüber mutmaßen, wie er selbst eine solche Stärke nutzen würde. Den Russen glaubte er nicht. Jewgenij Primakov war bestürzt darüber, dass ihm Milošević in einem vertraulichen Gespräch unmittelbar vor der Ankündigung der Nato-Bombardements auf Serbien nicht mitgeteilt hatte, dass gerade die Entscheidung gefallen war, ein Referendum zur Frage durchzuführen, ob die Einwohner Serbiens die internationalen Unterhändler im Kosovo-Konflikt akzeptieren würden. Das erfuhr Primakov erst auf dem Flughafen, von Journalisten.

Es gibt kein Unglück, das nicht die Voraussetzungen für ein noch größeres Unglück in sich bergen kann. Oft begeht Milošević Fehler aus Eitelkeit und aus einem übergroßen Selbstbewusstsein heraus, gewöhnlich aber haben diese Fehler ihren Ursprung in seinem ungeheuren Machthunger.

Am besten fühlt er sich in Ausnahmesituationen. Normale Umstände lähmen seine Tatkraft. Er schuf Unordnung und überzeugte dann das Volk erfolgreich davon, dass nur er selbst es daraus erlösen kann. Er legte Feuer, wo es ihm notwendig erschien, in Bosnien, in der Krajina, im Kosovo und in Montenegro, und er löschte dann die Flammen. Er glich einem Staatsmann, für den Krisensituationen spannend sind und einen Grund zum Engagement darstellen. Er ist gleichzeitig Brandstifter und Feuerwehrmann. Ein balkanischer König Ubu.

Weder hat Milošević eine Rechtsordnung erlassen, noch respektierte er Verfassung und Gesetze. Über das, was er tat oder zu tun beabsichtigte, gab er niemandem eine Erklärung; schon gar nicht legte er Rechenschaft ab. Die Demokratie akzeptierte er nur in dem Maße, wie ihn die Umstände dazu zwangen. Er riss alles an sich, denn er glaubte, er könne alles selbst am besten, und verschwendete bis zur Infantilität Zeit auf Nichtigkeiten. Milošević ist ein typischer Staatsmann des Kabinetts, er hält sich von allen fern, von der Öffentlichkeit, der Opposition, sogar von der eigenen Partei, die er opferte, um seiner Gattin bei der Schaffung einer Parallel-Partei, der Jugoslawischen Vereinten Linken JUL, entgegenzukommen.

Alle Institutionen des Systems waren vorhanden, doch nur eine einzige funktionierte: Slobodan Milošević. Nicht einmal die serbischen Könige verfügten über solche Machtfülle. Alle anderen Formen der Macht, das Parlament, die Regierung, die Ministerien waren ihm dermaßen zuwider, dass er sich nicht darauf verstand, dem Ausland gegenüber aus demagogischen Gründen so zu tun, als wäre ihm an der Demokratie gelegen. Dem ordneten sich auch seine Günstlinge unter, die öffentlich ihre eigene Inferiorität bekundeten. Auf die Frage eines Journalisten, wer die wichtigsten Unterhändler mit der internationalen Gemeinschaft seien, ob die jugoslawische Bundesregierung, das Außenministerium oder ausschließlich der Präsident Serbiens, antwortete Radoje Kontić, der Bundespremierminister: "Es verhandelt derjenige, der am klügsten ist, und das ist Slobodan Milošević."

Misstrauen ist eine prägende Eigenschaft Miloševićs. Alles tut er selbst, und zwar heimlich. Sogar seine Urlaube sind Geheimsache. "Wenn mein Haar wüsste, welche Absichten ich habe, würde ich es abschneiden", zitierte er im Freundeskreis die Aussage eines amerikanischen Generals. Er lebt zurückgezogen, hält sich von Natur aus bedeckt und ist allem gegenüber argwöhnisch. Nur selten bedient er sich der schriftlichen Form, und Leute, die etwas aufschreiben, machen ihn nervös (für wen notieren die das?). Er hinterlässt wenig schriftliches Material, Historiker, die sich auf Dokumente stützen wollen, werden seine Persönlichkeit nur schwer nachzeichnen können. Er liebt mündliche Absprachen ohne Zeugen. Während der Verhandlungen in Karađorđevo mit dem Clinton-Berater Robert Fraser befand sich kein Mensch in seiner Nähe, weder Berater noch Verwaltungsbeamte. Als der abgesprochene Text zu Papier gebracht werden sollte, so Fraser, der später bei einem Unfall in der Nähe von Sarajevo ums Leben kam, stellte sich heraus, dass nicht einmal eine Schreibkraft anwesend war.

Milošević liebte Waffen, obwohl er sie nie benutzte, und er übertrug diese Vorliebe auf seine Kinder Marko und Marija. Er trug eine Pistole, als das keiner der politischen Funktionäre um ihn herum tat, während er Vorsitzender der Belgrader Kommunisten war.

In heiklen Situationen hat er das Bedürfnis nach zusätzlichen Stimulantien, die seine Überzeugungen erhärten sollen. Amerikanische Journalisten berichteten, er habe während der Verhandlungen in Dayton, als die Verbreiterung des Korridors nach Goražde erörtert wurde, Whisky bestellt. So wurde der Zugang zu der Enklave in Diplomatenkreisen "Whisky-Korridor" genannt. Auch Dobrica Ćosić machte ähnliche Erfahrungen mit ihm. Bei den ersten Gesprächen über den Vance-Owen-Plan verlangte Milošević ein Glas Alkohol und stürzte es rasch hinunter. Hochprozentige Getränke entspannen ihn und lassen ihn Entscheidungen leichter fällen.

Sein Input an Informationen beschränkt sich auf Polizeiberichte und die Ansichten seiner Ehefrau. Eher kauft er Informationen, als dass er sie verkauft. Das Lesen von Zeitungen und Büchern ermüdet ihn. Was in den Memoiren von Borisav Jović "Poslednji dani SFRJ"[53] stand die in der serbischen Öffentlichkeit großes Aufsehen erregten, erfuhr er aus Nacherzählungen seiner Gattin Mirjana. Aber über das, was ihn interessiert, und zwar das Verhalten seiner Mitarbeiter und seiner "Feinde", wie er die Opposition bezeichnet, ist er gut informiert. Er weiss mehr über die Oppositionsführer als diese über sich selbst wissen. Er brüstet sich mit dieser Informiertheit und genießt es, seine Gesprächspartner bei einer Unaufrichtigkeit zu ertappen. Obwohl er von seinen Zuträgern genau darüber unterrichtet war, wie hoch der Wohnungskredit war, den Vuk Drašković vom Unternehmen der Brüder Karić erhalten hatte, trieb er Bogoljub Karić, der einer Antwort auswich, bis zur

Erschöpfung in die Enge. "Mehr, Bogoljub!", "Noch mehr, noch mehr, Bogoljub!" wiederholte er hartnäckig. "Nun gut, so und soviel!" befand er schließlich mit der Genugtuung, ihm klar gemacht zu haben, dass ihn, Milošević, niemand hinters Licht führen könne.

Von seinen Mitarbeitern und den Mitgliedern seiner Partei verlangte er, dass sie ihn mit "Genosse" anredeten: "Ich bin kein Herr, sondern Genosse!" Bei seinem Besuch im Kloster Hilandar sprach er sogar Hegumenos Pajsije mit "Genosse" an. Milošević mag es auch, wenn man ihn als "Chef" bezeichnet. Denn ein Präsident ist vergänglich, aber Chef ist man für immer, das ist sozusagen ein ererbtes Recht.

Seine Laune ändert sich je nach Situation und je nach der Position des Gesprächspartners. Er kann schweigsam oder redselig, freundlich oder grob sein. In einen geräumigen Sessel bequem zurückgelehnt, brachte er die internationalen Unterhändler mit seinen einstündigen Friedenstiraden zur Verzweiflung. Aber er vermeidet es, sich festzulegen, und weiß sich in kritischen Augenblicken zu zügeln. Auf der zweitägigen Sitzung der serbischen Parteiführung im Jahr 1986, als es an einem seidenen Faden hing, ob er zum Parteivorsitzenden gewählt werden würde, hatte er es im Gefühl, dass es am besten war, seine Interessen von Ivan Stambolić vertreten zu lassen. Nur ein einziges Mal meldete er sich mit einer kurzen Antwort an Draža Marković zu Wort. Er hatte die Geduld zu warten, bis seine Zeit gekommen war.

Wenn er in der Klemme steckt, pflegt er sich in Halbsätzen auszudrücken, sagt weder "ja" noch "nein", gelegentlich aber in singendem Tonfall: "Wir werden sehen, meine Arbeitszeit ist gerade um!" Er lässt Raum zum Manövrieren und springt von einem Thema zum anderen; glauben kann man ihm nur dann, wenn die Wahrheit seinen Bedürfnissen entspricht. Die wahre Lage oder Tatsachen haben für ihn keinerlei Bedeutung. Dies ist jedoch eine Eigenschaft, die alle Führer im ehemaligen Jugoslawien auszeichnet. "Sie schauen dir in die Augen und lügen", lautet dazu Lord Owens Kommentar.

Abgesehen davon ist Milošević durchaus fähig, die Zuneigung der Menschen zu gewinnen, und er ist nicht geistlos. Viele ausländische Vermittler heben seine Höflichkeit hervor, seine Geduld als Gastgeber und seine guten Englischkenntnisse, ganz im Gegensatz zu Franjo Tuđman, von dem Carl Bildt sagt, dass er mit ihm nicht gerne einen freien Abend verbringen würde. Milošević besteht stets auf gemeinsamen Mittag- und Abendessen, meist werden Lammkoteletts serviert. Bei wichtigeren Treffen holt er Informationen über seine Gesprächspartner ein und stellt im Gespräch eine angenehme Vertraulichkeit her. "Wie geht es Ihrer kleinen Grace?" fragte er einen jungen Diplomaten, der einige Monate davor Nachwuchs bekommen hatte. Milošević ist ein schwieriger, halsstarriger Verhandlungspartner, aber nicht ohne Charme, wie seine politischen Gegenüber einräumen. Und wenn er etwas fest verspricht, hält er sich auch daran.

Vor Krankheiten hat er Angst, verstößt aber immer wieder gegen die gesundheitliche Disziplin. Er besitzt die Kondition, bei privaten Zusammenkünften das Mittagessen mit dem Abendessen zu verbinden. Milošević ebenso wie seine Ehefrau setzen ihr größtes Vertrauen in die Ärzte der Militärmedizinischen Akademie. Die Befunde über den Gesundheitszustand der beiden werden wie das größte Staatsgeheimnis behandelt. Sport interessiert Milošević nicht einmal als Zuschauer, obwohl er sich außerhalb des Arbeitszimmers am liebsten in Trainingsanzug und Turnschuhen fortbewegt. Auch er selbst räumte ein: "Meine einzige Verbindung zum Sport besteht in meiner Sportkleidung."

Von seinem Vater Svetozar hat er das musikalische Talent geerbt, und er liebt Gesang und Musik, sofern gute Laune herrscht. Seine Freunde staunen, wieviele Lieder er auswendig kennt. Auf einer Neujahrsfeier spielte er zusammen mit Radmilo Bakočević den Hauptunterhalter für die anwesenden Gäste. Eine russische Delegation nahm er bis zur Rührung für sich ein, als er auf einem Empfang begeistert ein ganzes Repertoire alter russischer Lieder anstimmte. Dass der "Schlächter vom Balkan", wie der serbische

Präsident im Westen dargestellt wird, auch eine Seele hat, entdeckten die Journalisten in Dayton, als sie ihren Lesern kolportierten, die Diplomaten hätten Milošević dabei überrascht, wie er, an ein Klavier gelehnt, die Schnulze "Tenderly" sang.

Milošević hat niemals an einer öffentlichen Diskussion teilgenommen. Er tritt überhaupt selten auf, und wenn er das tut, sind seine Reden kurz und angespannt, als wäre er zum Sturmangriff bereit, mit plakativen Botschaften, die man leicht im Gedächtnis behält, wie "Serbien wird Republik, oder es wird gar nichts mehr!" Er spricht mit voller Stimme, die sein Selbstbewusstsein unterstreicht, und er benutzt gerne bestimmte Füllsätze, mit denen er bekräftigt, dass seine Aussagen keinerlei Zweifel zulassen: "Ich muss nicht wiederholen", "Jedem Mann mit guten Absichten ist klar", "So muss es sein", "Das steht außer Zweifel", "Das ist überhaupt kein Geheimnis" oder "Niemand Maßgebliches kann behaupten...".

Obwohl er sich als Führer präsentiert, der die Unterstützung seines Volkes hat, ist er öffentlichkeitsscheu, Menschenmengen bereiten ihm Unbehagen. Ihm, der seinen Ruhm auf den Wogen des Populismus errang, ist sein Auftritt vor dem Volk eine Qual. Er tut dies nur, wenn es unvermeidlich ist, üblicherweise vor Wahlen. Die Anwesenheit vieler Menschen macht Milošević unsicher.

Pressekonferenzen gibt er nicht, auch in kritischen Situationen, wenn alle wissen wollen, was der Staatschef denkt, der Mann, der für das Schicksal der Nation verantwortlich ist, wendet er sich nicht an die Öffentlichkeit. Ganz im Gegensatz zu seiner Gattin, die ihre Publizität genießt, meidet er Journalisten und mehr noch die Fotografen, denn er lässt sich nicht gerne fotografieren. Daraus machte er oft eine Szene und überlegte schon im voraus, wie er der Presse entkommen könnte. Als er von der Insel Kreta, wo er einen kurzen Urlaub en famille verbracht hatte, wieder nach Hause aufbrach, erwarteten ihn vor dem Hotel etwa hundert Journalisten und Fotoreporter. Um ihnen nicht beggnen und auch nur einige Worte oder Sätze sagen zu müssen, fuhr er auf einem Umweg mit dem Taxi zum Flughafen.

Wenn er der Öffentlichkeit etwas mitteilen will, gibt er die Meldung an seinen persönlichen Zeitungsmann oder seine persönlichen Presseorgane, das sind gewöhnlich die "Politika" und das Staatsfernsehen. Er tut dies nach wichtigen Begegnungen, gibt aber für die Öffentlichkeit stets nur höchsteigene Informationen und Stellungnahmen ab. Wenn er äußert, in Gesprächen sei etwas "hervorgehoben" worden, bedeutet das meist, dass er selbst es hervorgehoben hat und nicht unbedingt auch sein Gesprächspartner. Diese Meldungen sind unvollständig und trügerisch. Sie beinhalten nur eine Information über sein eigenes Tun, wobei er gleichzeitig als einziger dieses Tun bewertet und kommentiert.

Er legt keinen Wert auf die übliche staatliche Etikette. Niemand erinnert sich daran, wann er das letzte Mal eine spontane Begegnung mit serbischen Bürgern hatte, eine humanitäre Einrichtung besuchte, angemessene Solidarität mit Notleidenden zeigte. Keinem teilte er seine Trauer mit. Aus den Gebieten westlich der Drina kamen soviele Särge mit Toten nach Serbien zurück, soviele Verwundete machten Station in den Belgrader Krankenhäusern, und doch zollte er ihnen keinerlei Geste der Aufmerksamkeit. Er schwieg sogar in der Zeit der nationalen Katastrophe, als Kolonnen hilfloser Flüchtlinge aus der Krajina vor der Gewalt der Tuđman-Soldateska flohen. Da wollte er sich als starke Persönlichkeit zeigen, die nichts tangieren kann. Als man ihm von der Trauer eines seiner Mitarbeiter berichtete, der im Krieg seinen Sohn verloren hatte, reagierte er schroff: "Ich kann keine Tränen ertragen. Ich schätze Menschen, die ihren Vater begraben und danach ihre Arbeit tun."

Lange machte Milošević den Eindruck eines Staatsmannes, dem Symbole der Macht fremd sind. Seitdem er nationaler Führer der Serben ist, hat er nur zwei Auszeichnungen entgegengenommen, und das noch zu Zeiten des gemeinsamen Staates Jugoslawien. In Wahrheit wurden ihm viele Anerkennungen, Denkschriften und Ehrenbürgerurkunden verliehen. Sogar eine Schule im Kosovo ernannte ihn zum "Ehrenprofessor", und das landwirtschaftliche Gut "Porečje" erteilte ihm eine Urkunde "für Verdienste zur Verbesserung des Obstanbaus"! Aber all das ließ ihn gleichgültig. Er antwortete jenen, die ihn auf diese Weise ehrten, nicht mit den gleichen Aufmerksamkeiten. Und sein Verhalten, das eines Machtmenschen, Einzelgängers und selbstbewussten Autokraten, der nicht den Wunsch erkennen lässt, seiner Umgebung zu gefallen, störte viele seiner Mitbürger nicht, im Gegenteil, es verstärkte sein Charisma. Alles brach jedoch in ihm zusammen, als vor dem Haager Kriegsverbrechertribunal Anklage gegen ihn erhoben wurde, als seine Macht, seine Freiheit und sogar sein Leben an einem seidenen Faden hingen. Seitdem lechzt er immer mehr nach Anerkennungen und Schmeicheleien. Die Hofierung durch seine Untergebenen, die ihn zum "leader der freien Welt" gemacht haben, tut ihm gut. Aber das ist schon die Endphase seiner Herrschaft und der verstärkte Kampf um die nackte Existenz.

Mira Marković ist schwerer zu beschreiben, obwohl sie kommunikativer als ihr Ehemann und tagtäglich in der Öffentlichkeit präsent ist. Sie ist von Ehrgeiz geplagt, will aber den Eindruck einer einfachen, harmlosen Frau hinterlassen, einer zarten, schamhaften und selbständigen Intellektuellen, die konsequent ihre Ansichten verfolgt und den Wunsch hat, die ganze Welt um sich herum glücklich und voller guter Absichten zu sehen. "Ich bin eine Weltbürgerin, ich liebe alle Menschen", äußerte sie einmal.

In die jugoslawische KP wurde die Marković als sechzehnjährige Gymnasiastin aufgenommen, und sie blieb für immer eine glühende Verehrerin des Kommunismus. Sie verteidigte ihn bis zum letzten Atemzug, sogar zu einer Zeit, als er längst einsturzgefährdet war. Sie sagte, dass "die Linke älter als die Politik und die politischen Parteien, sogar älter als die Wissenschaft ist", dass "die Linken seit jeher vor allem gute Menschen, bescheiden und tapfer waren", und dass "es insbesondere unter den Linken keine Feiglinge gibt". Es geht eher auf die Marković als auf Slobodan Milošević zurück, dass

Serbien als die letzte postkommunistische Enklave in Europa gehandelt wird. Sie stimmte zwar der Abschaffung der belasteten Bezeichnung "KP" und der Umbenennung in "Sozialisten" zu, rückte aber nicht von ihrer ursprünglichen Idee ab: "Mir ist es wichtig, dass diese Welt bestehen kann. Der Name dieser Welt ist unwichtig", sprach sie als Missionarin im Sinne von Karl Marx, der geschworen hatte, Europa auf den Weg der wahren Werte zu stoßen und von allen Irrtümern zu erlösen. Je mehr die Marković verurteilt wurde, desto besser gefiel ihr diese Rolle, und sie nutzte sie geschickt für ihr eigenes politisches Fortkommen.

Von Natur aus reizbar, verliert die Marković die Kontrolle, wenn man ihre ideologische Überzeugung in Frage stellt. Als ihr Bogoljub Karić zu Beginn ihrer Freundschaft dazu riet, vom Kommunismus abzulassen, reagierte sie mit Tränen in den Augen: "Wie können Sie, Bogoljub, mir so etwas sagen!" und verließ bleich den Raum, um ihre Ruhe wiederzufinden. Rumänische Akademiker waren voller Erstaunen, als Mirjana sie anlässlich ihres Besuches in Bukarest mit unschuldiger, unbefangener Stimme fragte: "Wie ist es möglich, dass Adam Puslojić (serbischer Dichter und Übersetzer aus dem Rumänischen) Mitglied Ihrer Akademie ist? Er ist Antikommunist."

Das Tito-Regime verteidigte Mirjana Marković stets bedingungslos. "Eine Schande!" kommentierte sie die neuinszenierte Vorstellung des Stückes "Als die Kürbisse blühten" von Dragoslav Mihailović: "Das ist ein Angriff auf alle unsere Werte."

Von sich selbst sagte sie, sie widme "ihre intellektuelle, berufliche und moralische Energie dem Bemühen, die Idee zu verwirklichen, dass die armen und rechtlosen Völker und Menschen aufhören, arm und rechtlos zu sein." Sie versuchte immer wieder, die Öffentlichkeit davon zu überzeugen, diese Idee sei ihr genetisch vererbt worden.

In ihren Zeitungsnotizen riet Professorin Marković mittellosen Schülerinnen und Schülern dazu, nicht darunter zu leiden, wenn sie ihr Abiturabschlussfest nicht im Luxushotel Hyatt feiern und dabei nicht die neuesten Kreationen berühmter Modeschöpfer aus Paris und Rom tragen konnten: "Nichts ist schöner als das Kleid, das die eigene Mutter genäht hat!" Und nichts ist schöner "als eine romantische Nacht unter den Sternen des Maihimmels", im Park zu sitzen, am Flussufer, "ganz gleich, in welchen Schuhen, mit weißen Espadrilles an den bloßen Füßen, oder in bunten Röckchen, in denen man auf den Stufen sitzt...". [54]

Ihr Leben und das Leben ihrer näheren Umgebung indes nahmen einen völlig anderen Verlauf. Es war ein Sozialismus, in dem die Reichen noch reicher werden und die Armen auf die glücklichen Tage der Verwirklichung großer Ideen harren müssen. Unter Mira Markovićs Anhängern ist die ärmste Gesellschaftsschicht so gut wie nicht vertreten. Die wichtigsten Stützen ihrer Partei sind politische Dealer und Direktoren einflussreicher Staats- und Privatunternehmen. Als man die Marković fragte, wie es möglich sei, dass es Reiche in ihrer Partei gäbe, antwortete sie, "diese haben sich nicht für den Kapitalismus eingesetzt, aber als er eben schon eingetreten war, haben sie es geschafft, sich in ihm zurecht zu finden."

Obwohl sie mit Gefühl von leidenden Menschen spricht, die schwere Schicksalsschläge erdulden müssen und dies "mit viel Würde und Ehrgefühl tun", befindet sie sich weit entfernt vom wirklichen Leben. Wie auch Milošević widmet sie "den gewöhnlichen Menschen" und Verpflichtungen, wie sie ihr die Position einer Präsidentengattin auferlegt, keine Aufmerksamkeit. Niemals hat sie sich an der Linderung menschlichen Unglücks beteiligt, obwohl ihre Partei äußerst finanzkräftig ist, noch hat sie an humanitären Aktionen teilgenommen, für die sich Gattinnen von Staatsmännern üblicherweise engagieren. Auch deshalb war ihre Partei nicht attraktiv: die orthodoxen Kommunisten glaubten ihr nicht, die Antikommunisten hassten sie, und viele sahen in ihrem Engagement die Macht einer verwöhnten Frau, die sich selbst alles leisten und erlauben konnte. Spöttisch nannte man sie deshalb auch "Alice aus dem Wunderland."

Neben dem Kommunismus hegt sie für das ehemalige Jugoslawien, Russland und China eine unübertroffene Liebe. Unmittelbar vor dem Zerfall des gemeinsamen Staates erlebte sie die Kroaten, Slowenen, Makedonier, Serben und Muslime als "Angehörige des zukünftigen jugoslawischen Volkes". Von der Idee der Gemeinsamkeit auf diesen Gebieten rückte sie auch zu der Zeit nicht ab, als die Slowenen und Kroaten allein schon vor dem Gedanken an die Erneuerung der alten Beziehungen Abscheu empfanden. Als erste aus dem Kreis der serbischen Spitzenpolitiker besuchte sie Ljubljana, wo sie ihr Buch "Odgovor"("Die Antwort") vorstellte. Die Slowenen empfingen sie mit offener Intoleranz: "Die Frau Slobodan Miloševićs ist in Tržič unerwünscht", verkündete Landesvater Pavel Rupel, worauf die Veranstaltung später in einer Villa in Ljubljana abgehalten wurde.

Die Russen himmelte Mirjana Marković an: "Russland hat die ganze Welt mit seinen Idealen von Freiheit und Emanzipation in die Pflicht genommen." Alles dort ist wundervoll, einschließlich des Winters, den sie als "ethnische Erscheinung" erlebte, "die durch die Geschichte hindurch diesem großen Volk seine Kraft gegeben hat" und "diese Kraft wird, wenn sie erwacht, die Welt verändern."

Den Nationalismus hat sie immer verurteilt und sich nie mit den Behauptungen abgefunden, dass ihr Mann Slobodan ein Nationalist sei; dennoch unterstützte sie die populistische Bewegung, die Milošević zum nationalen Führer kürte. Zu Lord Owen sagte sie: "Ich habe von meinem Mann erfahren, dass es ihm nicht gelungen ist, Sie davon zu überzeugen, dass er kein Nationalist ist. Ich werde Ihnen sagen, warum er keiner ist. Ich hätte ihn nie geheiratet, wenn er ein Nationalist wäre."

Die Serben unterstützten die Marković insoweit, wie es den Interessen ihres Gatten nützte. Und weil ihm die Serben westlich der Drina das meiste Kopfzerbrechen bereiteten, zeigte sie ihnen gegenüber eine offene Xenophobie wie gegenüber aggressiven Immigranten: "Ich bin Jugoslawin, obwohl ich eine Serbin bin. Meine Eltern stammen aus Serbien, sie sind keine Serben aus der

Herzegowina oder aus Kroatien". Klarer und direkter äußerte sie diese Ansichten in ihrer Beichte an eine Duga-Journalistin: "Es ist schon an der Zeit, dachte sie [Mira], dass die Leitung Serbiens von denjenigen übernommen wird, die hier geboren sind. Und die anderen Serben, wenn sie schon keinen Internationalismus wollten, der ansonsten ihre Daseinsform ist, wenn sie schon kein Jugoslawien wollten und für einen nationalen Staat gekämpft haben, dann sollen sie doch dahin gehen und dort herrschen. Aber sie wird hier bleiben. Sie wird weder nach Knin noch nach Banja Luka gehen." In einer ihrer Meditationen über die "serbischen Flüsse" sagte die Marković, die Drina sei ein zu schnelles und zu kaltes Gewässer, "und es neigt dazu, unnötig viele Todesopfer mitzureißen, als dass es sich mit dem serbischen Schicksal identifizieren könnte."

Mira Marković hat es nie gereicht, nur Präsidentengattin mit protokollarischen Ehren zu sein. Selten sagt sie "mein Mann". Um ihre Unabhängigkeit zu demonstrieren, hat sie in der Ehe ihren Mädchennamen beibehalten: "Mein Nachname wie meine Nationalität und meine Staatsangehörigkeit, mein Vorname und mein Geburtsjahr sind ein Teil meiner Identität. Und ich sehe wirklich keinen einzigen Grund, eines dieser Elemente abzulegen, weil ich geheiratet habe." Milošević unterstützte sie darin. Er selbst behauptet, er habe nach der Hochzeit gesagt, er hätte nie "ein Mädchen geheiratet, das seinen Nachnamen aufgeben würde".

Im Umgang mit anderen behielt sie die sozialistischen Symbole bei. Sie ist keine "Frau", sondern eine "Genossin". Dies ist ihr soziales und ideologisches Erkennungszeichen: "Eine Frau, die den Wunsch hat, eine Dame zu sein, wird nie ein menschliches Wesen sein." Die Frauen in ihrer Gesamtheit sind nach ihrer Aussage das untergeordnete Geschlecht: "Es gibt natürlich Ausnahmen. Ich falle darunter."

Obwohl sie schon seit ihrer Gymnasialzeit sozusagen keine Freundinnen hatte, da die Gruppen, auf die sie sich bezog, aus Männern bestanden, verurteilte sie feministisch verbissen die männliche Tyrannei und behauptete, dass Gewalt eine männliche

Errungenschaft sei: "Sie sind Stammeshäuptlinge, Heerführer, Generäle, Cowboys, Kosaken, Hunnen und Awaren, Soldaten, Boxer, Popen, Mörder, Gewalttäter, Dealer, Geiselnehmer, Rugbyspieler, Erpresser, Lastwagenfahrer, Chirurgen, Jäger, Fleischer, Scharfschützen, Kriegsminister und Angler...".

Über sich selbst hatte sie eine hohe Meinung und war davon überzeugt, eine aufklärerische, erzieherische und moralische Mission zu haben. Im Gegensatz zu Slobodan M., der einzig und allein von der Macht besessen war, genoss Mira Marković auch Ruhm und Stärke. Niemals hatte sie genug Titel und Ehrungen. Sie ist Akademiemitglied, Professorin, Parteiführerin, Kolumnistin, Literatin, verdiente Staatsbürgerin, Wissenschaftlerin und Denkerin. In der von der "Politika" angeführten regimetreuen Presse wird sie als Übermensch und Über-Intellektuelle mit unerreichbaren wissenschaftlichen und literarischen Fähigkeiten gepriesen. Sie ist "der Juwel der Medien", "eine der bedeutendsten und interessantesten Persönlichkeiten der Welt- und der Wissenschaftselite". In ihren Büchern "begegnet man der Denkerin, die sich mit ganzer Seele dem Schicksal des Volkes widmet". Sie hatte sogar den Ehrgeiz, mit Russland, China, Weißrussland und Jugoslawien einen antiamerikanischen Block zu organisieren. Sie rief die internationale Öffentlichkeit, "alle Erniedrigten und Beleidigten" dazu auf, "dem neuen Kolonialismus einen globalen Widerstand unter dem Namen der Globalisierung" entgegenzusetzen.

Um ihr wissenschaftliches und politisches Prestige zu polieren, wurden große Mengen Geld verschwendet. Sponsoren und Vermittler wurden eingebunden; ein ganzes Vermögen investierte man in den Druck ihrer Bücher, die in zwanzig Sprachen erschienen, für die es zwar keine Interessenten gab, die aber wie verlegerische Bestseller honoriert wurden.

Überschüttet mit Lobeshymnen und geschützt durch die Liebe und Autorität ihres Gatten begann sie auch selbst, an ihre überhöhte Rolle zu glauben. Auf die Frage, wie sie die Popularität ihrer Bücher erkläre, antwortete sie: "Vielleicht, sagen wir, weil ich eine der seltenen Intellektuellen aus diesem Teil der Welt bin, die versucht hat, diesen Teil der Welt zu erklären. Und vielleicht deshalb, weil die Art, wie ich schreibe, schön ist, natürlich."

Mirjana M. kann hassen und lieben. Wo sie hasst und wo liebt, sie ist mit ihrer gesamten Energie dabei. Ihre Nächsten, der Gatte, die Kinder und politischen Verbündeten – sie alle sind ehrlich, schön, weise und selbstlos, während die politisch Andersdenkenden in ihrer Sicht "meistens neidische, unterlegene, unzureichend gebildete und unkultivierte Menschen sind". Niemand gibt seinen Anhängern eine solche Sicherheit und ein solch angenehmes Leben wie Mirjana Marković. Gekränkt und verbittert nennt sie ihre Opponenten unter den Kommentatoren "halbe Analphabeten, die ihre Schullektüre nur mit Schwierigkeiten absolviert haben". Diese sind kleine Diebe, "die ihre Schwäche nicht beherrschen können, Aschenbecher und Toilettenpapier aus dem Hotelzimmer mitgehen zu lassen." Sie sind "Alkoholiker aus den Zeitungen mit Niedrigauflage, die von einer gewissen Stiftung finanziert werden, die auf Einmischung in die Angelegenheiten fremder Länder trainiert ist", wobei sie "aus meiner Sicht keinerlei individuelles und nationales Ehrgefühl besitzen."

Mit Verwunderung schrieb sie darüber, wie es möglich sei, dass die Oppositionsführer nicht als Verräter, sondern als Politiker behandelt würden: "Wenn man den Weltstandard und die im Ausland geltenden Regeln ansetzen würde, dürften sie sich keine Woche lang in Freiheit befinden oder würden bestenfalls versuchen, sich bei Nacht und Nebel aus dem Land abzusetzen, wie es Spione tun, die ihre Entdeckung fürchten." Die Führer der Opposition sind auch physisch gesehen Ungeheuer. Einen ihrer Gegner beschreibt sie als "Vampir, denn er hat scharfe, riesige, schreckliche Zähne, weswegen er seinen Mund nicht völlig schließen kann, und sein Blick ist so böse, dass Kinder, wenn sie ihn vor dem Einschlafen sehen, böse Träume haben."

Besessen ist sie vom Thema der Hygiene, dem sie politische, moralische und ästhetische Bedeutung beimisst. Saubere Menschen sind gut, ehrbar und schön, und außerdem Mitglieder der JUL-Partei. Im Gegensatz dazu stehen "frustrierte Männer, die es nicht gelernt haben, sich regelmäßig zu waschen". Deren "Städte sind unsauber und geplündert", und die Frauen der Oppositionellen sind "vollständig hormonell gestört".

Mehr als ihre politischen Gegner verachtet sie nur ihre Ex-Verbündeten, ihnen gegenüber zeigt sie keinerlei Barmherzigkeit. Diesen Menschentyp bezeichnet sie als "Wendehälse, kleine, ängstliche Intriganten". Auch Miloševićs engsten Mitarbeiter während des jugoslawischen Zerfalls, Borisav Jović, zählte sie zu diesen, nachdem er seine Memoiren herausgebracht hatte. "Wenn es keine solche Wesen gäbe, die für die hygienische Zusammensetzung schädlich sind, könnten wir diese schlimmen Jahre besser ertragen", schrieb sie über ihn.

Ihre Intoleranz ist leidenschaftlich, unverhohlen und erdumspannend. Mit Menschen, die sie nicht ertragen kann, möchte sie noch nicht einmal die Krankheiten teilen. Damit erklärt sie auch ihre Widerstandskraft gegen winterliche Erkältungskrankheiten: "Als ich sah, wer alles an Grippe leidet, habe ich beschlossen, niemals grippekrank zu werden!"

Mit gleichem Eifer, gleicher Hingabe pflegt sie Freundschaften, die sie auf persönliche Kontakte aufbaut und mit schönen Aufmerksamkeiten, geduldiger Kameradschaft und reichen Belohnungen garniert. Ihren Freunden erlaubt sie alles und räumt ihnen viel größere Selbständigkeit ein, als dies Milošević tut. Wer ihr die Hand küsst und Treue bezeugt, dessen Zukunft ist gesichert.

Eng verbunden ist sie mit den Stützen des 8. ZK-Plenums, "ihren Genossen", dem früheren "kleinen Politbüro", wie der Kreis von Anhängern des serbischen Präsidenten vertraulich genannt wurde. Dazu äußerte sie: "Wir haben auf dem 8. Plenum nicht nur gewonnen, weil wir Gleichgesinnte, sondern auch, weil wir Freunde waren." Dieser Gesellschaft, die hauptsächlich aus Dogmatikern und Karrieristen bestand, sollte sich später noch die einflussreiche Schicht der neureichen Elite anschließen, die sich politisch um die

Marković gruppierte und in ihr eine große Stütze fand.

Sie ist launisch, und ihre Reaktionen sind oft nicht vorhersehbar und offen aggressiv, was charakteristisch für Menschen ist, die ihren Zorn weder zügeln wollen noch können. "In ihrer Gesellschaft fühlte ich mich immer angespannt, wie angenehm das Gespräch mit ihr auch sein mochte", erzählte mir ein enger Bekannter der Familie Milošević. "Einmal sagte ich etwas, was ihr offenkundig nicht gefiel. Im gleichen Augenblick verstummte sie und starrte reglos, fast wie versteinert, auf einen Punkt. Ihre Augen wurden eisig, die Lippen zu einem Strich, ihr Gesicht zeigte keinerlei Regung, und das Schweigen war absolut. Ich versuchte, das Gespräch wieder in Gang zu bringen, aber es gelang mir nicht. Da begriff ich, dass es besser war zu gehen, und seitdem haben wir keinerlei Kontakt mehr."

Ihre Gefühle drückt sie oft mit Tränen aus, sogar bei ganz banalen Anlässen. Sie weint vor Glück, wenn sie Gesinnungsgenossen in China begegnet; sie weint, wenn ihre kommunistischen Empfindungen verletzt werden und wenn sich Ehemann Slobodan vergisst und sie stört, während sie sich vor dem Spiegel kämmt, "vom Zweifel geplagt, dass er sie nicht mehr liebt". Denn, so behauptet ihre Biographin Ljiljana Habjanović Đurović, "sich zu kämmen, ist eine von Mirjanas heiligen Zonen; wenn sie vor dem Spiegel steht, ist sie auf besondere Art mit sich selbst konfrontiert und schaut in den Abgrund ihres Wesens." Tränen hat sie immer im Überfluss parat, wenn sie träumt wie auch im Wachzustand. Sie weint, wenn es regnet und wenn die Sonne scheint, wenn sie in Urlaub fährt und wenn sie aus dem Urlaub kommt: "Am achtzehnten Juli 1984 vormittags packte ich die Koffer für einen Aufenthalt am Meer. Ich packte und weinte dabei. Der Sommer in Belgrad war so warm und schön, und kein Mensch aus der Umgebung war schon in die Sommerfrische gefahren…".

Obwohl sie voller Energie steckt und sich unermüdlich engagiert, wirkt sie lustlos, kränklich und abwesend. Von kleiner Gestalt, nur 162 cm groß, mit etwas Übergewicht und einer Ponyfrisur, die ihre Stirn bedeckt, kleidet sie sich konventionell in elegante, schwarze Kostüme, wie es Personen tun, die den Eindruck der Seriosität erwecken wollen. Des öfteren hat sie wegen psychischer Störungen ärztliche Hilfe in Anspruch genommen. Diese Arztbesuche wurden streng geheim gehalten, und über die Natur ihrer Beschwerden drang keinerlei verlässliche Information an die Öffentlichkeit. Mitte 1996 unterzog sie sich einer qualvollen Schönheitsoperation. Dieser chirurgische Eingriff wurde in der Belgrader Militärmedizinischen Akademie von italienischen Ärzten durchgeführt, die der jugoslawische Botschafter im Vatikan, Dojčilo Maslovarić, für sie ausfindig gemacht hatte.

Antworten auf viele Fragen erhofft sie sich im Wegweiser der Sterne. Immer wieder sucht sie deshalb Wahrsager auf. Obwohl sie nicht in die Kirche geht und sich als Atheistin bezeichnet, glaubt sie an übernatürliche Mächte und unsichtbare Kräfte, die das Leben steuern. Ihr Lieblingsring ist mit einem Mondstein besetzt, denn "der Mond ist ein schützender Planet". Sie liebt keine gelben Kämme im Haar, denn "als ich sie einmal trug, bestand meine Tochter Marija ihre Geographie-Prüfung nicht". Völlig entnervt von der Wahlniederlage ihrer kommunistischen Partei im Jahr 1993, als es ihr persönlich nicht gelungen war, das Vertrauen der Wähler in der Region Smederevo zu gewinnen, verteilte sie öffentlich Flüche an nichtidentifizierte Betrüger, denn sie glaubte, ein solcher Wahlausgang könne ausschließlich Ergebnis einer Manipulation sein.

Sie befasst sich mit Astrologie und Horoskopen. Diese Neigung hat sie auch auf ihren Gatten und die Kinder übertragen: "Oft sage ich, mit ein wenig Traurigkeit und etwas Ironie, wenn eine Regierung oder ein Ministerium etwas nicht lösen kann, dann können es vielleicht die Sterne tun."[55] Die Deutung der Sterne nutzt sie auch als Gesellschaftsspiel. Indem sie die einzelnen Tierkreiszeichen interpretiert, sagt sie ihren Freunden, was sie von ihnen denkt.

Auch ihrer Liebe zur Musik gibt sie eine astrologische Bedeutung: "Für die im Zeichen des Krebses Geborenen steht im Horoskop, dass die Musik für sie das Leben ist. Die Musik ist einer der kultischen Punkte meines Lebens."

Obwohl Kommunistin und Atheistin, führte die Marković Mitte der 90er Jahre in ihrer Familie wieder die Tradition des orthodoxen Slava-Festes zur Ehren des Hausheiligen der Eltern ihrer Mutter, Nikolaus, ein. Der Patriarch der russisch-orthodoxen Kirche Aleksej II. schenkte ihr daraufhin eine alte, vergoldete Ikone des Hl. Nikola, die seitdem in der Tolstoj-Str. 33 einen Ehrenplatz einnimmt. Während ein Lenin- und ein Tito-Porträt ihre jeweiligen Arbeitszimmer schmücken, prangt im Kabinett des serbischen Präsidenten nur das Foto seiner Ehefrau. Es nimmt jetzt den Platz ein, der einmal für Josip Broz reserviert gewesen ist.

Das Privatleben der Eheleute Milošević ist beschränkt und recht eintönig. Sie selbst haben ihre Bewegungsfreiheit begrenzt. Sie begeben sich selten an einen Ort, wo sie in unmittelbaren Kontakt mit gewöhnlichen Menschen kommen könnten, wenn man ihre Parteigenossen ausnimmt. Sport, Theater, Cafébesuche oder protokollarische Veranstaltungen liegen außerhalb ihrer Interessenssphäre. Die beiden haben vergessen, wie die Terazijen oder die Knez-Mihailo-Straße aussieht. Die Politik ersetzt den beiden alles, und sie fühlen sich am besten, wenn sie zusammen sind, denn ihr Wunsch ist es, alles so zu erhalten, wie es in den Tagen auf dem Gymnasium war.

Sie sagt, er sei ein "perfekter Mann", während er betont, sie sei die "perfekte Frau". Wenn sie spazieren gehen, halten sie sich an der Hand. "Ich liebe meinen Mann, weil er mich liebt", verkündet die Marković. "Alles, was mir weh getan hat, ist weniger schlimm, wenn ich mit ihm zusammen bin."

Auf gleiche Art und Weise erwidert Milošević ihr Verhalten. Dieser kalte Autokrat ist ein völlig anderer, wenn seine Frau neben ihm ist, zärtlich, aufmerksam und nachgiebig bis zum eigenen Nachteil. Sie ist seine "Liebe", "Liebste", sein "Baby", seine "Baca". Sie ist dazu da, ihn zu ermutigen, ihm Vorwürfe zu machen, ihm den nächsten Schritt aufzuzeigen oder ihn dahin zu führen: sie füllt alle leeren Stellen seiner Seele.

Ihre Zärtlichkeit und gegenseitige Ergebenheit zeigten die beiden auch in reiferen Jahren vor den Augen der Öffentlichkeit. Als in der Residenz des Präsidenten im Freundeskreis das Erscheinen von Mirjanas Buch Između Istoka i Zapada gefeiert wurde, hob Slobodan mit freudestrahlenden Augen sein Glas: "Auf dein Buch, Kätzchen, und darauf, dass du mich immer liebst!"

Er war seiner Gattin treu und ließ sich auf keinerlei Abenteuer ein, wie seine Altersgenossen behaupten. Sie erinnern sich an eine Begebenheit, die sich noch zu Zeiten des früheren jugoslawischen Parteipräsidiums abspielte, als eine kokette Sekretärin sich ein Verhalten erlaubt hatte, das über das korrekte Dienstverhältnis hinausging. Milošević machte daraus einen Skandal: "Ist das hier die Parteileitung oder ein Bordell!"

Ihre Abende verbringen die Eheleute Milošević bei entspannenden Unterhaltungsserien vor dem Fernsehgerät, sie schauen sich zum Beispiel "Glückliche Menschen" und "Ein besseres Leben" an, und sie lieben romantische Filme. In ihrer Hausdiskothek findet sich eine umfangreiche Sammlung von Musikkassetten mit russischen Liedern, Romanzen, den Hits populärer Rockgruppen wie "Bijelo dugme", "Novi fosili" und "Magazin". Darunter ist auch die Schlagerschnulze "Ich werde alt und werd' nicht wissen, ob du nach mir Tränen wirst vergießen, wie ich nach dir!" von Haris Džinović. Die beiden leben in dem Wunsch, dass zwischen ihnen alles so bleiben möge wie zu Jugendzeiten.

Ihre freien Tage verbrachten die Eheleute früher hauptsächlich in Požarevac im neugestalteten Wohnhaus von Mirjanas Großvater. Als ihr Sohn Marko erwachsen geworden war und sich in Požarevac ansiedelte, kamen die beiden seltener in die frühere Heimat. Nun wurde das Staatsgut Karađorđevo, wo Tito häufig zu Gast geweilt hatte, ihr liebstes Ausflugsziel.

Mehrere Jahre lang verbrachten sie ihren Sommerurlaub auf Brač. Als sich der Zerfall Jugoslawiens ankündigte, verlegten sie ihren Aufenthaltsort in das Militärfreizeitheim in Kupari. Da sich jedoch im Laufe der Zeit auch die montenegrinische Küste nicht mehr für einen Urlaub anbot, fuhren die Miloševićs nun zur Erholung nach Griechenland, allerdings nur bis zur Erhebung der Anklage gegen Milošević in Den Haag, und nach Dubašnica, über dem Borer See in Südserbien, in eine umgebaute Jagdhütte. Die serbische Regierung hatte hier den Wohnkomfort erhöht und im Sommer 1996 auch einen Swimmingpool bauen lassen. Da man erst zu spät feststellte, dass es vor Ort kein fließendes Wasser gab, wurde das Schwimmbassin nun aus einer Zisterne gespeist. Neben dem Haus errichtete man eine Start- und Landepiste für Helikopter.

Mirjana Markovićs und Slobodan Miloševićs Liebe wurde offiziell mit ihrer Heirat am 14. März 1965 besiegelt. Ihrem ersten Kind, der 1965 geborenen Tochter Marija, gaben sie den Namen nach der legendären Partisanenheldin Marija Bursać. Sohn Marko wurde neun Jahre später, 1974, im Monat Juli geboren, "dem Symbol des Lebens, der Sonne und der Energie", wie Mira Marković schrieb. Es war dies die Zeit, als in Serbien Aufstände an der Tagesordnung waren, worin die Marković einen Fingerzeig des Schicksals sah in der Erwartung, dass Sohn Marko in die Fußstapfen seiner Eltern treten würde.

Über ihre Kinder sprachen die Eheleute Milošević mit elterlicher Liebe, mischten sich aber nicht in deren Leben ein. Sie ließen sie ihre eigenen Wege gehen und räumten ihnen dabei so viele Hindernisse aus dem Weg, dass sich der Normalbürger irritiert fühlte. Und die beiden nutzten die ihnen vergönnten Privilegien in einem Übermaß, als stünden sie ihnen aufgrund der Position ihrer Eltern wie selbstverständlich zu.

Marija und Marko verachteten ihre Pflichten als Schüler und verbargen dies nicht. Marija wechselte mehrmals die Schule: sie besuchte nacheinander das Gymnasium, das Handelsgymnasium, die Maschinenbau- und die Touristikschule. Den Schulabschluss benötigte sie nur, um den Ehrgeiz ihrer Eltern zu befriedigen. Früh heiratete sie einen dreizehn Jahre älteren Diplomaten, die Ehe dauerte jedoch nicht lange: "Es langweilt mich zu Tode, eine Diplomatengattin zu sein." Am besten fühlte sie sich in der Gesellschaft ihrer Bodyguards mit einer Pistole, die ihr mehr gefiel als weiblicher Schmuck. Die ehelichen Pflichten störten sie nur: "Auf einem Arm das Baby und in der anderen Hand die Pistole zu halten, das ist mir zu kompliziert."

Nach langen Jahren des Suchens widmete sich Marija dem Journalismus und dem Business. Ihre Karriere als Journalistin begann sie in der "Politika" und setzte sie in der "Ilustrovana politika" fort. Als unter der Schirmherrschaft der Jugoslawischen Linken und mit Unterstützung freizügiger Spender, unter denen sich auch der unvermeidliche Bogoljub Karić befand, der Hörfunk- und Fernsehsender Košava gegründet wurde, setzte man Marija als Direktorin mit Besitzerstatus ein. Die Patenschaft für diesen Sender wird Mirjana Marković zugeschrieben, für die Košava eine psychologische Metapher ist. Dem Beispiel ihres Bruders Marko folgend, wiewohl mit weniger Erfolg, befasste sich auch die Präsidententochter mit Geschäften, durch die sie materiellen Wohlstand erwarb. Dies war im Serbien der neunziger Jahre allerdings eine allgemeine Erscheinung. Dank der mächtigen Position ihrer Eltern bildeten die Kinder hoher Funktionäre auf den Ruinen des Kommunismus eine neue Klasse von Wohlhabenden.

Marko Milošević genoss in seiner Jugendzeit die Freuden des Lebens. Er wollte in allem seinen Willen durchsetzen und nahm keine Rücksicht auf seine Umgebung, die aufmerksam das Benehmen der Familienmitglieder eines Staatsmannes beobachtete. Das leichte, angenehme Leben fiel ihm zu wie ein Geschenk des Himmels, und er nutzte es ausgiebig. Geld, schicke Wagen, Waffen, Mädchen, Vergnügungen, Bodyguards und Polizeibegleitung, das war die Welt, in der sich der junge Milošević bewegte. Damit waren seine Interessen erschöpft. Schon als Sechzehnjähriger reiste er 1990 mit einer serbischen Kulturdelegation nach Israel, in dem Wunsch, die israelische Militärmacht kennen zu lernen. Damals nahm ihn Klara Mandić in ihre Obhut, und auf dem Flugticket stand, um die Geheimhaltung zu wahren, "Klara + Niko".

Neben den Waffen sind Autos seine große Leidenschaft: "Ich hatte neunzehn Autounfälle. Mein Papa hat sich über die ersten fünfzehn demolierten Autos geärgert, aber seitdem zuckt er nicht mehr mit der Wimper." Marko räumt ein, dass er die Schule im tiefsten Grunde seiner Seele unerträglich findet und die Prüfungen als Externer abgelegt hat: "Das war die einzige Art und Weise, wie ich dieses Elend loswerden konnte."

Der junge Milošević löste sich früh von seinen Eltern. Die Stadt Belgrad mochte er nicht, dort fühlte er sich unwohl. Er hielt sich häufig in Griechenland auf, nahm aber seinen Wohnsitz in Požarevac, wo er sich benahm wie ein Wirt und Sheriff aus Cowboyzeiten. Neben dem Elternhaus errichtete er ein luxuriöses Wohngebäude, "mit eigenem Geld, selbstverdient", wie er immer wieder betonte. An der Eingangstür stand auf einer Tafel "Stiftung Petar Dobrnjac" zu lesen. In Požarevac eröffnete Marko die Elite-Diskothek "Madonna", die größte Diskothek auf dem Balkan, mit Triumphbögen, starken Sicherheitsvorkehrungen und einer Fahne mit dem fünfzackigen roten Kommunistenstern. Diese Diskothek diente ihm mehr zum Vergnügen, denn gemeinsam mit seinem Kompagnon Treff verfügte er über zuverlässigere Einnahmequellen aus privilegierten Geschäften, bis Treff im Frühjahr 1997 unter ungeklärten Umständen ermordet wurde. Der Präsidentensohn häufte in kurzer Zeit einen erklecklichen Reichtum an. Bessere Kenner der Neureichenelite behaupten sogar, dass der junge Milošević zu den wohlhabendsten Leuten in Serbien zählt. Auch er selbst suchte das keineswegs zu verheimlichen. Eines Tages schüttete er seinem Vater einen vollen Beutel mit Deutschmark vor die Füße, um diesem zu demonstrieren, dass auch er es zu etwas gebracht hat. Dieser Reichtum bereitete Slobodan Milošević zwar Sorgen, aber weiter auch nichts. Im Freundeskreis hob er die Geschäftstüchtigkeit seines Sohnes hervor: "Wie gut Markos Cafe in Požarevac geht!"

Unter dem Einfluss ihrer Mutter sprachen Marko und Marija

begeistert vom Kommunismus, wie sie ihn selbst in völligem materiellem Wohlstand erlebten. Vor Markos Diskothek und seiner Bäckerei in Požarevac flattern Fahnen mit dem roten Stern im Wind. Bei der Premiere des in Cannes preisgekrönten Films "Underground" des bosnisch-serbischen Regisseurs Emir Kusturica verließ Marija Milošević wegen des "antikommunistischen Inhalts des Filmes" demonstrativ den Saal. Ihrer Sympathie für die Idee des Sozialismus verlieh sie sogar mit Tränen Ausdruck. Als ihre Mutter nach der Rückkehr aus Moskau mit Trauer vom Untergang des Sozialismus in Russland erzählte, fing Tochter Marija vor den geladenen Gästen melodramatisch zu weinen an, wie wenn sie etwas verloren hätte, was ihr am teuersten war: "Was sollen wir jetzt nur tun? Jetzt ist nur noch China übrig geblieben!"

Kinder teilen oft das Schicksal ihrer Eltern, ihre Traumata und psychischen Belastungen. Marko und Marija Milošević traf die Intoleranz der Öffentlichkeit gegenüber ihren Eltern tief. Sie waren davon überzeugt, überall von Feinden umgeben zu sein, und in den Antipathien ihrer Altersgenossen erblickten sie Neid, Minderwertigkeitskomplexe und Bösartigkeit. Eines Abends im Herbst 1997 zwang Marko Milošević unter dem Schutz seines Bodyguards und mit einer "Heckler" in der Hand die Gäste des Cafés "Rex" in Kostolac, ihren Kopf zwischen die Beine zu nehmen und "keinerlei Bewegung" zu zeigen, während er seine Rechnung mit einem Gleichaltrigen beglich, der ihn nervös gemacht hatte. Der halbwüchsige Sohn eines Bergmanns hatte Marko "komisch angeschaut", spöttisch, wie es dem Präsidentensohn schien. Konkret handelte es sich dabei um einen behinderten Jungen, dem die Folgen eines Autounfalls im Gesicht anzusehen waren. Der arme Junge wurde mit einem Aufenthalt auf der Toilette bestraft und dazu verurteilt, "langsam bis hundert zu zählen".

Weil sich solche von Marko provozierten Zwischenfälle häuften, richtete die Demokratische Partei einen offenen Brief an Milošević und appellierte an ihn, seine Kinder nicht über das Gesetz zu stellen: "Herr Milošević, zügeln Sie Ihren Sohn!" Slobodan M.

trafen die öffentliche Erniedrigung seiner Ehefrau und seiner Kinder immer wieder von Neuem. Nach einem Artikel in der "Srpska reč", dem Parteiblatt der Serbischen Erneuerungsbewegung, schimpfte er wütend auf Vuk Drašković: "Mit ihm werde ich nicht einmal mehr Kaffee trinken!" All das, was den serbischen Präsidenten in Beziehung zu seinen Mitbürgern kalt ließ, womit das Mitgefühl und Verständnis für fremdes Unglück gemeint ist, trug er in Bezug auf seine nächsten Familienangehörigen tief im Herzen.

Mirjana Marković wählte das andere Extrem. Wie sie über alles schrieb, waren auch ihre Kinder für sie ein Thema für die Zeitung. Und in ihren Darstellungen glänzten diese durch ihre Tugenden und durch ihr Aussehen. In Sohn Marko "schlägt das mutige Herz eines Abenteurers", er ist "modern und phantasievoll", unbelastet von traditioneller Erziehung: "Dem Heiligen Sava und seinem Beitrag für das serbische Schrifttum alle Ehre. Aber mein Sohn fährt einen Wagen mit 250km/h, er schickt mir eine Nachricht über den Piepser, dass er mich liebt, duscht viermal täglich, wundert sich über eine Uhr mit arabischen Ziffern und hat erst vor zwei Jahren angefangen, sich ihrer zu bedienen." Milošević-Tochter Marija besitzt "einen sehr individuellen Charme, sie pflegt ein intellektuelles und selbstbewusstes Verhältnis zu sich selbst." Mutter Mirjana ist natürlich bezaubert insbesondere von dem Mut, dem ideologischen Glauben und dem Aussehen ihrer Tochter: "Ich wusste, dass ich meine Tochter Marija zur Welt bringen und dass sie schön und mutig werden würde!" Auf alle bissigen Artikel über die jungen Miloševićs hatte die Marković nur eine Antwort: "Wir sind eine moderne, europäische Familie".

Mehr als ihr Vater beeinflusste die Mutter die jungen Miloševićs. Sie imponierte den beiden mit ihrem kämpferischen Geist bei politischen Abrechnungen mit Gegnern, durch ihren Schutz und ihre öffentliche Tätigkeit. Als eine Mitarbeiterin des Magazins "NIN" Marko als abstoßendes Individuum zeichnete, das sich mit seinen Waffen und Reichtümern brüstete, antwortete er selbst in einem Sprachstil, der dem seiner Mutter täuschend ähnlich war, falls ihn die Marković nicht doch selbst geschrieben hatte: "Mit oder ohne Papa bin ich auch weiterhin jung, klug, begabt und – schön." Die Journalistin steckte er in die Schublade der "Maulwürfe, Verräter, Falschspieler und übrigen Nager, die von jeder Gesellschaft ausgestoßen werden", und als junger Intellektueller, als den er sich bezeichnete, vermeide er es, "dem moralischen, politischen und Werte-Bodensatz dieser Gesellschaft Rechenschaft abzulegen". Beim Hochjubeln der Familie Milošević wurde auch Marko nicht vergessen: er bekam eine Ehrenurkunde für seinen Beitrag zur Entwicklung der Stadt Požarevac.

Im Chaos des moralisch und wirtschaftlich am Boden liegenden Landes usurpierten die nationalen Führer und ihre Trabanten die Macht und sicherten sich damit ungeheure Reichtümer. Die Eheleute Milošević verurteilten das Verbrechen, ließen aber eine Kriminalisierung der Gesellschaft bis zur äußersten Schamgrenze zu und versammelten alle möglichen Parasiten und Menschen mit problematischen Lebenswegen um sich. Ein Forscher, der Wirtschaftswissenschaftler Mlađan Dinkić behauptet, Anfang der 90er Jahre seien aus Serbien sechseinhalb Millionen Deutschmark einfach ins Ausland verschwunden. Die Identität des Nutznießers ist aufgrund der Wirtschaftssanktionen gedeckt, und niemand ist ihm auf die Spur gekommen. Wo befindet sich das Geld? Es existieren viele schwarze Löcher, die wahrscheinlich niemals aufgedeckt werden.

Während sie sich für kurze Zeit in der Opposition befanden, klagten die Radikalen Milošević an, er habe "Staatsgelder vernichtet" und sie auf ausländischen Bankkonten deponiert. Eine ähnliche Behauptung stellte auch Miloševićs Gevatter auf, der frühere Direktor des Unternehmens Jugoexport, Slobodan Anđić, der sich über die Grenze absetzte.

Oft wird auch die geheimnisumwitterte Borka Vučić erwähnt, eine Bankfachfrau, die großes Vertrauen beim Präsidenten genießt. Um ihre Gunst buhlte die Geschäftswelt. Ihre Unterschrift, so wird behauptet, war mehrere Millionen Dollar wert. Sie hat starke Finanzverbindungen im Ausland, und als Jugoslawien zerfiel und die Wirtschaftssanktionen in Kraft traten, war sie Direktorin der Beogradska Banka auf Zypern und arbeitete aufs engste mit der serbischen Macht zusammen. Viele verdeckte Geschäfte wurden über diese geschickte Frau abgewickelt, und das Geld wurde auf Zypern in Umlauf gebracht, das damit zur Ausgangsbasis illegaler Transaktionen wurde.

Die Villa im Belgrader Dedinje ging in den ständigen Besitz der Familie Milošević über, völlig unter ihrem realen Wert, was zu Zeiten der Umwandlung des sogenannten gesellschaftlichen Eigentums von Wohnungen eine Massenerscheinung war. Diese Transaktion wurde im übrigen im Eiltempo vorgenommen, gerade zu dem Zeitpunkt, als der Krieg aufflammte. Milošević stellte den Antrag am 26. Juli 1991, und einen Tag später wurden Kauf und Verkauf gebilligt. Das Gebäude in der Tolstoj-Str. 33, das mit Staatsgeldern umgebaut und mit allen modernen Einrichtungen ausgestattet worden war, stellt an sich schon ein Wertobjekt dar.

Seine Bücher ließ sich das Ehepaar Milošević ebenfalls fürstlich bezahlen. Um diese Einkünfte konnten die beiden von den Größen der serbischen Kultur beneidet werden. In einer Zeit, als ein Buch in Serbien für gewöhnliche Menschen ein Luxusartikel war, wurden die Ausgaben der Milošević-Bücher mit Unterstützung von Sponsoren in der Auflagenhöhe gutgehender Wochenzeitungen gedruckt, obwohl es sich um Publikationen handelte, die bei der Leserschaft nicht das geringste Interesse hervorriefen. Milošević veröffentlichte seine Reden unter dem Titel Godine raspleta[56], während Mira Marković ausgewählte Interviews und bereits gedruckte Zeitungsartikel (Odgovor, Noć i dan, Između Istoka i Juga) publizierte. Diese Bücher wurden in zwanzig Fremdsprachen übersetzt.

Reichtum und Macht in autoritären Regimen gehen üblicherweise Hand in Hand. Seiner Position nach konnte das Ehepaar Milošević alles haben, was es sich wünschte, und einen märchenhaften Reichtum anhäufen: so das Bild Serbiens in den 90er Jahren.

Obwohl die beiden im Laufe der Zeit die Privilegien ihrer Stellung immer weiter ausnutzten, gibt es keine verlässlichen Angaben über ihren Besitzstand. Im übrigen gab es nie ein Dementi auf eine Meldung in der griechischen Presse, wonach Milošević in der Umgebung Athens für eineinhalb Millionen Dollar eine Villa gekauft haben soll. Ihrem öffentlichen Auftreten nach glichen die beiden Herrscherpersönlichkeiten, für die die Macht das höchste Gut darstellt. Was sie außer der Macht noch angehäuft haben, wird man erst erfahren, wenn verdeckte Zeugen und kompetente Institutionen ihr Schweigen brechen.

Am schwersten fällt es, die Beziehung der Eheleute Milošević zueinander zu erklären. Hier mischen sich eheliche Bindung, Macht, Liebe und Konkurrenz, und niemals war es klar, wer von den beiden Wind, wer Segel war.

Die beiden zanken sich am meisten über die Auswahl von Freunden und Mitarbeitern, denen sie Vertrauen schenken können. Dieser Konflikt dauert über Jahre, und üblicherweise geht die Marković daraus als Siegerin hervor. Wen sie benennt, dessen Zukunft ist gesichert. Falls derjenige nur Miloševićs Gefolgsmann war, erwarteten ihn Unannehmlichkeiten. Wer immer es wagte, die Marković links liegen zu lassen, musste teuer dafür bezahlen. Als erster bekam dies Ivan Stambolić zu spüren, der ihre politischen Aktivitäten ignoriert hatte.

Den Menschen, die nicht nach dem Geschmack der Marković sind, bleiben die Türen ihres Hauses verschlossen. Wenn Radovan Karadžić noch vor ihrem endgültigen Zerwürfnis bei den beiden zu Hause anrief, pflegte sie ihm jedes Mal zu antworten: "Slobodan ist nicht zu Hause." Sie zählte ihn zu den Tschetniks und behandelte ihn mit offener Intoleranz. Auch viele andere Mitarbeiter Miloševićs sind gezwungen, weit entfernt vom Gesichtskreis der Marković mit ihm Kontakt aufzunehmen. Auch darauf nimmt er Rücksicht und passt sich ihren Wünschen an. Wann immer gemeinsame Treffen der Eheleute stattfanden, die meistens in dem exklusiven Restaurant der jugoslawischen Erdölgesellschaft "Jugopetrol" bei Dragan Tomić in einem modernen, luxuriösen Gebäude in Neu-Belgrad ausgerichtet wurden, diktierte Milošević die Gästeliste, achtete aber darauf, das niemand darunter war, dessen Präsenz die Nerven seiner Ehefrau strapazierte.

Mit ihrem Status als Ehegattin erlangte die Marković auch alle anderen Befugnisse und wurde damit zur mächtigsten Frau in der Geschichte Serbiens. Es genügte, ihr Vertrauen zu gewinnen, dann kam alles wie von selbst, Minister- und Botschafterposten und Sicherheit auf den Höhen der Macht. Deshalb war Mirjana Marković in der Öffentlichkeit noch verhasster als Milošević und wurde des öfteren grausam verspottet. Viele glaubten, dass sie sein Übel sei. Bischof Atanasije aus Zahumje in der Herzegowina nannte sie eine "Psychopatin" und eine Frau "von bösem Blut".

Es gab keine Partei mit weniger Anhängern und mehr Macht als die neue Jugoslawische Linke JUL der Mira Marković. Sie hatte keine Wähler, dafür aber Funktionäre. Die JUL nahm eigenständig an Wahlen nur im Jahr 1993 zusammen mit "anderen linken Kräften" teil und errang nicht einmal ein Prozent der Wählerstimmen.

Wo immer sie sich aufhielt, alles was sie schrieb und sagte, wurde von einer Publizität begleitet, die ansonsten nur führende Staatsmänner genießen. "Wir wissen, dass Ihr Wort genügt, um das zu erhalten, was die Arbeiter über 43 Jahre hin aufgebaut haben, und es liegt an Ihnen, es jetzt auszusprechen", wandten sich die Beschäftigten der Belgrader Firma "Jugoexport", die mehr als ein Jahr lang streikten, öffentlich an die Marković.

Was nicht in der Macht der legalen Vertreter des Regimes steht, kann die Präsidentengattin regeln. Wenn sie jemanden verurteilt, ist dieses Urteil endgültig, so wie es bei vielen Politikern von Panić bis Karadžić der Fall war. Im umgekehrten Fall ist ein Wort von ihr nicht mit Gold aufzuwiegen. Milošević kam allen Wünschen seiner Ehefrau entgegen, obwohl er dementsprechende Vorwürfe zurückwies: "Sie ist sehr aktiv im politischen Leben, hat aber niemals versucht, aus dem Schatten heraus auf meine Staatsgeschäfte Einfluss zu nehmen. Sie möchte keine einflussreiche Gattin sein", erklärte er einer Journalistin der Washington Post. Auch die Marković bekannte sich nicht zu ihrer Macht: "Dass sich meine Einschätzungen manchmal als richtig erweisen, heißt nicht, dass ich durch Absprache mit jemandem Ereignisse antizipiert habe, die erst noch geschehen werden. Es bedeutet einzig und allein, dass ich eine Fähigkeit zur Bewertung, aber auch zur Einschätzung habe, eine Fähigkeit, die Dinge zu sehen, und auch, sie vorauszusehen... Wenn sich meine Meinung mit einem politischen Ereignis deckt, erlebe ich das als Unterstützung, als Anerkennung."

Zu viele Ereignisse decken sich jedoch mit ihren Ansichten, und der allgemeinen Überzeugung nach ist der serbische Präsident eine Geisel seiner Ehefrau. In seinen Arbeitszimmern und Privaträumen stand die Fotografie der Marković. Sogar auf den künstlerischen Gemälden, die das Haus der beiden schmückten, waren überwiegend Frauen zu sehen. Im Schlafzimmer der beiden in der Užička 15 hängt nach Angaben des Interieuristen und Reporters der Boulevard-Zeitung "Blic" ein Porträt von Vlaho Bukovac, eine Frau mit sinnlichen Rundungen, in der linken Hand ein Messer, von dem Blut heruntertropft.

Auch die spöttischen Anekdoten über das Ehepaar Milošević waren auf die Überlegenheit der Marković gemünzt. In einem der Witze fahren die beiden im Wagen über Land, aber angesichts der Wirtschaftssanktionen geht ihnen das Benzin aus. Sie bleiben an einer Tankstelle stehen, und dank der Geschicklichkeit der Marković wird der Tank trotz des allgemeinen Benzinmangels wieder gefüllt. "Wer ist derjenige?" fragt Milošević. "Das ist meine erste Liebe", entgegnet die Marković. "Wenn du ihn geheiratet hättest, wärst du heute Tankwartsfrau!". "Wenn ich ihn geheiratet hätte, wäre er heute Präsident der Republik, und was du dann geworden wärst, weiß ich nicht!"

Slobodan Milošević störte sich nicht an solchen Witzen und ließ es sich nicht anmerken, ob er sich wegen seiner untergeordneten Stellung, wie sie in der Öffentlichkeit dargestellt wurde, unwohl fühlte. Er legte mehr Wert darauf, dass seine Frau Mirjana in positivem Licht erschien als er selbst, was für einen Mann, der glaubt, die ganze Welt liege ihm zu Füßen, eher ungewöhnlich ist. Sie ist seine größte Liebe, Inspiration, Führerin und Sinn des Lebens. Für sie ist er bereit, alles zu tun.

Aber auch Mirjana Marković kennt ihren Platz. So sehr sie alles will und alles kann, ist sie sich doch bewusst, dass sie ohne Milošević nichts ausrichten kann. In Serbien herrscht ein System von Beziehungen, in dem keine einzige Entscheidung ohne seine Zustimmung gefällt wird. Dieses hierarchische Verhältnis wird von allen einschließlich der Präsidentengattin respektiert, die als einzige an seiner Seite ihren Ehrgeiz verwirklichen kann. Nur selten nimmt sie den Namen ihres Gatten in den Mund: "Das hat Sloba gesagt", oder "So denkt auch Sloba". Aber alles, worüber sie spricht, schließt gleichzeitig ein, dass auch er so denkt, der so gefangen ist von der "Schönheit, Klugheit und Verbundenheit" seiner Gattin, dass er zum freiwilligen Exekutor ihrer Wünsche geworden ist. Ihr Wille wird zu seinem Willen. Sie ist die einzige Person, vor deren Forderungen wie "Liebster, das musst du einfach tun!" der autokratische und ruhmsüchtige Charakter dieses Menschen kapituliert.

Auf die direkte Frage eines Journalisten, wie denn das Leben einer Ehefrau und Feministin an der Seite eines Ehemanns und Staatspräsidenten sei, antwortete Mirjana M.: "Wenn sie wirklich Feministin ist, ist es ganz gleich, ob sie mit einem Staatspräsidenten, einem Violinisten, einem Eisbärenjäger, einem Regierungsbeamten oder einem berühmten Astronauten verheiratet ist. Es gibt nur zwei Möglichkeiten: entweder er ist von ihren Gedanken, ihrem Pullover und ihren Tränen bezaubert, oder es gibt Krieg!"

Diesen Krieg gewann Mirjana M. mit der Zustimmung Miloševićs. Alles, was ihr behagt, wird dieser Mann akzeptieren, der in einer einzigen Faust die gesamte Hierarchie der Macht festhält und vor dem sich seine Untertanen verneigen – nur wird er nie soweit gehen, dabei die Kontrolle des Herrschers aufzugeben.

Obwohl beide gerne dominieren, ist ihre Beziehung im Grunde genommen partnerschaftlich. Neben vielen Unstimmigkeiten und Reibereien herrscht zwischen den beiden in wesentlichen Dingen, und damit meine ich die gemeinsame Machterhaltung, volle Übereinstimmung. Sie gehen getrennt, zum Schluss stehen sie jedoch stets gemeinsam da. Insofern sollte man General Stevan Mirkovićs Bemerkung korrigieren, dass "Milošević die Pedale tritt, während Mirjana mit beiden Händen den Lenker hält". Slobodan M. hat oft die Pedale getreten, aber er ist auch Eigentümer des Fahrrads, und alles, was er tat, hat er aus freien Stücken getan.

Die beiden haben ihre Jugend zusammen verbracht, gemeinsam haben sie sich durchs Leben geschlagen, die Macht erobert und Serbien regiert. Gemeinsam werden sie ihre Herrschaft auch beenden. Wie dieses Ende aussehen wird, muss sich jedoch erst noch erweisen.[57]

Über den Autor

Slavoljub Djukić wurde 1928 in Slovac bei Valjevo hundert Kilometer südlich von Belgrad geboren. Er war langjähriger Journalist und Redakteur verschiedener Belgrader Tageszeitungen, Kommentator bei der "Politika", der ältesten Zeitung auf dem Balkan, und Chefredakteur des führenden serbischen politischen Wochenmagazins "NIN". Er gehört der glücklosen Generation an, die zuerst unter Titos kommunistischer Herrschaft, später unter dem diktatorischen Regime von Slobodan Milošević lebte und arbeitete.

Djukićs Rückzug aus dem aktiven Journalismus im Jahre 1986, mit 56 Jahren, fällt mit dem Machtantritt Miloševićs zusammen und ist eng verbunden mit dem Leidensweg der serbischen Presse. Schon bevor Milošević seine Herrscherposition als nationaler Führer festigte, unterwarf er nämlich die einflussreichsten serbischen Presseorgane. "Politika" wurde zur führenden Tageszeitung des Regimes, darin gab es keinerlei Raum für freie Meinungsäußerung mehr. Viele Journalisten verließen daraufhin diese Redaktion, entweder hinausgeekelt oder aus eigenem Willen. Slavoljub Djukić begann jedoch einen neuen "Kreuzweg".

Er widmete seitdem seine gesamte berufliche Arbeit der Erforschung der serbischen Gesellschaftsordnung und des Lebenswegs der Hauptpersonen dieser Biographie – Slobodan Milošević und Mira Marković, seiner Gattin. Dies ist eine Chronik der Niederlagen, Irrtümer und Täuschungen zur Zeit der größten politischen, nationalen und moralischen Fehlentwicklung, die Serbien je erlebte, ein Augenzeugnis und eine auf detaillierten Befragungen und Recherchen basierende Diagnose.

Djukić hat in Serbien vier Bücher über das Milošević-Regime veröffentlicht: "Kako se dogodio vođa" (dt. etwa "Wie aus dem Nichts der Führer entstand"), 1991, "Između slave i anateme" ("Zwischen Ruhm und Anathema), 1994, "On, ona i mi" ("Er, sie und wir"), 1997, und "Kraj srpske bajke", 1999, dessen deutsche Ausgabe Ihnen hiermit vorliegt. Diese Bücher sind die bisher einzigen umfassenden Darstellungen des mächtigsten serbischen Präsidentenehepaars und seiner Entourage. Sie sind im Stil einer Chronik geschrieben und enthalten eine Fülle bisher unbekannter Details über die in Regimekreisen tobenden Machtkämpfe hinter den Kulissen sowie über die diversen Rollen, in die Machthaber und Oppositionsführer schlüpfen.

Alle Bücher Djukićs waren auf dem jugoslawischen Markt Bestseller. In Jugoslawien wie im Ausland zieht man sie häufig zur Erklärung von Miloševićs Persönlichkeit heran, in den Belgrader Machtzirkeln reagiert man mit verdeckter Verbitterung darauf.

Von der regimetreuen Presse werden seine Bücher jedoch ignoriert, denn das Regime hat in dieser Hinsicht schlechte Erfahrungen gemacht. Jeglicher Angriff auf bestimmte Publikationen ruft nur das verstärkte Interesse der Öffentlichkeit hervor. Daher hüllt sich die Presse in Schweigen, nach dem altbewährten Motto: Worüber die Zeitungen nicht schreiben, das gibt es auch nicht. Die Redaktion der "Politika" hat sogar die Veröffentlichung bezahlter Werbeanzeigen verweigert.

Boca Marjanović, langjähriger Journalist bei "Politika"

Anmerkungen

1 - "Weißer Hof" (Anm.d.Übers.)

2 - erwähnt in der Zeitschrift "Duga" vom 29. September 1991, aufgezeichnet von Svetlana Vasović.

3 - "Duga", 19.3. und 2.4.1994, geschrieben von Ljiljana Habjanović-Đurović auf der Grundlage von Aussagen Mirjana Markovićs

4 - Als mein Buch "On, ona i mi" erschien, rief Mira Marković den Besitzer des Telegraf, Slavko Ćuruvija, an. Sie weinte wegen dem Inhalt des Buches und behauptete, die Episode von Zadar entspräche nicht der Realität. Die beschriebene Szene wurde mir jedoch von mehreren Verwandten der Marković bestätigt.

5 - Mit dieser vielzitierten Parole sind die Polizisten gemeint,

6 - "Gegenfragen" (Anm.d.Übers.)

7 - Zitat aus der gekürzten Fassung der Ausführungen Dragiša Pavlovićs

8 - "Über die leichtfertig versprochene Schnelligkeit" (Anm. d.Übers.)

9 - Serbischer Freiheitskämpfer des 19. Jahrhunderts, der die Unabhängigkeit Serbiens von den Osmanen erreichte (Anm. d. Übers.)

10 - Aus: Borisav Jović, "Poslednji dani SFRJ" ("Die letzten Tage der SFRJ")

11 - Aussagen von Svetlana Vasović und Igor Mekina

12 - An diesem Tag wurde die Verfassung des ersten Königreiches der Serben, Kroaten und Slowenen im Jahre 1921 verabschiedet (Anm.d.Übers.)

13 - kroatischer Politiker und Demokrat, der im Zweiten Weltkrieg in die KPJ überwechselte und in der Ära Tito hohe politische Funktionen übernahm (Anm.d.Übers.)

14 - Titos Geburtsort in Kroatien (Anm.d.Übers.)

15 - Montenegrinischer Fürst und Dichter des 19. Jahrh. (Anm.d.Übers.)

16 - Nach "Naša Borba" vom 27. Juli 1996

17 - Nach "NIN" vom 19. Juli 1996

18 - Aussagen serbischer Flüchtlinge, zitiert aus Reportagen in "Naša Borba", "NIN" und Radio "B-92"

19 - Nach Angaben des kroatischen Helsinki-Komitees wurden bei der Operation "Gewittersturm" etwa 3000 Serben, hauptsächlich Zivilisten, getötet.

20 - Ehefrau des serbischen Herschers Đurađ Branković, war im Volk verhasst (Anm.d.Übers.)

21 - Ein abtrümmiger turkischer Usurpator, der die Belgrader Bevölkerung durch selbst auferlegte Steuern und Vervolgungen peinigte (Anm.d.Übers.)

22 - Im Serbischen lautet der Slogan etwas wortmalerischer: Lepo, lepše, levo!" (Anm.d.Übers.)

23 - "Wälder Serbiens" (Anm.d.Übers.)

24 - Kapetan Leši, legendärer jugoslawischer Partisan und Filmheld, der Abstammung nach Albaner

25 - zu deutsch "Gemeinsam" (Anm.d.Übers.)

26 - Apis – einer der Anführer der aus Offizieren bestehenden Verschwörergruppe, die 1903 den serbischen König Aleksandar und seine Gattin Draga Mašin ermordete.

27 - Wortspiel: Friede = serbisch "mir", Freiheit = "sloboda" (Anm.d.Übers.)

28 - Die Mehrheit mit 110 Mandaten erzielte die Linkskoalition von Sozialisten, JUL und Neue Demokratie, die Radikalen errangen 82, die Serbische Erneuerungsbewegung 45 Sitze im Parlament. Im Wettkampf um das Amt des Präsidenten der Republik siegte Vojislav Šešelj vor Zoran Lilić (Vuk Drašković war in der ersten Runde ausgeschieden). Da Šešelj jedoch nicht über genügend Stimmen verfügte, wurden die Wahlen wiederholt, und diesmal siegte Milan Milutinović vor Šešelj und Drašković.

29 - Nachzulesen in "Srpska reč" vom 2. Oktober 1997

30 - Ein wesentliches nationales Charakteristikum der Serben ist ihr orthodoxer Glaube (Anm.d.Übers.)
31 - Alle genannten Vornamen sind kroatisch-katholischer Herkunft (Anm.d.Übers.)
32 - Wolga, Wolga, leibliche Mutter, Wolga, russischer Fluss (Anm.d.Übers.)
33 - "Kotula" ist der Rock, was in der Tradition der Bergbewohner Schimpf und Schande bedeutet
34 - In Anspielung auf das Bastille-Gefängnis in Paris, das dem Volk als Symbol des autokratischen Regimes verhasst war (Anm.d.Übers.)
35 - damals etwa 3,5 Mio. DM (Anm.d.Übers.)
36 - "Großserbien" (Anm.d.Übers.)
37 - Wiederstand (Anm.d.Übers.)
38 - mit dem Zerfall Jugoslawiens entstand die Frage der Nachfolgeregelungen für gemeinsames Eigentum bzw. Schuldenanteile, die bis heute noch nicht vollständig geklärt ist (Anm.d.Übers.)
39 - "Europäer" (Anm.d.Übers.)
40 - Ljubomir Mihailović, Direktor der jugoslawischen Kommerzbank und Kreditgeber des "Telegraf"
41 - "Udba" ist die ehemalige Bezeichnung des jugoslawischen Geheimdienstes. (Anm.d.Übers.)
42 - Nach Aussage Richard Holbrookes im britischen Sender BBC
43 - Nach Aussagen von Wolfgang Petritsch in "Danas"
44 - Novi Sad liegt nicht im Kosovo, sondern ist die Hauptstadt der Provinz Vojvodina (Anm.d.Übers.)
45 - In Aleksinac haben 400 Familien ihre ganze Habe verloren; beim Raketenbeschuss des Zuges in der Schlucht Grdelica verloren 14 Fahrgäste das Leben; in Surdulica, einer Kleinstadt mit 90.000 Einwohnern starben 20 Zivilisten, darunter neun Kinder zwischen fünf und zwölf Jahren; beim Beschuss eines Busses mussten 16 Fahrgäste ihr Leben lassen; in dem Krankenhaus von

Surdulica, wo die Flüchtlinge aus Bosnien und Kroatien untergebracht waren, gab es 20 Tote und 40 Verletzte. Am Feiertag der Heiligen Dreifaltigkeit, an dem sich die Familien versammeln, um für den Seelenfrieden ihrer Nächsten zu beten, wurden am helllichten Tag auf der Brücke von Varvarin elf Menschen getötet und mehr als 40 verletzt. Unter den Opfern befand sich auch der Geistliche Miloje Ciric, der von einem Granatsplitter geköpft wurde.

46 - Die Kolonnen der aus der Verbannung zurückkehrenden Albaner wurden zweimal mit Raketen beschossen. In der ersten Kolonne wurden 80 Zivilisten ermordet (26 Kinder unter 15 Jahren), in der zweiten ließen um die 100 Menschen ihr Leben.

47 - Nach offiziellen Angaben fielen von der Einführung des Ausnahmezustandes bis zum Rückzug der Armee 524 Angehörige der Jugoslawischen Armee, 37 Soldaten werden als vermisst geführt. Im selben Zeitraum wurden 114 Polizisten ermordet.

48 - 4300 Wehrpflichtige lehnten es ab, der Einberufung zu folgen, es wurden 4300 Anklagen erhoben, 1990 Strafsachen befinden sich in der Ermittlungsphase.

49 - Etwa 2.000 Zivilisten wurden getötet und über 6.000 verletzt. Die Kommunikationsverbindungen und über 400 Industrieobjekte sind zerstört. In Serbien gibt es 853.000 Arbeitslose, 850.000 Menschen wurden zwangsbeurlaubt, 80.000 Bürger sind direkt von den Bombardierungen betroffen. Der entstandene Sachschaden wird unterschiedlich hoch geschätzt. Das britische Blatt "Economist" schreibt, dassder britische Nachrichtendienst behauptet, der Schaden betrage 60 Milliarden Dollar, nach offizieller Erklärungen von jugoslawischer Seite beträgt der Verlust 150 Milliarden Dollar.

50 - In diesem Beitrag wurden Informationen aus- und inländischer Medien sowie von Diplomaten verwendet.

51 - In drei Monaten, seit Eintreffen der internationalen Truppen, wurden mehr als 400 Angehörige der nichtalbanischen Bevölkerung ermordet und etwa 500 Zivilisten gekidnappt, über deren Schicksal man nichts weiß.

52 - zu deutsch "He, ihr Slawen!" (Anm.d.Übers.)

53 - "Die letzten Tage der SFRJ" (Anm.d.Übers.)

54 - Die Ausführungen Mira Markovics in diesem Buch sind ihren Interviews, Tagebuchnotizen in "Duga" und "Bazar" sowie Augenzeugenberichten von ihren öffentlichen Auftritten entnommen

55 - Aus Gesprächen in der Zeitschrift Žena ("Die Frau"),

56 - zu deutsch etwa "Die Jahre der Entflechtung" (Anm. d.Übers.)

57 - Diese Anlage zur Biografie wurde mit einigen unbedeutenden Erweiterungen Ende 1996 in Serbien veröffentlicht, zu einer Zeit, als Milošević noch die ungestörte Kommunikation mit dem Ausland genoss. Sein späteres Verhalten war gezwungenermaßen stark von der ausweglosen Lage geprägt, in der er sich nach der Agresssion auf Jugoslawien, der Kapitulation, der Besetzung des Kosovo und die vor dem Tribunal in Den Haag gegen ihn erhobene Anklage als Kriegsverbrecher befand. Seine Herrschaft verwandelte sich zu diesem Zeitpunkt in einen höllischen Kampf ums nackte Überleben, und daran orientierte er auch seine Macht.

Inhalt

Das Ende, das kein Ende nimmt
    Vorwort — 5
Schicksal und Politik
    Die Kindheit und Schulzeit von S.M. und M.M. — 13
Miras Träume der Mira Marković
    Über M.M. und ihre Zukunftsvisionen — 28
Freundschaftliche Umarmung
    Über den Karrierebeginn von S.M. — 36
Der Ball der Vampire
    Das Ende der Freundschaft mit Ivan Stambolić — 50
Der Schlüssel zur serbischen Seele
    Die Jahre 1988-89 — 70
Glückliche Reise
    November 1989 - April 1991 — 90
Mal abwarten
    Juli 1991 - Das Ende Jugoslawiens — 108
Wenn der Führer in Nöten ist
    Ćosić und Milošević bis Mai 1993 — 133
Eine Hellseherin der Politik
    Der Einfluss von M.M. und die JUL, Juli 1994 — 165
Serben gegen Serben
    Über die bosnischen Serben, August 1994 — 173
Sie haben uns das Leben gestohlen!
    Mai 1995 - August 1996, Der serbische Exodus
    aus der Krajina — 185
Zu Ehren der Niederlage:
    Über das Zustandekommen des Dayton-
    Abkommens, November 1995 — 206

Kleine Frösche im großen Tümpel:
 Die serbische Parteienlandschaft, Šešelj und
 Drašković, September 93 bis März 1995 — 221
Die gelbe Revolution
 Protestmärsche in Serbien November 1996
 -Februar 1997 — 250
Nach alledem
 Der Zerfall der Opposition, Juli 1997 — 280
O Gott, hals uns nicht soviel auf, wieviel wir tragen können
 September - Dezember 1997 — 290
Vorsätzlicher Mord
 Februar - Oktober 97, Die Geschichte der Brüder
 Karić und politische Attentate — 301
Nur weiter weg von Belgrad!
 Das Schicksal Karadžićs und Thema Montenegro,
 September 1995 bis Juni 1997 — 322
Das Kosovo der serbischen Irrtümer
 Mai - Herbst 1998 — 338
Die Götter des Krieges
 Der Krieg im Kosovo, Frühjahr bis
 September 1999 — 355
Er und Sie. EinZusatz zur Biographie
 Über S.M., M.M., Sohn Marko, Tochter Marija
 und die Beziehung des Ehepaars Milošević — 383
Über den Autor — 420